시민사회 맥락에서 한국SGI 이해

김수아 · 김은기 · 김종만 · 김현석 · 박상필 · 서동은
유광석 · 이윤진 · 이은선 · 제점숙 · 최해성 (가나다순)

다 산 출 판 사

이 저서는 2021년 대한민국 교육부와 한국연구재단의 지원을 받아
수행된 연구임(NRF-2021S1A 5C2A02088321)

머리말

문명전환의 길과 한국 SGI의 시민사회운동

SGI의 길은 심원(深遠)하다. 줄여 말해, 중세 대승불교(법화경)의 탁월한 전승자이자 해석가인 니치렌(日蓮)을 통해 뿌리 내린 연기와 만인성불의 개념과 사상, 그리고 그것을 기반으로 하는 문명적 전환의 실현을 위한 개인적 · 사회적 · 지구적 실천을 지향하고 추구해 간다는 점에서 그렇다. 특히 SGI 3대 회장인 이케다 다이사쿠는 이 장대한 기획을 '인간혁명(Human Revolution)'이라는 개념으로 구체화하였으며, 개인의 내면적 각성과 윤리적 책임의 연대를 통해 지구사회의 구조적 전환을 유도하고자 하였다. 이케다는 SGI 불법의 가르침과 정신에는 21세기 문명적 전환을 위한 '평화 창출의 원천', '인간 복권의 기축(機軸)', '만물이 공생하는 대지(大地)'라는 3대 비전이 내재되어 있음을 강조한다.[01] 이 점에서 SGI의 길은 지구시민사회운동의 길이다. 인도 태생의 불교철학자 찬드라와의 대화를 통해, 이케다는 니치렌이 강조한 '주사친(主師親)의 삼덕(三德)'을 주목하며, 이 덕스러움의 규범을 일상 속에서 실천해 가는 일종의 보살도(菩薩道)의 삶이 바로 21세기 지구시민의 덕목이 되어야 함을 제시한다.[02]

01 이케다 다이사쿠, 2011, 『21세기 문명과 대승불교』, 서울: 화광신문사, pp.16-49

02 이케다 다이사쿠 · 로케시 찬드라, 2016, 『동양 철학을 말한다』. 서울: 중앙북스, pp.393-416. 삼덕(三德) 중의 주덕(主德)은 '사람들을 지키는 덕목', 사덕(師德)은

특히 21세기 글로벌 생태 위기의 상황에서 긴급하게 요청되는 '문명 전환'의 주제와 연관해 SGI 사상과 운동이 갖는 함의는 아주 크다. "각 개체의 생명이 곧 전 우주의 생명"이라는 SGI의 제법실상 또는 십여실상의 통찰과 지향은 이 시대가 추구해 가야 할 (생태적) 문명 전환 운동의 대전제가 되는 전일주의적(holistic) 패러다임의 근간이 된다.[03] 이 SGI의 전일주의 패러다임은 현존 인류 문명의 위기를 초래해 온 근대 물질문명 패러다임이 정당화해 온 이분법적 생태관과 이에 기초한 제반 가치와 인식의 패러다임을 돌파(breakthrough)할 수 있는 일종의 '초월적' 생태 문명의 담론이나 서사의 원천으로 작용할 수 있다.

물론 오늘의 SGI의 길은 이와 같은 대승불교의 교의적 철학 및 사상과 더불어, 동서양의 철학 · 종교 · 문학 · 정치 사상에 대한 폭넓은 이해를 바탕으로 구축된 것이며, 실천의 차원에서는 비폭력, 평화, 대화, 교육, 문화 교류 등을 통한 시민사회공동체의 형성을 주요 목표로 삼고 있다. 때문에 SGI의 비전과 목표는 이른바 종교적 교리의 실천이나 구원론에 국한되지 않고, 민주주의, 인권, 생태, 다문화 공존 등의 현대적 과제와도 밀접하게 연결되며, UN을 비롯한 글로벌 시민사회의 다양한 주체들과의 연대의 네트워크를 구축하고 확장해 간다.

한국SGI는 이러한 SGI의 길을 한국 사회의 특수한 역사적 · 문화적 맥락 속에서 수용하고 실천해 온 조직이다. 1980년대부터 본격화된 한국SGI의 활동은, 초기에는 종교단체로서의 정체성을 중심으로 출발했으나, 1990년대 이후 민주주의의 확대와 시민사회의 성장을 배

'사람들을 이끄는 덕목', 친덕(親德)은 '사람들을 육성하고 사랑하는 덕목'으로, 줄여서 책임감, 지혜, 자비의 규범을 말한다.

03 이케다 다이사쿠, 2016, 『21세기 종교를 말한다: 법화경의 지혜(상)』, 서울: 화광신문사, pp.218–286.

경으로 다양한 사회참여를 통해 시민사회 내부의 협력적 주체로 자리매김하게 되었다. 환경운동, 인권옹호, 평화교육, 다문화가정 지원, 청소년 리더십 함양 등 다양한 분야에서의 실천은 종교의 사회적 책임과 공공성에 관한 중요한 사례로 여겨지고 있다. 특히 SGI가 국제사회에서 유엔 경제사회이사회(ECOSOC) 산하 NGO의 지위를 유지하며 핵무기 폐기, 기후 정의, 지속가능한 발전 등의 글로벌 어젠다와 적극 동행하며 이끌어 가고 있으며, 한국SGI는 이러한 지구시민사회의 거버넌스적 실천을 로컬 차원에서 구체화하는 기능을 수행하고 있다.

본 공동 저서는 이와 같은 SGI의 길에 대한 배경적 이해의 맥락에서, 한국SGI의 사상과 철학, 그리고 실천의 측면을 다양한 관점에서 조명하고자 한다. 서론과 결론을 제외한 10편의 글은 그 중한적 주제에 따라 크게 두 개의 부로 나뉜다. 서론의 글에서 좀 더 자세히 다뤄지고 있지만, 1부의 글들은 주로 SGI의 철학과 사상에 대한 논의를 불교(종교) 철학적, 역사적, 생태적 관점에서 성찰 비판적으로 전개하고 있다. 2부의 글들은 보다 실천적 측면에서 조망되는 한국SGI의 시민사회활동을 다룬다. 다양한 영역(평화 · 교육 · 문화 · 시민활동)별 주요 활동의 유형과 내용을 분석함으로써, 이러한 활동이 한국 사회 내에서 어떠한 의미를 지니는지를 종교사회학적, 비교종교학적, 시민사회론적, 환경생태적 관점에서 논의하고 있다.

궁극적으로, 본 공동 저서는 한국SGI라는 종교 · 교육의 길이 다원화되고 있는 현대 시민사회공동체의 맥락에서 어떻게 감응성 있는 책임의 주체로 기능할 수 있는지를 분석하고, 이를 통해 종교의 공공적 및 미래지향적 역할에 대한 새로운 가능성을 성찰 · 비판적으로 탐색하고 있다. 이케다 다이사쿠가 일관되게 강조해 온 "한 사람 한 사람의 내면 변화에서 세계의 변화가 시작된다."는 문명전환적 통찰은,

시민사회 속에서의 '작은 실천'의 윤리적 가치를 재확인하게 하며, 거시적 차원의 구조변동이 아닌 미시적 관계망 속에서의 진정성 있는 변화 가능성을 조망하게 한다. 이 점에서, 한국SGI의 길은 종교가 사적 신앙의 울타리를 넘어 어떻게 공적 가치 실현의 장으로 확장되어 갈 수 있는지에 관한 질문, 특히 문명 전환에 대한 긴급한 요구가 차고 넘치는 이 시대 속의 종교(영성)의 운명과 연관된 질문에 대한 하나의 답이 될 수 있는지를 비춰주는 거울이자 전형이 될 수 있을 것이다.

본 공동 저서의 집필진은 인문사회과학 전 영역의 다양한 분야에서 연구를 지속해 온 학자들로 구성되었으며, 각자의 학문적 전문성과 시각을 바탕으로 한국SGI의 시민사회 활동 전반을 총체적으로 분석하고자 하였다. 이 저서가 단지 한국SGI의 활동에 대한 평면적 서술과 분석에 그치지 않고, 이 시대의 종교와 시민사회, 인간의 존엄과 공공성, 그리고 문명 전환 패러다임에의 실천적 가능성에 관한 화두를 사유하는 이론적, 실천적 텍스트가 되기를 기대한다.

2025년 4월

공동 저자를 대신하여

송재룡(경희대학교 특임교수(사회학)/종교시민문화연구소 소장)

차 례

서 론

유광석(경희대)

Designed by Freepik

서론과 결론을 제외하고 총 11개의 장으로 그 내용이 구성된 이 책은 크게 두 개의 영역으로 구분하여 한국창가학회(Korea Soka Gakkai International: KSGI)에 대한 학문적 이해를 증진하고자 한다. 제Ⅰ부에서는 한국창가학회가 추구하는 주요 사상과 역사적 발전 과정을 먼저 소개하고, 나아가 국제창가학회(Soka Gakkai International: SGI)의 평화, 생태 및 세계시민성 이념에 대해 그 설립자 이케다 다이사쿠의 사상을 중심으로 여러 연구자들이 학술비평적 접근을 하고 있다. 특히, 김수아 교수의 글은 창가학회(Soka Gakkai: SG)의 소의경전으로 중요하게 여겨지는『법화경』과『입정안국론』에 대한 불교학적 고찰로서 국내에서는 충분하게 논의되지 않았지만 중요한 학문적 쟁점들을 담고 있다.

제Ⅱ부는 한국창가학회와 관련한 이론적 및 실천적 차원의 연구 논문들로 구성되었다. 그동안 한국창가학회가 한국 사회 전반에서 다양하고 지속적인 사회참여를 전개한 사실에 비추어 볼 때 그에 대한 학문적 연구는 매우 부족한 상황이다. 따라서 구체적이고 실증적인 사례연구에 기반한 논문들을 중심으로 한국창가학회의 사회활동과 그 특성 및 함의를 효과적이고 집약적으로 보여준다는 점에서 이 책은 한국창가학회(KSGI)뿐만 아니라 국제창가학회(SGI) 및 일본창가학회(SG)에 관심 있는 많은 학자들에게 기본 도서로 활용될 것이다. 특히, 제점숙 교수는 기성종단들과의 비교적 맥락에서 한국창가학회원들의 만족도를 사회조사기법으로 측정하고 그 결과에 대한 분석을 시도하였고, 이윤진 교수는 국내에서는 거의 연구되지 않았던 일본창가학회(SG)의 설립자 마키구치 쓰네사부로(牧口常三郎)의 교육사상을 행복론적 관점에서 현대적으로 재해석하고 있다.

위와 같은 형식적 구조에서 알 수 있듯이 이 책에 포함된 논문을 기고한 모든 저자들은 상이한 소속기관과 학문분야에서 한국창가학회를 각자의 방식으로 이해하고자 하였다. 그 내용에 대한 학술적 또는 신앙적 이해와 평가는 물론이고, 정책적이거나 대중적인 문화다양성에 대한 이해증진을 위해서도 각 장들은 의미 있는 계기를 마련할 수 있을 것이다. 그럼에도 이 책의 저자들이 공통적으로 걱정하는 한 가지는 기성종교나 신흥종교에 대한 학술적 연구를 호교론이나 배교론으로 간단히 이분화하는 편견이 여전히 한국 학계와 대중에 만연하고 있다는 점이다. 그러한 뿌리 깊은 종교적 편견이 이 책에서 제기하는 한국창가학회에 대한 새로운 이해방식과 쟁점들의 객관적 설명과 분석에까지 전염되지 않기를 기대하면서 그리고 편견 없는 종교이해를 추구하는 전문적인 종교연구자들의 작은 노력으로서 이 책이 읽혀지기를 진심으로 소망한다. 이하에서는 각 장들의 내용을 중심으로 간략하게 주요 내용을 종합적으로 소개함으로써 각 장에서는 설명할 수 없지만 책 전체를 관통하는 거시적 관점과 주요 논점에 대한 이해를 돕고자 한다.

먼저, 제1장과 제2장은 한국창가학회에 대한 기본적 이해를 제공하기 위해 그 설립과 역사적 변천과정에 더하여 일본에서 전래된 재가불자(在家佛者)종단으로서 교리적 믿음과 그를 뒷받침하는 핵심적 개념을 설명한다. 일본 최초의 막부로 불리는 가마쿠라 막부시대의 승려 일련선사(日蓮禪師, 1222~1282)를 교조로 하는 일련정종(日蓮正宗)의 재가불자회로 출발한 창가학회(創價學會)의 역사적 변천과정에 대한 이해는 국제창가학회와 한국창가학회의 탄생 및 위 세 종교조직의 상호관계를 둘러싼 역사문화적 맥락과 사회적 상황을 파악하는 데 중요한 기초지식을 제공한다. 교리적으로는 대승불교에서 천태사상을 대표하는 『법화경』으로부터 일불승(一佛乘) 사상, 즉 모든 존재가 평등하게 부처가 될 수 있다는 믿음을 시작으로 현세 문명을 개조하기 위한 새로운 인간가치(人間價値)의 창조가 창가학회에서 왜, 그리고 어떻게 중요한지를 요약적으로 설명한다. 특히, 일불승 사상으로부터 발전한 사제불이(師弟不二) 개념과 불교적 평화주의에 입각한 반전 · 반핵 · 환경운동의 국제적 전개와 1930년대 일본군국주의의 침략전쟁에 일본 불교종단들이 동원되는 것에 반대함으로써 투옥된 창가학회 초대회장들에 대한 설명은 일반 독자들에게는 더욱 흥미로울 것으로 생각된다.

둘째, 제3장은 재가불자들의 조직으로서 창가학회, 국제창가학회, 한국창가학회의 소의경전으로 중요하게 간주되는 『법화경』과 『입정안국론』에 대해 불교학적 관점에서의 비평적 이해를 보여준다. 불성(佛性)의 평등성에 대한 설법은 『법화경』 이외의 다른 불경에서도 충분히 원용할 수 있지만 특히 만인성불론(萬人成佛論)이나 종교적 구원의 보편성에 대한 혁신적 사상을 대표하는 대승경전으로 잘 알려져 있다. 일련종(日蓮宗)계열 불교의 교조로 추앙받는 일련선사가 기록한 것으로 알려진 『입정안국론』의 내용을 간략하게 소개하고 교학적 차원에서 그것이 원용하고 있는 『법화경』의 이해를 일련선사가 살던 초기 막부시대의 혼란한 상황을 고려하여 비평하고 있다. 그럼에도 막부정권에 의탁해 부패하고 권력화된 악승(惡僧)들이 환난에 빠진 중생을 더욱 수탈하는 말법시대(末法時代)에 일련선사가 『법화경』에 기초한 정법통치(正法統治)를 문답형식으로 서술한 『입정안국론』은 중세 일본의 호국불교는 물론이고 종교의 정치사회적 역할에 대한 한국창가학회의 국가관을 엿볼 수 있게 한다.

셋째, 제4장과 제5장은 현대시민사회의 맥락에서 창가학회 3대 회장이자 국제창가학회의 설립자인 이케다 다이사쿠의 생태사상과 세계시민(global citizen)의 개념을 동서양에 걸쳐 비교문화적 차원에서 설명하고 있다. 앞 장들에서 소개된 것처럼 고 이케다 회장의 영향력은 한국창가학회를 하나의 종교조직으로 성장시키는 데 중요한 계기를 만들었을 뿐만 아니라, 이 장들에서 설명하는 것처럼 1983년부터 시작된 그의 평화제언에 담긴 핵심적 개념들 중 환경사상과 '세계시민성(global citizenship)' 개념은 오늘날 전 세계에 퍼진 창가학회원들의 종교적 정체성을 이해하는 데 필수적 요소이다.

넷째, 한국창가학회의 사회참여와 사회의식을 중심으로 구성된 제2부의 각 장들은 한국시민사회의 맥락에서 한국창가학회가 어떻게 그리고 왜 실천적 사회활동을 적극적으로 전개하고 있는지에 대한 사례연구들로서 제1부의 이념 및 개념에 대한 이해의 확장을 도모하고 있다. 제6장은 반전 · 반핵운동, 사회적 구제운동 및 국토대청결운동과 같은 종단 차원의 사회활동에 대한 일반적 현황과 그 종교적 의미를 소개하고 있고, 제10장의 경우 창가학회 초대회장 마키구치 쓰네사부로(牧口常三郎, 1871~1944)의 교육사상으로부터 교육 및 문화사업에 대한 학회의 활동과 그 종교적 신념을 실천적 관점에서 설명하고 있다. 독자에 따라 한국창가학회의 사회활동에 대한 전반적 이해가 필요한 경우 위 장들을 먼저 읽고, 제2부의 다른 장들을 읽는 것도 가독성을 높이는 방법일 듯하다.

제7장과 제8장의 경우 한국 내 일본계 종교를 전문적으로 연구하는 학자들에 의해 한국창가학회의 외적 및 내적 성장요인에 대한 실증적 조사자료를 제시하고 있다는 점에서 보기 드문 연구이다. 한국창가학회 구성원들의 내적 만족도에 대한 설문조사 결과를 기성종단들과 비교한 제7장의 내용은 그 조사방식과 분석에 대한 엄밀한 타당성 검토는 별론으로 하더라도 이미 그 교세가 전국적으로 크게 성장한 한국창가학회 구성원들의 행복지수를 대략적으로나마 가늠할 수 있는 조사결과를 보여준다. 한국 내 종교별 행복지수를 측정하는 연구는 향후 더 실증적이고 엄밀한 측정방식을 사용하여 심화될 필요가 있지만, 종교지도자와 그 조직적 구조와 유형에 중점을 둔 기존의 상

향식 종교연구에 편향된 한계를 탈피하고, 종교적 수요자의 특성과 속성에 기초한 하향식 종교연구의 중요성을 통찰한 연구라는 점에서 의미가 크다고 할 수 있다. 제8장은 종교적 성장에 대한 하향식 접근법으로서 전국에 산재한 한국창가학회의 문화회관 현황과 그 건립 추세를 중심으로 문화회관의 건립 추세와 소속 종교인구의 관계와 같은 주요한 종교사회학적 논점을 흥미롭게 제시하고 있다.

제9장은 종교사회학적 논쟁에서 한 시대를 풍미했던 종교유형론적 맥락에서 한국창가학회를 어떻게 위치시킬 수 있는지를 논하고 있다. 특히, 종교유형론적으로 전 세계 약 1,500만 명의 회원을 거느린 국제창가학회(SGI)와 한국창가학회(KSGI)를 동일한 수준의 종교조직으로 이해하는 기존의 접근법은 전면적으로 재성찰되어야 함을 주장한다. 이러한 반성적 성찰은 단순히 종교인구의 규모가 아니라 지역사회와 그 문화적 조건에 따라 상이한 사회관계와 성장전략을 추구하는 모든 국제적 종교조직들에 적용될 수 있다는 점에서 종교의 성장전략으로서 국제주의와 지역주의의 절묘한 조합이 한국창가학회에서 어떻게 가능한지를 사례연구로 설명하고 있다.

누군가에게는 무릇 '종교(宗敎, religion)'라고 불리는 경험, 생각, 그리고 믿음을 정확하고 편견 없이 이해하고자 하는 것보다 어리석은 일도 없을 것이다. 이해를 통한 신앙을 추구한 4세기의 교부철학자 성 어거스틴(St. Augustine)조차 "이해하고 믿는 것이 아니라 믿으면 모두 이해된다."고 하였다. 어리석은 일을 평생 반복해야 하는 종교연구자는 이러한 역설적 상황에서 항상 선택의 갈림길에 직면한다. 객관과 주관, 내부자와 외부자, 과학과 주술, 진실과 거짓, 호교론과 배교론, 일원론과 이원론, 양심과 공의(公義)와 같은 양자택일적 상황에서 '중도(中道)'를 궁리하지만 대부분 빈약한 절충론으로 타협을 택하곤 한다. 무엇보다 한국창가학회를 경험하고 그 이념과 실천에 자신의 삶을 온전히 의지한 신자들에 대한 이해와 오해는 어쩌면 종교연구자의 어리석음처럼 불가피한 것이고 불가분한 것이다. 이 책은 그러한 불가피성과 불가분성을 구구절절 피력하기보다는 오히려 그러한 이해와 오해를 자처한 노력의 결실이다. 그래서 그것만으로도 의미 있는 책이다.

누군가 자기방식으로 '나'를 이해하고자 하는 것에 불쾌할 수도 있을 것이다. 하지만, '나'를 이해했다는 주장에 대해 우리가 굳이 흥분하거나 장황하게 대응하거나 조목조목 따져야 할 필요가 있는지 없는지는 사실 '나'의 문제이며, '그'의 문제가 아니다. 왜냐하면 '나'의 이해를 추구한 '그'를 내가 사실 정확히 이해했는지의 문제가 인간의 본질에 대한 이해에서 더 근본적인 질문이기 때문이다. '나'를 이해하는 것에 '정확히', '올바르게', '제대로'와 같은 수식어는 정체성의 사족(蛇足)이며, 이기적 존재론에서 비롯된 허위의식이 아니라고 할 수 없다. '나'와 '그'의 상호적 이해보다 더 중요한 것은 실제로 '나'의 이해들로부터 경험한 행복이거나 불만족이며 논리나 진리 그 자체가 아니기 때문이다. 결국, '나'와 '그'가 속한 '우리'가 경험하고 마주하는 수많은 타자적(他者的) 이해들은 '우리'의 정체성을 형성하고 구성하는 요소들이고 자원(資源)이라는 점에서 어쩌면 오해받는 것 또한 가치 있는 것이다. 비슷한 논리로 보면, 한국창가학회가 추구하는 '행복한 불자(佛者)'의 존재론과 인식론 역시 이러한 이해와 오해의 과정을 통해 궁극적인 인간해방에 도달할 수 있을 것이다. 이 책에서 구구하게 논한 많은 관점과 주장들은 그렇게 대수롭지 않은 이해이고, 한국창가학회가 화두로 내세우는 불교적 인간해방에 대한 또 하나의 오해를 더한 것이라고 볼 수 있다.

게다가 이 책에서는 포함되지 않았지만 한국창가학회를 둘러싼 중요한 학문적 쟁점들이 많이 있다. 왜 그리고 어떻게 한국에서 이렇게 교세가 급속히 성장했는지, 한국 내 재가불자운동이 대규모 교세 확장에 실패한 것과 대조적으로 일본 불교 전통에 기원한 한국창가학회라는 재가불자운동의 성공은 비교문화적 관점에서 어떻게 같거나 다른지, 전 세계 각지의 창가학회 회원들이 불자로서의 공통된 종교적 정체성과 유대감을 형성 및 발전시키는 것이 어떻게 가능한지, 그리고 일본창가학회와 공명당과의 관계성이 다른 나라의 창가학회에는 어떻게 적용가능한지 등 이론적으로 흥미롭고 중요한 쟁점들이 이 책에서 거의 논의되지 못한 것은 아쉬운 일이다. 부디 다음 기회에 더 자세하고 확장적인 논의의 장이 있기를 바란다.

끝으로, 이 책에 귀한 원고를 기꺼이 내어 주신 모든 저자분들께 진심으로 감사드리면서 여기서 제기된 한국창가학회에 대한 다양한 이론적 및 실천적 성찰을 기초로 독자들과 연구자들이 자신과 타자를 더 새롭게 이해하고 오해할 수 있는 계기가 되기를 희망한다.

[제 I 부]

사상과 개념

제1장

한국SGI의 주요 사상과 개념

박상필(거버넌스센터)

Ⅰ. 들어가는 말

Ⅱ. 불교의 역사와 법화경의 진화

Ⅲ. SGI의 주요 사상

Ⅳ. SGI의 주요 개념

Ⅴ. 나가는 말

Designed by Freepik

I. 들어가는 말

15세기 전후 이탈리아를 중심으로 하여 인간과 세계를 재구성하고자 하는 르네상스(Renaissance)가 일어났다. 르네상스는 곧바로 지리상의 발견을 통해 유럽을 넘어 아메리카와 아시아로 확대되었고, 종교개혁에 의해 귀족계급을 초월해 일반인에게로 퍼져 나갔다. 이러한 르네상스와 종교개혁의 역사적 성과물에 근거하여 인류역사에 새로운 문명인 근대문명이 탄생하였다(박상필, 2011: 388). 물론 근대(modernity)는 특정 시기나 특정한 형태를 가진 사상이나 사회제도라고 하기 어려운 측면이 있다. 근대적(modern)이란 말 자체가 끊임없이 새로운 것으로 대체하는 의미를 지니고 있고, 우리는 지금도 서구적 의미의 근대의 진행과정에 있기 때문이다. 하지만 연대기적 범주에 국한해서 본다면, 17세기 유럽에서 시작하여 전 세계로 파급된 거대한 사회변화이자 독특한 생활형태인 근대는, 인간의 이성과 합리성을 계발하여 과학기술과 경제를 발전시키고 물질적 풍요와 개인적 자유를 달성하는 것이 핵심이다. 이것은 당연히 중세의 종교적이고 획일적인 세계관으로부터 벗어나는 것을 전제한다.

이렇게 본다면 근대의 탄생과 발전은 서구 기독교의 부정 위에 성립한다. 근대정신의 핵심인 개인의 자유는 국가의 억압에 대한 저항뿐만 아니라 교회나 토호세력의 억압에 저항하는 성격도 내포하고 있기 때문이다. 그리고 경제적인 부의 축적을 위해서는 과학을 발전시켜야 하고, 과학의 발전은 기독교적 세계관을 거부해야 하기 때문이다. 그러나 근대가 본격적으로 형성된 18세기 이후를 보더라도 기독교적 세계관이 완화된 것은 사실이지만, 종교는 결코 쇠퇴하지 않았고, 더더구나 사라지지도 않았다. 아무리 과학이 발달한다고 하더라도 주관의 영역을 탐구하고 설명하는 데는 한계가 있기 마련이다. 물론 과학의 패러다임이 변하여 최근 양자역학(quantum mechanics)에서 마음이 가진 에너지에 대해 연구가 활발하게 진행되고 있다. 그럼에도 과학이 인간의 마음을 탐구하는 것은 분명 한계가 있을 것이다. 인간은 결코 과학으로 환원할 수 없는 고유의 정신을 가지고 있고, 생로병사(生老病死)라고 하는 근원적인 실존의 문제를 지니고 있는 것이다.

과학과 종교가 공존하고 있는 현대사회에서 불교는 독특한 위치를 점하고 있다. 일단 불교는 유일신에 대한 믿음에 근거하여 우주만물의 존재를 설명하고 인간의 삶을 규정하는 서구적 의미의 종교 개념과 다르다. 불교는 우주를 창조하거나 인간의 삶을 관장하는 유일신을 가정하지 않을 뿐만 아니라, 인간이 신(神)의 창조물이거나 부속물이라는 규정 자체를 거부한다. 불교는 기본적으로 모든 인간이 무한한 가능성을 가지고 있고, 자유의지를 통해 그 가능성을 계발하여 부처의 경지에 이를 수 있음을 가르치고 있다. 즉, 불교에서 인간과 부처는 경계(境界)만 있을 뿐, 결코 차별을 두지 않는다. 우주와 생명의 근원을 깨닫고, 나아가 그것을 현실 속에서 실천하고 있는 자가 곧 부처이기 때문이다. 물론 불교라고 하더라도 BC 5세기경 석존의 탄생 이후 계속 발전해 왔고, 오늘날 지구상에는 다양한 불교 종파가 있기 때문에 인간과 세계를 바라보는 관점에서 차이가 있다.

불교 중에서도 법화경은 한마디로 누구나 평등하게 성불할 가능성을 가지고 있다는 것을 강조한다(이케다, 2013: 14–15). 즉, 법화경은 낙관주의적 구제론에 근거하여 만인성불(萬人成佛)을 설하고 있다. 더구나 법화경은 영원한 생명을 가지고 윤회하는 생명관에 근거하여 사바즉적광(娑婆卽寂光)을 강조하기 있기 때문에, 인간의 성불이 사후(死後)의 먼 훗날이 아니라, 바로 현세의 일상적 삶 속에서 가능하다고 본다. 물론 대승불교로서 법화경은 인간의 성불이 자행(自行)만으로 가능한 것이 아니라, 화타(化他)의 세계관과 실천이 중요함을 설하고 있다. 나라고 하는 존재는 상의상자성(相依相資性)에 따라 시간적으로나 공간적으로 무한한 넓이를 가진 우주만물과 상호 의존하여 공생하고 있기 때문이다(가와다, 2010: 22). 법화경에서 특히 보살행(菩薩行)을 강조하는 것도 이러한 이유에 연유한다. 물론 법화경도 석존이 50년 설법 중 최후에 8년간 설한 28품의 묘법연화경(妙法蓮華經) 이후 계속 진화해 왔다. 석존의 법화경은 이후 중국 천태(天台)의 마하지관(摩訶止觀)으로, 그리고 일본 니치렌(日蓮)의 남묘호렌게쿄(南無妙法蓮華經) 7문자 법화경으로 이어졌다. SGI(Soka Gakai International)는 바로 정법(正法), 상법(像法) 시대를 지나 말법(末法)시대 니치렌의 법화경을 실천하는 대표적인 재가 신도단체이다.[01]

이 글에서는 SGI의 주요 사상과 개념을 고찰하고자 한다. SGI는 세계 192개 지역 및 국가를 통틀어 통합적인 조직이기 때문에 SGI의 운영 원칙은 그대로 한국SGI에 통용된다. SGI의 사상과 개념은 주로 니치렌의 어서(御書)와 삼대 회장의 지도에 근거하고 있다.[02] 그리고 이것은 각종 법화경에도 연유하고 있기 때문에 석존의 탄생 이후 불교의 발전과정에서 법화경의 등장과 진화과정을 살펴보고, SGI의 기원과 발전을 살펴보는 것도 필요하다. 이러한 고찰을 위해 불교, 법화

01 니치렌은 석가의 사후를 시기적으로 정법시대 천 년, 상법시대 천 년, 말법시대 만 년으로 구분하였다. 석가 사후 천 년에 해당하는 정법시대에는 석가의 법화경이, 그 후 또 천 년에 해당하는 상법시대에는 천태의 마하지관이, 그리고 말법시대 만 년에는 여래수량품 문저에 비침된 남묘호렌게쿄(南無妙法蓮華經) 7문자 법화경이 탄생한다고 보았다. 이처럼 불교는 시대 상황에 신축적으로 대응하고, 시(時)에 맞는 수행을 중시한다.

02 SGI에서 어서(御書)란 니치렌 대성인의 말씀을 전집으로 엮어 놓은 책을 말한다. 그리고 SGI의 삼대 회장은 제1대 마키구치 쓰네사부로(牧口常三郎), 제2대 도다 조세이(戶田城聖), 제3대 이케다 다이사쿠(池田大作) 등 3명을 말한다.

경, SGI 등에 관한 각종 문헌을 조사하는 방식으로 연구를 진행하였다. 문헌으로 충족할 수 없는 부분에 대해서는 한국SGI의 교학부에 문의하여 자료를 확보하기도 하였다.

Ⅱ. 불교의 역사와 법화경의 진화

1. 불교의 등장

불교의 역사는 지금으로부터 약 2,500년 전, 인도와 네팔의 국경 지역인 마가다 소왕국에서 태어난 석존(석가모니 세존)으로부터 시작한다. 그는 고타마 싯다르타라는 이름의 왕자로 태어나 유복한 환경에서 청소년기를 보냈지만, 일찍이 인생의 무상함을 느끼고 인간의 생로병사를 고민하였다. 그는 인간의 근원적 고뇌를 해결하고자 수행자의 길을 걷기로 결심하고, 왕자의 지위를 버리고 19세에 출가하였다. 이후 인도의 육사외도(六師外道), 95유파(流派) 등을 유랑하며 여러 사상을 공부했으나, 깨달음을 얻을 수 없어 홀로 수행에 면려하다가 30세 때 부다가야의 보리수 밑에서 득도하여 진리를 깨달은 사람이라는 의미의 붓다(불타, 佛陀)로 불리게 되었다. 이를 시성정각(始成正覺)이라고 한다.

정각을 이룬 석존은 그 당시 제자들에게만 설법하는 인도의 비밀주의를 버리고 공개적으로 대중들에게 설법을 시작하였다. 당시 문화와 종교의 중심지였던 바라나국(波羅奈國, 현재 베나레스)으로 향하여, 근교 녹야원(鹿野苑, 현재 사르나트)에서 아야교진여(阿若憍陳如) 등 다섯 수행자를 대상으로 최초의 설법인 초전법륜(初轉法輪)을 한 이래, 인도 전역을 유랑하며 홍교를 실천하였다. 이러한 과정에서 아홉 번의 커다란 난을 당하는 '구횡(九橫)의 대난(大難)'을 겪기도 했지만, 중생의 행복을 위해 가히 팔만 사천 법장에 해당하는 설법을 하였다. 이러한 석존의 출가의 동기와 인간을 향한 보살행은 오늘날 불교정신 속에 고스란히 담겨 있다.

물론 50년에 걸친 석존의 설법은 동일한 차원이 아니었다. 어떻게든 중생을 구제하고자 열망했던 석존은 사회적 환경과 중생의 기근에 맞추어 차원을 달리하면서, 어떤 때는 화엄경처럼 우주의 원대한 법칙을 설하는가 하면, 어떤 때는 아함경처럼 일개인의 성불과 관련된 쉬운 설법을 하기도 하였다. 천태는 석존의 50년 설법을 다섯 시기로 나누어 오시(五時)로 구분하였다. 오시란 화엄시(華嚴時), 아함시(阿含時), 방등시(方等時), 반야시(般若時), 법화(法華)·열반시(涅槃時)를 말한다. 화엄시 21일, 아함시 12년, 방등시 16년, 반야시 14년 등 42년 동안 각종 차원의 불법을 설한 후, 석가는 마지막으로 법화경과 열반경을 설하기에 앞서 무량의경(無量義經)에서 사십여년 미현진실(四十餘年 未顯眞實)을 선언하고, 8년 동안 마가다국의 영취산 등에서 최후의 설법이자 실대승경(實大乘經)인 법화경을 설한다. 즉, 법화경 이전에 석존이 설한 경은 부처의 진실한 가르침이 아닌 권교(權敎, 임시의 가르침)이고, 법화경에서 설하는 것이 부처의 본의(本意)라는 것이다. 그리고 입멸 직전 구시나성의 사라림에서 하루 동안 열반경을 설하면서 정직하게 방편(方便)과 권교(權敎)를 버리고 일체중생이 성불할 수 있는 부처의 본의를 따를 것을 유언하였다.

2. 법화경의 진화

1) 석존의 28품 법화경

법화경은 한마디로 석존의 출세(出世)의 본회(本懷)라고 할 수 있는 경전이다. 즉, 부처가 이 세상에 출현한 근본 목적을 담고 있다. 부처가 이 세상에 출현한 근본 목적, 즉 일대사(一大事)의 인연(因緣)이란 당연히 일체중생을 성불시키는 것이다. 이것은 법화경 제2품 방편품에 나와 있는 “모든 부처는 중생으로 하여금 불지견(佛知見)을 열게 하여 청정함을 깨닫게 하기 위해서 세상에 출현하였다(묘법연화경 병개결, 121).”라는 구절에서 잘 알 수 있다. 흔히 법화경을 여러 경(經) 중의 왕(王)인 경왕(經王)이라고 부르는 것도 법화경이 교법(教法)의 한 측면만 설하고 있는 것이 아니라, 만인성불을 위한 부처의 진의를 밝히고, 실제로 중생들이 성불할 수 있는 강목(綱目)을 설하고 있기 때문이다. 물론 석존에게는 재세(在世)뿐만 아니라 멸후(滅後)의 중생을 구제하는 것도 중요했기 때문에, 법화경은 석존 자신의 멸후 중생의 성불에 대해서도 자세하게 설하고 있다. 법화경은 이처럼 신분의 차별과 시대의 경계를 넘는 보편성을 띠고 있는 것이다.

우리가 지금 알고 있는 법화경은 1~2세기경 인도에서 산스크리트어로 편찬되어 5세기경 중국의 승려, 구마라습(鳩摩羅什, 344~409년)이 한역(漢譯)한 것이다. 법화경의 한역본은 여섯 종류가 있는 것으로 알려져 있는데, 현존하는 것은 세 개이다. 축법호(竺法護)가 번역한 『정법화경(正法華經)』(3세기), 구마라습이 번역한 『묘법연화경(妙法蓮華經)』(5세기), 사나굴다 · 달마급다가 공동 번역한 『첨품법화경(添品法華經)』(7세기) 중에서 구마라습이 번역한 『묘법연화경』이 석존의 참뜻을 올바르게 전하는, 가장 뛰어난 것으로 알려져 있다. 법화경의 제호(題

號)인 묘법연화경(妙法蓮華經)은 산스크리트어 원전에서 "사다르마 푼다리카 수투라"로 되어 있다. 올바른 법(사다르마)인 백련화(白蓮華, 푼다리카)의 경(經, 수투라)이라는 뜻이다. 구마라습이 이것을 묘법연화경(妙法蓮華經)이라고 번역한 것이다. 물론 석존의 설법은 그의 제자들에 의해 수 세기에 걸쳐 여러 차례 편찬되었기 때문에 이 중에서 대승경전은 석존의 설법이 아니라는 대승비불설(大乘非佛說)이 제기되고 있기도 하다. 그러나 경전의 성립과 교설(敎說)에 대한 연구가 진척됨에 따라 먼저 성립된 소승경전 중에도 대승경전의 교설과 통하는 내용이 포함되어 있으며, 나아가 대승의 교설이 석존의 근본 사상 및 정신을 올바르게 전하고 있다는 사실이 밝혀지게 되었다.

법화경은 28품 8권에 개결 2경을 합하여 총 3부 10권으로 되어 있다. 28품 전체를 한자로 번역한 것이 69,384자이다. 천태는 전 14품을 적문(迹門), 후 14품을 본문(本門)이라고 하였다. 적문에서는 제2품 방편품(方便品)이, 본문에서는 제16품 여래수량품(如來壽量品)이 핵심이다. 적문에서는 제법실상(諸法實相)과 이승작불(二乘作佛)이 주요 개념이다. 제법실상이란 우주만물의 모든 현상(제법)이 구극의 진리, 즉 실상(實相)을 가지고 있다는 것이다. 제법실상이 설해짐으로써 일체중생이 모두 묘법의 당체(當體)로서 부처이고, 나아가 모든 사람이 평등하게 성불할 수 있는 이론적 근거가 마련되었다. 법화경 이전의 이전경(爾前經)에서는 십계(十界)의 생명 중에서 높은 경애에 해당하는 성문도(聲聞道), 연각도(緣覺道), 보살도(菩薩道)에 대해 설해져 있다. 방편품에서 석존은 여러 가지 도(道)를 설한 것은 부처의 본의가 아니며, 성문 · 연각 · 보살 등 삼승(三乘)을 설한 것은 일불승(一佛乘)을 밝히기 위한 방편이라고 하였다. 이것은 이승작불에서 잘 나타난다. 이전경에서는 지옥계에서 보살계까지의 구계(九界)의 중생은 모두 미혹의 경애에 있기 때문에 성불이 불가능하고, 생사를 거듭하면서 경애를 높여 가는 역겁수행(歷劫修行)을 해야 한다고 하였다. 그런데 법화경(적문)에 와서 성문과 연각의 이승조차도 성불할 수 있다고 하였다. 심지어 법화경 제12품 제바달다품에서는 이전경에서 불가능했던 악인성불(惡人成佛, 제바달다의 성불)과 여인성불(女人成佛, 용녀의 성불)도 설하고 있다. 이것은 이전경에 비추어 본다면, 그 당시로서는 혁명적인 성불관을 나타낸다. 그만큼 법화경은 만인성불이라고 하는 보편적 가치를 담고 있는 것이다.

법화경에서 석존은 입멸 후 말법에 법화경 홍통의 부촉(咐囑)에 대해 길게 설하고 있다. 제11품 견보탑품(見寶塔品)에서 거대한 보탑이 대지에서 솟아오르고 여기에 앉아 있던 다보여래가 법화경이 진실임을 증명한 후, 멸후 법화경 홍통이 어렵다는 육난구이(六難九易)를 설한다.[03] 그리고 본문인 제15품 종지용출품(從地涌出品)에 와서 멸후 법화경을 홍통하겠다는 제자들의 맹세를 만류하고 대지에서 무수한 보살들을 불러내어 멸후의 홍통을 부탁한다. 깜짝 놀라 의문을 표시하는 대중들에게 석존은 이들이 과거부터 자신이 교화해 온 보살이라고 말한다. 그렇다면 이 무수한 보살을 언제 어디서 교화했느냐는 제자들의 질문에 답하여, 석존은 본문 제16품 여래수량품에서 자신의 본지를 밝힌다. 즉, 석존 자신은 금생에서 처음으로 성불한 것이 아니라 오백진점겁(五百塵点劫)이라는 헤아릴 수 없는 시간을 거슬러 올라간 과거에 성불했으며, 그 이후 사바세계에서 계속 중생을 교화해 온, 장원한 수명을 가진 부처라고 말한다. 즉, 법화경에 와서 지금까지 석

03 육난구이란 여섯 개의 어려운 것과 아홉 개의 쉬운 것이란 뜻인데, 부처 멸후 악세에 법화경의 홍통이 지극히 어렵다는 것을 비유한 것이다. 즉, 법화경을 듣고, 쓰고, 읽고, 설하고, 묻고, 수지하는 등 6가지가 수미산을 다른 무수한 불토에 던져 놓는 것, 대지를 발등에 두고 범천까지 올라가는 것, 마른 풀을 등에 지고 대화(大火) 속에 들어가서 타지 않는 것, 갠지스 강의 모래 숫자만큼 많은 경전을 설하는 등 보통 사람이라면 도저히 이룰 수 없는 9가지보다 더 어렵다는 것이다.

존의 현상적인 모습이었던 시성정각(始成正覺)을 부정하고, 아득한 옛날에 성불했다는 구원실성(久遠實成)을 밝힘으로써 인간의 생명이 영원하다는 본지를 밝힌다. 석존이 법화경 제20품 상불경보살품(常不輕菩薩品)에서 과거세에 자기 자신이었던 불경보살의 실천을 언급하면서, 모든 사람을 마땅히 부처와 같이 존경하라(當如敬佛)고 한 것도 모두 영원한 생명을 지니고 부처의 종자(種子)를 가진 인간의 위대함을 말한 것이다.

2) 천태의 마하지관

상법시대의 정사(正師)이자 중국 천태종의 개조(開祖)인 천태(538~597년)는 지의(智顗)라는 시호를 가지고 있다. 천태대사는 중국의 진(陳) · 수(隋) 나라 시대에 법화경을 선양한 사람이다. 남악대사 혜사(慧思)를 사사(師事)하여 대소산(大蘇山)에서 불도수행에 정진하였고, 약왕품의 글을 사색하는 가운데 깨달았다고 전해진다. 이후 수많은 명강의로 명성이 높았는데, 나중에 천태산에 올라가 원돈지관(圓頓止觀)을 깨달아 『법화현의(法華玄義)』, 『법화문구(法華文句)』, 『마하지관(摩訶止觀)』 등 이른바 천태삼대부를 강의하였다. 『법화현의』는 제경 중에 제일인 법화경의 의의를 자세히 설하였고, 앞서 지적한 오시(五時)의 설을 세워 많은 경전을 정리하고 판별하였다. 『법화문구』는 법화경의 문문구구(文文句句)에 주석을 붙인 것으로, 석존일대의 설법의 진의가 사실은 법화경임을 명백히 하였다. 삼대부 중에서 가장 중요한 『마하지관』은 법화경에 근거하여 불법의 실천원리인 원돈지관(圓頓止觀)의 관법을 밝혔다. 그리고 여기에 일념삼천(一念三千)이라고 하는 중요한 법문을 설하였다. 따라서 마하지관은 천태의 출회의 본회에 해당한다고 할 수 있다.

마하지관에서 밝힌 원돈지관에서 원돈(圓頓)이란 깨달음의 경지에서 본다면, 모든 것이 중도실상(中道實相)으로서 모두가 진실이기 때문에 이를 깨닫고 곧바로 성불에 이를 수 있음을 말한다. 그리고 지관(止觀)은 정신을 집중하여 마음이 고요한 상태에서 실상(實相)을 올바로 관찰한다는 뜻이다. 우주만물은 인식주체에 따라 유무를 초월한 상태인 공(空), 외부에 현상적으로 나타난 모습인 가(假), 공이고 가이면서도 불변하는 실재인 중(中)으로 파악된다. 그러나 이러한 공가중(空假中)은 연기(緣起)에 의해 갖가지 조건에 따라 일어나는 것으로서, 실제로는 결국 하나이다. 즉, 삼제(三諦)라고 해도 일제(一諦)에 포함되고, 일제도 삼제의 일면에 의해 파악된다. 즉, 삼제원융(三諦圓融)이다. 이를 이해함으로써 단계적 수행이 아니라, 순간적으로 궁극적 깨달음에 이를 수 있게 된다. 따라서 원돈지관은 한마디로, 순간에 일어나는 중생의 마음의 참된 모습이 불가사의(不可思議)하다는 것을 관찰하는 관심법(觀心法)을 말한다.

사실 원돈지관은 천태가 체계적으로 정리하고 발전시킨 것이지만, 원시불교 이래 하나의 수행방법으로서 전해 오고 있었다. 그러나 천태가 밝힌 일념삼천은 불법의 극리(極理)를 밝힌 것으로서 불교역사에서 중요한 부분을 차지한다. 일념삼천에서 일념(一念)이란 우주 삼라만상(森羅萬象) 생명의 궁극적 모습인 실재(實在)를 말한다. 그리고 삼천(三千)이란 우주의 온갖 현상을 생명의 관점에서 구분한 것이다. 생명은 모두 십계(十界)를 가지고 있고, 각각의 십계는 호구(互具)하여 백계가 된다.[04] 그리고 백계는 각각 생명의 열 가지 모습이나 기능인

04 십계란 생명의 경계를 열 가지로 구분한 것으로서, 지옥(地獄), 아귀(餓鬼), 축생(畜生), 수라(修羅), 인(人), 천(天), 성문(聲聞), 연각(緣覺), 보살(菩薩), 불(佛) 계 등을 말하고, 호구란 서로 갖춘다는 의미이다. 즉, 지옥계에도 천계나 보살계가 있고, 불계에도 지옥이나 아귀계를 갖추고 있다는 것이다(한국SGI 편, 1995: 22-25).

십여시(十如是)를 갖추고 있어서 천여시가 된다.[05] 천여시는 생명의 세 가지 관점인 삼세간(三世間)을 갖추고 있어서 삼천세간이 된다.[06] 이렇게 하여 삼천세간(三千世間)에 의해 우주만물의 모든 모습을 총합적으로 포착하게 된다. 일념삼천이란 삼라만상 모두가 일념에 포함되고, 일념의 변혁으로 일체를 변혁할 수 있다는 것을 설한 것이다. 즉, 어떠한 상태에서도 순간의 일념에 의해 시공간적 경계를 넘어 우주와 융합하여 일체를 창조하는 힘을 갖게 된다. 이것은 마음의 위대한 힘을 설한 불교, 특히 법화경에서 매우 중요한 법리로서 천태의 마하지관의 핵심이라고 할 수 있다.

3) 니치렌의 7문자 법화경

천태가 석가의 설법을 오시로 구분한 것 중에서 방등시에 해당하는 대집경(大集經)에는 석존이 자신의 멸후 시기를 5개의 500세로 나누어 사후 2,000년이 지난 말법의 시대인 제5의 500세에 투쟁언송 백법은몰(鬪爭言訟 白法隱沒)이 일어난다고 예언하였다. 이후 13세기 일본의 니치렌(日蓮)은 민중구제를 위해 말법의 시기에 맞는 7문자 법화경을 세웠다. 니치렌은 1222년 일본 아와지방(지금의 지바현) 도조향 외딴 어촌의 가난한 어부의 아들로 태어났다. 12세 때 세이초사(淸澄寺)로 들어가 도젠보(道善房)를 스승으로 삼았다. 이후 히에이산을 비

05 십여시란 우주만물이 시시각각 변해 가는 모습을 열 가지로 구분한 것으로서, 여시상(如是相), 여시성(如是性), 여시체(如是體), 여시력(如是力), 여시작(如是作), 여시인(如是因), 여시연(如是緣), 여시과(如是果), 여시보(如是報), 여시본말구경(如是本末究竟) 등 10가지를 말한다(한국SGI 편, 1995: 75-78).

06 삼세간이란 개별생명이 오음(五陰)에서 차이가 있다는 오음세간, 오음이 임시로 화합한 중생이 생명경계에서 차이가 있다는 중생세간, 그리고 중생이 살고 있는 장소에 차이가 있다는 국토세간 등을 말한다. 삼세간은 이전경에는 없다가 법화경의 본문에 와서야 비로소 갖추어지게 되어 중생과 국토의 관계가 분명해지게 되었다(한국SGI 편, 1995: 23-24, 79-82).

롯하여 일본의 여러 사찰을 돌며 모든 경전을 탐독하고 1253년 4월 28일 정오, 세이초사의 지불당(持佛堂)에서 4개 격언(格言)을 설하여 염불종 등을 파절함과 동시에 남묘호렌게쿄(南無妙法蓮華經)라고 창제(唱題)하며, 이것이 말법의 중생을 구제하는 정법(正法)임을 선언하였다(한국SGI 편, 2009: 56-58). 이후 세이초사를 떠나 가마쿠라로 갔고, 가마쿠라 나고에 마쓰바가야쓰에 초암을 짓고 홍교를 시작하자 많은 사람들이 제자가 되었다.

니치렌의 7문자 법화경을 삼대비법(三大秘法)의 남묘호렌게쿄(南無妙法蓮華經)라고 한다. 삼대비법이란 세 가지 최고로 뛰어난 비요(秘要, 부처가 마음속에 숨겨 놓은 간요의 법문)가 되는 법이라는 뜻으로, 본문(本門)의 본존(本尊), 본문의 계단(戒壇), 본문의 제목(題目) 등 세 가지를 말한다.[07] 삼대비법은 말법 만년에 불법을 유통하여 중생을 구제하기 위한 것으로서, 니치렌의 출세의 본회이자 교의(教義)의 근본에 해당한다. 즉, 석존의 불법에서 말한 사제(四諦), 십이인연(十二因緣), 육도(六度), 지관(止觀) 등과 같은 번잡한 수행 없이 누구나 쉽게 성불할 수 있는 길을 연 것이다. 니치렌의 7문자 법화경은 석존 법화경 제16품 여래수량품의 문저(文底)에 비침되어 있는 불종(佛種, 성불의 종자)이자, 제21품 여래신력품에서 석존이 멸후를 위해 상행보살에게 부촉한 요법(要法, 간요의 법)에 해당한다고 본 것이다. 법화경에서는 말법에 법화경 홍통자가 대난(大難)을 받는다고 하였다. 니치렌이 7문자 법화경을 입종한 것은 그러한 대난을 받더라도 중생을 구제하겠다는 서원을 맹세한 것이라고 할 수 있다. 또한 불교에서는 시(時)를 중

07 본문의 본존은 우주의 생명의 근원적 실재인 南無妙法蓮華經를 말하는 것으로서, 곧 니치렌 자신의 생명 그 자체이다. 이것을 인법일개(人法一箇)라그 한다. 즉, 법본존과 인본존이 일체라는 의미이다. 본문의 계단은 본문의 본존을 안치한 장소를 말한다. 본문의 제목은 중생이 南無妙法蓮華經를 부르는 것을 말한다. 물론 제목은 신행구족(身行具足)이라서 자행화타에 걸친 것을 말한다(한국SGI 편, 1995: 249-256).

시하는데, 용수(龍樹), 천친(天親), 천태, 전교 등도 법화경 제16품 여래수량품에 비침되어 있는 정법을 알고 있었고, 특히 천태는 이를 가슴 속에 품고 말법에 태어나 정법을 만나기를 소원하였다고 한다.

석존이 중생에게 교시한 법화경이나 니치렌의 법화경은 만인성불을 설한다는 점에서는 같다. 그러나 석존의 법화경이 탈익(脫益)의 법인 데 비해, 니치렌의 불법은 하종(下種)의 법이라는 차이가 있다(어서, 753). 석존의 불법은 법화경, 구체적으로는 본문 제16품 여래수량품에서 석존의 본인(本因)이 밝혀졌으므로, 과거에 석존에 의해 하종과 교화를 받은 사람들은 법화경에 와서 성불할 수 있었다(탈익). 그러나 대집경의 예언처럼 말법에 백법(白法, 모든 법)이 은몰한 후의 사람들은 과거에 석존의 하종을 받지 않았다. 따라서 성불하기 위해서는 새롭게 하종을 받아야 하는데, 이것은 과거 석존시대처럼 오랫동안 선근을 쌓는 과정을 거칠 수 없기 때문에 하종을 받는 즉시로 성불을 열어가야 한다(하종익). 또한 탈익의 입장에서는 석존이 구원실성이라고 하더라도 불과(佛果)를 나타내고 있을 뿐, 불종(佛種)을 나타내지 않고 있다. 반면에 니치렌의 하종의 불법은 석존을 비롯하여 일체의 부처와 중생을 성불시킨 불종자가 남묘호렌게쿄(南無妙法蓮華經)라고 분명하게 밝혔다.

법화경에서 일념삼천은 생명의 진실한 모습을 밝혔다는 데서 중요하다. 일념삼천의 핵심은 십계호구(十界互具)이다. 즉, 십계 각각의 생명에 또 십계를 갖추고 있다는 것이다. 이전경에서는 십계호구가 아니었기 때문에 이승 · 악인 · 여인 등은 성불할 수 없었다. 이것은 불교가 가진 보편적 진리에 일정한 한계를 지우게 된다. 그런데 법화경 적문에 들어와 일체중생의 성불이 가능해지게 되었다. 그런데 적문에서는 이론적으로 제법(諸法)이 묘법(妙法)의 당체(當體)라고 하여 일체중생의 성불이 가능하다고 할 뿐, 구체적인 성불의 실상(實相)이

분명하게 밝혀지지 않았다. 이것을 이(理)의 일념삼천이라고 한다. 법화경 본문에 들어와서야 구원에 성불한 본과(本果)와 본인(本因), 그리고 본국토가 사실적으로 밝혀졌다. 이를 사(事)의 일념삼천이라고 한다. 그러나 니치렌의 법화경 입장에서 보면, 석존 법화경 본문도 분명한 본인(本因)을 밝히지 않았기 때문에 이(理)의 일념삼천에 해당한다. 나아가 천태의 일념삼천 또한 자기생명을 직시한다고 했지만, 일념의 실재가 명확하지 않다는 점에서 이(理)의 일념삼천에 해당한다. 이에 반해 니치렌의 법화경은 그 일념의 실재가 남묘호렌게쿄(南無妙法蓮華經)라고 분명히 각지하고, 그것을 만다라를 통해 본존으로 도현하였다. 이렇게 됨으로써 일체중생은 창제를 통해 자신의 생명 속에 있는 우주적 본원의 불계를 일으켜 성불이 가능하게 되었다는 점에서, 니치렌의 법화경은 진정한 사(事)의 일념삼천이라고 할 수 있다(한국SGI 편, 1995: 83-86).

Ⅲ. SGI의 주요 사상

앞서 지적한 것처럼 석존 · 천태, 특히 니치렌의 법화경은 기독교 등과 같은 일신교는 말할 것도 없고, 심지어 불교 내에서도 이전경에 비해 세계와 인간을 바라보는 시각이 크게 다르다. 여기서는 SGI의 주요 사상을 법화경의 세계관과 생명관의 입장에서 크게 영원한 생명, 만인성불, 보살행, 마음의 작용 등 네 가지로 압축하여 살펴보기로 한다.

1. 영원한 생명

앞서 살펴본 것처럼, 석존 50년 설법의 진의(眞意)는 말년에 8년 동안 설한 법화경에 담겨 있고, 법화경 28품 중에서는 제16품 여래수량품이 핵심이다. 그리고 여래수량품의 핵심은 구원실성(久遠實成)이다. 여래수량(如來壽量)이란 부처의 수명을 헤아린다는 뜻인데, 결국 부처의 수명이 무량하다는 것을 말한다. 따라서 석존 개인이 특정 시기, 특정 장소에서 태어난 한 인간이 아니라, 영원한 생명을 가진 존재로서 아득한 옛날에 부처가 되어 지금도 진행 중이고, 성불한 이래 생사를 거듭하면서 사바세계에서 계속 설법을 해 왔다는 것이다. 이것은 석존을 비롯한 모든 사람의 생명이 영원하다는 것을 의미한다. 즉, 석존이 법화경의 여래수량품을 설하기 이전에 말한 시성정각의 부처의 모습은 진실이 아니라 하나의 방편으로서 그림자(迹)에 해당하고, 수량품의 구원실성이 부처의 진실한 모습(本)이라는 것이다. 즉, 본(本) · 적(迹)의 차이가 있는 것이다. 이것은 중생 개개인에게는 현세(現世)의 존재와 삶이 단일하고 일시적인 것이 아니라, 생사(生死)를 거듭하는 과정의 한 시기에 있다는 것을 말해 준다. 따라서 인간이란 존재는 우주적 차원의 영원한 생명력을 가지고 있음을 인식하고 스스로 존엄한 인생을 살아야 한다는 것을 가르쳐 준다.

인간의 생명이 영원하다는 것은 죽음 이후에도 생(生)이 있다는 것을 말한다. 인간은 태어나서 성장하고 늙어서 죽는다. 죽은 이후에 어떻게 되는가에 대해서는 다양한 종교에서 다양한 방식으로 규정하고 있다. 예를 들어, 기독교 · 이슬람교 · 유대교 등 아브라함의 일신교에서는 신에 의한 부활을 가정하고 있다. 물론 기독교에서 사후의 부활에서 영혼과 육체가 어떻게 되는가에 대해서는 의견이 분분하다. 영혼과 육체를 각각 선과 악으로 보기 때문에 부활에서는 육체는 없다고 하였으나, 이것이 정설은 아니다. 오히려 많은 학자들은 영혼과 육체가 함께한다고 본다(성염 외, 2002: 96-97; 페르센, 1985: 110; 트리그, 2003: 94-99). 의학에서도 임사체험에 대한 연구를 통해 사후세계를 규명하려고 노력하고 있다. 그러나 사후의 세계는 신비에 싸인, 경험 바깥의 세계이기 때문에 과학으로 규명하는 데 한계가 있다. 불교에서는 우주만물이 모두 생사(生死)의 법칙하에 놓여 있고, 인간도 생사를 거듭하는 윤회(輪廻)를 한다고 본다. 이러한 점에서 불교는 기독교의 1회의 전인적 부활과 차이가 있다(페르센, 1985: 110; 스티븐 하버맨, 2006: 129). 불교에서 생명은 색(色) · 수(受) · 상(想) · 행(行) · 식(識) 등 오음(五陰)이 임시로 화합한 것이다.[08] 살아 있을 때는 오음이 전체적으로 조화를 이루며 활동하고 끊임없이 변화하지만, 죽어 있을 때는 오음이 해체되어 있다. 그렇다고 무(無)가 되어버리거나 영혼만이 어딘가에 따로 존재하는 것이 아니라, 인간생명은 정신과 육체가 함께 우주생명 그 자체가 된다. 물론 이것은 공(空)의 상태이기 때문에 유무(有無)를 초월한 상태이다(이케다 외, 1993b: 262-263). 우주에 명복(冥伏)한 생명은 다시 연(緣)을 만나 우주의 물질을 응집하여 생명체로 태어나게 된다. 특히 니치렌의 법화경에서는 생사라는 것이 생명에 본유(本有)하는 것으로서, 이것을 알지 못함을 미혹(迷惑)이라고 경계하였다. 이처럼 법화경에서는 전세 · 현세 · 내세 등 삼세관(三世觀)에서 생명을 바라본다.

물론 윤회하여 다시 생으로 돌아오는 개별적 존재는 새로운 상황과 육체를 가지지만, 과거와 단절된 것이 아니다. 자신의 생명에 새겨

08 오음은 오온(五蘊)이라고도 한다. 색(色)은 외형으로서 육체를 말한다. 수(受)는 감각기관을 통해 외계를 받아들이는 것을 말한다. 상(想)은 외계를 받아들여 인식하는 것을 말한다. 행(行)은 인식에 기반하여 행동하는 것을 말한다. 식(識)은 이상 말한 모든 것을 분별하고 판단하는 근본의 마음을 말한다. 색은 생명의 물질적 측면을 말하고, 나머지 수 · 상 · 행 · 식은 정신적 측면을 말한다.

진 경향성에 따라 우주의 물질과 연을 맺게 되고, 그것에 고유한 성격을 보존하게 된다는 것이다. 인간은 살아가면서 몸, 입, 생각 등으로 선업과 악업을 만든다. 이러한 선악의 행위가 생명에 새겨져 업(業)을 만들고, 이것이 생사를 넘어 계속 된다는 것이다. 즉, 지금 자신의 모습은 과거세의 행위의 결과인 것이다. 이처럼 불교에서는 인과응보(因果應報)를 설한다. 그런데 니치렌 법화경의 특징은 인과구시(因果俱時)를 설한다는 점이다. 인과구시란 원인과 결과가 선후의 구별 없이 함께 생명에 갖추어져 있다는 것이다. 즉, 생명상에서 본다면 선업이든 악업이든 그 결과가 순간에 나타난다는 것이다. 법화경의 핵심 중의 하나인 일념삼천에 따르면, 구계의 중생도 일념에 의해 일시에 불계를 열 수 있다. 이것은 즉신성불(卽身成佛)의 불가사의(不可思議)를 말한다(어서, 513). 이런 점에서 법화경은 역겁수행을 설한 이전경과 다를 뿐만 아니라, 절대적 신에 의해 구제를 받는 기독교나 초자연적인 영지에 의존하는 영지주의(gnosticism)와도 다르다.

2. 만인성불

인간이 영원한 생명을 가지고 있다고 하더라도 깨달음을 얻지 못하고 낮은 경애로 살아가야 한다면, 정신을 가진 인간의 위상에 맞지 않을 뿐만 아니라, 결코 행복하다고 할 수 없다. 그런데 깨달음을 얻어 절대적 행복에 이를 수 있다고 하더라도, 그것이 소수의 권력자 · 귀족 · 지식인 · 성직자 등에 국한되어 있다면, 이것 또한 보편적이라고 하기 어렵다. 법화경이 모든 사람으로부터 존경을 받고 경(經) 중의 최고라고 떠받들리는 것은 모든 사람이 성불할 수 있다는 가치와 보편성을 띠고 있기 때문이다. 법화경에서는 구계즉불계(九界卽佛界)

를 설한다. 구계의 모든 중생은 불계를 가지고 있다는 것이다. 이것은 달리 말해, 범부즉극(凡夫卽極)을 말하는 것으로서, 실상은 범부가 곧 부처이라는 것이다. 범부의 모습을 하고 있지만, 내증(內證)에서는 부처의 경애를 보지하고 있는 것이다. 법화경에서 부처란 특별한 사람이거나 특별한 곳에 있는 존재가 아니다. 일상에서 자행과 화타에 걸쳐 선업을 쌓는 보살행을 실천하는 사람이 곧 부처이다. 이런 점에서 법화경은 지극히 인간적인 종교라고 할 수 있다. 원시불교에서는 생신의 석존에 초점을 두어 근원의 법이 무엇인지에 대해 탐구하려고 하지 않았다. 이후 대승불교에서는 기성불교를 혁신하여 불인(佛因)을 탐구하기는 했지만, 석존을 신성시하여 인간 석존을 간과하였다(이케다 외, 2001: 256). 이에 비해 법화경은 구원실성을 밝힘으로써 인간 석존의 불인(佛因)을 밝힌 것이다. 인간 석존의 불인을 밝힘으로써 모든 사람이 본인(本因)을 맺어 석존과 같은 부처가 될 수 있게 된 것이다.

그런데 앞서 지적한 것처럼, 니치렌의 법화경에 본다면 석존의 법화경조차 지극히 이론적 차원에 머물러 있다. 만인성불이라고 하지만, 모든 중생이 성불할 수 있는 구체적인 불인이 없었다. 니치렌은 석존을 비롯하여 모든 부처가 성불한 근원을 밝힘으로써 모든 중생이 손쉽게 성불할 수 있는 길을 열어 놓았다. 누구든지 남묘호렌게쿄(南無妙法蓮華經)라고 하는 묘법의 수행을 통해 손쉽게 석존과 같은 부처가 될 수 있다고 하였다(어서, 1443). 창제행을 통해 생명 속의 불계를 용현함으로써 범부의 모습으로 불과(佛果)에 도달할 수 있다고 보았다. 사실 니치렌은 어릴 때 사찰에서 고등교육을 받았기 때문에 그 당시로서는 지식인이자 엘리트였다. 그러나 스스로 빈궁한 천민의 집안 자식으로 태어났음을 강조하고 있다(어서, 958, 1332). 부처가 이러한 신분이라면, 모든 사람이 평등하게 부처가 될 수 있는 것은 당연하다.

니치렌이 "법화경을 수행하는 사람은 하찮은 촌부라고 하더라도 삼계(三界)의 주(主)인 대범천왕 · 석제환인, 중국과 일본의 국주(國主)보다 뛰어나다(어서, 1378)."고 선언한 것도 성불 평등주의를 잘 보여 준다.

만인성불이라면 당연히 여성도 성불할 수 있어야 한다. 그런데 니치렌의 재세 시 일반인들의 생활은 비참한 수준이었고, 여성은 더욱 고통을 받고 있었다. 더구나 여성은 삼종(三從)을 강요받던 시대였기 때문에 자유가 지극히 제한된 시대였다. 석존도 법화경에 와서 여인의 성불을 설하고 있지만, 니치렌의 법화경에서는 성불에 전혀 남녀의 차별을 두지 않았다. 그뿐만 아니라, 상대적으로 약자인 여성의 행복에 지극히 관심을 가지고 여성에 대한 무수한 글을 남겼다. 예를 들어, 법화경을 수행하는 여인은 남자보다도 뛰어날 뿐만 아니라(어서, 1134), 제석천의 부인인 교시가녀나 중국의 왕비보다도 뛰어나다고 하였다(어서, 1378). 심지어 묘법을 수지한 많은 여성들에게 성인(聖人)의 호칭을 부여하였다(어서, 1217). 이처럼 니치렌의 불법에서는 신분의 차별을 넘어서서 모든 사람이 평등하게 성불할 수 있음을 강조하고 있다. 이러한 성불평등관은 SGI에서도 그대로 통용되고 있어서 남녀 간의 위계가 존재하지 않는다.

3. 보살행

법화경이 만인성불을 설하고 있다고 하더라도 성불의 경지에 가는 것은 저절로 되는 것이 아니다. 그것은 당연히 일정한 수행을 요구한다. 앞서 지적한 것처럼, 법화경은 모든 사람이 부처가 될 수 있는 불계의 생명을 가지고 있다고 설한다. 그렇다면 성불하기 위해서는 자신의 생명에 갇혀져 있는 불계를 열어야 한다. 그런데 소승경에서는 회신멸지(灰身滅智)라고 하여 자신을 소멸시켜 번뇌를 단절하는 데 초점을 두고 있다. 하지만 몸을 가진 인간은 본연적으로 욕망을 가진 존재이기 때문에, 번뇌를 단절한다는 것은 일반인에게 매우 어렵고 험난한 고행이 아닐 수 없다. 또한 일신교에서는 이러한 번뇌의 해결을 초월적인 신(神)에게 맡긴다. 그러나 니치렌의 법화경에서는 번뇌의 단절이나 소멸이 아니라, 번뇌 그 자체를 보리로 바꾸는 것을 강조한다. 즉, 번뇌즉보리(煩惱卽菩提)이다(어서, 710). 번뇌를 보리로 바꾸기 위한 방식이 바로 창제행이다. 물론 창제의 대상이자 우주 근원의 법인 남묘호렌게쿄(南無妙法蓮華經)는 멀리 있는 것이 아니라, 바로 모든 사람의 흉중(胸中)에 있다고 하였다(어서, 1244). 니치렌은 모든 사람의 생명 속에 있는 불계를 한 폭의 만다라로 도현하였고, 말법의 중생들은 그것을 본존으로 하여 창제함으로써 자신의 불계를 용현하여 상락아정(常樂我淨)의 복덕을 열 수 있다고 하였다.[09]

창제행을 통해 자신이 부처임을 깨닫고 대환희를 느낀다고 하더라도, 타인이 불행에 빠져 있다면 이것은 아무런 의미가 없다. 불교가 강조하는 연기론(緣起論)에 의하면, 나의 행복은 곧 다른 사람의 행복과 연결되어 있기 때문이다. 사실 모든 종교에서는 이타행을 강조한다. 기독교에서 말하는 '내려놓음'(이용규, 2006), 동학에서 말하는 '모심'(윤노빈, 2003)은 모두 이타행을 말한 것이다. 하지만 대승불교인

09 불교에서는 우주생명에 열려진 환희의 생명을 상락아정(常樂我淨)이라는 4가지 덕(德)으로 설명한다. 상(常)은 짧은 견해나 낮은 사고에서 벗어나 영원한 생명관에서 변화하는 세상을 파악하고 각종 어려움을 극복해 가는 지혜를 말한다. 락(樂)은 외부영향에 의해 고통을 당하거나 불안해하지 않고 높은 인격적 경애를 가지고 유유하게 삶을 즐기는 것을 말한다. 아(我)는 자기의 죽음이나 타인의 속박, 그리고 만심과 이기주의에서 벗어나 확고한 자아를 확립하는 것을 말한다. 정(淨)은 개인의 번뇌나 세상의 악덕과 부정에 오염되지 않고 자신을 깨끗하게 하고 외부환경을 정화시켜 가는 청정한 생명력을 말한다. 법화경 제15품 종지용출품에 나오는 구변행보살, 안립행보살, 상행보살, 정행보살은 각각 상락아정의 4가지 덕을 대표하는 지용보살이다.

법화경에서는 단순히 이타행을 강조하는 것을 넘어, 타인의 행복을 위해 힘쓰지 않는 사람은 아예 불계에 이를 수 없다고 단정적으로 말한다. 만인성불의 원리에서 본다면, 내가 부처의 생명을 가지고 있음과 동시에 타인도 부처의 생명을 가지고 있다. 즉, 인간은 평등하고 모두가 존엄한 것이다. 따라서 자신의 행복을 바라면서 타인의 행복을 방기하는 것은 부처를 멸시하거나 부처에 무관심하게 되어 만인성불의 원리에 어긋난다. 불교에서 자기 탐욕을 위해 타인을 마음대로 지배하려는, 타화자재천(他化自在天)이라는 생명의 마성(魔性)을 가장 경계하는 것도 이러한 이유 때문이다. 대승(大乘)이란 그 자체가 '커다란 탈 것'을 의미하므로 행복에 이르는 길에 많은 사람을 태운다는 의미이다. 따라서 법화경은 보살행을 성불에 이르는 직도(直道)라고 강조한다.

보살이란 타인의 고통을 자신의 고통으로 여기는 사람이다. 자신을 가볍게 여기고 타인을 중히 여기는 사람이다. 따라서 타인의 고통을 제거하고 안락을 주기 위해 잠시도 멈추지 않고 맹렬하게 행동한다. 그렇다고 보살행을 정토(淨土)에서 하는 것이 아니다. 석존은 법화경에서 각종 사바세계에서 수많은 중생을 교화해 왔다고 하였다. 따라서 진정한 부처는 어렵고 험난한 사바세계에서 중생구제를 위해 활동한다. 법화경 제15품 종지용출품에서는 여연화재수(如蓮華在水)를 설하고 있다. 이것은 진흙탕(연못) 속에 피어 있는 아름다운 연꽃을 말한다. 따라서 보살은 고뇌로 가득한 힘든 세상에 살면서도 연꽃과 같은 고귀한 모습을 하고 있는데, 그것은 바로 험난한 속세에서 인간구제의 실천을 하고 있기 때문이다. 니치렌의 법화경에서 보살행이 더욱 중요한 의미를 지니는 것은 불법 수행자를 '지용보살'로 보기 때문이다. 지용보살(地涌菩薩)은 법화경 제15품 종지용출품에서 언급되는데, 석존의 멸후 말법에 법화경 홍통을 맹세한 사람들로서 석존의 구원(久遠)의 제자이다. 달리 말하면, 지용보살은 본화(本化)의 보살로서 본래 부처이다. 즉, 범부의 모습을 하고 있지만, 아득한 옛날에 이미 부처가 된 사람들로서 내증에서는 부처와 같은 경애를 가지고 있다는 것이다. 따라서 지용보살은 부처의 출세의 본회와 똑같은 사명을 가지고 타인의 행복을 위해 힘쓰는 사람이다.

4. 마음의 작용

영원한 생명을 가지고 부처의 경애를 지닌 모든 사람이 보살행을 통해 상락아정의 행복에 이른다고 했는데, 그것이 사실일까? 더구나 방편(方便)으로 열반(涅槃)을 한다고 하지만, 사후에도 부처의 경지에서 환희를 느낄 수 있을까? 이에 대해 니치렌의 법화경은 많은 내용을 설하고 있다. 사실 니치렌 불법의 핵심은 여기에 있다고 해도 과언이 아니다. 이에 대해 니치렌은 법화경의 진실이 문헌상에도 나와 있고, 이치상으로도 맞지만, 현증으로 뒷받침된다고 말한다. 병을 얻은 여인에게 만다라를 보내 주면서 법화경의 힘을 시험해보라든가(어서, 985), 해가 서쪽에서 뜰지라도 법화경 행자의 기원이 이루어진다(어서, 1352)고 말한다. 뉴턴(Isaac Newton)의 고전역학은 말할 것도 없고, 아인슈타인(Albert Einstein)의 상대성이론에서도 우주는 국소적이었다. 그러나 1964년 벨(John Bell)의 부등식(Bell's inequality)이 발표되고, 1982년 아스페(Alain Aspect)의 실험을 거쳐 우주만물이 서로 연결되어 있다는 비국소성(nonlocality)이 증명되었다(이종필, 2008: 125; 그린, 2005: 39).[10] 우주의 비국소성은 양자얽힘(quantum entangle-

10 1930년대 아인슈타인은 그의 동료들과 함께 발표한 논문에서 상대성이론에 근거할 때 물체나 신호가 빛보다 빠를 수가 없기 때문에 어떤 행위가 거리에 관계없이 즉각

ment)으로 설명하기도 하지만, 최근에는 봄(David Bohm)이 말한 초양자포텐셜(super-quantum potential)에도 관심을 기울이고 있다. 우주는 홀로그램(hologram)의 직물처럼 공간을 초월하여 초양자포텐셜로 서로 연결되어 있다는 것이다(봄, 2010). 그뿐만 아니라, 양자역학에서 입자-파동 이중성(particle-wave duality)과 초끈이론(super-string theory), M이론(m-theory) 등이 제시되면서 우주는 일종의 홀로그램으로서 공간을 초월하여 마음이 작용한다고 본다(탤보트, 1999). 인간의 생명을 연구하는 의학자들도 마음의 작용에 대해 새롭게 접근하면서 마음이 중요한 사회적 작용을 한다고 본다(강길전 · 홍달수, 2013; 호킨스, 2006).

법화경에서는 마음의 작용을 색심불이(色心不二)와 의정불이(依正不二)로 설명한다. 먼저 색심불이란 색법(色法, 육체의 작용)과 심법(心法, 마음의 작용)이 별개의 것으로 보이지만, 일념삼천의 법리에서 본다면 생명 그 자체에서는 양자가 일체라는 것이다. 주지하듯이, 동서양을 막론하고 오랜 옛날부터 생명의 본질인 정신(영혼)과 육체(물질)에 대해 논쟁이 있어 왔다. 대표적으로 유심론(唯心論)과 유물론(唯物論) 간의 논쟁을 예로 들 수 있다. 색심불이는 정신과 육체의 어느 한쪽이 아니라, 양자가 생명에 통일적으로 결합되어 있다는 것이다. 물론 핵심은 마음이다. 색(色)을 빙산의 보이는 부분에 비유한다면, 심(心)은 빙산의 보이지 않는 부분에 해당한다(한국SGI 편, 1995: 258-259). 불도수행에 의해 우주의 본원적 생명에 합치하면 색심이 함께 부처에 도달할 수 있기 때문에, 당연히 수행의 결과는 외형적인 형태

적으로 영향을 미친다는 것을 부정하였다. 그러나 1982년 파리대학교 광학연구소의 아스페와 그의 동료들은 실험을 통해 멀리 떨어져 있는 두 지점 사이에 즉각적인 연결고리가 있음을 확인하였다. 이것은 광자(photon) 사이가 초공간적으로 연결되어 광속을 넘는 정보전달이 일어남을 말한다(이종필, 2008: 125; 그린, 2005: 39; 탤보트, 1999: 83-84).

로 나타나게 된다. 석존은 화엄경에서 유심론을 설하였지만, 법화경에 와서 십여시(十如是)를 설함으로써 유심론을 극복하게 되었고, 니치렌의 법화경에 와서는 생명 본원의 묘법을 밝힘으로써 색심불이가 현실화되었다.

의정불이란 의보(依報)와 정보(正報)가 둘이지만 실제로는 하나로 통합되어 있다는 것을 말한다. 여기서 정보란 삶을 영위하는 주체(중생)를 말하고, 의보란 중생이 삶을 영위하기 위한 의처가 되는 환경(국토)을 말한다. 그리고 보(報)란 과보(果報)를 의미한다. 선악(善惡)의 행위(業)가 생명에 새겨져 인(因)으로 되어, 그것이 연(緣)을 만나 인연화합(因緣和合)하여 선악의 과보가 되어 나타난다는 것이다. 생명상에서 보면 의보와 정보가 서로 연결되어 뗄 수 없는데, 환경에 의해 중생의 생명이 형성되고, 또 중생의 작용에 의해 환경의 양상도 나타나게 된다. 그렇지만 정보는 체(體)에 해당하고, 의보는 그림자에 해당한다(어서, 1140). 일념삼천의 법문에서 보면, 일념에 우주만물이 모두 들어와 있기 때문에 국토도 일념삼천의 당체이다(어서, 1358). 따라서 당연히 십계를 갖추고 있다. 그러므로 중생의 경애에 따라 환경(국토)의 상태가 결정된다. 즉, 중생의 마음이 깨끗하면 국토도 청정하고, 중생의 마음이 더러워지면 국토도 더러워지게 된다. 우리가 흔히 정토(淨土)와 예토(穢土)를 구분하지만, 사실상 둘 사이에 차이가 있는 것이 아니라, 오직 인간 마음의 선악에 달려 있는 것이다(어서, 384).

Ⅳ. SGI의 주요 개념

아무리 훌륭한 성불의 법이 있다고 해도 그것을 수행하는 것은 인간이며, 또한 이것을 사람들에게 전달하고 유포하는 것도 인간이다. 이러한 이유 때문에 같은 종교를 믿는 사람들은 수행과 홍교를 위해 교단(敎團)을 형성하게 된다. 니치렌은 재세 시에 천만의 기원보다는 자신의 가슴 속에 있는 일흉(一凶)을 금해야 한다고 경계하였다(어서, 24). 가슴 속에서 정의와 평화를 파괴하는 악과 싸우는 것이 중요하다는 것이다. 니치렌의 법화경에 나타나 있는 자비와 평화의 정신을 현실에 그대로 실천하는 대표적인 교단이 바로 SGI이다. 니치렌 불법을 실천하는 SGI의 주요 개념을 살펴보기 위해서는 SGI의 결성과 발전과정을 간단하게 살펴보아야 한다.

1. SGI의 결성과 활동

니치렌은 1222년에 태어나 1253년에 입종선언을 하고 1282년에 입멸하였다. 니치렌은 입멸 직전 닛코(日興上人)에게 본존유포와 본문계단의 건립 등 일체를 부촉하였다. 닛코 상인은 가마쿠라 막부의 권력의 탄압에도 굴하지 않고 미노부 구온사(久遠寺)를 근거로 일본 전국을 돌아다니며 홍교하였다. 그러나 일본 불교는 본래 승려가 중심이 되어 장례를 치르고 제사를 지내는 성격이 강하여, 니치렌의 법화경은 크게 유포되지 못하였다. 이러한 니치렌의 불교가 현실에서 되살아나 유포되기 시작한 것은 마키구치 쓰네사부로(牧口常三郎)가 1930년 재가 불교단체로서 교육자를 중심으로 한 창가교육학회를 창

설하면서부터이다.

마키구치는 홋카이도 보통사범학교(현재 홋카이도교육대학)를 졸업하고, 부속소학교 지리교사가 되었다. 지리학에 관심이 많았던 그는 1894년 지리학 집필을 시작하여 이 책의 출판을 위해 1901년 도쿄로 상경하였다. 1928년 도쿄에서 같은 교육자로부터 니치렌 불법을 소개받고, 열흘 동안 열띤 강론 끝에 신도가 되어 불교에 귀의하였다. 이때의 심경에 대해 마키구치는 1935년에 저술한 『창가교육학체계 개요』에서 "이루 말할 수 없는 환희로 거의 60년에 이르는 생활법을 일신(一新)하였다."고 술회하였다.

마키구치가 1919년 도쿄 시타야구(區)(현재 다이토구)에 있는 니시마치보통소학교 교장으로 있을 때, 도다 조세이(戸田城聖)를 만나 사제(師弟)의 인연을 맺게 되었는데, 이때 마키구치가 49세, 도다가 20세였다. 마키구치는 초등교육의 현장에 있으면서 교육학에 대해 오랫동안 연구해 왔는데, 그동안의 연구를 모아 1930년 『창가교육학체계』 제1권을 발간하였다. 여기에 발행인 겸 인쇄인이 도다의 이름으로 되어 있고, 발행소가 창가교육학회로 되어 있다. 창가교육학회는 이렇게 1930년 두 사람의 이름으로 세상에 나오게 되었지만, 이후 가입자가 늘어나 니치렌의 불법을 실천하고 포교하는 재가신도 불교단체로 발전하였다. 그리고 교육자를 넘어 일반인도 가입하게 되었다. 그러나 이때 일본은 군국주의하에서 침략전쟁을 일삼고 종교단체법과 치안유지법을 만들어 고등경찰이 회합을 삼엄하게 감시하였다. 이러한 감시와 압박 속에서도 창가교육학회는 1942년에 회원이 3천여 명에 이르게 되었다.

이때까지만 해도 창가교육학회는 다이세키사(大石寺)의 일련정종 종문과 큰 마찰이 없었으나, 1943년에 종문이 군부의 박해가 두려워 학회 회원도 신찰(神札)을 받도록 강요하였다. 즉, 일본이 신으로 여기는 천조태신(天照太神)을 섬기고 현인신(現人神)인 천황(天皇)이 선민사상(選民思想)에 근거하여 다른 국가를 선도하기 위한 전쟁을 정당화한다는 것이다. 그러나 마키구치는 학회가 니치렌의 자비와 평화정신을 관철하는 단체로서 전쟁을 옹호하는 신찰은 방법(謗法)이라고 거부하였고, 이로 인해 1943년 다른 간부 20명과 함께 경찰에 체포되었다. 군부정권의 엄중한 취조 속에서 의지를 굽히지 않자, 치안유지법 위반과 불경죄로 1943년 9월 기소되었다. 고령의 나이에 혹독한 추위와 열악한 식사로 마키구치는 1944년 11월 73세로 감옥에서 순교하였다. 그 당시 일본에서는 1,500여 개의 종교단체가 있었는데, 그중에서 1%인 15개 단체가 군부정권의 침략전쟁에 반대하였고, 그중 3개 단체의 대표와 간부들이 구속되었다. 그리고 구속된 사람 중의 1명이 옥사하였는데, 그가 바로 마키구치이다. 이것은 SGI의 전신, 창가교육학회 초대회장의 전쟁반대와 평화에 대한 강렬한 의지를 잘 보여준다.

도다(戸田城聖)는 마키구치의 제자로서 스승과 뜻을 함께하다 투옥되었는데, 옥중에서 스승 마키구치의 건강을 염려하여 창제로써 기원하였고 독서에도 열중하였다. 특히 옥중에서 한자로 된 어려운 법화경을 공부하고 있었는데, 1944년 법화경을 4번째 읽던 중 법화경의 개경인 무량의경 덕행품의 일절을 읽다가, "부처란 곧 생명이다. 자신의 생명에 있으며 우주의 생명이기도 하다."라는 것을 깨달은 후, 어려운 법화경을 마치 전생(前生)에서 배운 것처럼 생생하게 이해할 수 있게 되었다고 한다. 그리고 석존 법화경의 본의가 무엇인가를 깨달으면서 묘법유포를 위해 일생을 걸기로 맹세하였다.

일본이 제2차 세계대전에서 패망하기 직전인 1945년 7월 3일에 나카노형무소에서 출옥한 도다는 해체된 창가교육학회 재건에 나섰다. 그해 10월 도쿄에서 〈일본정학관〉이라는 출판사를 차렸고, 이듬해 1946년 창가교육학회를 창가학회로 명칭을 바꾸었다. 이것이 바로 창가학회의 시작이다. 도다는 1951년 5월 3일 창가학회 제2대 회장에 취임하여 이미 창간된 기관지『대백련화』외에〈세이쿄신문〉을 창간하였고, 일련정종 59세(世) 니치코상인(堀日亨上人)에게 편찬을 의뢰하여, 1952년 니치렌 입종 700년 즈음에『니치렌대성인 어서』를 발간하였다. 재임 중 1951년 종교법인을 설립하고, 1957년 원수폭금지선언 등을 제시하였으며, 1957년에 서원했던 75만 세대 회원을 달성한 후, 이듬해 1958년 4월에 58세로 사망하였다. 오늘날 전 세계 수천 만 명의 SGI 회원들이 도다를 추앙하는 것은 그가 전쟁을 반대하고 평화를 지향하는 정신을 지니고, 오늘날 SGI의 교학적 · 조직적 토대를 구축했기 때문이다.

이케다 다이사쿠(池田大作)는 1947년 8월 조그마한 좌담회에서 도다를 만나 니치렌 불법에 입신하였다. 이때 도다가 47세, 이케다가 19세였다. 도다와 사제의 인연을 맺은 이케다는 20대에 도다 2대 회장을 도와 일본 전역의 니치렌 불법 포교를 지휘하였고, 도다의 서거 이후 1960년 5월 3일에 창가학회 제3대 회장으로 취임하였다. 이케다는 1928년 현재의 도쿄 오타구 오모리기타에서 태어났는데, 10세 때 태평양전쟁이 일어나 4명의 형이 모두 징병으로 전쟁터에 끌려 나갔고, 형을 대신하여 군수공장에서 일하면서 심한 결핵을 앓고 있었다. 형들로부터 들은 전쟁의 비참함, 큰형의 전사, 어머니의 슬픔 등을 어린 시절에 체감하였다. 회장 취임 이후, 도다의 유언을 받들어 1960년 아메리카 방문을 시작으로 세계광포를 개시하였다. 그리고 1975년 1월 26일 괌에서 세계 51개국의 니치렌 교단 대표가 모여 국제창가학회(SGI)를 발족하고, 회장에 취임하였다. 제2대 회장 도다가 그랬던 것처럼, 제3대 회장 이케다도 스승의 뜻을 받들어 평생 동안 전쟁반대와 평화를 위한 각종 활동을 추진하였다.

SGI는 현재 세계 192개 국 · 지역에서 1,500만여 명의 회원이 가입되어 있다. 유엔의 경제사회이사회(ECOSCO)에 협의적 지위를 가진 NGO(nongovernmental organization)로 등록되어, 분쟁 · 질병 · 기근 · 환경파괴 등에 대한 해결책을 제시함과 동시에 이를 해결하기 위한 시민운동을 전개하고 있다. 한국SGI는 세계 192개국으로 구성된 SGI에 가입된, 니치렌 불법의 한국 재가 신도단체이다. 한국에서 니치렌의 법화경이 유포된 것은 1960년대 초, 일본의 창가학회 회원 재일교포가 조국의 친척들에게 니치렌의 불법을 소개하면서 시작되었다. 이후 일본 종교라는 비판과 박정희 정권의 탄압이 있었으나, 1961년 8월 대구에서 최초의 소규모 좌담회 개최를 시작으로 집회를 시작하였고, 1970년대에 회원이 수십만 명에 달했고, 2020년대에 150만 명으로 늘었다. 한국SGI도 SGI의 이념에 맞추어 다양한 지역사회 공헌활동을 하고 있다.

2. SGI의 주요 개념

앞서 살펴본 SGI의 사상에 주요 개념이 거의 포함되어 있다. 따라서 여기서는 앞서 언급되지 않았던 SGI의 주요 개념으로서 인간혁명, 휴머니즘, 평화, 사제불이 등 네 개의 개념에 대해 살펴보기로 한다.

1) 인간혁명(人間革命)

SGI가 사용하는 각종 개념 중에서 가장 많이 언급되는 개념 중의 하나가 '인간혁명'이다. SGI 제3대 회장 이케다는 1964년 12월 2일 스승 도다의 일대기를 기록한 『인간혁명』을 집필하여 SGI의 신문인 〈세이쿄신문〉에 게재를 시작하였다. 그리고 1993년 2월에 최종 게재를 한 다음, 나중에 이것이 11권의 책으로 나오게 되었다. 또한 1993년 8월 자신의 일대기인 『신인간혁명』을 집필하여 역시 〈세이쿄신문〉에 게재를 시작하였다. 그리고 2018년에 최종 게재를 한 다음, 나중에 이것을 30권의 책으로 출판하게 되었다. 인간혁명이란 문자 그대로 한 개인의 혁명적인 변화를 지칭한다. 불교적 관점에서 본다면, 이것은 자신의 생명 속에 내재된 잘못된 습관을 교정하고 불계라고 하는 청정하고 자비로운 생명을 발현하여 완전한 인격체로 성장해 가는 것을 말한다. 이것은 불도수행자로서 개인의 수행방식이면서 한 개인이 가진 위대한 힘을 적시한다. SGI가 니치렌 불법을 실천하는 교단이라는 점에서 개인의 수행을 중시하는 것은 당연한 것이다. 그러나 SGI에서 말하는 인간혁명은 여기에 그치지 않는다. 이케다는 소설 인간혁명을 집필하면서 "한 사람의 위대한 인간혁명은 이윽고 한 나라의 숙명도 전환하고, 나아가 전 인류의 숙명전환도 가능케 한다."고 말하였다. 이것은 방법론적 개인주의(methodological individualism)에 입각하여 개인의 변혁을 통해 국가와 세계의 숙명도 전환할 수 있다는 것을 주창한 것이다. 그만큼 개인이 가진 힘과 사명을 강조하고 있다. 제3대 회장 이케다가 SGI 회원들에게 미치는 영향력을 고려하건대, SGI 회원들에게 인간혁명이란 용어는 매우 중요하고, 더구나 SGI 회원들은 조석(朝夕) 근행창제 때 자신의 인간혁명을 기원문의 일부로 사용하고 있다.

2) 휴머니즘(humanism)

SGI는 1995년에 제정된 헌장에서 10개의 목적 및 원칙을 정하여 두고 있다. 이 원칙에서 첫 번째로 "SGI는 생명존엄의 불법(佛法)을 기조로 하여 전 인류의 평화 · 문화 · 교육에 공헌한다.'고 되어 있다.

이러한 생명존엄에 기초하여 다음 조항에서 차별의 금지, 인권의 존중, 신교의 자유, 관용의 정신, 대화의 강조, 다양성의 존중, 좋은 시민, 자연보호 등과 같은 목적 및 원칙이 나온다. 즉, 법화경과 니치렌의 불법에서 설하는 생명존엄에 대한 사상에 기초하여 타자를 존중하고 사회의 안전에 기여한다는 것이다. 이러한 점에서 휴머니즘은 SGI의 근본에 해당한다. 휴머니즘에서 중요한 것은 개인이 가진 다양한 개성을 인정하고, 각종 기준에 따라 차별하거나 소외시키지 않는 것이다. 이것은 법화경에 나오는 앵매도리(櫻梅桃李)에 잘 나타나 있다. 즉, 벚나무, 매화나무, 복숭아나무, 자두나무가 각자의 특질을 가지고 모두 아름다운 꽃을 피우듯이, 모든 사람은 나름의 특질을 가지고 자신의 소중한 삶을 영위한다는 것이다. 특히 사회적 약자에 대해 관심을 가지고, 그들의 요구에 부응하는 것이야말로 휴머니즘의 핵심이라고 할 수 있다. 제2대 회장 도다는 "이 세상에 비참이라는 두 글자를 없애고 싶다."라고 일성(一聲)을 토하며 불행한 인간을 구제하기 위한 필생의 노력을 다하였다. 그리고 제3대 회장 이케다는 "가장 불행한 사람이 가장 행복할 권리가 있다."라는 지도를 통해 사회적 약자의 행복을 중시하였다. 그는 인간주의를 외치며 괴로움에 처하거나 소외된 사람에게 손을 내밀고, 그들을 공동의 행복의 장으로 이끄는 사명이 SGI 회원에게 있다고 하였다(『법련』, 2016년 8월호: 4). 휴머니즘에서 또 중요한 것 중의 하나는 '절대다수의 절대행복'이라고 하는 공리주의(utilitarianism)의 틀에서 벗어나는 것이다. 공리주의는 다양한 해석이 가능하지만, 일반적으로 사회 전체의 행복의 양을 증대하는 것에 관심을 갖는다. 이러한 태도는 실제로 한 사람의 구제, 한 사람의 행복을 소홀히 할 수 있다. 이케다 회장은 "한 사람을 소중히"라고 외친다. "한 사람을 구제할 수 없는 불법(佛法)이면 세상도 구제할 수 없다."고 보는 것이다. SGI에서는 기본적으로 성직자가 존재하지 않으며 간부와 회원 간에도 서열이 존재하지 않는다.

3) 평화

SGI의 헌장에 나와 있는 것처럼, SGI는 인류의 평화 · 문화 · 교육을 증진하기 위한 각종 활동에 참여한다. 그중에서도 특히 평화는 SGI에서 자주 사용하고 중요하게 여기는 개념이다. SGI의 삼대 회장은 동일하게 제2차 세계대전을 몸소 체험하였다. 초대 회장 마키구치는 니치렌 불교의 정신에 입각하여 끝까지 침략전쟁에 반대하여 군부정권에 의해 구속되고 옥사하였다. 제2대 회장 도다는 스승과 함께 구속되었고, 출옥 후 전쟁으로 폐허가 된 비참한 현장을 목격하면서 전쟁을 절대악으로 규정하고, 죽기 직전 핵무기 폐기, 원수폭금지를 그의 청년 제자들에게 유훈으로 남겼다. 제3대 회장 이케다는 예민한 청소년시절에 전쟁을 경험하였고, 스승 도다의 유훈을 받들어 평생 전쟁 반대와 평화 구축을 위한 노력을 전개하였다. 그는 총 41권에 달하는『인간혁명』제1권 첫머리에 “전쟁만큼 잔혹한 것은 없다. 전쟁만큼 비참한 것은 없다.”라고 적고 있다. 그리고 세계평화를 증진하기 위해 중일국교정상화, 중소우호 증진, 남북한 교류 등을 제안하였고, 1983년부터 시작된 1 · 26 SGI의 날 기념제언에 무수한 평화제언을 하였다. 핵무기 폐기 및 평화구축을 위해 토인비를 비롯하여 노벨상 수상자 폴링(Linus Pauling), 평화학자 갈퉁(Johan Galtung), 하버드대학 교수 웨이밍(Tu Weiming), 인도 간디기념관장 라다크리슈난(N. Radhakrishnan), 모스크바대학 총장 로그노프(Anatoli Logunov), 로마클럽 창시자 페체이(Aurelio Peccei), 제주대학교 총장 조문부 등 세계 무수한 식자들과 대담을 진행하였다. 이러한 공로로 그는 이탈리아의 국민훈장을 비롯하여 각국으로부터 30여 개의 국가훈장, 중국 베이징

대학교를 비롯하여 400여 개의 대학으로부터 명예박사 및 학술칭호, 미국 캘리포니아주 LA를 비롯하여 800여 개 도시의 명예시민증을 받았다. 또한 그의 저술활동에 대해 1981년 세계예술문화아카데미의 계관시인 칭호를 포함하여 세계 문학계로부터 27개의 칭호를 수여받았다. 한편 SGI는 핵무기 폐기를 위한 1천만 명 청년의 서명, 각종 핵폐기 전시 및 출판을 지속하였다. 2017년 노벨평화상을 받은 핵무기폐기국제운동(ICAN)과 협력하였고, 2024년에 노벨평화상을 받은 원폭피해자단체협의회(日本被團協)와도 협력하였다. 이러한 역사와 활동으로 인해 평화는 SGI 회원들의 마음에 각인된 중요한 개념 중의 하나가 되었다.

4) 사제불이(師弟不二)

법화경에는 재재제불토(在在諸佛土) 상여사구생(常與師俱生)이라는 구절이 나온다. 여러 불국토에 스승과 제자가 늘 함께 태어난다는 뜻이다. 이것은 불교에서 스승과 제자가 어떠한 곳도 불국토로 바꾸기 위해 먼 옛날부터 함께하기로 약속을 하고 서원을 했다는, 사제(師弟)간의 깊은 숙연을 말한다. 니치렌도 좋은 제자를 두면 사제(師弟)가 함께 불과(佛果)에 이르지만 나쁜 제자를 두면 사제가 함께 지옥에 떨어지고, 사제가 상위(相違)하면 무슨 일도 이루지 못한다고 하였다(어서, 900). 그만큼 불교수행에서는 사제가 함께 성장하고 같은 마음으로 정진하는 것이 중요하다. 법화경의 이러한 교학원리뿐만 아니라 SGI의 역사에서도 사제 간의 유대는 매우 중요하다. SGI의 삼대 회장은 권력에 굴복하거나 불의와 타협하지 않고 오로지 불법(佛法)의 홍교, 민중구제, 세계평화를 위해 충실한 삶을 살았다. 따라서 초대 회장 사망 이후, 그 제자들은 스승의 삶의 발자취를 기억하고 그가 남긴 유훈을 실현하기 위해 노력하였다. 제2대 회장 도다는 초대 회장 마키구치의 순교정신과 유언을 지키기 위해 노력하였고, 제3대 회장 이케다는 제2대 회장 도다의 유언을 실현하기 위해 일생을 바쳤다. 특히 제3대 회장 이케다가 집필한 『인간혁명』은 그야말로 스승과 함께 불교를 수행하는 역사서라고도 할 수 있다. 이러한 삼대 회장의 사제 간 연계와 정신은 당연히 SGI의 회원들에게 커다란 영향을 미치고 있다. 지금도 전 세계 SGI의 회원들은 역대 스승, 특히 이케다 제3대 회장의 각종 서적, 지도집, 제언 등을 수행의 중요한 지침으로 간주하고 있다. 사제불이는 조직의 운영과 방향을 스승의 삶과 지도에서 찾도록 인도한다는 점에서 SGI에서 하나의 갈등해결 지침이 되고 있다

V. 나가는 말

모든 인간은 자신의 존재에 대해 의문을 가지고 자기 존재감의 실현에 대해 고민하고 있다. 내가 누구이고, 어디서 왔으며, 어디로 가는지 알고자 한다. 그리고 나는 어느 정도의 잠재력을 가지고 있고, 그것을 어떻게 발현할 수 있는지 알고 싶어 한다. 이럴 때 사람들은 철학이나 심리학에 관심을 갖는다. 그러나 철학과 심리학을 통달해도 일상의 작은 문제 하나조차 해결하기 어렵다. 예를 들어, 유가(儒家)에서 말하는 인(仁), 노자(老子)가 말하는 무위(無爲)가 자녀교육에서 부딪히는 작은 문제 하나를 해결할 수 있을까? 그리고 융(Carl Jung)의 집단무의식이나 우주적 자기(self), 베르그송(Henri-Louis Bergson)의 무의식적 내적 자아, 니체(Friedrich Nietzsche)의 힘에의 의지(the will to power)가 죽음에 대한 인간의 근원적 공포를 제거할 수 있을까? 나아가 인공지능(AI)이 발달한다고 하더라도 결정론적 알고리즘(deterministic algorithm)을 넘어서는 인간의 직관에 이를 수 있을까? 학문이 가진 이러한 한계 때문에 첨단 과학의 시대에도 사람들은 종교를 찾는다. SGI의 회원들은 니치렌의 불법을 인간이 갖는 근원적 실존과 일상의 생활문제에 대해 새로운 관점과 해결책을 제시하는 세계관과 생명론으로 보고 있다.

사람들은 누구나 인생을 살면서 많은 실수를 한다. 그중에서 가장 커다란 실수는 자신이 많은 것을 알고 있다고 생각하고, 새로운 지식을 받아들이는 것을 거부하는 것일 것이다. 일찍이 니치렌은 성난 코끼리(惡象)를 두려워할 것이 아니라, 나쁜 친구(惡知識)를 두려워해야 한다고 설하였다. 악상(惡象)은 단지 몸만 파괴하지만 악지식(惡知識)은 몸과 함께 마음도 파괴하고, 악상 때문에 살해되어도 삼취(三趣)에 이르지 않지만 악우(惡友) 때문에 살해당하면 삼취에 이른다고 하였다(어서, 7). 그만큼 하나의 사상과 종교를 접할 때 정사(正邪)를 분명히 해야 한다는 것이다. 이것은 니치렌이 쓴 『입정안국(立正安國)』이라는 어서에도 잘 나와 있다. 글자 그대로 정법(正法)을 바로 세워야 나라를 평온케 할 수 있다는 것이다. 물론 하나의 사상이나 종교가 완결적이라고 할 수는 없다. 인간은 고도의 정신을 가진 오묘한 존재이고, 사회는 너무나 복잡다단하다. 니치렌의 불법은 인간이 가진 위대한 불성을 계발하여 개인의 인격을 완성하고, 이를 통해 사회를 안락하게 하겠다는 점을 강조한다. 니치렌 불법에 기초하여 민중구제와 세계평화를 실현하는 데 앞장섰던 SGI 삼대 회장의 철학과 발자취가 이러한 니치렌 불법의 정신을 잘 말해 주고 있다. 그리고 오늘날 전 세계 SGI 회원들의 가슴 속에는 이러한 니치렌 불법의 정신과 SGI 역대 회장의 행동이 고스란히 남아 있다.

■ 참고문헌

가와다 요이치. 2010. "불교의 평화관."『대승불교의 도전 』. 한국SGI 편. 화광신문사.

간노 히로시. 2010. "불교의 평화관."『대승불교의 도전 』. 한국SGI 편. 화광신문사.

강길전 · 홍달수. 2013.『양자의학: 새로운 의학의 탄생』. 돋을새김.

그린, 브라이언. 2005.『우주의 구조』. 박병철 역. 승산.

니체, 프리드리히. 1988.『권력에의 의지』. 강수남 역. 오늘.

박상필. 2010.『국가 시장 비판』. 한울.

______. 2011.『NGO학: 자율 참여 연대의 동학』. 아르케.

박승길. 2004. "창가학회의 차별화와 사제불이 이념의 사상사.'『일본사상』 12: 109-43.

베르그송, 헨리-루이스. 2005.『창조적 진화』. 황수영 역. 아카넷.

봄, 데이비드. 2010.『전체와 접힌 질서』. 이정민 역. 시스테마.

스티븐, 레슬리 · 데이비드 하버맨. 2006.『인간의 본성에 관한 10가지 이론』. 박중서 역. 갈라파고스.

성염 외. 2002.『인간이라는 심연』. 철학과현실사.

윤노빈. 2003.『신생철학』. 학민사.

이용규. 2006.『내려놓음』. 규장.

이종필. 2008.『신의 입자를 찾아서』. 마티.

이케다 다이사쿠. 2002.『은사 도다조세이 선생님 』. 한국SGI 편. 화광신문사.

______. 2013.『법화경 방편품 · 수량품 강의 』. 한국SGI 편. 화광신문사.

이케다 다이사쿠 외. 1993a.『생명을 말한다 上』. 한국SGI 편. 화광출판사.

______. 1993b.『생명을 말한다 下』. 한국SGI 편. 화광출판사.

______. 2001.『법화경의 지혜 5』. 한국SGI 편. 화광출판사.

정승석. 2004.『법화경』. 사계절.

최진석. 2015.『생각하는 힘, 노자인문학』. 위즈덤하우스.
탤보트, 마이클. 1999.『홀로그램 우주』. 이균형 역. 정신세계사.
토인비, 아놀드 · 이케다 다이사쿠. 1986.『21세기를 여는 대화』. 일조각.
트리그, 로저. 2003.『인간본성에 관한 철학적 논쟁』. 최용철 역. 간디서원.
페르센, 코르넬스. 1985.『몸, 영혼, 정신』. 손봉호 · 영안 역. 서광사.
한국SGI 편. 1992.『불법입문』. 화광출판사.
______. 1995.『불법교학선집』. 화광출판사.
______. 1995.『행복의 길』. 화광신문사.
______. 2009.『알기쉬운 교학』. 화광신문사.
호킨스, 데이비드. 2006.『의식혁명』. 이종수 역. 한문화.

『화광신문』. 2005.5.27.
『日蓮大聖人御書全集』(1952년 간, 1989년 역).
『妙法蓮華經 竝開結』(2002년 간, 2008년 역).

제2장

한국SGI의 역사와 경험

최해성(서울대)

Ⅰ. 들어가는 말

비교종교사학자 스미스(Wilfred Cantwell Smith)는 종교를 이해하는 방식으로서 명사(noun)적 접근보다는 형용사(adjective)적 접근을 제안한 바 있다. 즉, 종교를 명사로 규정하면 지나치게 고정된 체계나 실체로 인식되지만, 본래 종교는 인간의 삶과 관계 속에서 유동적으로 변화하는 경험과 실천으로 이해해야 한다는 것이다. 종교적 형용사(기독교적, 이슬람적 등등)를 사용하면 어떤 특정 집단에 속해 있는가의 여부보다는 그 집단의 특질을 어떻게 구현하는지에 초점을 맞추게 된다. 따라서 우리가 던지는 질문은 그 사람이 기독교도, 불교도, 이슬람교도인지 아닌지(whether)가 아니라 어떠한(how) 기독교도, 불교도, 이슬람교도인지를 물어야 한다는 것이다. 이 단순한 것 같은 변화는 개인의 역동성과 책임 의식으로 이어지며, 종교적 라벨에 갇힌 정체되고 안주하는 집착을 대체한다고 주장한다(스미스, 1991).[01]

한국SGI의 역사와 경험을 다루는 본 연구도 스미스의 제안에 따라 정적이고 고정된 실체로 이해하기보다는 역사적 · 문화적으로 변화하는 인간의 행위와 경험을 통해 한국에 정착한 창가학회를 파악하고자 한다. 창가학회는 1930년 일본에서 설립된 재가 불교단체이며, 한국에는 1950년대 말부터 재일교포 창가학회 회원들에 의해 소개되었

---

01 스미스의 대표적 고전『종교의 의미와 목적(*The Meaning and End of Religion*)』을 국내에 번역, 소개한 길희성 교수는 각 종교 전통들이 자신을 '명사'보다 '형용사'로 이해한다면, 다시 말해 '기독교', '불교', '유교' 등 물화(reification)된 개념보다는 '불교적', '유교적', '그리스도교적'이라는 속성을 중심으로 하여 각 종교가 스스로에 대해 생각한다면 종교 간의 상호 이해와 존중이 더욱 깊어질 것이라 강조했다. 그에 따르면, 그리스도인들 가운데는 탐욕을 지닌 승려보다 더 '불교적'인 사람이, 불교 신자 가운데는 위선적인 그리스도교 성직자보다 더 '그리스도적'인 사람이 얼마든지 있다고 할 수 있다(길희성, 2023: 27).

다(박승길, 2007: 109). 기존의 연구들은 대체로 반일 감정이 심한 한국 사회에서, 더욱이 재가 신도들만의 모임인 창가학회가 이중, 삼중의 타자로 인식된 초기의 불리한 환경을 극복하고 국내에 빠르게 정착하여 무시할 수 없는 교세로 성장한 점에 주목하고 있다(조현범, 2007; 이원범 편, 2007; 박승길, 2017; 김현석, 2022). 또한 회원들의 신앙 동기가 초기에는 '빈(貧) · 병(病) · 쟁(爭)'의 해소라는 다분히 현세 이익적 체험에 있었으나, 시간이 지날수록 자신들을 법화경에 등장하는 '지용보살(地涌菩薩)'로 인식함으로써 '자행화타(自行化他)'라는 근본 가르침을 공공의 영역에서 적극적으로 실천하려는 종교적 가치관의 변화를 보인다고 분석한다(남춘모, 2012; 김용환, 2017; 이토, 2019; 제점숙, 2022).

이제 창가학회 관련 연구가 어느 정도 축적되고 있는 가운데, 향후의 연구에는 접근법의 다양화도 필요해 보인다. 창가학회 내부에서 나타나는 자신들의 정체성에 대한 정의, 즉 일본 종교가 아닌 석존 이래 법화경에 기초한 인간주의 불교의 흐름 속에 스스로를 위치시키는 계보적 해석(하라다, 2019; 이케다, 2024)과 국내 학계에서 창가학회를 일본 종교로 분류하여 연구하는 경향 사이에는 적지 않은 간극이 존재하는 것도 사실이다. 이는 또한 친일-반일이라는 역사적 프레임에서 자유로운 해외의 연구들이 국제창가학회(Soka Gakkai International, 이하 SGI)의 움직임을 인간주의 불교의 글로벌화로 포착하여 세계 종교성을 논하고 있는 것과도 차이를 보인다(Machacek and Wilson *et al.*, 2003; Seager, 2006; Strand, 2014).

한편, UN의 NGO 지위를 부여받은 SGI가 국제적 '교단(denomination)'으로서 전 지구적 과제에 능동적으로 대응해 가는 데에 비해, 그 구성원인 한국SGI는 상당한 교세를 지니고 있음에도 불구하고 한국 사회에서 여전히 '종파(sect)'적 특성을 보인다는 한계도 존재한다

(유광석, 2022: 195). 그뿐 아니라 국내에서 창가학회는 일련정종(日蓮正宗), 일련종(日蓮宗)을 비롯한 다양한 니치렌(日蓮) 유파와 쉽게 혼동되어 불필요한 억측이나 비판의 대상이 되기도 한다. 게다가 일본 이외의 국가 · 지역에서는 정치참여를 금지하고 있고, 홍교(弘教)의 방식도 각국, 각 지역의 문화와 풍습에 맞게 전개하는 수방비니(隨方毘尼)의 원칙을 강조하고 있음에도 여전히 정치적 지향성을 지닌 집단이나 강경한 포교 방식을 고수하는 공격적 종교로 오인된다. 국내 4, 5위의 신도 수를 지닌 교단으로 성장한 한국SGI는 앞으로도 다양한 시선과 평가—그것이 긍정적이든 부정적이든—를 감내해야 하며, 현대사회에서 요구되는 종교의 '(시민적) 공공성', '공익활동', 종교 간의 대화와 상호이해 등을 어떻게 구현해 갈 것인지의 과제도 안게 된다(박상필, 2000; 정태식, 2008; 전명수, 2019).

올해 2025년은 1975년에 출범한 SGI가 결성 50주년을 맞는 해이기도 하다. 국내외적으로 창가학회의 역사와 경험을 반추하고 미래의 과제와 전망을 논하기에 매우 적절한 시기라고 여겨진다. 본 연구는 기존의 연구들과는 차별되게 창가학회가 교리의 토대로 삼는 『묘법연화경(妙法蓮華經)』, 니치렌의 『어서전집(御書全集)』, 이케다 다이사쿠의 다양한 저서와 강의 · 강연록 등 가장 중심이 되는 경전과 저작들을 밀도 있게 분석하여 그들의 이념과 실천을 비판적으로 검토하고, 후속 연구에 기초가 되는 문헌 자료의 제공을 목적으로 한다.

Ⅱ. 수방비니(隨方毘尼)의 역사

1. 부당한 국가권력과 맞선 교단

1990년 9월 21일 생애 처음으로 한국 땅을 밟은 이케다 SGI 회장은 이튿날 열린 '서양회화명품전' 개막식에 참석했다. 당시 이어령 문화부장관, 신현확 전 국무총리를 비롯한 한국 문화계의 대표적 인사들을 마주하여 그는 다음과 같은 심정을 밝혔다(이케다, 2000: 19-20).

> 귀국은 일본 문화의 대은인입니다. 옛날부터 이 조용한 아침의 나라의 문화 광채가 얼마나 선명하게, 얼마나 풍요롭게 일본의 여명을 빛내 주셨던가요. 우리들이 소장한 서양회화를 해외에서 공개하는 것도 부족하나마 은혜를 갚는 일분이 됐으면 하는 마음에서입니다.

이 행사는 이케다가 설립한 도쿄후지미술관의 소장품 중 루벤스, 고야, 마네, 르누아르 등 대표적 서양화가 65명의 작품 70여 점을 엄선하여 처음으로 해외에 반출한 전시회였다. 1960년 창가학회 제3대 회장에 취임한 뒤 불과 5개월 만에 미국 방문길에 오른 그는, 이후 아시아, 유럽, 미주대륙의 40여 개국을 정열적으로 순방하며 우호와 교류의 길을 개척했으나 가장 가까운 한국은 30년이 경과하도록 방문하지 못했다. 한일 간의 복잡 미묘한 관계 속에서 창가학회에 대한 국내의 부정적 시각이 주된 원인 중 하나였을 것이다.

1960년대부터 1980년대 중반까지 국내 언론에는 왜색종교에 대한 경계와 우려의 기사들이 종종 게재되었고, 거론된 교단들 가운데 창가학회의 이름도 등장했다. 창가학회가 지닌 부정적 이미지의 이면에는 그들이 실천하는 창제행인 '남묘호렌게쿄(南無妙法蓮華經)'라는 낯선 소리, 비교적 단기간에 급성장한 창가학회의 교세와 그에 대한 경계심 등이 작용했다. 또한 1960년대 국민 여론에 반하여 한일협정을 추진하던 정부가 자신들에게 쏟아진 비난의 화살을 대신 맞아 줄 희생양으로 창가학회를 선택했을 가능성도 있었다(박승길, 2008; 조성윤, 2019). 그런데 창가학회를 비판하는 언론의 기사들에는 몇 가지 공통점이 보인다. 창가학회원이 모이는 회관을 직접 방문하여 교리나 주의주장을 깊이 있게 취재하거나, 그들이 기본으로 삼는 경전을 체계적으로 검토한 분석은 거의 찾기 어렵고, 상당히 자극적이면서 혐오감을 조장하는 부정확한 표현들로 일관되어 있었다.

창가학회가 종조(宗祖)로 여기는 13세기의 승려 니치렌(日蓮)은 일본의 막부 정부가 불법(佛法)의 올바른 정신을 위배했다고 비판하다가 참수형 직전까지 가는 고초를 겪었으며,[02] 1930년에 설립된 창가교육학회(창가학회의 전신)는 국가 신도(神道)의 제단을 받아들이라는 군부 정부의 명령을 거부하다 초대회장 마키구치 쓰네사부로가 투옥되어 숨지는 탄압을 받았다(원영상, 2018). 역사적 시각에서 창가학회 니치렌 불교는 일본의 국가권력과 가장 거리가 먼 대척점에 있었다고

02 니치렌이 직접 집필한 저술『개목초(開目抄)』에는 다음과 같은 구절이 나온다. "이미 이십여 년 동안 이 법문(法文)을 말하니 일일(日日) · 월월(月月) · 연년(年年) 난(難)이 거듭하느니라. 사소한 난은 부지기수(不知其數)이고 대난(大難)이 네 번인데, 두 번은 그만두고라도 왕난(王難)이 이미 두 번이로다. 더구나 이번에는 이미 나의 신명(身命)에까지 미치고 그 위에 제자(弟子)이거나 단나(檀那)이거나 하물며 잠깐 동안 청문(聽聞)한 속인(俗人)들까지도 잡아다가 중벌(重罰)에 처해졌으니(한국SGI, 2023: 200)." 이를 통해 니치렌의 인생이 국가권력에 의한 박해의 연속이었음을 미루어 짐작할 수 있다.

할 수 있으나, 국내에서는 일본 문화 침투의 앞잡이라는 오명을 썼다.

유네스코에서 인권과 관련한 전 세계 명언을 모아 출판한 『어록 인간의 생득권(*The Birthright of Man: A Selection of Texts*)』에는 니치렌이 저술한 『어서(御書)』의 한 구절이 수록되어 있다.

> **왕지(王地)에서 출생하였으므로 몸은 따르고 있는 듯하지만, 마음마저 따를 수는 없는 것이다(의역).** Having the honour to be born in your kingdom, I find my body obeying your Excellency, but my soul will never(UNESCO, 1969: 127).

본디 불법(佛法)은 특정 국가나 권력에 종속되거나 속박당하지 않는 궁극적인 생명의 자유를 논한다(이케다, 2022a: 363). 니치렌의 저술을 집대성한 『어서전집』에는 전 세계를 의미하는 '염부제(閻浮提)', '일염부제', '남염부제' 등의 어휘가 200곳 이상에서 나타난다. 또한 니치렌이 가장 중시한 법화경에는 "염부제의 내(內)에 넓게 유포시켜 단절케 하지 않으리라(한국SGI, 2016: 673)."라고 설해져 있다. 애초부터 니치렌 불법은 한 국가의 틀에 가둘 수 없는 세계성을 띤 종교로 시작되었다고 해도 무방할 듯하다. 어서의 또 다른 곳에서 당시 일본 최고 권력자들을 가리켜 "조그마한 소도(小島)의 국주 등(어서, 911쪽)", "다만 섬의 장(長)(어서, 1268쪽)"이라고 지칭한 사실도 일본의 국수주의적 성향을 뛰어넘은 사상임을 방증한다.

게다가 니치렌은 불교 전파의 역사와 흐름을 통찰하면서 석존의 가르침이 인도-중국-한국-일본으로 전래된 것을 들어 '불법동점(佛法東漸)'이라 포착하고, 말법에는 자신의 법이 다시 동에서 서르 돌아간다는 의미에서 '불법서환(佛法西還)'이라는 개념을 사용했다(한국SGI, 2021: 508, 588). 석존은 자신이 멸도에 들어간 뒤 법이 탁해지는 것을 우려하여 대집경 등에 '오오백세(五五百歲)'의 미래관을 남겼지만, 그럼에도 법화경 약왕품에는 "후오백세 중에 염부제에 광선유포(我滅度後, 後五百歲中, 廣宣流布於閻浮提)"(한국SGI, 2016: 601), 즉 석존 멸후 이천 년이 경과한 뒤의 말법(末法) 시기에 법화경을 광선유포해야 한다고 제자들에게 부촉(付屬)하였다. 니치렌은 이러한 경문들을 토대로 묘법연화경의 근본 법인 '남묘호렌게쿄(南無妙法蓮華經)'가 말법 시대에 전 세계(일염부제)에 유포되어 중생들을 구제할 것이라 선언하였는데, '불법서환'이란 그러한 정신의 발로라 볼 수 있다(이케다 외, 2005: 105-108).

니치렌의 어서에는 장구한 불교 전래의 흐름 속에서 일본에 불교를 전한 '백제'의 언급이 30여 곳에 등장한다.[03] 이케다는 이 사실에 비추어 "니치렌대성인(日蓮大聖人)이 귀국의 대은에 대해 거듭 반복하시는 것은 후세를 위해 엄연히 남기기 위함입니다. 저희들 또한 같은 마음입니다(이케다 · 조문부, 2004: 291)."라고 강조하며, 당시 '불교'를 전하는 것은, 동시에 한자, 미술, 음악, 토목 기술, 약학, 천문학 등 문화 전반을 전하는 의미라고 평가했다. 그럼에도 일본은 문화의 은

03 예를 들면, 니치렌이 한 문하에게 보낸 편지에는 다음과 같은 구절이 있다. "일본국(日本國)과 천축(天竺)과는 이십만리(二十萬里)의 산해(山海)를 사이에 두고 떨어져 있기 때문에 법화경(法華經)의 명자(名字)조차도 들을 수 없었다. 석존(釋尊)이 입멸(入滅)하시고 일천이백여년(一千二百餘年) 만에 한토(漢土)에 건너갔는데, 그러나 아직 일본국(日本國)에는 건너오지 않고 불멸후(佛滅後), 일천오백여년(一千五百餘年) 만에 일본국(日本國)의 제삼십대(第三十代) 긴메이 천황(欽明天皇)이라는 황제시대(皇帝時代)에 백제국(百濟國)으로부터 처음으로 불법(佛法)이 건너 왔다(어서, 1392쪽)." 그 밖에도 "백제국이라고 하는 나라로부터 성명왕이 일본국에 불법(佛法)을 전하니(어서, 1309쪽)", "백제국으로부터 경(經), 논(論), 승(僧) 등을 건네주었을 뿐더러 금동(金銅)의 교주 석존을 건네주었다(어서, 997쪽)." 등 어서 곳곳에 백제에 대한 언급이 나타난다.

인에게 때로는 멸시로, 때로는 잔학무도한 침략으로 응대했다고 개탄했다(이케다, 1998, 1999c: 30–32, 2003: 335–338; 이케다 · 조문부, 2004: 289–304).

이 장의 모두에서 인용한 이케다의 인사말에 대해 한때는 창가학회가 한국에 침투하기 위한 일종의 전략이며 말치레라고 보는 시각도 있었다. 그러나 이케다는 첫 방한인 1990년 훨씬 이전부터 일본 내에서 역사의 진실을 꾸준하게 설파했다. 예를 들면, 상당히 이른 시기인 1966년 일본 창가학회 고등부의 모임에서 유관순 열사를 '한국의 잔다르크'라 소개하면서 '조국 독립을 위해 신념을 관철한 위인'이라고 칭송했다(이케다, 2019: 68–69). 또한 1980년대 중반부터는 한반도 평화를 위한 남북정상회담 등을 제안하였고, 1987년 소련 방문 때에는 니콜라이 리즈코프 당시 수상으로부터 서울올림픽 참가 의사를 처음으로 확인하여 전 세계에 발신했다(동아일보, 1987.05.27.; 조선일보, 1987.05.28.). 1980년 모스크바 올림픽과 1984년 LA 올림픽이 동서냉전으로 인한 갈등과 상호 보이콧으로 반쪽 올림픽이 되자 이케다는 세계 평화를 위해 88 서울올림픽이 동서 화합의 축제가 되도록 그 누구보다도 응원했다. 훗날 이케다는 한국을 향한 진심을 "사계의 선율 민중의 찬가: 문화 대은인의 나라 존경하는 한국의 벗에게 드린다."라는 장편시에 담았다.

> … 나는 나의 입장에서 움직였다 / 성실을 다하여 / 일심불란(一心不亂)하게 행동했다 / 문화의 보배의 대은을/ 설령 만분의 일이라도 / 보답하기 위하여! / 한일(韓日)의 영원한 우호를 위하여! / 그리고 나의 벗의 행복을 위하여!(이케다, 1999b)

2. 수방비니의 유연성과 조화력

불교에는 수방비니(隨方毘尼)[04]라는 원리가 있다. 불교의 본의(本義)에 어긋나지 않는 한 각 지역의 문화를 비롯해 풍속, 습관, 시대의 풍습에 따라야 한다는 사고방식이다. 석존의 가르침에는 유연한 사고방식이 있으며, 이는 니치렌의 불법에도 그대로 적용된다. 니치렌은 수방비니에 대해 한 여성 제자에게 "이 계(戒)의 뜻은 심(甚)히 결함(缺陷)이 없는 한(限), 약간 불교(佛敎)에 어긋난다 해도, 그 나라의 풍속(風俗)을 어기지 말라고 하여 부처가 하나의 계(戒)를 설(說)하셨다."고 설명하며, 이러한 의미를 모르는 지식인들이 강의(强義), 즉 융통성이 없는 강경한 주장을 고집하여 "많은 단나를 손상하는 일이 있다(의역)."(한국SGI, 2021: 1202–1203)고 우려했다(이케다, 1993: 36).

창가학회가 세계적 교단으로 발전한 과정은 수방비니의 법리에 따라 각국, 각 지역의 문화와 전통을 존중하며 그 사회에서 신뢰를 획득해 가는 과정이라고 할 수 있다. 이미 미국, 영국, 브라질, 캐나다, 이탈리아, 동남아시아 등에서 창가학회가 성장하는 과정을 분석한 연

---

04 '수방수시비니(隨方隨時毘尼)'라고도 한다. '수방'은 각 지방의 풍속과 습관을 따른다는 의미이며, '비니'는 계율을 뜻한다. 불법의 본의에 어긋나지 않는 한, 각 지역의 풍속과 습관을 따라야 한다는 가르침이다. '수시비니(隨時毘尼)'는 시대별 풍습을 존중하고 따라야 한다는 말이다. 영문 니치렌 불법 사전에는 다음과 같이 정의하고 있다.

'precept of adapting to local customs': A Buddhist precept indicating that, in matters the Buddha did not expressly either permit or forbid, one may act in accordance with local custom so long as the fundamental principles of Buddhism are not violated. The precept of adapting to local customs was employed when Buddhism made its way to various regions that differed in culture, tradition, manners and customs, climate, and other natural and human aspects. While this guidance does not prohibit or prescribe any specific behavior, it is described as a precept. https://www.nichirenlibrary.org/en /dic/Content/P/94(2025년 2월 10일 접속).

구들이 상당수 존재한다(Wilson and Dobbelaere, 1994; Metraux, 1996, 2000; Hammond and Machacek, 1999: 26; Seager, 2006: 141-170; Cornelio, 2018; Ng, 2018). 한일 관계의 특수성으로 인해 창가학회가 한국에 정착하는 과정은 매우 예외적인 사례로 다뤄지지만, 앞으로는 창가학회의 '세계화 과정 속의 현지화'라는 맥락에서 한국SGI의 역사도 수방비니의 프리즘을 통해 접근할 수도 있을 것이다.

이케다는 1990년 한국 첫 방문이 이루어지기 전까지 한국의 회원들에게 줄곧 '좋은 시민'이 될 것을 강조했다. 한국SGI 회원들은 1970년대부터 '농촌일손돕기'나 '자연보호운동', '국토대청결운동' 등을 적극 전개하였고, 그 결과 대통령 및 관계 장관의 표창을 받기도 했다. 이러한 창가학회의 사회참여나 공익활동이 친일 콤플렉스의 극복이나 왜색 이미지를 개선하기 위한 전략으로 평가되기도 한다(남춘모, 2012; 이원범 편, 2007: 168-169; 이현경, 2011: 127). 결과적으로 1990년도 이후에는 언론에서 과거와 같은 자극적인 비판 기사를 찾기가 어려워졌기 때문이다. 그러나 이러한 활동은 한국 이외에도 전 세계 SGI의 국가들에서 다양한 방식으로 실행되고 있다. 예를 들면, 싱가포르 SGI는 정부가 주관하는 독립기념일 국가행사에 대규모 인원이 참여하여 퍼레이드와 문화제 등에서 중심 역할을 해 왔다(Ng, 2018). 유럽에서 크게 주목받고 있는 이탈리아 SGI는 꾸준하게 공익 활동을 지속한 결과 2015년 정부와 종교협약을 맺는 단계에까지 이르렀다(유광석, 2022: 197; Introvigne, 2019). 이 협약을 통해 이탈리아 SGI는 교육, 연구기관을 설립할 권리, 종교적 경축일을 준수할 권리 등을 헌법에 의해 보장받는다.

'좋은 시민'은 전 세계 SGI 회원들에게 예외 없이 강조된 지침이다. 1989년 스웨덴을 방문한 이케다는 그곳에서도 "자기 나라의 문화와 풍습 등을 존중"해야 하며 "모든 사람이 신뢰하고 안심하는 '좋은 시민', '좋은 국민'"이 될 것을 강조했다(이케다, 2022a: 62). 사회 속에서 불법을 실천하며 공헌해 가는 삶은 본래 니치렌 불법의 근간이기도 하다. 어서 곳곳에는 "일체세간의 치생산업(治生産業)은 모두 실상(實相)과 서로 위배하지 않음(어서, 1070쪽)", "지자(智者)란 세간의 법 이외에 불법(佛法)을 행하지 않는다(어서, 1466쪽)." 등의 구절이 보인다. 이는 "모든 것은 실상(궁극의 진리)과 위배하지 않는다."는 법화경 법사공덕품의 문구와 "일체의 일상생활이나 사회의 일은 모두 실상과 위배하지 않는다."는 천태의 해석을 인용한 것이다. 이케다는 사회를 떠나 불법은 존재하지 않으며, 불법의 자비와 지혜의 힘으로 사회에 공헌하는 삶을 살아가는 정신은 석존 이래의 전통이라고 해석한다(이케다, 2011a).

한편, 창가학회 · 니치렌 불법의 유연성, 조화력은 근본 교리에서도 찾을 수 있다. 일반적으로 불교에서는 괴로움의 원인을 '집착'에 있다고 보며, 집착을 버리는 것에 번뇌를 극복하는 길이 있다고 설한다. 법화경 방편품에도 "인도중생(引導衆生) 영리제착(令離諸著)", 즉 중생을 인도하여 온갖 집착을 떨쳐버리게 했다고 말한다. 그런데 법화경 이전에는 집착을 없애고 번뇌를 단절하는 길을 가르쳤다면, 법화경에서는 번뇌가 그대로 보리로 승화될 수 있음을 가르친다. 천태는 이것을 번뇌즉보리(煩惱卽菩提), 생사즉열반(生死卽涅槃)으로 나타냈고(이원선, 2016: 306-308), 니치렌은 더욱 본원적인 시각에서 "이(離)의 자를 명(明)이라고 읽느니라(어서, 773쪽)."고 설했다. 즉, 집착을 떨쳐버리는 것이 아니라 집착을 분명히 한다, 집착을 올바르게 간파하고 분명하게 본다는 의미이다(이케다, 2013: 97-99). 평범한 일반인들이 일상을 살아가며 집착을 없애기란 매우 어려운 일이며, 때로는 집착이 현실사회에서 살아가는 원동력이 되기도 한다. 차원은 다르지만, 어떤 의미에서는 부처에게도 중생을 구제하겠다는 집착과 번뇌가 있었다.

여기서 본질은 집착에 휩쓸려 괴로워하는가, 집착을 분명하게 간파하여 더 가치 있는 삶을 살아가는가이다. 또한, 번뇌즉보리의 관점에서 본다면, 타인을 위한 고뇌, 사회를 위한 고뇌, 나아가 인류적 과제에 대한 고뇌는 높은 경지의 고뇌이며, 이를 통하여 위대한 보리(菩提), 깨달음의 경애(境涯)를 얻을 수 있다.

이케다는 레오나르도 다빈치와 마키구치 쓰네사부로(牧口常三郎)를 통해 집착을 초극하고 번뇌즉보리를 지향한 사례를 언급한 바 있다. 이탈리아 볼로냐 대학 강연에서 그는 레오나르도가 추구한 코스모폴리탄적 삶의 방식을 부각하여 속세를 뛰어넘는 '출세간(出世間)'의 의미를 강조하였다. 세간(世間)이 분별(차별)과 욕망에 사로잡힌 생명 상태를 의미한다면, 출세간은 이해나 애증, 선악, 미추 등의 차별을 초월해서 그것들에 대한 집착에서 떠난다는 의미이며, 보다 높은 차원에서 모든 번뇌를 명확히 보고 사용해 가는 '자기 제어 의지'라고 정의했다. 그리고 자신을 제어하는 이러한 자유로운 경지를 '우주적 휴머니즘'의 발로라고 표현하고, 창가학회가 지향하는 '인간혁명'의 정신과도 상통한다고 보았다(이케다, 2011b: 164–166). 또한 유엔 지속가능개발회의(리우+20)를 앞두고 발표한 제언에서 이케다는 창가학회 초대회장 마키구치 쓰네사부로(牧口常三郎)가 주창한 인류사의 전환, 즉 군사적 경쟁, 경제 · 정치적 경쟁에서 '인도적(人道的) 경쟁'으로 나아갈 것을 촉구했다는 사실을 소개했다. 이 전환은 타자의 희생을 당연시하는 비인도적 경쟁에서, 자타의 생활과 이익을 동시에 보호하는 인도적 경쟁으로 나아가는 '경쟁의 질적 전환'을 의미한다. 이케다는 '번뇌즉보리'의 원리가 개인의 내적 변혁을 가져오는 원동력이자 사회를 더욱 희망적으로 만들어 가는 활력임을 다음과 같이 설명한다(이케다, 2012).

불법(佛法)에서는 (중략) "번뇌(煩惱)의 장작을 태워서 보리(菩提)의 혜화(慧火)가 현전(現前)하니(어서, 710쪽)"라고 설하고 있습니다. 다시 말해 자신을 둘러싼 상황에 대한 분노나 슬픔을 타인에게 상처 입히고 멸시하는 파괴적인 행동으로 연결하는 것이 아니라, 자신을 포함하여 많은 사람을 괴롭게 하는 사회의 폐습이나 권위에 맞설 수 있는 건설적인 행동으로 승화시키는 것이며, 그러한 과정에서 사회에 '희망'과 '용기'의 광명을 전하는 삶의 자세를 촉구하고 있습니다(필자 의역).

Ⅲ. 대화와 연대의 실천적 과제

1. "창가학회의 역사와 확신"

창가학회 제2대 회장 도다 조세이(戸田城聖)는 1951년 5월 회장에 취임한 뒤, 기관지 『대백연화(大白蓮華)』에 "창가학회의 역사와 확신"이라는 제목의 글을 2회에 걸쳐서 게재했다. 글의 도입부에서는 제2차 세계대전 중 일본 군국주의 정부의 탄압을 직격으로 맞아 창가교육학회가 괴멸 상태에 빠지고, 수뇌 간부 21명이 투옥되어 마키구치 초대 회장과 도다 이사장(당시)을 제외한 19명이 퇴전(退轉)한 사실을 복기하였다. 당시 군부는 모든 종단에 "천조대신을 배례"하고 국가 신도(神道)의 제단인 신찰(神札)을 설치하도록 강요하였으나, 마키구치는 천조대신도 법화경을 지키는 일개 수호신의 역할에 불과하다고 일갈하며 거부하였다.[05] 군부의 탄압이 두려운 일련정종에서는 마키구치

05 법화경에는 고대 인도 신화에 등장하는 범천(梵天), 제석천(帝釋天) 등이 법화경을

와 도다를 불러 창가학회 회원들도 신찰을 받도록 설득하라고 종용하였으나 마키구치는 끝까지 뜻을 굽히지 않았다. 결국 자신들에게 화근이 될 것을 우려한 일련정종은 마키구치를 비롯한 창가학회원에게 총본산에 대한 참배를 금지시켰을 뿐만 아니라(도다, 1983: 105-106) 불법(佛法)을 수호해야 할 승려의 역할을 망각하고 전쟁을 찬양하는 자세로 급변했다. 창가학회와 일련정종이 완전히 결별한 것은 훗날인 1991년의 일이지만, 창가학회가 설립될 당시부터 이미 그 징조를 품고 있었다.

마키구치와 도다가 체포되어 투옥된 사유는 치안유지법 위반과 불경죄였는데(박승길, 2008: 105-113), 일제가 한국의 독립운동가들을 탄압할 때 적용한 바로 그 죄명이었다. 도다 조세이는 당시의 전쟁을 이렇게 분석했다.

설법하는 장소에 모였다고 설한다. 법화경 다라니품에서는 비사문천(毘沙門天), 지국천(持國天), 십나찰녀(十羅刹女) 등이 법화경을 수지한 사람을 수호하겠다고 서원하는 장면이 있다. 이렇게 법화경을 수지한 사람과 그 국토를 수호하는 신을 총칭하여 '제천선신(諸天善神)'이라 부른다. 여기서 '제천'은 천계의 중생이라는 뜻이고, '선신'은 사람들을 지키고 보호하는 존재를 말한다.

대체로 전 세계의 국가나 지역에는 고유한 신화(적 존재)가 있으며, 특정 사물이나 현상을 상징하기도 한다. 가장 대표적인 것이 그리스 신화에 등장하는 태양의 신 아폴로나 바다의 신 포세이돈이 될 것이다. 니치렌이 도현한 만다라 어본존에 보이는 천조대신이나 팔번대보살은 신앙의 대상이 아니라 생명에 내재하는 제천선신의 한 작용을 상징하는 것이며, 전 세계 각국, 각 지역의 신화적 존재를 대표한다고 할 수 있다. 니치렌은 어서에서 "하찮은 천조태신 · 정팔번(正八幡) 등이라고 하는 것은 이 나라[일본]에서는 중시되지만 범석(梵釋) · 일월(日月) · 사천(四天)에 비하면 소신(小神)이니라(어서, 919쪽)."라고 그 위상을 분명히 했다.

이러한 제천선신은 특별한 '신'이 어딘가의 장소에 존재하는 것이 아니라 사람들에게 이익을 주는 선한 '작용'을 의미한다. 니치렌은 "원품(元品)의 법성(法性)은 범천, 제석 등으로 나타나고, 원품의 무명(無明)은 제육천(第六天)의 마왕으로 나타났으니(어서, 997쪽)"라고 밝혔다. 즉, 우리 생명에 갖춘 근본적인 깨달음의 생명(원품의 법성)이 제천의 작용을 불러일으키고, 반대로 근본적인 미혹의 생명(원품의 무명)이 불도수행을 방해하는 본원의 작용(제육천의 마왕)으로 나타난다는 의미인 것이다(한국SGI, 2010, 18-19; 이케다, 2006: 153-175).

그때 일본은 태평양전쟁에 직면하여 온 나라가 수라(修羅)의 도가니로 돌입했다. 마키구치 회장은 이 대전쟁(大戰爭) 동안 강하게 [니치렌] 대성인의 정신을 받들어 국가의 악사상(惡思想)인 천조대신(天照大神)을 배례하는 것과 대립하였다. (중략)

미국은 듀이의 철학에 의하고 일본 군부는 저급(低級)한 사의(邪義)인 신도론(神道論)에 의해 일국(一國)의 정신 통일을 꾀했다. 승패는 물량(物量)만의 문제가 아니라 이미 이것에 의해 결정된 것이다(도다, 1983: 105-106).

도다 조세이는 2년간의 옥중 생활의 와중에 창가학회의 원점(原點)이라고 할 만한 체험을 하게 된다. 이른바 '옥중오달(獄中悟達)'이다. 그는 매우 비좁은 독방 안에서 규칙적인 창제행과 함께 법화경을 여러 차례 독해하였다. 그의 신독(身讀)이 네 번째에 달했을 때 그는 법화경의 개경(開經)인 '무량의경(無量義經)'의 난해한 문장 앞에서 멈춰 섰다. 그 문장은 부처의 몸을 찬탄하는 게(偈)인데 부정어인 아닐 비(非)를 34회나 사용하여 표현하고 있다(한국SGI, 2016: 12-13).

其身非有亦非無(기신비유역비무) / 非因非緣非自他(비인비연비자타) / 方非圓非短長(비방비원비단장) (후략)

그 몸은 있는 것도 아니고 또한 없는 것도 아니며/ 인(因)도 아니고 연(緣)도 아니고 나도 너도 아니며/ 모나지도 아니하고 둥글지도 아니하고 짧지도 길지도 아니하며 (후략)

34회의 부정어를 사용하지 않고는 설명할 수 없는, 있다고 하기도 어렵고 없다고 할 수도 없는 그 몸(其身)의 실체는 과연 무엇인가? 오랜 사색 끝에 그는 '생명(生命)'이라는 단어를 떠올렸다. "부처란 생명"이라는 이 깨달음에 대해 이케다는 난해한 불법의 진수를 누구나 이해하기 쉬운 언어로 현대에 소생시킨 순간이라고 의미를 부여한다(이케다 외, 2004: 59). 다시 말해, 부처란 생명의 표현이며, 자신의 생명 안에 있으면서 그와 동시에 자신의 밖에도 존재한다. 그것은 우주 생명의 한 실체이기도 한 것이다. '생명'은 현실적으로 모두에게 갖춰져 있고, 누구나 실감할 수 있는 구체성이 있으므로, 불법의 진수를 실재(實在)로서 포착할 수 있다(이케다, 2015a: 35-40).

그다음으로 그를 괴롭힌 것은 법화경 전체 28품에서 석존이 진정 전하려 한 것은 무엇인가라는 더욱 깊은 본원적인 질문이었다. 그는 창제행과 함께 사색을 거듭한 끝에 어느 순간 자신이 법화경에 설해져 있는 '지용보살(地湧菩薩)'로서 허공회의 의식에 참여하고 있음을 체득한다. 허공회란 법화경 견보탑품 제11에서 촉루품 제22까지 허공에서 설법이 이루어지는 의식을 의미하며, 이 의식에서 가장 중요한 핵심은 석존 멸후의 때에 법화경의 홍통(弘通)을 누구에게 부촉할 것인가였다. 어찌 보면 당연할 수도 있지만, 부처의 자비라는 관점에서는 자신의 재세(在世) 시의 한정된 시간보다는 멸후의 장구한 시간에 걸쳐 중생을 제도하는 것이 훨씬 중요한 과제일 것이다. 석존은 종지용출품 제15에서 주위의 뛰어난 제자들을 모두 물리치고 대지를 가르고 솟아 나온 지용보살에게 그 사명을 맡긴다. 도다는 이 옥중의 체험을 통해 자신도 법화경의 허공회 의식에 참석한 지용보살이었으며, 자신의 사명은 광선유포에 있음을 자각하였다고 한다.

창가학회에서는 도다의 이 옥중오달에 대해 자칫 현실과 괴리된 공상소설 같은 법화경의 극적인 전개를 니치렌 불법의 본의에 준해서 현실에 되살린, 불법사(佛法史)에서 매우 중대한 일로 받아들이고 있다(이케다, 1999a: 21; 박승길, 2008: 119-121). 니치렌 불법의 차원에서 볼 때 '지용보살'의 사명 자각은 자신의 존재에 근원적인 의미를 부여하고, 진실한 휴머니즘을 향한 각성을 촉구한다. 그리고 인생 최고의 가치창조를 가져오게 하는 원천 그 자체이다. 또 그것은 이기(利己)에만 사로잡힌 '소아(小我)'의 생명을 이타(利他)의 생명으로 전환하고, 전 인류와 민중을 감싸는 '대아(大我)'의 생명을 확립하는 원동력이기도 하다(이케다, 2015b: 449-450).

도다의 체험은 자아의 발견과 세계관, 우주관의 중요성을 일깨운다. 스마트는 종교의 세계관, 우주관은 일종의 거울과 같아서 우주 속에 비치는 자신의 모습을 찾으려 하기도 하고, 우리 삶의 방향에 어떤 빛을 던져 주는지에 대해 생각할 수 있게 하며, 삶에 의미를 부여하여 살아가는 법을 가르쳐 주는 지도라고 말한다(스마트, 2017: 90-91). 근대 산업문명의 발전은 새로운 세계관으로의 이행을 가져오지 못하고, 세계관이 없는 시대로 이끌어 간 측면이 있다. 작금의 세계를 돌아보면 여전한 배금주의와 정신성의 쇠퇴, 폭력과 극단주의의 횡행 속에서 무력감을 느끼는 개인은 자아의 상실, 정체성의 위기를 겪기도 한다. 일찍이 로렌스(David H. Lawrence)는 우주와의 교감을 잃은 현대인들은 고독을 앓고 있다고 진단하며 '우주적 삶(cosmic life)'의 회복을 제안한다(로렌스, 1998: 59; 조성환, 2021: 78-79).

우리가 원하는 것은 우리의 거짓되고 비유기적인 관계, 특히 돈과 관련된 관계들을 파괴하고, 그리고 우주와, 태양과 지구와, 인류와 민족과 가족과 살아 있는 〈유기적 관계〉를 새로이 정립하는 것이다. 태양과 함께 시작하라(로렌스, 1998: 235).

이케다는 도다의 옥중오달이야말로 진정한 자아의 발견이자 우주관 부흥의 드라마라고 정의한다. 또한 그것을 원점으로 하여 시작된 창가학회의 운동도 우주관의 부흥을 위한 하나의 시도이며, 정체성의 위기에 대한 도전이라고 강조한다(이케다, 1999a: 20-21).

2. 자행화타의 실천(1): 자행으로서의 창제행(唱題行)

2010년대부터 세계 종교로서의 기반을 확립해 온 창가학회는 2017년에 교단의 헌법이라고 할 수 있는 회헌(會憲)을 제정했는데(2024년 일부 개정), 근본 교의를 정한 제2조에는 " … 자행화타(自行化他)에 걸친 제목을 부르고, 어서 근본으로 각자가 인간혁명을 성취하여, 니치렌 대성인(日蓮大聖人)의 유명(遺命)인 세계 광선유포의 실현을 대원(大願)으로 한다."고 명시했다(창가학회, 2017). 여기서 '자행화타'란 자기 스스로 수행하는 '자행(自行)'과 타인에게도 불법을 전하여 이익을 받게 하는 '화타행(化他行)'을 합친 용어이며 '자리이타(自利利他)'라고도 할 수 있다.

니치렌은 말법의 수행 방식은 자행화타임을 어서 곳곳에서 설하고 있다. "말법(末法)에 들어와서 이제 니치렌(日蓮)이 부르는 바의 제목(題目)은 전대(前代)와는 달리 자행화타(自行化他)에 걸쳐 남묘호렌게쿄(南無妙法蓮華經)이니라(어서, 1022쪽).", "말법(末法)에 와서 묘호렌게쿄(妙法蓮華經)의 오자(五字)를 홍통(弘通)하는 자는 남녀를 가리지 말지니라. 모두 지용(地涌)의 보살의 출현이 아니고서는 부르기 어려운 제목(題目)이니라. … 나도 행하고 남도 교화하시라(어서, 1360-1361쪽)." 등의 내용을 어렵지 않게 만난다. 창가학회에서는 '자행'과 '화타'를 수레의 양쪽 바퀴 또는 천체의 자전과 공전에 비유하여 두 수행의 균형을 강조한다. 먼저 이 절에서는 자행의 핵심적 실천인 창제행에 대해 살펴본다.

1990년대 중반 저명한 사회학자 윌슨(Bryan Wilson) 교수와 도블레어(Karel Dobbelaere) 교수는 영국의 창가학회에 관해 광범위한 연구 조사를 진행했다. 그 결과를 토대로 발간한 서적의 제명은 흥미롭게도 『창제의 시간(*A Time to Chant*)』이었다. 영국 창가학회 회원 1천명의 설문 조사를 바탕으로 작성된 이 종교사회학적 저작은 마지막 두 장을 "니치렌 불교의 수행과 실천"에 할애하였는데, 저자들은 창가학회가 실천을 중시한다는 점에 주목하고 특히 멤버들이 가정에서 아침, 저녁 1일 2회 근행(勤行), 창제(唱題)를 지속하고 있음을 부각하였다. 덧붙여 일반적으로 예상하는 이상의 시간을 창제행에 할애한다고 소개했다(Wilson and Dobbelaere, 1994).

영국 창가학회 회원들은 수행, 즉 창제행(唱題行)을 통해서 자신에게 일어나는 일의 원인은 자기 자신에게 있으며, 주변의 세계가 개인의 창제에 반응한다고 인식함을 밝혔다. 창제를 할 수 있는 한 자신을 과거의 숙업(카르마)에 사로잡힌 희생자로 볼 필요가 없다고 느낀다는 것이다. 이러한 삶에 대한 인식과 태도는 한국SGI의 회원들에게도 유사하게 나타난다(박승길, 2008: 301-307).

창가학회원이 이렇게 능동적이고 낙관적인 삶의 자세를 보이는 것은 창제행을 통해 한 사람도 예외 없이 부처가 될 수 있다는 니치렌의 가르침 때문으로 보인다. 니치렌 불교가 지닌 혁신적인 면은 모든 사람의 생명 속에 불성이 내재하고 있으며, 창제행이라는 '누구나 실천 가능한' 수행을 통해, '이 일생 동안에(一生成佛)', '있는 그대로의 모습으로(卽身成佛)' 불성을 열 수 있다고 강조하는 점이다. 이케다는 니치렌이 확립한 창제행은 일견 새로운 수행 방식으로 여겨지기도 하지만, 근저에서 보면 불교의 정통적인 수행법에 닿아 있으며, 모든 사람이 부처의 경지를 발휘할 가능성을 제시했다는 점에서 진정한 '민중불법'의 개막을 알린 것이라 주장한다(이케다, 2008: 38-40).

어서에는 이 창제행의 의미를 매우 함축적으로 설명한 구절이 있다.

> 대저 무시(無始)의 생사(生死)를 멈추고 이번에 결정코 무상보리(無上菩提)를 증득(證得)하려고 생각한다면 모름지기 중생본유(衆生本有)의 묘리(妙理)를 관(觀)할지어다. 중생본유의 묘리란 묘호렌게쿄(妙法蓮華經) 이것이니라. 그러므로 묘호렌게쿄라고 봉창한다면 중생본유의 묘리를 관하는 것으로 되느니라(어서, 383쪽).

> (현대어) 무한한 과거부터 되풀이해 온 생사의 고뇌를 멈추고 지금 이 인생에서 틀림없이 최고의 깨달음을 얻으려고 생각한다면 중생에게 본래 갖춰진 묘리(심오하고 미묘한 이치)를 반드시 자신의 생명 속에서 살펴보아야 한다. 중생에게 본래 갖춰진 묘리란 묘호렌게쿄를 말한다. 그러므로 묘호렌게쿄라고 부르면 중생에게 본래 갖춰진 묘리를 자신의 생명 속에서 살펴보는 것이 된다.

매우 짧은 구절이지만 수천 년 이어온 불교의 깊은 철리(哲理)와 모든 민중을 구제하겠다는 만인성불(萬人成佛)의 종교혁명 역사가 응축되어 있으며, 니치렌 불법의 정통성과 혁신성이 잘 나타나 있다고 말한다(이케다, 2008: 29-30).

어서 구문	불교사의 흐름	기본사상
무시(無始)의 생사(生死)를 멈추고	인생의 근본 과제이자 종교 본래의 역할을 의미	종교
		⇩
무상보리(無上菩提)를 증득(證得)하려고 생각	그 종교적 과제에 대해 불교의 영지(英智)가 보내는 회답	불교
		⇩
중생본유(衆生本有)의 묘리(妙理)를 관(觀)할지어다	앞의 회답을 법화경의 사상으로 더욱 심화한 것	법화경
		⇩
묘호렌게쿄라고 봉창한다면	그 종교적 영지를 만인이 실천할 수 있도록 니치렌이 확립한 수행	니치렌

창가학회에서는 법화경의 제목(題目)을 부른다(唱)는 의미로 '창제(唱題)'라는 용어를 쓰고 있다. 그들은 창제행이 우주 근원법의 무한한 힘을 자기 생명에 불러 나타내는 수행이라고 말한다. 니치렌은 '묘호렌게쿄(妙法蓮華經)'가 단순히 경전의 제목이 아니라, 부처가 법화경에서 깊은 지혜로써 설한 우주 근원법의 진리를 가장 잘 표현한다고 파악하고, 그대로 우주 근원의 법의 이름으로 자리매김했다. 이름을 붙이는 것은 창조적 행위이며, 사물의 본질을 꿰뚫는 이름을 붙임으로써 그 본질을 모든 사람에게 개방하는 결과를 낳는다(이케다, 2008: 36-37; 이케다, 2011b: 284-285). 창가학회 · 니치렌 불교에서 니치렌을 중시하는 이유는 묘호렌게쿄(妙法蓮華經)가 우주 근원법의 이름이고 모든 부처가 성불할 수 있었던 근본법임을 처음으로 밝혔기 때문이라고 한다.

다음으로 니치렌은 '묘호렌게쿄(妙法蓮華經)'라는 보편적 진리에

'나무(南無)'를 붙여, 그 진리를 부르는 수행을 확립했다.[06] '나무'는 산스크리트어로 '귀명(歸命)'이라는 의미이며, 직역하면 "목숨을 가지고 스스로 귀함"이라 해석할 수 있다. 어느 의미에서는 자신이 정한 대상에 "전 생명을 바친다."는 매우 적극적인 서원(誓願)의 표출인 것이다. 그리고 소리를 내어 '남묘호렌게쿄(南無妙法蓮華經)'라고 창제하는 것은 자신이 그 진리의 세계로 돌아가겠다고 전 생명의 차원에서 다짐하고 맹세하는 선언이라고 말한다. 더 나아가 창제행의 근본 의미가 단순히 '외적 진리'의 명칭을 부르는 것이 아니라, 우주와 생명을 잇는 '내적 진리'를 환기하여 자신이 그 진리에 따라 삶을 영위한다는 지극히 현실적인 실천이라는 점을 강조한다(이케다, 2008: 50-51). 니치렌도 "단 묘호렌게쿄(妙法蓮華經)라고 부르며 수지(受持)한다 해도 만약 기심(己心)의 밖에 법(法)이 있다고 생각한다면 전혀 묘법(妙法)이 아니라 추법(麁法)이니라(어서, 383쪽)."라고 엄격히 훈계하고 있다.

창가학회원들이 말하는 창제행이란 결국 각자 자신 속에 내재한 부처의 생명을 불러 깨우는 수행이며, 이렇게 용현(涌現)한 부처의 생명은 지혜와 자비로 자타 함께 행복할 수 있는 세계를 지향한다. 그들

06 부처의 설법은 크게 '수타의(隨他意)'의 가르침과 '수자의(隨自意)'의 가르침으로 나눌 수 있다. 수타의란 부처가 상대방의 수준에 맞게 이해할 수 있도록 가르침을 펼친 것을 말하며, 수자의란 부처가 상대의 기근(機根)에 상관없이 부처의 본의를 그대로 전하는 것을 말한다. 일반적으로 수타의는 제자의 질문에 대한 답변 형식으로 진행되어 대기설법(對機說法)이라 칭하기도 한다. 반면, 수자의는 제자가 묻지 않아도 부처님이 깨달음의 극의(極意)를 스스로 설하기 때문에 '무문자설(無問自說)'이라 한다(이케다, 2013: 44-45). 니치렌은 수자의의 경전인 법화경의 제목, 즉 묘호렌게쿄(妙法蓮華經)에 생명과 우주의 근본 법칙이 응축되어 있다고 포착하고 '나무(南無)'를 더해 누구나 실천할 수 있는 보편적 수행 방법으로 남묘호렌게쿄의 창제행을 확립했다고 말한다.

또한 니치렌은 "남묘호렌게쿄의 나무(南無)란 범어(梵語)이고, 묘호렌게쿄(妙法蓮華經)는 한어(漢語)이며, 범한(梵漢) 공시(共時)에 남묘호렌게쿄라고 하느니라(어서, 708쪽)."고 설하며 남묘호렌게쿄가 지닌 국제성, 보편성을 강조했다.

은 자행화타의 창제가 넓혀지면 자비로운 부처의 생명에 물든 민중이 서로 연대할 수 있게 되며, 더 나아가 인류가 안고 있는 숙명도 전환할 수 있다고 믿는다. 그리고 이것이 그들이 추구하는 광선유포(廣宣流布)라고 한다.

창가학회의 서적에는 의외로 '민중불법(民衆佛法)'이라는 용어가 빈번히 등장한다. 한국 사회에서 '민중'은 민감한 단어임에 틀림없다. 그러나 이케다는 '민중'에 대해 이렇게 정의한다.

> **니치렌 불법은 '민중불법'입니다. 여기서 '민중'은 일체중생을 말합니다. 어떠한 특정 계급이 아닙니다. 현실에 있는 '눈앞의 한 사람'입니다. 그 사람이 누구든 다시 말해 성별을 비롯해 나라와 민족, 출신과 계층, 나이와 직업이 어떻든 … 안고 있는 괴로움 여하에 상관없이 한 사람도 빠짐없이 민중입니다. 일체중생에 이릅니다.**
>
> **유엔이 현재 '누구도 소외시키지 않는다.'는 인류 사회를 … 달성하고자 부르짖는 비전과 불법의 근본사상은 서로 공감하는 바가 큽니다(이케다, 2017: 78).**

민중, 즉 일체중생의 무한한 가능성을 창제행을 통해 열어간다는 니치렌 불법의 관점에서 민중은 더 이상 범부(凡夫)가 아니다. 어서 곳곳에는 범부가 그대로 부처라는 "범부즉극(凡夫卽極)(714쪽)", "말법의 부처란 범부이고(어서 766쪽)", "석가불은 우리 중생을 위해서는 주사친(主師親)의 삼덕(三德)을 갖추셨다고 생각하였으나, 그런 것이 아니라 도리어 부처에게 삼덕을 갖게 해드린 것은 범부이니라(1358쪽)." 등 범부가 가장 존귀한 부처라는 철리(哲理)가 드러난다. 가히 민중관(民衆觀)의 혁명이라 할 수 있으며, 이러한 사상은 니치렌 스스로 가장 중시한 논문의 하나인 『입정안국론(立正安國論)』에서 직관적으로 표현된다. 범부가 그대로 부처이고, 나라의 중심에는 권력자가 아니라 백성이 있다는 사상이다. 이 논문 전체에서 나라 '국(國)'이라는 글자는 당시 통상적으로 쓰는 '국(国)'이 아니라 입 '구(口)' 자에 백성 '민(民)'을 넣은 완전히 새로운 글자 '국(囻)'을 약 80% 이상 사용했다. 다시 말해 국가의 중심에는 왕(王)이 아니라 백성(民)이 있다는 사고였다. 철저한 계급사회이면서 폭력이 난무하는 막부(幕府) 중심의 13세기 일본에서 니치렌의 불법은 모든 차별을 초월한 새로운 우주관을 설계하였다고 해도 좋을 것이다.

3. 자행화타의 실천(2): 화타행의 회좌(會座) 좌담회

법화경의 마지막 품은 「보현보살권발품(보현품) 제28」이며, 이 품에서 석존이 가장 마지막으로 설한 가르침은 "당기원영 당여경불(當起遠迎 當如敬佛)", 즉 "마땅히 일어나 멀리 맞이해야 할 것이며, 응당 부처를 존경하듯이 해야 한다."는 경문이다(한국SGI, 2016: 672). 이 문구 이후에는 상황 묘사가 나오고 보현품이 종료되므로, 이 여덟 글자가 사실상 보현품의 마지막이자, 법화경 전체 28품의 최후의 가르침이라 할 수 있다. 니치렌은 이 문구의 의미를 다음과 같이 설명한다.

> 이 품의 때 최상제일의 상전(相傳)이 있다. 석존 8개년의 법화경을 팔자(八字)에 담아서 말대의 중생에게 물려주시었으니, 팔자란 당기원영 당여경불(當起遠迎 當如敬佛)이란 문이니라. 이 문까지로써 경은 끝나는데(후략)(어서, 781쪽)

(현대어) 이 보현품 제28의 내용 속에는 최고로 중요한 가르침이 있다. 즉 석존이 8년간에 걸쳐 설한 법화경을 팔(八) 문자에 담아 말법의 중생에게 물려주신 것이다. 그 여덟 문자란 '당기원영 당여경불'—(만약 이 묘법을 수지하는 사람을 보면) 반드시 일어나 멀리까지 맞이하러 나가야 하며, 마치 부처를 존경하듯이 소중히 해야 한다.—의 글이다. 이 경문을 마지막으로 법화경의 설법은 끝나는데(후략)

법화경에 나오는 방대한 양의 가르침이라 해도 결국은 '사람의 행동' 속에 있다는 의미이며, 아무리 심원한 철리(哲理)라 해도 실천이 따르지 않는다면 무용(無用)하다는 말일 것이다. 니치렌의 사상을 토대로 하여 창가학회원들이 '한 사람을 소중히' 하는 행동을 현실에서 실천하는 가장 중요한 모임의 하나는 '좌담회(座談會)'이다.

현재 한국SGI의 조직 체계는 전국적으로 50개 방면 156개 권으로 구성되어 있으며(화광신문, 2025.02.07.), 중층적이고 복합적인 구조를 띠고 있다(그림 1 참조). 전국의 각 방면은 공통적으로 '반(班)-지구(地區)-지부-지역-권(圈)-방면(方面)'의 단계로 형성되며, 작은 단위가 3~5개 모여 다음 단위를 이룬다. 창가학회의 조직 구성의 특성에 대해서는 이미 다양한 연구가 출간되었으므로(박승길, 2008: 358-359; 이토, 2019: 55-64; 김현석, 2022: 100-108), 본 연구는 좌담회에 한정하여 논의를 전개하고자 한다.

좌담회는 가장 기초가 되는 단위인 '반'과 '지구'에서 격월로 실시하며, 전국의 모든 회원은 본인의 거주지를 기준으로 이동 거리와 회원 간의 유대 등을 고려하여 하나의 반에 소속되게 된다. 한국SGI의 성장 원인의 하나로 좌담회에 주목하여 그 기능, 성격, 운영, 구성, 참가자의 태도 등 광범위한 조사와 분석을 담고 있는 한 선구적 연구는

그림 1 ▶ 한국SGI 조직 기구

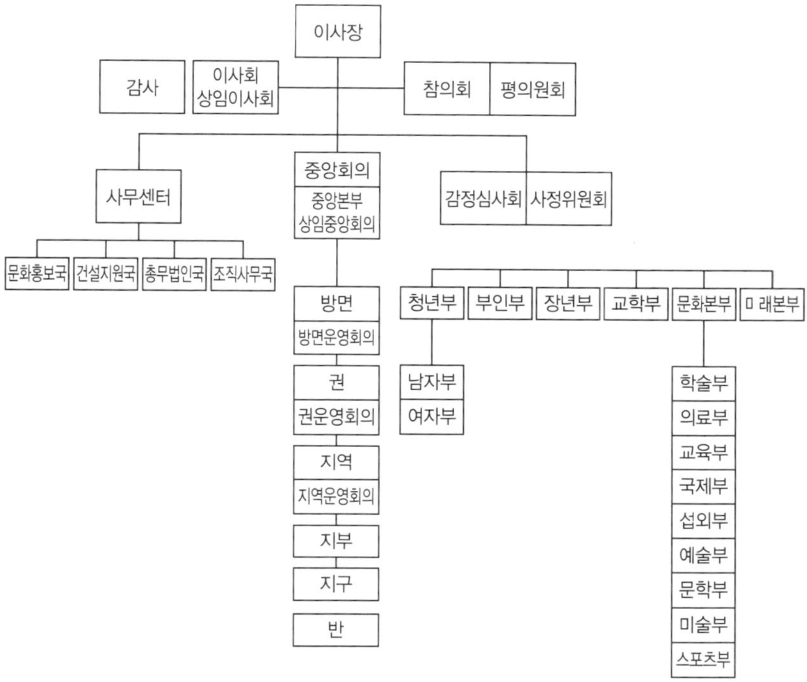

출처: 한국SGI 홈페이지.

창가학회의 좌담회는 "광선유포라는 종교적 목적의 장(場)임과 동시에 현실 세계에서의 인간성 회복과 민중 소생의 도장(道場)이라는 '신성한 세계와 속세가 공존하는 곳'"이라고 파악한다(이원범 · 남춘모, 2007: 281). 또한 이 연구는 한국 사회에서 창가학회의 성장 요인을 '사회적 환경에의 적응력', '문화적 현실에의 순응력', '자율성'을 들고 있는데, 이러한 요인들은 창가학회 전체 조직의 특징이면서 좌담회에서도 똑같이 나타나는 특징이라고 분석한다. 이 점은 앞서 논의한 '수방비니'의 원리와도 밀접한 관련이 있을 것이다.

창가학회는 좌담회의 연원(淵源)을 불교의 시작점에서 찾고 있다. 깨달음을 얻은 뒤 석존의 첫 설법인 '초전법륜(初轉法輪)'도 다섯 명의 옛 수행 동료와 무릎을 맞댄 대화, 즉 좌담회에서 시작되었다는 것이다(이케다, 2015a: 407-408). 소크라테스의 대화법도 소단위의 모임을 통해 치열하게 전개된 질문과 응답의 좌담회라 할 수 있다. 니치렌의 어서에서도 "뜻이 있는 제인(諸人)은 한 곳에 모여서 청문토록 하시라(어서, 970쪽).", "뜻이 있는 사람들은 서로 이를 이야기하라(어서, 967쪽)." 등 제자들에게 일종의 좌담회를 개최하도록 독려했음을 알 수 있다. 그뿐 아니라 제자들에게 보낸 편지에는 "이달 대사강(大師講) 장소는 묘쇼보 댁으로 예정됐으나 사정이 있어 다른 분이 가능하다면 부탁하고자 합니다. 귀하의 사정은 어떻습니까? 만약 귀하에게 사정이 있으면 다른 사람에게 부탁하겠습니다(현대어 번역)(어서, 949쪽)." 등의 내용이 나오는데, '대사강'은 일종의 법좌(法座)로서 오늘날의 좌담회와 흡사하다. 때때로 니치렌이 직접 나서서 대사강의 장소를 섭외했고, 형식이나 의식을 배제한 채 그때그때 제자의 집에서 개최한 것을 알 수 있다.

이러한 오랜 전통의 좌담회를 현대에 되살린 것은 마키구치였다. 그는 '대선(大善)생활 실험증명 좌담회'라고 명명한 좌담회를 열정적으로 추진했다. '대선생활 실험증명'은 니치렌 불법을 근본으로 하는 '신심 즉 생활'의 훌륭함, 타인과 사회에게 힘쓰는 인간혁명의 삶 등을 누구나 이해할 수 있도록 사실적인 모습으로 나타내려는 목적을 담고 있었다(이케다, 2022b: 47). 그는 박해 속에서도 2년간(1941년 5월-1942년 6월) 240회가 넘는 좌담회를 개최했으며(앞의 책, 185), 좌담회에서는 당시 악명 높았던 특고(特高) 형사들이 감시하며 때때로 마키구치의 발언을 제지했다고 한다. 그가 체포된 장소도 좌담회 참석을 위해 방문한 지방의 한 도시였다.

좌담회와 관련된 마키구치의 유명한 에피소드가 있다. 어느 날, 한 청년이 그에게 적은 인원의 좌담회보다는 큰 규모의 강연회 형식이 더 효과적이지 않겠느냐는 의견을 말했다. 그러나 마키구치는 "인생의 문제는 대화가 아니면 상대에게 통하지 않는다."고 즉답하면서 강연만으로는 듣는 사람이 남의 일로 여기게 될 것이라 강조했다. 앞서 소개한 한국SGI 좌담회 연구에서 참가자들의 청취 태도가 높은 집중도와 상호 응집도를 보였고, 역시 높은 비율로 좌담회에서 자신의 사적 문제를 이야기할 수 있다는 조사 결과는 좌담회 참가자들이 서로를 일차 집단의 가족 성원과 같이 '의미 있는 타자'로 의식한다는 것을 의미한다(이원범 · 남춘모, 2007: 289-296). 또한 좌담회에 참석한 사람들은 사회적인 지위, 학력, 직업, 창가학회 내의 직책 등을 모두 배제하고 동등한 입장에서 대화하도록 요구되며, 가능한 한 많은 사람이 식순과 대화에 참여할 수 있도록 기획된다(앞의 책, 288).

이케다는 창가학회의 전통은 좌담회에 있다고 강조하면서, 그것은 단지 오랫동안 해 왔기 때문이 아니라 그곳에 한 사람을 소중히 하는 '마음'이 있기 때문에 학회의 전통이라고 강조한다(이케다, 2022b: 46-47).

> **세간에서 보면 인원수도 적고, 누구에게 주목받는 모임도 아닙니다. 이렇게 소박한 모임도 없겠지요. 그러나 (중략) 이 작은 모임에 '인간공화(人間共和)의 축도'가 있습니다. '민주주의의 실상'이 있습니다. '신앙과 가정 그리고 지역을 맺는 광포(廣布)의 맥동'이 있습니다. 존귀한 불자를, 소중한 벗을 반드시 행복하게 해 주고 말겠다는 '마음'이 있습니다. 그 마음이 '법화경의 마음'입니다.**

한편, 현대에 창가학회의 설립과 함께 시작된 좌담회는 현재 전 세계 192개국 지역의 창가학회에서 예외 없이 실시하고 있다. 수방비니의 원칙에 따라 각국, 각 지역의 현실에 맞게 조직과 활동이 구성되지만, 좌담회만큼은 만국 공통이다. 영어권에서는 주로 'discussion meeting', 스페인어권에서는 'reunión de diálogo' 등 '대화의 모임'이라는 이름으로 불리고 있으며, 대체로 20명 안팎의 작은 인원이 모여 서로 불법을 연찬(研鑽)하고 서로를 격려하는 방식은 어디든 같다. 창가학회의 성장은 끊임없이 변화하는 현대사회에서 좌담회를 "당기원영 당여경불"의 실천장으로 계속 유지할 수 있는지에 달려 있다고 할 수 있을 것이다.

Ⅳ. 나가는 말

최근 우리 사회에서는 '종교 없음' 인구가 꾸준하게 증가하고 있는 것으로 확인되고 있다. 한 조사에 따르면 2023년에는 그 비율이 전체 인구의 58.1%를 차지하기에 이른다(한국사회과학자료원, 2024). 하지만 또 다른 조사들에서는 무종교인이 모두 종교성이 없는 것은 아니며, 오히려 다양한 영적인 차원에 관심을 지닌 사람들이 많다는 사실도 파악된다(정재영, 2024). 제도화된 기성 종교에 대한 무관심이 곧 종교성 또는 영적 차원의 무관심은 아닌 것으로 볼 수 있다. 게다가 전 세계적으로 종교 인구가 증가하고 있는 현실(크리스천투데이, 2022.02.04.)은 우리 사회에서 종교의 역할과 기능을 되돌아보게 하며, 이 글 첫머리에서 제기한 바와 같이 무슨 종교인지를 묻는 것이 아니라 어떠한 종교적 삶을 살고 있는지를 스스로에게 묻도록 요구하고 있다.

하버드대 교수이며 신학자였던 콕스(Harvey Cox)는 21세기의 특징 중 하나로 '종교의 부흥'을 들었다. 새로운 세기를 맞이하며 출간한 『종교의 미래(*The Future of Faith*)』에서 그는, 과학의 발달, 교육의 보급 등으로 종교가 소멸되거나 박제화되리라는 예상과 달리 긍정적이든 부정적이든 세계적으로 새로운 활력을 과시하고 있다는 것이다(콕스, 2009: 9-11). 더 나아가 그는 '종교적'이라는 단어의 의미가 크게 변하여 모든 종교를 뒤흔들 중대한 변화가 종교적 감성에 나타나고 있으며, 그러한 현상을 '수평적 초월 쪽으로 이동' 또는 '내재적인 것에로 돌아섬'이라고 칭했다. 다시 말해, 사람들은 '신의 장엄함이 가득 차 있는' 곳은 우리 일상 삶의 세계이지 어떤 다른 세계가 아니라는 사실을 인식하고 있으며, 내세의 준비보다는 이 세상을 좀 더 좋게 만들려는 그들의 염원에 도움을 줄 수 있는지를 종교에 묻고 있다고 갈파했다.

『종교의 미래』와 비슷한 시기에 출간된 또 다른 서적에서도 그는 같은 생각을 피력하고 있다. 이케다와 공동으로 출판한 대담집 『21세기의 평화와 종교를 말한다』에서 그는 '종교 부흥의 시대'를 환영하며 다만 종교가 폐쇄적이거나 배타적이지 않고 사람들에게 넓은 시야와 전체관을 제공하기 위해서는 대화가 중요함을 역설했다(콕스 · 이케다, 2019). 'religion(종교)'이라는 단어의 여러 어원 중 하나로 예시되는 'religare'는 본래 '다시 결합하는 일'인 점을 들어 "사람과 사람의 유대를 다시 되찾는 일, 이것이 현대에서 종교가 해야 할 역할"이라고 강조하였다.

사람과 사람의 유대를 되찾기 위해서는 상대의 가능성을 끝까지 믿는 만인성불의 정신과 상대를 존중하는 "당기원영 당여경불"의 자세가 필수적이다. 한때 '국민 정서를 훼손하는 일본 종교'로 극심하게 비판을 받았던 한국SGI는 이제 한국에서 가장 빠르게 현대적 종교 단체 중 하나로 성장했고, 어느 의미에서는 카사노바(Jose Casanova)의 "공적 종교가 다원주의 사회에서 '공론장'의 영향력을 발휘하며, '존재'의 형태를 변화시켜 간다."는 이론을 증명하는 종교운동의 한 유형이 되었다고 평가할 수 있을 것이다.

여기서 한국SGI는 한 종교학계 원로의 경종에 귀를 기울일 필요가 있다. 그는 도그마에 갇힌 '닫힌 종교'와 끊임없이 탐구하고 깨쳐 가려 노력하는 '열린 종교'를 구별하면서, 어느 종교이든 표면적인 문자에만 집착하면 '표층구조'에 매달리는 닫힌 종교가 될 것이고, 종교의 '심층구조'에 관심을 갖고, 종교의 참뜻을 더욱 깊이 깨달아 그 종교가 본래 의도한 자유와 해방을 맛보는 삶으로 이끈다면 열린 종교로 나아갈 수 있다고 충언한다(오강남, 2012: 14-19).

지금까지와 같은 조직의 성장과 사회 활동을 유지하고 발전시켜 가기 위해서는 니치렌 불법에서 말하는 '당여경불', '한 사람을 소중히' 하는 정신이 형해화되지 않는 것이 중요하며, 조직이 개인보다 우선시되는 관료문화에 빠지지 않는 경계와 노력이 더욱 필요할 것이다.

■ 참고문헌

갈퉁, 요한 · 이케다 다이사쿠. 1997.『평화를 위한 선택』. 손대준 옮김. ㈜신영미디어.

길희성. 2023.『포스트모던 사회와 열린 종교 이야기』. 동연.

김용환. 2017. "한국SGI 타자윤리와 공공지평 연구."『동아시아불교문화』 32: 525-556.

김현석. 2022. "한국SGI의 종교조직과 활동에 관한 사회학적 연구: 조직화 과정과 문화회관의 활동을 중심으로." 동서대학교 대학원 박사학위논문.

남춘모. 2012. "일본 정신문화의 한국 유입과 정착: 국내 일본계 종교의 탈-일본화와 친일 콤플렉스의 극복 과정을 중심으로."『아태연구』 19: 167-200.

도다 조세이(戸田城聖). 1983.『戸田城聖全集 第3巻: 論文 · 講演 編』. 聖敎新聞社.

동아일보. 1987. "蘇 首相 서울올림픽 참가준비." 5월 27일 4면.

로렌스, 데이비드 허버트(Lawrence, David Herbert). 1998.『로렌스의 묵시록』. 김명복 옮김. 나남출판.

박상필. 2000. "종교 단체의 공익 활동 내용과 교리적 근거: 기독교 단체와 불교 단체의 비교."『현상과인식』 81: 111-135.

박승길. 2007. "창가학회의 차별화와 사제불이 이념의 사상사.'『일본사상』 12: 109-143.

______. 2008.『현대한국사회와 SGI: 한국SGI와 대승불교운동의 사회학』. 도서출판 태일.

______. 2017. "창가학회 재가주의 불교운동의 확립과정과 그 의미."『종교연구』 77/3: 127-153.

스마트, 니니안(Smart, Ninian). 2017.『종교와 세계관』. 김윤성 옮김. 이학사.

스미스, 윌프레드 캔트웰(Smith, Wilfred Cantwell). 1991.『종교의 의미와 목

적』. 길희성 역. 분도출판사.

오강남. 2012. 『종교란 무엇인가: 신의 실체에서 종교전쟁까지』. 김영사.

원영상. 2018. "근대 일본불교의 반전론(反戰論)." 『불교평론』 76(겨울호). http://www.budreview.com/news/articleView.html?idxno=2018 (2025년 1월 25일 접속).

유광석. 2022. "한국창가학회(KSGI)와 국제창가학회(SGI)의 평화주의에 대한 비교연구: 종교유형론적 관점에서." 『신종교연구』 46: 183-211.

이원범 · 남춘모. 2007. "조직사회학적 관점에서 본 일본계 신종교 교단의 소집단 활동-소집단 활동으로서의 KSGI 좌담회 분석." 이원범 편. 『한국 내 일본계 종교운동의 이해』. 제이앤씨. 274-300.

이원범 편. 2007. 『한국 내 일본계 종교운동의 이해』. 제이앤씨.

이원선. 2016. "천태지의의 번뇌즉보리와 현대심리학의 사고방식 전환 효과의 관련성 연구." 『불교학보』 76: 301-326.

이케다 다이사쿠. 1993. "다양화되는 사회에서 종교의 역할." 『법련』 9월: 30-39.

______. 1998. "부여군 명예군민증 수여식 사사(謝辭): '보은의 마음'을 젊은 세대에 계승!." 『화광신문』 9월 28일.

______. 1999a. "제24회 SGI의 날 기념제언: 평화의 개가(凱歌)-우주관(Cosmology)의 부흥." 『법련』 3월: 6-38.

______. 1999b. "(장편시) 사계의 선율 민중의 찬가: 문화 대은인의 나라 존경하는 한국의 벗에게 드린다." 『법련』 5월 특집호.

______. 1999c. 『인간혁명의 세기로. 이케다 다이사쿠 선집』. 중앙일보 J&P.

______. 2000. "나의 인생기록-한국 첫 방문." 『법련』 4월: 6-23.

______. 2003. 『신(新) 인간혁명 제8권』. 화광신문사.

______. 2006. 『개목초 강의 (상)』. 화광신문사.

______. 2008. 『일생성불초 강의』. 화광신문사.

______. 2011a. "승리의 경전 '어서'에서 배운다. 제25회." 『법련』 5월: 26-45.

______. 2011b. "이탈리아 볼로냐 대학 강연-레오나르도의 안목과 인류의 의회: 유엔의 미래에 대한 고찰." 『21세기의 문명과 대승불교. 해외대학 강연

집』. 화광신문사. 156-173.

______. 2011b. "중국 사회과학원 강연-21세기와 동아시아 문명." 『21세기의 문명과 대승불교. 해외대학 강연집』. 화광신문사. 274-291.

______. 2012. "지속가능한 지구사회로 가는 길." 『화광신문』 7월 13일. [이케다 다이사쿠 공식 웹사이트 https://daisakuikeda.or.kr/educator/educator_02_01.html(2025년 3월 31일 접속)].

______. 2013. 『법화경 방편품 · 수량품 강의』. 화광신문사.

______. 2015a. 『법화경의 지혜(상)』. 화광신문사.

______. 2015b. 『인간혁명 제12권』. 화광신문사.

______. 2017. "세계를 비추는 태양의 불법 제29회, 인간혁명의 종교(9)." 『법련』 11월: 76-91.

______. 2019. 『감사합니다 한국』. 조선뉴스프레스.

______. 2022a. 『이케다 다이사쿠 선생님 지도 선집(중): 인간혁명의 실천』. 화광신문사.

______. 2022b. 『이케다 다이사쿠 선생님 지도 선집(하): 광선유포와 세계평화』. 화광신문사.

______. 2024. "인간주의 철학의 광채. 제10회." 『법련』 11월: 28-37.

이케다 다이사쿠 외. 2004. 『어서의 세계 1』. 화광신문사.

______. 2005. 『어서의 세계 3』. 화광신문사.

이케다 다이사쿠 · 조문부. 2004. 『희망의 세기를 향한 도전』. 연합뉴스 동북아센터.

이토 타카오. 2019. "한국SGI 조직의 과거, 현재, 미래: 인간혁명의 종교, 광선유포(廣宣流布)를 위한 조직." 『신종교연구』 41: 41-68.

이현경. 2011. "한국의 사회변동과 일본계 종교의 수용: 한국창가학회를 중심으로." 이원범 · 사쿠라이 편저. 『한일 종교문화 교류의 최전선』. 인문사.

전명수. 2019. "종교와 공공성, 이론과 실제: 종교기반 시민단체 활동의 분석적 고찰." 『한국학연구』 68: 203-234.

정재영. 2024. "한국의 무종교인에 대한 연구." 『종교와 사회』 12(2): 135-168.

정태식. 2008. "현대사회에서의 종교의 사회적 위치와 공공성." 『신학사상』 142:

195-218.

제점숙. 2022. “한국SGI 회원의 종교적 가치관과 생활 만족도에 관한 연구.”『대동문화연구』120: 341-368.

조선일보. 1987. “蘇 首相 서울올림픽 참가준비.” 5월 28일 4면.

조성윤. 2019.『1964: 어느 종교 이야기』. 당산서원.

조성환. 2021. “지구라는 공동의 운명: 서양 지구인문학의 흐름.”『공공정책』10월: 77-81.

조현범. 2007. “한국 사회와 종교적 타자상의 인식논리: 한국SGI 사례를 중심으로.”『종교문화비평』11: 174-205.

창가학회(創価学会). “창가학회 회헌.” 창가학회 홈페이지. https://www.sokagakkai.jp/about -us/constitution.html(2025년 2월 16일 검색).

콕스, 하비(Cox, Harvey). 2009.『종교의 미래』. 김창락 옮김. 문예출판사.

콕스, 하비 · 이케다 다이사쿠. 2019.『21세기 평화와 종교를 말한다』. 조선뉴스프레스.

하라다 세이치로. 2019. “인간주의 불법의 계보.”『화광신문』3월 1일.

한국사회과학자료원. 2024. “데이터스토리: 우리의 종교 생활.” https://kossda.methods.snu. ac.kr/board/read.jsp?id=1879890&code=unboxing (2025년 2월 16일 접속).

한국SGI. 2010. “제천선신.”『법련』9월: 18-19.

______. 2016.『妙法蓮華經竝開結』. 화광신문사.

______. 2021.『日蓮大聖人御書全集』. 화광신문사.

한국SGI 홈페이지. “한국SGI 조직 기구.” https://www.ksgi.or.kr/sgi/koreasgi/koreasgi05. ksgi(2025년 3월 31일 접속).

화광신문. 2025. “경기 제8 방면, 부산 제1 방면 연제권 결성식.” 2월 7일 1면.

Cornelio, Jayeel. 2018. “The Nationalisation of Religion: Youth and Soka Gakkai in Singapore.” *Social Compass* 65(1): 114-130.

Hammond, Phillip and David Machacek. 1999. *Soka Gakkai in America: Accomodation and Conversion*. New York: Oxford

University Press.

Introvigne, Massimo. 2019. "Soka Gakkai in Italy: Success and Controversies." *The Journal of CESNUR* 3/6: 3–17

Machacek, David and Bryan Wilson(eds.). 2003. *Global Citizens: The Soka Gakkai Buddhist Movement in the World*. New York: Oxford University Press.

McLaughlin, Levi. 2019. *Soka Gakkai's Human Revolution: The Rise of a Mimetic Nation in Modern Japan*. Honolulu: University of Hawai'i Press.

Metraux, Daniel Alfred. 1996. *The Lotus and the Maple Leaf: The Soka Gakkai Buddhist Movement in Canada*. New York: University Press of America.

______. 2000. "The Expansion of Soka Gakkai into Southeast Asia." David W. Machacek and Bryan R. Wilson(eds.). *Global Citizens: The Soka Gakkai Buddhist Movement in the World*. New York: Oxford University Press. 402–429.

Ng, Ka Shing. 2018. "A New Home for New Immigrants? A Case Study of the Role of Soka Gakkai in the Integration of Japanese and Mainland Chinese Immigrants in Hong Kong." *Religions* 9: 336.

Nichiren Buddhism Library. https://www.nichirenlibrary.org/en/

Seager, Richard Hughes. 2006. *Encountering the Dharma: Daisaku Ikeda, Soka Gakkai, and the Globalization of Buddhist*. Berkeley: University of California Press.

Soka Global 홈페이지. https://www.sokaglobal.org/contact-us/media-room.html(2025년 3월 31일 접속).

Strand, Clark. 2014. *Waking the Buddha: How the Most Dynamic and Empowering Buddhist Movement in History Is Changing Our Concept of Religion*. Santa Monica: Middleway Press.

UNESCO. 1969. *Birthright of Man: A Selection of Texts Prepared under* *the Direction of Jeanne Hersch*. New York: UNIPUB.

Wilson, Bryan and Karel Dobbelaere. 1994. *A Time to Chant: The Soka Gakkai Buddhists in Britain*. Oxford: Clarendon Press.

제3장

『입정안국론』에 나타나는 니치렌 사상의 특징*

김수아(동명대)

* 이 글은 2020년 『한국교수불자연합학회지』 제26집 "『입정안국론』에 나타나는 니치렌의 사상적 특징 –『수호국가론』과의 연관성을 통해–"라는 제목으로 실린 논문을 수정 · 편집한 것임을 밝힌다.

I. 들어가는 말

니치렌(日連, 1222~1282)은 가마쿠라 시대에 법화종을 개창한 고승으로 1222년 아오노쿠니 나가사군(安房國長狹郡, 현재의 치바켄 카모가와시)에서 어부의 아들로 태어났다. 12세에 인근의 기요미즈야마(淸水山)의 세이초지(淸澄寺)로 입산하였다. 1238년에 렌쵸(蓮長)라는 법명을 받으며 16세에 정식으로 출가했고, 1242년까지 교토의 히에이잔(比叡山)에서 수학하였다. 이후, 12년간 교토와 나라의 고승들을 통해 다양한 종파들의 교학을 수학하고, 1254년에 가마쿠라에서 『법화경』의 전도를 선언하였다. 이후, 1257년 8월에 일어난 대지진과 계속되는 대풍에 의한 홍수와 대기근과 대역병의 재난으로 일본열도는 고통의 도가니로 변했다. 니치렌은 계속되는 재난으로 처참한 지경에 빠진 민중을 구제할 방책이 무엇인지를 찾으려고 3년 동안 경론을 열람하였고, 1259년에 『수호국가론(守護國家論, 이하 호국론)』을 집필하였고, 1년 후인 1260년에 『입정안국론(立正安國論, 이후 안국론)』을 집필하였다.

니치렌이 최초로 집필한 안국론은 현존하지 않고, 필사본들만 존재한다. 필사본을 간행한 『고조유문록(高祖遺文錄)』은 오가와 다이도우(小川泰堂, 1814~1878)이고, 2종의 판본이 현존하는데 하나는 메이지 13년(1880)의 목판본이고, 다른 하나는 메이지 8년(1885)에 간행된 것으로 전자를 대본이라고 칭하고 후자를 소본이라고 칭한다. 현재 유문집이라고 하면 제일 먼저 『昭和定本日蓮聖人遺文』 전4권을 들고 있는데, 이것은 『고조유문록』을 기초로 하고 『靈艮閣版日蓮聖人御遺文』을 대조한 것으로 『고조유문록』은 저본으로서 대단히 중요한 의미를 가진다(木村中一, 2013). 주인과 객의 10문답으로 구성된 짧은 저술임에도 불구하고 니치렌이 입멸 직전까지 강의할 정도로 남다른 애정을 가진 저술이었고, 당시 최고 권력자였던 호조 도키요리(北條時賴, 1227~1263)에게 헌상할 목적으로 집필하였다. 이런 이유로 니치렌의 공적인 종교 활동의 원점이라고 칭해지는 저술로 인식되기도 하지만, 결과적으로 이것으로 인하여 그는 유배를 가게 되었다. 따라서 안국론은 니치렌의 인생에서 일대 전환점이 되는 저술이었다.

이후 안국론은 불법을 통한 호국을 표방하고 있고, 종교인과 정치인과의 대화형식과 위정자에게 건의한 감문(勘文)이라는 독특한 형식의 저술이라는 점에서 많은 연구자들의 관심의 대상이 되어 오고 있다. 안국론이 니치렌 초기교학을 대표하는 상징적 저술이라는 것에 동의하는 기존연구자들도 있지만, 일부 연구자들은 안국론의 내용이 호넨(法然, 1133~1212)의 『선택본원염불집(選擇本願念佛集, 이하 선택집)』에 대한 비판에 치중한 나머지 정법건립의 결과로서의 안국에 관한 충분한 설명이 설해지지 않고 있는 점을 지적하거나 이것을 초기교학을 대표하는 저술로 보기에는 니치렌의 천태법화사상이 충분히 드러나지 않는다고 지적하기도 한다(都守基一, 2014: 131; 古河良啓, 2007). 특히 고가 요시히로(古河良啓)는 안국론이 중요한 저술로 인식되어 많은 연구들이 진행되었지만, 종합적인 연구 성과가 나오지 않고 있다는 점을 지적한다. 그리고 그는 기존연구 성과를 5가지 주제로 정리하는 것에 동의하는데, 즉 ① 파사현정의 내용, ② 국가와 종교와의 관계, ③ 예언의 적정성, ④ 물심상관의 문제, ⑤ 국난의 견해이다. 그는 5가지 중 안국론의 핵심은 입정에 해당하는 파사현정과 안국에 해당하는 국가와 종교와의 관계라고 보고 있다(古河良啓, 2007: 153).

따라서 이 논문에서도 기존연구 성과들을 중심으로 안국론의 중심주제인 파사현정과 호국사상을 고찰하여 니치렌 사상의 특징을 밝혀 보고자 한다. 기존연구자들이 지적한 바와 같이, 안국론은 10문답의 대화체로 구성된 짧은 저술로 니치렌이 본인의 천태법화사상을 온전히 전개하기에는 지면의 한계를 뚜렷이 드러낸다. 이러한 한계를 극복할 수 있는 대안으로 이보다 일 년 전에 집필한 호국론에 주목할 필요가 있다. 이 저술도 안국론처럼 호국사상을 표방하고 있고, 무엇보다 계속되는 국난의 원인을 규명하고 그 대책을 찾기 위해 3년 동안 경론을 탐독한 이후의 첫 저술이라는 점과 천태법화교학의 체계를 보여주는 저술이라는 점에서 안국론과의 사상적 연관성을 보여주고 있고, 기존연구자들도 두 저술의 연관성을 꾸준히 제기해 오고 있는 상황이라, 여기서는 기존연구자들의 연구 성과들을 소개하면서 논의를 전개할 것이다.

그러므로 니치렌의 안국론과 호국론의 천태법화교학과의 연관성을 증명하고, 그 연장선에서 안국론에 나타나는 니치렌의 사상적 특징을 밝히는 이 연구는 세 단계로 진행한다. 첫째는 호국론과 안국론의 상관관계를 규명하고, 둘째는 안국론에 나타나고 있는 파사현정의 논증방식을 재고찰하고, 이와 관련하여 니치렌의 사바적광의 정토관의 특징을 고찰한 이후, 셋째는 니치렌의 호국사상을 규명할 것이다. 이러한 세 단계의 연구진행을 통해, 이 논문에서는 입정안국이라는 호국사상을 표방한 안국론에서 니치렌이 파사에 집중하여 현정인 정법건립의 결과로서의 안국에 관한 충분한 설명을 제공하지 않는 허점을 보이고 있다는 문제제기에 대한 해답으로 니치렌은 안국론의 집필을 이끄는 논리전개의 기반에 파사즉현정의 논증방식을 적용하고 있고, 니치렌의 사바즉적광의 정토관과 호국사상도 이 논증방식 위에서 전개되고 있는 점이 니치렌 사상의 특징이라는 점을 밝히게 될 것이다.

Ⅱ. 호국론과 안국론의 상관관계

보편적으로 니치렌 교학은 유배 이전과 이후로 나누어지는데, 유배 이전의 니치렌 교학을 대표하는 저술이 호국론과 안국론이다. 니치렌은 1257년 8월에 일어난 대지진과 계속되는 대풍에 의한 홍수와 대기근과 대역병의 재난으로 고통의 도가니에 빠진 민중을 구제할 방책이 무엇인지를 찾으려고 3년 동안 경론을 열람하였다. 그 결과, 1259년에 호국론을 집필하였고, 1년 후인 1260년에 안국론을 완성하였다. 국가적 재난이라는 특별한 상황하에서 니치렌은 천태사문의 긍지를 갖고 천태교학을 계승하면서 궁극적으로는 법화지상주의를 표방하는 호국불교를 위한 정법수호의 의지를 펼친 작품들이다. 두 저술 모두 대화형식을 취하지만, 호국론은 전통적 천태법화교학의 체계에 초점을 맞추고 있는 반면, 안국론은 정치인과 종교인의 대화에 초점을 맞추고 있다. 그렇지만 내용적으로는 호넨이라는 악승이 저술한 선택집이라는 악법으로 인하여 위로는 국왕으로부터 아래는 토민에 이르기까지 정토삼부경 이외에 모든 경전들은 버리고 부처는 미타삼존 이외는 다른 부처가 없다고 생각하는 미혹에 빠지게 하여 묘전(妙典)인 『법화경』을 버리게 했기 때문에, 사바정토가 예토(穢土)가 되어 선신(善神)이 거처를 옮기게 되어 국토에는 악귀에 의한 재난이 일어났다. 그래서 악법과 악승을 엄단하고 일체사부대중이 정법에 귀의하여 법화명호를 부르면 다보여래가 본원에 의하여 반드시 오시고, 『법화경』을 독송하는 그 장소가 석존의 적광정토(寂光淨土)인 안온한 불국토로 변모하여 국가와 국토와 국민이 편안해지고 재난은 저절로 사라진다는 공통의 메시지를 담고 있다.

호국론은 7문16소단으로 구성되고, 전반부는 천태법화교학에 의

거한 호넨의 정토교 비판에 집중하고, 후반부는 법화경신앙에 집중한다. 니치렌은 첫머리에 "불법의 올바름과 삿됨(邪正)과 선하고 악한 스승을 구분하는 것은 진리를 증득한 성인들도 알기 어려운데, 어찌 말법시대 범부들이 알 수 있으랴(한국SGI교학부 편역, 2000: 36)."라고 하여 말법시대의 중생들이 의지할 정법과 선지식을 제시하고자 했고, 이 둘은 호국론과 안국론 전체에 걸친 주제로 방법과 정법, 방법인과 선지식이라는 대조로 나타난다.

전반부는 4대문으로 구성되는데, 제1대문은 석존의 교설을 권(權, 방편경)과 실(實, 진실경)로 구분한 천태교학의 오시교판(五時教判)을 계승하여 법화최승진실을 확립하고, 천태지의(天台智顗, 538~597, 이후 천태대사)와 묘락형계(妙樂荊溪, 711~782, 이후 묘락대사)의 사상을 계승한 일본 천태교설이 석존의 정법을 계승하였음을 밝힌다. 제2대문은 불멸후의 정법, 상법, 말법의 삼시에서의 불법의 흥폐에 관해 설하고, 말법시대에도 계속되는 정법은 『법화경』뿐임을 증명한다. 제3대문은 호넨이 저술한 선택집이 왜 방법(謗法), 즉 비방정법(誹謗正法)이고 재난의 원인인지를 오실(五失)로(小松邦彰, 1971:101-102) 구체적으로 설명한다.[01] 제4대문은 악법과 악승을 엄단하고 정법에 의한 호국을 밝힌다. 니치렌은 4대문의 끝부분에서

---

01 니치렌이 호넨의 정토교를 비판한 관점을 5가지로 다음과 같이 정리하는데, 이것을 다섯 가지 잘못이라는 의미로 오실이라고 한다. ① 시기상응불상응(時機相應不相應)의 의미로 도속을 미혹하게 만든 잘못, ② 담란, 도작, 선도의 중국정토교삼사 및 겐신 등의 선지식을 위배한 잘못, ③ 법화, 진언의 행자를 군적(群敵)에 비유한 잘못, ④ 법화경 수행자에 의혹을 생기게 한 잘못, ⑤ 실경을 버리고 권경으로 옮겨가게 한 잘못이다.

내가 불제자의 일분에 들어가기 위해 이 저술을 집필하여 방법의 죄과를 나타내어 세간에 유포하노라. 원컨대 시방의 불타는 이 저술에 힘을 더해 대악법의 유포를 중지케 하여 일체중생을 방법으로부터 구제해 주시라(한국SGI교학부 편역, 2000: 36).[02]

라는 구절로 불제자의 임무인 방법의 유포를 단절하려는 의지를 시방제불에게 기원하는 것으로 마무리한다.

계속되는 후반부는 법화신앙자들을 위한 신앙지침서와 같은 성격을 띠고 있고, 모두 3대문으로 구성된다. 제5대문은 말법시대는 올바른 선지식과 진실한 불법을 만나기 어려움을 설하고, 그런 말법시대에도 진실한 선지식은 『열반경』과 『법화경』뿐이라고 강조한다. 제6대문은 『법화경』 제목 창제만으로도 삼악도에서 벗어날 수 있는 것과 『열반경』은 『법화경』을 유통하기 위한 경전으로 『법화경』이 최고의 경전이자 귀의처라고 설한다. 제7대문은 질문에 따른 대답으로 법화신앙에 대한 다른 종파의 비난에 대처하는 방법을 설한다. 전반부에서 다양한 대승경전들을 인용하여 서술을 전재하는 것과 달리, 후반부는 주로 『법화경』과 『열반경』, 천태대사와 묘락대사의 저술들을 인용하여 논리를 전개한다는 특징을 보이고 있다.

한편, 안국론은 여객(旅客)과 주인(主人)과의 대화형식으로 10단으로 구성되는데, 10단의 구분은 니치렌의 제자인 다이세끼지(大石寺) 제26세 니치간쇼닌(日寛上人)이다. 기존연구자들은 안국론을 전체적으로 파사와 현정으로 나누는 경향이 강하다. 그중 세키도 쿄가이(関

02 神保弁静 편, 『日蓮聖人御眞蹟第1−2』. 東京: 番美書院, 1913(마이크로 필름에 저장된 것을 다운받은 관계로 페이지가 적시되어 있지 않음. 일본국회도서관 마이크로 필름 원문 주소는 https://dl.ndl.go.jp/info:ndljp/pid/966085.

戶堯海)는 파사와 현정으로 구분하면서도 전통적인 방식인 서분과 정종분, 유통분으로 나누는데, 서분을 제1단에서 제8단까지로 한다. 이 부분은 호국론의 3문단과 4문단의 내용과 일치하는데, 그 요지는 '재난유래와 경전의 증명', '방법의 사람과 방법에 대한 엄단', '재난대치', '방법의 사람에게 보시를 금하는 조치' 등 파사에 해당한다. 계속되는 정종분은 제9단으로 『법화경』에 귀의하면 안국이 펼쳐질 것이라고 설하는 현정에 해당된다. 끝으로 유통분인 제10단은 객이 주인의 설명을 이해하고 입정안국을 맹세한다(池田大作, 1991: 23–28; 都守基一, 2014: 30–33).

그런데 호국론이 먼저 집필되었음에도 불구하고, 안국론을 니치렌의 초기 대표적 저술로 인식하는 기존연구자들이 있다. 세기도 쿄가이는 안국론을 니치렌 교학의 기점으로, 키타가와 젠조(北川前肇)는 니치렌의 내면적 신앙고백의 저술로, 사또 코다이(佐藤妙晃)는 니치렌의 공적인 종교 활동의 원점이 된 저술이라고 보고 있다. 이들이 안국론을 대표적인 저술로 인식하는 것은 역시 감문형식으로 집필되었기 때문이다. 감문은 조정이나 막부의 자문에 답하는 것으로 학자나 신사의 주관 등이 선례, 일기, 방각, 길흉 등에 대한 예견을 작성하여 공적으로 상소하는 문서를 말한다. 그러나 니치렌은 조정이나 막부로부터 의뢰되어 작성한 것이 아니므로 '사적 감문'에 해당된다(佐藤妙晃, 2006: 28). 3년에 걸쳐 심혈을 기울여 집필하였고, 3번에 걸쳐 헌상하였으나, 이로 인하여 유배를 가게 되었다. 이러한 이유로 안국론은 니치렌의 일생에서 대전환점이 된 저술이 되었고, 또한 정치인과 종교인의 대화라는 독특한 형식이라는 점도 연구자들의 관심을 유발시키는 요인으로 작용하였다.

이와는 대조적으로, 호국론은 오랫동안 안국론을 제작하기 위한 초안 정도로 취급되기도 했다. 그런데 전통적인 저술형태를 띤 이 저술은 반정토교와 법화신앙의 정당성을 밝히는 이론서로서 니치렌의 초기교학체계를 파악할 수 있는 중요한 저술임에 분명하다. 앞에서 호국론과 안국론의 내용을 대략적으로 살펴보았지만, 안국론의 내용 대부분이 경전인용으로 시작하여 마치기 때문에 니치렌의 체계화된 법화 교리이념이나 심오한 사상이 드러나지 않는다는 지적처럼, 안국론은 호국론의 교학체계 위에서 설명될 수밖에 없는 여러 정황들이 존재하고 있음을 부정하기 어렵다. 이러한 호국론의 중요성을 인지한 학자들이 일찍이 나타났고, 호국론의 연구경향은 1950년부터 변화하기 시작하였다.

호국론을 새롭게 조명한 대표적인 학자는 고마쯔 구니아끼(小松邦彰)였다. 그는 니치렌의 교학은 천태교학을 모태로 다른 종파들과의 대립을 극복해 가는 과정에서 구축되었다고 하였다. 기존연구들이 호국론의 내용 가운데 오직 호넨의 정토교 비판에만 주목한 것과 달리, 그는 호국론을 통해 천태대사－덴교다이시 사이쵸(傳教大師 最澄, 767~822)－니치렌이라는 법맥이 어떻게 계승되고, 니치렌의 능력이 어떻게 발휘되는지를 고찰하여 니치렌 교학의 천태교학과의 연속성이나 계승성을 보여주고자 했다는 점에서 의의가 있다. 그는 호국론과 안국론과의 상관관계를 상세히 언급하지는 않지만, "호넨의 정토교 비판에 국한해서 본다고 해도, 호국론은 안국론과는 저술의 목적 내용, 성격 등 모든 관점에서 명료하게 다른 저술"이라고 주장하여, 호국론이 안국론을 집필하기 위한 초안이라는 기존 학설을 부정하였다는 점에서 의의가 크다(小松邦彰, 1971).

그는 이후 호국론 연구를 진행하는 많은 학자들에게 영향을 끼쳤다. 미야가와 토모꼬(宮川朋子)는 1950년부터 2008년까지 호국론에 관한 22개 논문의 연구경향을 4방면으로 정리한다. 첫째는 니치렌의 독자적 교학 중 핵심 오의에 관한 연구, 둘째는 니치렌의 초기교학이라는 관점에서의 연구, 셋째는 니치렌의 호넨의 정토교 비판이라는 측면에서의 연구, 넷째는 호국론에서 인용한『열반경』인용의 성격에 관한 연구이다. 이 네 방면의 대표적인 연구들을 살펴보자.

첫 번째, 호국론이 니치렌 초기교학에서 중요한 위치를 점하는 저술이라고 주장하는 히노 가쿠죠(日野學誠)는 호국론에 나타나는 오의에 관한 연구를 통해 자신의 주장을 증명하고자 했다. 그는 호국론에는 니치렌의 독특한 오의교판이 완전하지는 않지만, 확인 가능하다고 주장한다. 그는 호국론의 내용을 교(教), 기(機), 시(時), 국(國), 교법유포의 전후(教法流布의 前後), 사(師)로 나누어 고찰하고, 결론적으로 오의는 니치렌의 초기교학에서부터 그의 사상적 근간이자 교의를 전개하는 데 중심이었다는 것을 호국론에서 확인했다고 하여 고마쯔구니아끼의 관점을 계승하고 있다(日野學誠, 2006).

두 번째, 호국론을 니치렌 교학의 출발점이라는 관점에서 연구한 사사쯔 카이도우(笹津海道)는 특히 니치렌의 정토관을 집중적으로 고찰한다. 그는 전통적인 천태교학인 사바즉적광을 계승한 니치렌은 호넨의 극락왕생사상을 철저히 비판하고, 본불 석존의 정토가 이 사바세계임을 명시하여 극락왕생 등 타방국토에의 왕생의 무의미함을 지적하는 것이 호국론에 나타난 니치렌의 정토관의 특징이고, 이는 이후 니치렌의 다른 저술들에 계승되었다고 주장한다. 따라서 호국론이야말로 니치렌 초기교학의 출발점이라는 주장을 펼친다(笹津海道, 1991).

세 번째, 니치렌의 정토교 비판을 고찰한 모찌쯔기 시게히로(望月成浩)는 호국론에서 니치렌이 호넨의 정토교를 비판한 근거인 오실을 집중 조명한다. 그는 호국론이 안국론의 전제조건이라고 규정하는데, 이 전제조건이란 기존연구자들이 말하는 초안을 의미하는 것이 아니다. 즉, 호국론에서 서술한 호넨의 정토교 비판은 안국론에서의 국가관을 형성하는 전제로서 중요한 사상적 의의를 갖는 것으로 단순한 진호국가가 아닌 니치렌의 입정안국이라는 세계를 이해하는 열쇠가 된다고 주장한다. 또한 호국론의 성격이 호넨정토교의 비판이라는 측면에서 안국론과 동일하지만, 호국론은 전통적인 저술형태로 저술된 독립적 저술이고, 반정토교와 법화신앙의 정당성을 밝힌 이론서라고 보고 있다(望月成浩, 1990).

네 번째, 호국론과『열반경』에 관한 연구로 미야가와 토모꼬는 니치렌 교학에서의『열반경』의 중요성에 착안한다. 그녀는 니치렌의『열반경』 인용은『법화경』 포교를 시작하는 시점에서 만년에 이르기까지 일생을 통해 인용되고, 또한 니치렌의 주요 저술들에서도 자주 인용된 점에서 기본적으로 니치렌의 저술을 구축하는 기둥의 하나가『열반경』이었다고 지적한 타까끼 유타카(高木豊)의 연구 성과를 계승한다. 그녀는 호국론에서의『열반경』 인용횟수가 니치렌의 저술들 가운데 가장 많은 13번이고, 특히 '불법중원(佛法中怨)'과 관련된 인용은 니치렌의 불제자로서 불법을 수호하려는 의지이고, 이러한 니치렌의 강한 의지가 호국론을 저술한 원동력이 되었고, 이 원동력이 안국론을 완성하기에 이르렀다고 보고 있다(宮川朋子, 2008).

이러한 기존연구자들의 연구 성과들을 통해 호국론은 천태교학을 기반으로 하는 니치렌의 초기교학을 전통적인 방식으로 전개하는 독립된 저술이라는 것을 알 수 있다. 특히 고마쯔 구니아끼는 호국론에서 니치렌 교학의 원형이 확립되었다고 보았고, 사사쯔 카이도우는 호국론이 니치렌 교학의 출발점이라고 보았으며, 모찌쯔기 시게히로와 미야가와 토모꼬, 코지마 노부야스(小島信泰)는 호국론의 사상이 안국론으로 계승되었다고 보고 있다. 이들은 호국론이 안국론의 초안이 아니라 니치렌 천태법화교학의 근거를 제공하는 전제조건으로 중요한 저술이라는 관점에 동의하고 있다는 점에서 안국론에 나타나는 니치렌의 천태법화교학의 특징을 호국론을 통해 고찰할 수 있다는 가능성을 열어 주고 있다.

호국론의 사상이 안국론의 전제조건이라는 관점에서 주목하고자 하는 논문은 세기도 쿄가이이가 1988년도에 발표한 "『입정안국론』의 성립에 관한 일고찰"이다. 그는 안국론의 시론 혹은 초안이 존재한다면, 그것은 호국론이 아니라 『재난흥기유래』와 『재난대치소』라고 주장한다. 이들 저술들을 면밀히 검토하여, 안국론이 이 두 저술을 거쳐서 어떻게 완성되어졌는지를 보여 주고 있다. 그런데, 세 저술들 근저에 호국론이 있다는 것이다. 비록 그의 초점은 호국론에서 안국론 사이에 초안들이 존재한다는 점을 부각시키고 있지만, 니치렌의 이러한 일련의 작업과정을 상상해 보면, 니치렌이 3년 동안 경론을 열람하고, 호국론을 집필한 이후, 막부의 최고집권자를 설득할 수 있는 방법적 문제로 얼마나 고심했는가를 알 수 있다. 이와 관련하여 한 가지 흥미로운 사실은 니치렌이 초안들을 거쳐 안국론을 완성하는 과정에서 '재난대책에 관한 문답'에서 파사현정의 논리를 보강했다고 지적한 것이다. 미야가와 토모꼬도 안국론의 '재난의 대책에 관한 문답'에서 인용한 경전들이 호국론의 제4문단 '재난의 대책에 관한 논의'에서의 경문들과 동일하다고 지적한 바 있다(宮川朋子, 2008: 118). 호국론의 제3대문과 제4대문은 호넨의 선택집이 방법이고 재난의 원인이라는 점과 재난의 원인인 방법을 단절하고 재난을 대치하는 방책이 무엇인지를 논의하는 부분으로 이 저술의 핵심이자 안국론에 계승된 부분이기도 하다. 즉, 니치렌이 호국론의 핵심부분을 안국론으로 계승하면서 먼저 『재난흥기유래』와 『재난대치소』라는 초안을 작성하고, 이들을 합쳐서 하나의 안국론으로 저술할 때 파사현정의 논증방식을 채용하여 논리를 강화했다는 것이다(關戸堯海, 1988: 201, 2011: 368-369).

그의 주장처럼, 기존연구자들은 안국론의 구조를 파사현정으로 파악하는 경향이 강하다. 그런데 파사현정이라는 두 축의 균형이 맞지 않다는 지적도 꾸준히 제기되고 있는 것도 사실이다. 쯔모리 기이찌(都守基一)는 “본서의 핵심은 입정안국이라는 네 자에 함축되어 있지만, 본문을 살펴보면, 입정보다 파사에 대한 설명에 대부분의 지면을 할애하고 있기 때문에, 오직 호넨의 선택집에 대한 비판을 위해 작성한 저술처럼 보인다.”라고 하였다(都守基一, 2014: 31). 또한 고가 요시히로는 입정안국에의 수단으로서의 파사에 대부분의 지면을 할애하고 있고, 안국의 구체적인 의미 내용이나 그 개념구조, 정법건립의 결과로서의 안국의 이유에 대한 충분한 설명이 없다고 지적한다(古河良啓, 2007: 94) 이들은 니치렌이 호넨의 정토교 비판에 치중한 나머지, 진짜 밝혀야 할 안국의 개념을 제대로 밝히지 못한 것은 아닌가라는 의구심을 표명한다.

그들의 지적처럼, 안국론은 10문답 가운데 8문답이 파사에 해당하고 1문답이 현정에 해당하여 현정에 해당하는 부분이 극히 적은 것은 사실이다. 그래서 여기서 필자는 호국론과의 상관관계를 기반으로 니치렌이 안국론을 집필하는 과정에서 왜 파사현정의 논리를 채용했음에도 불구하고 파사에만 전념했는가라는 문제를 고찰해 보고자 한다.

먼저, 니치렌이 안국론을 집필하면서 파사현정의 논증방식이 필요했던 이유는 무엇이었을까? 이 물음과 관련하여 가장 소박한 답변은 가마쿠라 막부라는 거대한 권력에 대한 두려움이지 않을까라는 상상을 해 볼 수 있다. 안국론을 저술할 당시의 니치렌은 39세의 젊은 승려였다. 그런 젊은 승려가 당시 일본 전역에 걸쳐서 상당한 세력을 가진 호넨의 정토교를 비방정법의 무리라고 규정하고 보시를 금할 것을 요구하는 감문을 막부에 헌정하는 일은 죽음을 각오해야 하는 일이었을 것이다. “교토와 가마쿠라의 고승들조차 감문을 헌정하지 않는데, 비천한 몸으로 헌정하는 것이 가능하기는 한 것일까?"라고 니치렌 스스로 자문하였다고 지적한 쯔모리 기이찌는 당시 이름도 없는 천태사문으로서 막부에 감문을 헌정한다는 것은 상당한 각오가 필요한 일이었음을 지적한다(都守基一, 2014: 27). 니치렌이 안국론의 대고중으로 설정한 인물은 전집권자였던 호조 도키요리였다. 그는 가마쿠라 막부 제5대로 1246년 집권에 취임하였고, 1256년에 집권에서 사임했지만, 이후에도 호조 가문의 후견정치를 행한 정권 최대의 실권자였다. 니치렌은 그가 최대실권자이자 불교신앙에 대한 폭넓은 지식을 소유하였고, 다른 신앙에도 관용적이었다는 점에서 『열반경』에서 설하고 있는 호법의 국왕이라고 인식한 것이 그를 선정한 이유였다(關戸堯海, 1997: 75). 안국론에서 석존이 불법을 비구와 비구니에게 부촉하지 않고 국왕에게 부촉한 것은 왕이 힘이 있기 때문이라는 『인왕경』의 구절을 인용하는 점에서 니치렌은 호국왕인 호조 도키요리에게 석존을 대신하여 호법을 부촉하려는 의도가 있었을 것이다. 그러나 현실적으로 가마쿠라 막부와 호조 도키요리가 가진 양날의 칼과 같은 권력의 힘에 대한 두려움과 망설임이 있었고, 이러한 상황들이 니치렌으로 하여금 대승불교를 대표하는 중관철학의 파사현정의 논증방식을 채용하여 안국론의 내용에 대한 객관성과 정당성을 확보하고자 한 것으로 볼 수 있다.

그런데 이 파사현정의 논증은 석존의 교설에 기반하고, 논증자의 입장이 석존의 교설을 계승한 정법에 기반하고 있어야 한다는 전제조건이 필요하다. 그 전제조건으로 니치렌은 천태교학이 석존정법의 계승자라고 내세우고 있다. 타무라 요시로(田村芳朗)는 니치렌은 『법화경』을 궁극적 가르침으로 하여 다른 종파들을 비판하지만, 그의 교학은 오로지 천태교판을 기반에 두고 있다고 지적한다(田村芳朗, 1955: 595). 또한 안국론을 저술할 당시 니치렌이 천태사문이라는 강한 소속감을 가졌다고 주장하는 키타가와 젠조와 쯔모리 기이찌는 안국론의 필사본이나 니치렌의 직제자들인 니찌쿄(日興)와 니찌고(日高)의 진술에 의거하여 막부에 헌정할 당시의 안국론의 제목 밑에 '天台沙門日蓮勘之'라고 기록되어 있는 점에 주목하여 니치렌이 천태사문의 자격으로 안국론을 진상하였다고 보고 있다(都守基一, 2014: 27) 또한 세키도 쿄가이는 안국론에 나오는 '일대오시'라는 구절에 주목한다. 이것은 니치렌이 천태오교시를 계승하고 있음을 드러낼 뿐 아니라 안국론의 주장 기반에 호국론이 있다는 사실이 대확인되었다고 하여, 호국론의 천태법화교학체계 위에 안국론이 집필되었음을 주장하고 있다(関戸堯海, 2015:11-13).

안국론에는 그가 지적한 구절 이외에도 일대오시가 3번 더 언급되어 있다.

> **호넨의 선택집에 의해 교주는 잊고 서방정토의 불타를 존중하며, 부촉을 내던지고 동방의 여래를 제쳐 놓고, 오직 4권3부의 경전을 전수해서 헛되이 일대오시의 묘전(법화경)을 버렸느니라.**
>
> **석존 설법을 일대오시를 세워서 권실을 판별하였다.**
>
> **법화와 열반의 경교는 일대오시의 간심이니라(한국SGI교학부 편역, 2000: 23, 25, 29; 神保弁靜, 1913).**

위의 예시는 안국론의 10대문 가운데, 첫 번째는 제3대문, 두 번째는 제4대문, 세 번째는 제6대문의 대화에서 나타난다. 이 중에 일대오시가 4번이나 등장한다는 것은 주인의 대답에 일대오시가 자리하고 있다고 추정할 수 있다. 위의 4권3부는 소의 정토삼부경으로 『무량수경』 2권, 『관무량수경』 1권, 『아미타불』 1권을 합한 것을 의미한다. 이 일대오시는 석존의 일대교시와 천태대사의 오시교판을 합한 단어로 천태오시교판의 열반법화시가 안국론의 교학적 입장임을 분명히 드러내는 단서이자, 니치렌이 천태법화교학의 관점에서 논의를 전개하고 있다는 것을 드러낸 것이다.

그런데 안국론은 10문답의 짧은 저술이라 왜 천태법화교학이 정법인지에 관한 설명이 없다. 이와 관련하여 니치렌이 호국론에서 재난의 원인을 대승경전을 근거로 밝히고, 이것을 전제로 안국론을 막부에 제출하였다는 코지마 노부야스의 주장과 무관하지 않다(小島信泰, 2011: 4). 니치렌은 교학체계를 갖춘 호국론에서 호넨의 정토교 비판을 위한 천태법화교학의 정통성을 확보하였는데, 이 과정을 고찰해보자.

우선, 니치렌은 호국론만이 아니라 안국론에서도 석존의 경전들에 의거하여 서술하였음을 재차 강조한다. 호국론의 첫머리에 "지금 경론을 가지고 올바름과 삿됨을 밝히리니 신방(信防)은 석존의 교설에 맡기고 감히 스스로의 해석(自義)을 덧붙이지는 않을 것이다(한국SGI교학부 편역, 2000: 37)."라고 하고, 안국론에서는 "주인이 가로되, 나는 본래 어리석어서 결코 현명하지 않다. 다만 경전의 문장에 의거하여 약간 생각한 바를 말하리라(한국SGI교학부 편역, 2000: 27)."라고 한다. 이처럼 니치렌은 본인의 저술들을 석존의 경전들에 의거하여 서술할 것이라는 점을 분명히 밝히고 있다고 볼 수 있다.

그리고 계속하여 호국론에서 호넨의 정토교 비판도 경문을 근거로 할 뿐만 아니라 그의 경문에 대한 해석도 천태교학의 대성자인 천태대사와 묘락대사의 해석에 근거하고 있다는 것을 다음과 같이 밝히는데,

물어 가로되, 그대는 말법시대의 인사로서 어찌 논사와 역자 인사들을 비판하는가? 답하여 가로되, 감히 비판하지 말지어다. 섭론사 및 선도대사(善導) 등의 해석은 권실이교를 알지 못하고 함부로 『법화경』을 가지고 별시의취라 세우는 고로 천태대사와 묘락대사의 해석과는 물과 불의 차이가 있기에 잠시 인사의 상위를 제쳐 놓고 경론에 대해서 시비를 생각해 볼 때, 권실의 두 가지 가르침은 불설에서 나왔느니라. 바수반두(Vasubandu, 天親 혹은 世親)와 나가르주나(Nagarjuna, 龍樹)는 거듭 이것을 정하였다. 이 의도에 수순하는 인사는 우선 이를 우러러보며 이 의도에 수순하지 않는 인사는 우선 이를 쓰지 않느니라. 결코 나의 의도를 가지고 시비를 정함이 아니니 다만 상위를 내어 놓을 뿐이니라(한국SGI교학부 편역, 2000: 58).

위 인용문에서 교설을 권경과 실경으로 나누는 것은 석존이 그 출발점이고, 인도불교의 논사들인 나가르주나와 바수반두도, 중국불교의 논사들인 천태대사와 묘락대사도 이 권실이경으로 석존의 교설을 해석했고, 본인도 선덕들의 해석에 의거하여 판단할 뿐, 개인의 견해가 아니라는 논리를 전개하고 있다.

계속하여 니치렌은 일본불교의 천태교학도 석존 이래의 정법을 계승하였음을 천태종 승려 겐신(源信, 942~1017)을 통해 확보한다.

에신소즈 겐신(惠心僧都 源信)의 의도는 『왕생요집』을 만들어 말법시대의 어리석은 사람들의 근기를 섭수하여 『법화경』으로 귀의시키려는 것이다. … 권을 뒤로 함이니 마치 부처와 같고 또한 나가르주나, 바수반두, 천태 등과 같도다(한국SGI교학부 편역, 2000: 54).

이처럼, 일본 천태종의 승려인 겐신의 사상이 석존과 나가르주나와 천태대사와 같은 권실이경으로 석존의 교설을 해석하는 정법을 계승하고 있다고 밝힌다. 이로서 니치렌은 일본 천태교학이 석존정법의 계승자라는 정통성을 확보할 뿐 아니라, 본인의 정통성도 확보하고자 한 것이다. 세기도 쿄가이도 니치렌의 저술들에서 『법화경』을 최승의로 표방하기 위한 경전의 인용이나 논증의 방법이 겐신의 저술들과 일치한다는 점을 지적하여 니치렌이 겐신사상을 계승하였다고 보고 있다(関戸堯海, 1995: 277). 그의 주장처럼, 니치렌이 겐신사상뿐 아니라 덴교다이시의 사상을 상징으로 하는 천태법화교학을 계승하고 있음을 보여 주는 것은 여러 곳에서 발견되는데, 여기서는 자세한 논의는 다음으로 미루고, 니치렌이 호국론에서 천태법화사상의 입장에서 초기 저술들을 집필하였다는 점에 초점을 맞추고자 한다.

이렇게 호국론에서 천태법화교학의 정통성을 확보한 니치렌은 안국론에서는 왜 호넨의 정토교가 방법이자 국난의 원인인지를 구체적으로 규명하고, 방법인 호넨의 정토교로 인하여 석존정법을 계승한 천태교학이 심하게 훼손된 일본의 상황을 적나라하게 드러낸다.

호넨의 선택집에 의해 교주 석가모니불은 잊고 서방정토(西土)의 아미타불을 존중하며, 부촉을 내던지고 동방의 여래를 제쳐 놓고, 오직 4권3부의 경전을 전수해서 헛되이 일대오시의 묘전을 버렸느니라. 이로써 미타의 당우(堂宇)가 아니면 모두 공양의 뜻을 중지하고 염불자가 아니면 일찍이 승려에게 시주할 생각을 잊었도다. 그런 고로 불각은 영락하고 와송(瓦松)은 무성하였으며, 승방은 황폐하여 정원초의 이슬은 깊도다. 그렇지만, 각각은 호석지심(護惜之心)을 버리고 아울러 건립하려는 생각을 없앴느니라. 그러므로 주지의 성승(聖僧)은 가서 돌아오지 않고 수호의 선신도 떠

나가서 오지 않느니라. 이는 오로지 호넨의 선택집 때문이니라. 슬프도다, 수십 년간 백천만의 사람들이 마연(魔緣)에 넋을 잃고 숱하게 불교에 미혹했느니라. 방(傍)을 좋아하고 정(正)을 잊었으니 어찌 선신이 노하지 않으리오. 원(圓)을 버리고 편(偏)을 좋아하니 어찌 악귀가 득편하지 않으리까. 저 만 가지 기원보다는 이 일흉(一凶)을 금해야 할 것이로다(한국SGI교학부 편역, 2000: 23-24).

또한

그러한 까닭으로 혹은 석가의 손가락을 잘라서 미타의 인상으로 하고 혹은 동방여래의 불당을 수리하여 서방교주의 아왕을 안치하고, 혹은 사백여회의 여법경을 중지하고 서방정토의 삼부경으로 하며, 혹은 천태대사의 강을 중지하고 선도강으로 함이라(한국SGI교학부 편역, 2000: 30).

여기서 "교주는 잊고, 일대오시의 묘전을 버렸느니라.", "방을 좋아하고 정을 잊었으니", "석가의 손가락을 잘라서", "천태대사의 강을 중지하고"라는 표현은 모두 『법화경』과 천태교설을 의미하며, 일본 전 국토에 이렇게 정법이 훼손되고 방법이 난무하기 때문에 이 국토에 재난이 계속 발생하는 것은 당연하니, 만 가지 기원보다는 이 일흉을 금해야 하고 모름지기 국가 중의 방법을 단절해야 한다는 논리를 전개하고 있다.

만약 니치렌이 호국론에서 석존의 정법을 계승한 일본 천태교학의 정통성을 확보하지 않은 상태에서 안국론에서 호넨의 정토교가 석존의 정법을 훼손하는 삿된 법이고, 그로 인해 국가의 재난이 끊이지 않으므로 금지해야 한다고 주장했다면, 니치렌의 주장은 정법구현을 위한 것이 아니라 개인적인 비방으로 비춰질 확률이 높다. 때문에 파사를 위한 전제조건은 반드시 석존정법이어야 한다. 파사현정이란 잘못된 생각, 즉 사견을 제거하여 정견에 도달하는 것으로 파사현정의 근저에는 석존의 정법이 반드시 존재해야 하고, 그것으로의 회귀를 의미하기 때문이다. 그래서 니치렌은 일본의 천태교학이야말로 석존정법의 계승자라는 전제를 제시한 것이다.

이처럼, 니치렌은 정법의 기준을 교주 석존의 마음에서 추구하여 석존 멸후 사람들이 불법을 자의적으로 수용하는 것을 방법이라고 보았다. 호넨이 사람의 '근기'를 중심으로 설한 것에 대하여 니치렌은 석존의 일대교시를 중심으로 불법을 수용하는 입장이라는 하라 신조(原愼定)의 지적이 타당해 보이는 이유이기도 하다(原愼定, 2010: 8). 따라서 호국론은 말할 것도 없고, 안국론에서 니치렌은 호넨의 정토교가 재난의 원인이라는 것과 정법회귀의 중요성을 설득하기 위해서 첫째는 천태교학이 석존정법의 계승자라는 것을 증명해야 했고, 둘째는 호넨의 정토교로 인해 석존정법인 천태법화교학이 훼손되고 있음을 증명해야 했다. 니치렌은 천태교학이 석존정법의 계승자임을 호국론의 전반부에서 이미 확보하였기 때문에 안국론에서는 그 전제조건에 대한 설명을 '일대오시'라는 단어로 대변하여 천태법화교학의 계승자임을 드러낸 것이다.

그러므로 니치렌은 호국론에서 천태교학을 전면에 내세워서 수호국가를 위한 방법대치와 그 대책인『법화경』에의 귀의의 중요성을 피력했다면, 안국론에서는 수호국가의 핵심인 입정안국을 파사현정의 논증방식을 채용하여 논리를 전개하여 보다 구체적으로 정법인 천태법화교학이 훼손된 일본불교의 상황을 드러내어 재난발생의 방지를 위한 호법의 중요성을 대고중인 호조 도키요리가 인식하도록 유도하려는 의도가 담겨져 있음을 알 수 있다. 또한 이는 안국론이 호국론을 기반으로 집필되었다는 것을 확인할 수 있는 대목이기도 하다.

Ⅲ. 안국론의 파사현정 재고찰과 사바즉적광의 정토관

앞 절에서 니치렌은 호국론에서의 천태법화교학이 석존정법의 계승자라는 주장을 기반으로 안국론에서 파사현정을 채용하여 방법인 호넨의 정토교로 인해 훼손된 석존정법으로 회귀하는 것이 호국의 길이라는 논리를 강화했다는 것을 밝혔다. 그런데 기존연구자들은 니치렌이 왜 파사에 집중하여 현정을 제대로 보여 주지 못하고 있는가에 대한 의구심을 드러낸다. 이들은 그 이유를 호넨의 정토교 비판에 초점을 맞추어 안국론을 저술했기 때문이라는 견해에 대부분 동의하고 있고, 특히 하라 신조는 니치렌의 비판정신은 방법이 죄라는 문제의식에서 출발하기 때문에 니치렌의 입장에서 다른 종파비판은 수단일 뿐 목적은 아니라고 주장한다(原愼定, 2000: 1) 타무라 요시로는 니치렌의 타종교 비판에 관한 고찰에서 파사현정의 딜레마를 의식하고, 니치렌 사상을 연구하기 위해서는 형식과 내용을 분리해서 고찰할 필요가 있다고 지적한다(田村芳朗, 1955: 211) 이와 같이 니치렌이 왜 파사에만 집중하고 현정을 드러내지 않았는지에 관한 해답을 제시하지 못하고 있다.

필자는 기존연구들처럼, 파사와 현정을 이분법적 구조로 접근하거나 형식과 내용을 분리하여 접근한다면, 안국론에서 보여주고자 하는 니치렌의 의도를 파악하기는 어렵다고 보고 있다. 입정안국이라는 제목은 말 그대로 정법으로 안국건설을 설하는 저술임을 표방한다. 그렇다면, 니치렌에게 안국은 무엇인가? 그것은 사바적광이다. 따라서 입정안국은 사바적광을 최종 목적에 두고 저술하였을 것이고, 파사현정의 구조는 니치렌의 사바적광의 정토관을 펼치기 위한 것이라는 점을 염두에 둘 필요가 있다. 그래서 필자는 니치렌의 파사현정의 특징을 두 가지로 고찰해 보고자 한다. 첫째는 니치렌은 삼론종(三論宗)의 거장인 길장(吉藏, 549~623)의 파사즉현정의 논증방식을 채용하였고, 둘째는 이 논리를 채용한 궁극적인 목적은 사바복권을 증명할 논리구조가 필요하였기 때문이라는 점이다.

먼저, 니치렌이 길장의 파사즉현정의 논증방식을 계승했다는 점을 고찰해 보자. 대승불교의 공사상 전통은 여러 경로를 통해 중국불교에 전래되었지만, 가장 정통적인 통로는 구마라집(鳩摩羅什, 344~413)이라고 볼 수 있다. 구마라집이 한역한 나가르주나의 저술 『중론』을 바탕으로 삼론종을 세운 길장은 나가르주나의 『중론』과 『십이문론』과 나가르주나의 제자인 아르야데바(提婆, Arya Deva, 170~270경)의 『백론』, 즉 세 가지 주요 논서의 핵심은 그의 저술 『삼론현의』에서 파사현정이라고 규정하여 사상을 전개시킨다. 또한 삼론종과 더불어 천태종도 나가르주나를 종조로 하고 있는데, 이것은 『마하지관』의 서문에 관정(灌頂, 561~632)이 나가르주나－북제존자 혜문(北齊尊者 慧文, 550~577)－남악존자 혜사(南岳尊者 惠思, 515~573)－천태대사로 이어지는 상승계보를 들고 있는 것에서 분명히 드러나고 있다. 그렇지만 천태종에 의한 나가르주나의 공사상의 수용과 전개는 길장의 삼론종에서 발전시킨 중관사상의 또 다른 중국적 전개였다. 삼론종이 공관(空觀)을 근본으로 하여 전개한 것과는 달리, 천태대사는 『중론』의 삼제게(三諦偈)로 공 · 가 · 중이라는 독특한 사상체계를 전개시켰다는 점에서 차이를 보이고 있다.

그럼에도 불구하고, 니치렌과 길장은 나가르주나의 중관철학을 공유하고 있고, 사의보살(四依菩薩)을 석존정법의 계승자로 보고 있다는 점에서 공통점을 갖는다. 사의는 『열반경』「사의품」에 나오는 교설로 "진리에 의지하고 사람에게 의지하지 말라, 뜻에 의지하고 말에 의지하지 말라, 지혜에 의지하고 지식에 의지하지 말라, 불요의경(不了義經, 방편)에 의지하지 말고, 요의경(了義經, 실의)에 의지하라."는 교설이다(『대장경』 권12, 642a: 20-24). 니치렌은 호국론의 전반에 걸쳐 사의보살이 석존정법의 계승자라는 점에서 절대적인 신뢰를 보내는데,

> **『열반경』에 이르러 내가 멸도하면 반드시 사의를 보내서 권실이교를 홍통케 하리라고 약속하였느니라. … 여래의 입멸은 이미 이천이백의 성상이 지났다. 문수, 가섭, 아난이 경전을 결집한 이후에 사의의 보살이 출세하여 논을 만들고 경전의 뜻을 말했는데(한국SGI교학부 편역, 2000: 49).**

라는 구절이다. 이와 동일하게, 『삼론현의』에서 대승불교의 보살 십지(十地)에 오른 보살을 사의보살이라고 보고(길장, 2009: 54) 길장은 사의보살을 석존처럼 위대한 분들로 사의보살의 출현은 부처님의 교화의도와 같다 본 것이다(하두성, 2012: 60) 그래서 길장은 사의보살이 세 종류 논서를 집필하고 그 집착심을 파척하여 진리의 적멸을 깨우쳐 주셨으니 마치 석존이 하신 일과 같이 위대한 일을 하신 분이라고 찬양하고, 사의보살이 지은 삼론의 핵심을 파사현정이라고 그의 저술 『삼론현의』에서 다음과 같이 밝히고 있다.

사의보살은 이를 위하여 흥기하였으며, 삼론은 이로 말미암아 지었다. 삼론은 비록 세 부의 논서를 칭하지만 두 가지 뜻을 관철하고 있다. 즉 첫째는 올바름을 드러내는 것이요(현정), 둘째는 잘못된 견해를 없애는 것이다(파사). 잘못된 견해를 없애는 것은 고통에 빠져 있는 중생들을 구제하기 위함이고, 올바름을 드러내는 것은 진리를 널리 알리기 위함이다. 그러므로 요점을 요약하면 삼론의 이치는 단지 현정과 파사 두 가지뿐이다(『대장경』 권45, 1a).

길장은 사의보살의 의도는 파사와 현정이고, 이것의 목적은 "잘못된 견해를 없앰은 고통에 빠져 있는 중생들을 구제하기 위함이고", "올바름을 드러냄이란 진리를 널리 알리기 위함이다."라고 해석하고 있다.

그런데 길장의 파사현정은 파사와 현정을 두 개로 분리하지 않고, 파사즉현정(破邪卽顯正)의 논증방식을 전개하고 있다. 길장의 저술을 연구한 김인덕과 박상수도 파사현정이란 대개 삿된 견해를 파척하여 비판하고, 바른 견해를 나타내어 취하는 것을 의미하는데, 삼론학에서는 특히 파사가 그대로 현정이고, 파사 외 따로 현정이 없다고 역설한다고 지적하고 있다(길장, 2009: 54). 이 저술에서 길장은 나가르주나의 계승자답게 중관철학의 논증방식 가운데 하나인 귀류논증을 선택한 것으로 보인다. 귀류논증은 자신의 주장을 앞에 내세우지 않고, 상대방 논점의 오류를 하나하나 제거해 나가면서, 궁극적으로 올바른 견해가 드러나게 하는 방식이다. 이것은 파사가 현정의 수단이 아니라 파사와 현정이 동시에 일어나는 동시작용이다. 『삼론현의』에서 길장은 인도불교 외도의 사견비판, 중국불교 외도의 사견비판, 아비달마교학의 오류비판, 『성실론』의 소승적 지적 등 네 가지 주장을 비판의 대상으로 하여 논의를 전개하고 있다. 이것에 대하여 반대논사가 길장에게 "왜 불교 안의 견해들에 대하여 비판하려 하는가?"라고 질문하자 길장은 다음과 같이 답하고 있다.

> **총괄적으로 파사와 현정을 담론하는 데 무릇 네 가지 부문이 있다. 첫째는 파척하고 수용하지 않는 것이고, 둘째는 수용하고 파척하지 않는 것이며, 셋째는 또한 파척하기도 하고 또한 수용하기도 하는 것이고, 넷째는 파척하지도 않고 수용하지도 않는 것이다. 말하는 바가 도에 계합하지 않으면 파척하여 수용하지 않고, 설하는 바가 반드시 이치에 계합하면 수용하고 파척하지 않는다. 가르침을 학습하다가 미혹을 일으키는 것은 또한 파척하기도 하고 또한 수용하기도 한다. 곧 그 미혹을 일으키는 감정을 파척하고, 미혹의 대상인 가르침은 수용하여 거둔다. 모든 법의 실상은 언어가 사라지고 생각이 끊어져서, 이것은 실로 파척할 수 없고 또한 수용할 수도 없다. 앞에서 설명한 세 가지 부문을 없애야 하나의 실상으로 회귀하는 것이다. 이 네 가지 구절을 관조하면서 파척이 이루어지면 (실상이) 명료해진다(『대장경』 권45, 1b).**

길장의 파사즉현정에서 "세 가지 견해들을 없애고 나면 마지막으로 하나의 모습으로 돌아오는 것"이라는 구절은 파사가 수단이 아니라 현정을 드러내는 과정이라는 의미이다. 그 하나가 제법실상, 즉 중도실상으로 대승불교의 근본교리임을 분명히 하고 있다. 길장이 추구한 파사즉현정의 논리전개의 이유는 불교의 모든 학파들의 학설은 근본적으로 석존정법을 기반으로 하지만, 각자 소견이 다르기 때문에 잘못된 해석을 피력한다는 것이다. 길장은 "잘못된 소견들을 파사는 세 가지로 나누고, 현정은 하나로 나누고 있다. 그 잘못된 소견들의 출발점도 중도실상이라는 석존의 정법이므로, 세 가지 잘못된 견해를 제거해 나가면, 결국은 중도실상만이 남는다."는 것이다. 따라서 "네 가지 경우를 모두 관조하여 파척이 이루어지면 (실상이) 명료해진다(照斯四句 破立皎然)."고 하여 파사는 현정으로의 과정이고, 파사 이외에 따로 현정을 드러낼 길이 없다고 한다.

길장의 논리에 비추어 보면, 니치렌의 호넨의 비판은 '가르침을 학습하다가 미혹을 일으킨 경우'에 해당한다. 앞에서도 언급하였지만, 니치렌은 호넨의 정토교가 사견임을 오실로 정리할 수 있는데, 그 가운데, '담란, 도작, 선도의 중국정토교삼사 및 겐신 등의 선지식을 위배한 잘못'이 있다(望月成浩, 1990: 129). 즉 호넨의 정토교 해석은 인도논사인 나가르주나와 바수반두 그리고 중국의 정토종의 세 종사의 의도를 오해하여 잘못된 해석을 하고 있다는 것이다. 따라서 호넨의 정토교 해석의 사견을 제거하면, 나가르주나와 바수반두와 같은 사의 보살이 의도하는 석존의 정법이 드러난다고 하는 논리전개로 안국론에서 파사에 집중하고 있다고 볼 수 있다. 즉 길장처럼, 니치렌의 호넨의 비판도 정법을 세우기 위한 선택이자 과정이었음을 알 수 있다.

이렇게 파사가 성립하면 올바름이 드러난다는 의미는 잘못되었다는 것을 인식하면 잘못된 개념이 사라지고 바른 것이 드러난다는 인식을 강조하는 석존의 교설과 일치한다. 석존은 인식을 강조하고, 해탈은 참된 인식에 의해서만 가능하다고 한다. 석존은 편견 없는 인식을 이상으로 하는 비판적 태도를 견지하려 하였다. 따라서 삿됨을 삿됨으로 인식할 때 그 삿됨은 사라지고 올바름이 드러난다는 파사즉현정의 논증방식은 석존의 교설을 계승한 것이다. 이와 동일하게, 니치렌도 파사에 집중하여 자신의 주장을 앞에 내세우지 않고, 상대방 논점의 오류를 하나하나 제거해 나가면서(호넨의 정토교의 잘못), 궁극적으로 올바른 견해(정법인 『법화경』)가 드러나게 하는 파사즉현정의 논증방식으로 전개하고 있다는 것을 알 수 있다.

길장이 파사즉현정으로 중도실상을 드러내고자 한 것처럼, 니치렌이 파사즉현정의 논증방식을 강화하여 논리를 전개한 근본적인 목적은 안국을 드러내기 위함이었다. 그러나 니치렌은 호넨의 서방극락왕생이라는 차토정토를 비판함으로써『법화경』의 사바적광토라는 정토세계를 드러내야 하는 과제를 안게 된다(小松邦彰, 1971: 106). 즉, 호넨이 제시한 서방극락이 정토가 아니라면, 정토는 어디에 있고, 어떤 곳이 진정한 정토인가를 제시할 필요성에 직면하게 된 것이다. 정토와 관련되어 니치렌이 파악한 호넨의 정토교의 가장 큰 문제는 중생이 살고 있는 현실의 국가사회를 예토라고 부정하고, 피안의 서방극락세계에의 왕생을 지향하여, 교주 석존의 사바정토를 부정한다는 점이다. 호넨은 아미타불의 본원력에 의해 범입보토(凡入報土)를 설한 선도대사의 해석에 의해, 아마타불은 보신, 극락은 보토라고 규정짓고, 이 범입보토를 그의 종교의 기본으로 하여 정토종을 개창했다. 그리고 호넨은 천태대사가『유마경락소』에서 범부로 보토에 태어나서 보신불을 보는 것은 불가능하다는 견해를 비판한다. 천태대사는 정토를 범성정거토(凡聖淨居土), 방편유여토(方便有余土), 실보무장애토(実報無障礙土), 상적광토(常寂光土)의 네 종류로 분류하고, 동거토를 정예이토(淨穢二土)로 나누고, 예토는 현실의 사바세계와 같은 부정한 국토를 의미하고, 정토는 서방극락세계와 같은 청정하지만, 이것은 범부와 성인이 함께 거주하고, 이 현실사바세계를 떠나 우여토나 실보토나 적광토는 없다는 것이 근본적 태도이기 때문이다. 이처럼 천태대사의 정토관은『법화경』「수량품(壽量品)」을 기반으로 하는 사바즉적광이다. 이『법화경』「수량품」의 교시가 인도와 중국의 종사들의 정토관에 영향을 끼쳤지만, 사바즉적광의 정토관을 세워서 사바세계를 정토로서의 가치로 세운 것은 천태–묘락–사이초–겐신으로 이어지는 천태법화 제종사들이고, 니치렌의 정토관도 전통적인 천태교학인 사바즉광을 계승한 것이다(小松邦彰, 1971: 106-108; 笹津海道, 1991: 62-69, 1992: 112-125, 1993: 199-214). 호국론에

> 물어 가로되, 『법화경』을 수행하는 자는 무슨 정토를 기약할 것이뇨?
>
> 답하여 가로되, 『법화경』 28품의 핵심인 「수량품」에 가로되, "나는 항상 이 사바세계에 있다." 또 가로되, "나는 항상 이곳에 주하고" 또 가로되, "나의 차토는 안온" 이 문장과 같다면 본지구성(本地久成)의 원불(圓佛)은 이 사바세계에 있으니 이 국토를 버리고 무슨 국토를 원할손가. 고로 『법화경』을 수행하는 사람이 주하는 곳을 정토라 생각하여라. 어찌 번거롭게 다른 곳을 구할손가. 고로 「신력품」에 가로되, "혹은 경전이 있는 곳, 혹은 정원에 있어서도 혹은 산림 중에 있어서도 혹은 나무 밑에 있어서도 혹은 승방에 있어서도 혹은 주택에 있어서도 혹은 전당(殿堂)에 있어도 혹은 산림광야에서도 내지 응당 알지니라. 이곳이 바로 도량이니라(『대장경』 권9, 『법화경』 제6권 「신력품」, 52a: 26-27)." 『열반경』에 가로되, "선남자여, 이 대열반 미묘한 경전이 유포되는 곳은 응당 알지니라. 이 땅은, 즉 이는 금강이니라. 이 중의 모든 사람도 또한 금강과 같으리라(『대장경』 권12, 『대반열반경』 권12 「사의품」 638c: 25)." 『법화경』과 『열반경』을 믿는 행자는 다른 곳에 구하지 말지어다. 이 경건들을 믿는 사람이 거주하는 그곳이 바로 정토이니라(한국SGI교학부 편역, 2000: 71-72).

라는 구절이 있다. 여기서 "나의 국토는 안온"이라는 의미는 석존의 국토인 사바세계가 바로 안국이라는 의미로 「수량품」에 의거한 해석이다. 니치렌은 『법화경』 「신력품」과 『대반열반경』 「사의품」의 내용으로 『열반경』과 『법화경』이 있는 그곳이 바로 정토라고 주장한다. 이 구

절에서 사사쯔 카이도는 니치렌이 천태교학의 정토관을 계승하면서도 법화수행자가 주거하는 국토인 차토를 석존의 정토로 정의하는 것은 니치렌의 독자적 해석이고, 호국론과 안국론을 집필할 무렵 국가적 재난에 직면하면서 이념적이자 일원론적인 중고천태적 사바즉적광이라는 정토사상과 결별했다고 하고(笹津海道, 1991: 209-210), 그와 동일한 견해를 피력하는 코지마 노부야스도 니치렌은 차토인 사바세계야말로 석존의 정토라는 차토의 복권을 실현하기 위해 차토를 부정하는 호넨의 정토교를 비판하였다고 한다(小島信泰, 2011: 15). 이들도 니치렌이 사바복권을 위한 새로운 가능성을 제시했다고 보고 있다.

니치렌은 법화수행자가 주거하는 국토를 기반으로 차토를 본불의 정토로 복귀시키는 과제를 완수하기 위해 파사즉현정의 논증방식을 적용한 것이다. 위의 인용문에서 알 수 있듯이, 호넨의 정토교를 비판하면서 사바복권이라는 과제를 안게 된 니치렌의 논리는 바로 특별히 다른 곳에서 정토를 구하지 말고 법화행자가 거주한 그곳이 바로 정토라는 인식전환을 요구할 뿐이다. 본국토개현(本國土開顯)이란 석존이 약속한 사바정토를 회복하는 것이지 새로운 정토를 필요로 하지 않기 때문이다. 즉, 사바정토가 예토라고 주장한 호넨의 주장들이 오류라는 것만 인식한다면, 예토는 더 이상 예토가 아닌 것이고, 그 사견 아래 있는 석존의 정토인 적광정토가 회복되기 때문에 현정인 안국을 별도로 설명할 필요가 없다는 것이다. 그래서 니치렌에게 파사는 현정의 수단이 아니라 파사이면 현정이고, 입정이 수단이 아니라 입정이면 안국이라는 파사즉현정으로 파악해야만 한다. 그는 파사의 부분이 끝나는 안국론의 8문답 끝에 "비방 정법하는 사람을 엄단하고 정법을 수행하는 승려를 귀중하게 여기면 바로 국가와 국토는 안온하고 천하태평하리라."라고 하여 파사이면 현정이 저절로 드러난다고 설하고, 계속하여 현정부분인 9문답에서는,

그대는 빨리 신앙의 촌심을 고쳐서 속히 실승(實乘)의 일선(一善)에 귀의할지어다. 그러면 즉, 삼계는 모두 불국이니 어찌 쇠망하리요. 시방은 하나같이 보토(寶土)이니 보토가 어찌 괴멸하리요. 나라에 쇠미가 없고 국토에 파괴가 없으면 몸은 안전하고 마음은 선정이 되리라(한국SGI교학부 편역, 2000: 32).

고 한다. 여기서 현정의 핵심인 실승의 일선이 『법화경』이라는 것은 대부분 기존연구자들이 동의하는 부분이다(三浦和浩, 2011: 743). 니치렌은 입정이면 안국이 펼쳐지는데, 안국은 사바세계가 바로 불국토이고 안국이다. 그 안국은 『법화경』에서 이미 설해져 있는 보배로운 땅이므로 결코 괴멸될 일이 없고, 보배로운 국토에 살아가는 국민의 몸과 마음은 항상 안온하다는 사바즉적광의 정토관을 제시하고 있다.

안국론의 입정안국을 이해하는 데 있어서, 기존연구들이 정법의 수립이 우선이고 그것에 의해 국가의 안온이 주어진다는 점이 안국론의 사고방식이라고 주장하는 것처럼(古河良啓, 2007: 94), 통상적으로 입정안국의 목적이 석존의 바른 가르침을 기반한 안온한 국토사회를 실현하는 것이고, 파사는 그것에 이르는 수단이라고 생각한다. 위에서도 이미 언급하였지만, 이렇게 파사를 수단으로만 보거나 파사현정을 이분법적으로만 접근하면, 기존연구자들이 지적한 것처럼, 안국에 대한 개념이나 자세한 설명이 없는 안국론은 반쪽짜리가 되고 만다. 또한 니치렌이 안국론에서 드러내고자 한 사바적광의 안국은 영원히 파악할 수도 없다. 따라서 니치렌의 논리구조는 "세 가지 견해들을 없애고 나면 마지막으로 하나의 모습으로 돌아오는 것"이라는 길장의 파사즉현정과 동일한 논리구조로 접근해야 한다. 즉 안국론에서 니치렌이 파사만 강조하고 현정인 안국에 대하여 설명하지 않은 것이 아니라, 석존의 사바정토를 예토라고 생각하는 잘못된 개념만 제거하면 하나의 모습인 정법 『법화경』이 드러나고, 『법화경』에 귀의하는 순간, 적광정토인 안국은 이미 그 자리에 펼쳐지므로 다른 곳에서 안국을 찾을 필요도 없고, 굳이 설명할 필요도 없는 것이다. 왜? 『법화경』에 설해진 석존의 사바적광토가 바로 안국이기 때문이다.

Ⅳ. 니치렌의 호국사상

앞 절에서 니치렌이 파사즉현정의 논증방식으로 『법화경』의 사바적광토가 안국임을 제시하고 있다는 것을 밝혔다. 따라서 니치렌의 호국사상도 이 연장선에서 이해되는데, 니치렌은 전통적인 호국사상을 계승하면서 길장의 파사현정의 정신을 호국사상에서도 드러내고 있다. 니치렌의 호국사상과 관련하여 스구로 신조(勝呂信靜)는 호국론과 안국론에서 나타나는 니치렌의 국가관의 특징은 국왕에게 블법을 수호할 것을 위임했다는 전통적인 호국사상을 표방하지만, 계속해서 국왕에 대하여 정법에 귀의하는 증거로서 그 국토에서 방법을 금지시킬 것을 요구하는 점이라고 한다. 특히 방법자를 금단하기 위해서는 국왕이 무력을 사용하는 것도 허락한다는 『열반경』을 인용하고 있다는 점에서 전통적인 진호국가사상과는 다른 점이라고 한다(勝呂信靜, 1992: 261-264). 니치렌의 호국사상이 이런 이중구조를 보이고 있는 것은 호국론 제4대문의 방법자를 대치해야 할 증문을 두 가지로 나누어 설명하는 곳에서 찾아볼 수 있다. 하나는 불법을 가지고 국왕, 대신, 및 사중에게 부촉함을 밝히고, 다른 하나는 확실히 방법의 사람이

왕의 영토에 있음을 대치해야 할 증문을 밝히는 부분으로 방법과 방법인을 단절해야 한다는 것을 나누어 설명하고 있다. 안국론은 국가론처럼 분명히 이중구조로 분리되는 것은 아니지만, 앞에서 언급한 것처럼, 10문답 중 앞부분 8문답에 이르기까지 방법과 방법인의 엄단에 관해 설하고, 보시를 금할 것을 강조하는 것에서 동일한 논리전개를 펼치고 있다. 따라서 여기서는 먼저, 니치렌의 전통적인 호국사상을 계승한 면모를 고찰하고, 계속하여 니치렌의 호국사상의 특징인 방법과 방법인에 관한 엄단이 길장의 파사현정과 어떻게 연관되는지를 고찰해 보자.

일본불교는 호국불교라는 용어 대신, '국가불교'나 '진호국가' 등의 용어를 사용한다. 일본불교사에서 호국불교의 색채는 7세기 후반부터 일본이 천황중심의 율령국가 체제를 확립해 가는 과정에서 '국가에 의한, 국가를 위한' 불교인 국가불교 체제가 확립되었다(김춘호, 2014: 90). 안국론의 1문답과 2문답에서는 객과 주인의 대화의 주제가 호국과 관련되는 것임을 밝히는데, 객이 천재지변과 그로 인한 기근과 전염병이 난무한 국가적 재난을 한탄하며, "이는 어떤 화근에 의함이며 무슨 잘못 때문이옵니까?"라는 질문에 주인은 "경문을 펼쳐보니 세상은 모두 정(법)을 배반하고 사람은 악(법)에 귀의하였도다. 그러므로 선신은 나라를 버리고 다 떠났으며, 이로 인하여 악귀가 재앙을 일으켜 재난이 일어난다(한국SGI교학부 편역, 2000: 17)."고 답한다. 그 경전 증거로 『금광명경』, 『대집경』, 『인왕경』, 『약사경』의 경문을 들어 설명하고, "대저 네 가지 경전들의 문장이 명백하니라. 누군들 의심하리요."라고 하여 재난의 원인이 정법을 멀리하고 악법이 성행하기 때문이라고 설한 호국경전들의 석존 말씀과 동일한 상황임을 설하고 있다.

니치렌이 인용한 경전들은 호국경전들로 호국사상을 내용으로 하는 동아시아 불교권의 대표적인 경전들이다. 주로 『인왕경』, 『금광명경』, 『법화경』을 들지만, 그 외에도 『약사경』도 호국사상을 설한 경전으로 인식하고 있다. 니치렌은 이 외에도 대승경전인 『대집경』과 『열반경』을 인용하는 특징을 보인다. 동아시아 불교국가에서 사용한 호국삼부경 가운데 『인왕경』과 『금광명경』은 매우 직접적이고 구체적으로 호국사상을 설하고 있다. 일본에서 금광명경강회(金光明經講會)가 최초로 열린 것은 서기 674년 천무천왕(天武天皇) 4년 11월이다. 『일본서기(日本書紀)』에 사신을 사방에 보내어 『금광명경』, 『인왕경』 등을 강독하게 했다고 한 것이 그것이다. 일본에서는 『금광명경』과 함께 『인왕경』 및 『법화경』 등 소위 호국삼부경이 다 같은 비중으로 신앙되고 강설되었다. 이들 경전에 대한 신앙이 13세기까지 거의 한결같이 계속되고 있는 것으로 보아, 고대일본에서의 『금광명경』 신앙이 중국이나 한반도보다 한층 강렬했음을 알 수 있다.

그런데 동아시아의 호국사상에서 가장 중요시되어 온 경전은 역시 『인왕경』이다. 이 경명은 인간다운 왕, 즉 인왕(仁王)이 깨달음의 지혜에 의지하여야 국가를 잘 지킬 수 있다는 의미이다. 이 경전에서는 나라가 어지럽고 국난의 위험에 처한 것은 바로 반야바라밀을 수행하지 않기 때문이며 반대로 반야바라밀을 수행하면 자연히 문제가 해결되어 국난을 극복할 수 있는 호국의 길이 열린다고 설하여 정법을 구현하여 재난으로부터 국토를 지키는 임무를 강조하고 있다. 『인왕경』에서 호국과 호법의 담당자로 국왕을 설정하고 불법을 부촉하는 등 국왕의 권위제고와 국왕권의 강화를 암시하는 내용을 도처에 설하고 있다. 『인왕경』에 의거하여 국난을 극복하기 위해 여는 법회를 백고좌법회라고 하는데, 인왕회 혹은 인왕도량이라고도 하며 100명의 고승을 초청하여 국왕의 주관하에 『인왕경』을 강독하는 국가적 법회이다(조준호, 2012: 17-20). 안국론에서 "칠난즉멸 칠복즉생의 문구를 믿어 백좌백강의 의식을 갖추면"이라는 문구로 보아 니치렌 당시 일본불교에서도 국난극복을 위해 백고좌법회가 열렸음을 알 수 있다. 니치렌이 "만약 왕의 복이 끝나버릴 때는 일체의 성인은 떠나버릴 것이다. 만약 일체의 성인이 떠날 때는 칠난이 반드시 일어나리라."는 『인왕경』을 인용하여 재난의 책임이 국왕에도 있음을 간접적으로 드러내어, 호국왕의 임무를 다해 줄 것을 권유하고 있다. 고가 요시히로는 정법에 의한 국왕의 행동이념을 규정하는 안국론의 주장이 전통적인 일본의 진호국가불교의 구조와 목적과는 다른 점이라고 주장하지만(古河良啓, 2007: 99), 니치렌은 국왕에게 정법을 위탁하는 점은 전통적 호국불교를 계승하고 있다고 볼 수 있다.

호국왕에 대한 사상은 동아시아 불교에서 강화된 것으로 보이는데, 미즈노 소헤이(水野莊平)는 호국사상은 불법으로 국왕이나 국토를 보호한다는 의미라고 하였다. 이러한 호국사상의 근본은 여러 가지 재액을 초래하는 악신을 제압해서 국가의 재난을 없애고 민중을 보호한다는 인도불교의 사상에서 유래한 것이다. 이러한 인도불교의 호국사상은 악신으로 인하여 초래된 여러 가지 재난으로부터 불법의 힘으로 국가를 보호한다는 호국토의 사상이었지만, 중국불교에서의 호국사상은 이 호국토의 사상에서 수호의 주체가 국왕이 되는 호국왕의 사상으로 변화한 특징이 있다(水野莊平, 2009: 263). 그런데 쯔모리 기이찌는 니치렌의 호국사상은 국왕보다 국토사상이라고 보는데, 그것은 안국론에서 니치렌이 국토가 먼저 안락해야 국민이 편안하다는 논리를 전개하고 있다고 생각하기 때문이다(都守基一, 2014: 38). 그러나 필자는 7문답에서 객이 "우선 국가를 기원하고 모름지기 불법을 세울 것이로다."라는 말에 "방법을 엄단하고 정법을 세우면 국중은 평안하리라."고 답하는 부분에서 니치렌은 호국을 위해서는 호법이 먼저이고, 호법을 위해서는 호국왕의 임무가 중요하다는 것을 일깨우고 있다고 본다. 또한 니치렌은 전통적인 호국왕 사상을 계승하여, 석존이 불법을 국왕에게 부촉하고 비구와 비구니에게 부촉하지 않은 것은 왕과 같은 위력이 없기 때문이라는 『인왕경』의 문장을 인용하여 호법을 위한 호국왕의 역할과 능력에 대한 절대적인 신뢰를 보내고 있다. 니치렌이 안국론의 대고중을 호조 도키요리로 확정한 것도 그를 『열반경』에서 말하는 호법왕으로 인식했기 때문이라는 견해와 재난을 맞아서 안국론을 막부에 제출하려고 한 것은 입정, 즉 정법홍통에서의 국왕의 역할에 주목했기 때문이라는 코지마 노부야스의 견해도 니치렌의 호국왕에 대한 큰 기대를 보여준다(小島信泰, 2011: 16). 이처럼 1문답과 2문답에 걸쳐서 니치렌은 전통적인 호국사상을 계승하여 석존이 국왕에게 불법을 부촉한 것을 강조하여 호법을 위한 호국왕에 대한 신뢰와 호법에 대한 임무를 강조하고 있다.

니치렌의 호국사상의 특징은 국왕에게 3문답에서부터 방법과 방법인에 대한 엄단을 설하는 곳에 있고, 특히 방법인을 엄단할 것을 강력히 권유하는 것은 전통 진호국가불교에서는 볼 수 없는 점이다. 안국론의 3문답과 4문답에서는 객이 "쇼토쿠 타이시(聖德太子) 이래 일본국에서는 삼보를 숭상해 왔는데 누가 악법을 전파하여 삼보의 자취를 폐한다는 말인가?"라고 반문하자, 주인은 "여러 악비구가 많이 명리를 구하여 국왕에서 파불(破佛)과 파국(破國)의 인연을 설하고, 그 왕은 분별하지 못하고 행하게 되니, 악법만이 아니라 악승을 엄단하지 않으면 어찌 선한 일을 이루겠는가."라고 하여 호국을 위해 악법과 악승을 엄단해야 하고, 궁극에는 보시를 금하도록 해야 한다고 주장하는 것이 니치렌 호국사상의 특징이다. 이 방법과 방법인을 동시에 단절하는 것도 길장의 『삼론현의』에서 밝히는 파사현정의 논증의 영향이라고 보인다. 『삼론현의』에서 "삼론이 밝혀 내는 옳은 것은 많지만, 인정(人正, 사람의 옳음)과 법정(法正, 법의 옳음) 두 가지로 줄여서 밝혀 낸다."고(『대장경』 권45, 6b: 02) 하면서 길장의 입장에서는 나가르주나가 올바른 분이며, 법으로서는 나가르주나의 『중론』의 내용이 옳은 것이라고 술회한다(김인덕, 1995: 63). 이것과 관련하여, 이미 앞에서도 언급하였지만, 니치렌은 호국론의 첫머리에 말법중생들을 위해 법의 옳고 그름과 선악의 스승을 제시하기 위해 호국론을 집필한다고 밝히고 있다. 물론 길장과 달리, 니치렌이 생각하는 옳은 사람도 옳은 법도 모두 『법화경』이다. 그는 호국론 제5문에서 석존의 열반 후 일체중생의 진실한 선지식은 『법화경』이고, 『법화경』이 석가모니불이라고 하여 정법과 정법인을 『법화경』으로 귀결하는 법화경지상주의를 선언하고 있다.

이러한 이유로 니치렌은 호국론에서 방법만이 아니라 방법의 사람을 엄단하는 것이 방법을 근본적으로 근절하는 길임을 제시하면서 『열반경』 제31권에 나오는 선성비구의 이야기를 인용한다. 가섭이 어찌하여 선성비구가 지옥에 빠진다는 수기를 하셨는지를 묻자, 석존은

> 선남자여, 선성비구는 많은 제자들을 거느리고 있는데, 이 제자들이 모두 선성비구가 아라한이고 이는 도과를 득했다고 생각했느니라. 나는 선성비구의 제자들의 사악한 마음을 일깨우기 위하여 선성은 방일한 고로 지옥에 떨어질 것이라고 수기하였느니라(『대장경』 권12; 『대반열반경』 권31, 808b: 20-22). 이 문장에서 방일이란 방법의 이름이고, 소화의 대중은 이 삿된 의도를 모르기 때문에 호넨을 일체지인이라고 칭하고, 혹은 대세지보살, 혹은 선도대사의 화신이라고 하느니라. 그의 사악한 마음을 깨뜨리기 위함인 고로 방법의 근원을 나타낸다(한국SGI교학부 편역, 2000: 62).

여기서 주목하고자 하는 구절은 석존은 수행자들이 아라한과를

증득하지 못한 수행자를 아라한을 증득했다고 믿는 잘못된 생각을 사악한 마음이자 방일한 행동이라고 규정하고 있다. 따라서 선성비구가 죽어서 지옥에 떨어진다고 예언함으로 인하여 그를 따르는 제자들이 자신들의 잘못된 생각을 알아차리게 하고자 하였다고 설하고 있다. 니치렌은 이 경문을 인용하여 방일을 방법이라고 해석하고, 호넨의 제자들이 호넨을 대세지보살이나 선도대사의 후신으로 보살의 경지에 오른 선지식이라고 존경하는 행위가 바로 선성비구의 제자들과 동일한 오류를 범하고 있다고 지적한다. 따라서 그들의 방법의 행위를 만천하에 드러내어 방법인을 근절하는 것은 인정(人正, 바른 선지식)을 드러내는 일이라고 역설한다.

이 방법의 근원을 근절하는 것과 관련하여 니치렌의 호국론의 저술 목적을 설명하는 첫머리로 다시 돌아가 보자. 니치렌은 선덕들이 선택집을 비판하였으나, 방법의 근원을 드러내지 못하여 도리어 악법을 유포시켜 주는 결과를 낳았다고 한탄한다. 그리고 자신은 선덕들의 잘못을 답습하지 않겠다고 다짐한다. 이 선덕들의 잘못은 다름 아닌 바로 방법만을 단절하고 방법인을 단절하지 않았기 때문이라고 니치렌은 판단한 것이다. 이 방법과 방법인의 단절에 관한 니치렌의 관점도 『삼론현의』에 나타나는 길장의 파사현정의 해석에 영향을 받았다고 볼 수 있다. 기존연구자들은 위의 인용문처럼 니치렌이 방법인의 단절을 강조하는 증거를 그의 저술에서처럼 『열반경』에 의거한다고 보고 있다. 그러나 필자는 니치렌이 호국론의 첫머리에 밝힌 것처럼, 법의 옳고 그름과 선악의 선지식을 제시하는 것도 파사현정에서 방법론을 채용하였다고 보고 있다. 니치렌은 방법인을 근절하는 경전의 증문으로 선성비구의 이야기를 제시하고 있고, 길장과 달리, 궁극적으로는 『법화경』이 정법이자 말법의 선지식이라는 것을 주장하여 법화지상주의를 제시하고 있는 특징을 보인다.

V. 나가는 말

이 논문에서는 니치렌의 초기 저술인 호국론과의 상관관계를 통해 안국론에 나타나는 니치렌의 사상적 특징을 고찰하였다. 안국론은 호국론에 나타나는 천태법화교학과 길장의『삼론현의』에 나타나는 파사즉현정의 논증방식을 통해 이해할 때, 니치렌이 추구한 입정과 안국의 의미가 파악될 수 있고, 이를 통해 니치렌 사상의 특징인 사바즉적광의 정토관과『법화경』으로의 호국사상의 특징이 밝혀지게 된다. 니치렌은 3년 동안 경전들과 논서들을 열람하고, 천태법화교학이 석존정법의 계승자이자 호법으로서 지켜야 할 정법이라고 전제하고 그 핵심인『법화경』에로의 귀의야말로 예토로 전락한 사바세계가 석존의 적광토로 회복되어 국토가 편안하고 국민이 안락한 안국이 열리는 길이자 호국의 길이라고 천명한다. 호국론에서는 보다 전통적인 방법으로 논의를 전개하고 있는데, 특히 천태법화교학이 석존정법의 계승자라고 확립하고 논의를 전개하는 반면, 안국론에서는 호국론의 천태법화교학의 체계 위에서 논증의 방법으로 길장의 파사즉현정을 채용하여, 입정안국을 지향하는 호국사상을 펼쳐서 안국이 석존의 사바적광토임을 드러내고 궁극적으로『법화경』에의 귀의로 귀결되도록 한다. 이러한 논증방식으로 인하여 니치렌은 개인적인 사견을 피력하지 않고, 온전히 석존정법과 정법의 계승자인 사의보살의 교설에 입각하여 호넨의 정토교라는 방법이 천태법화교설을 훼손하여 국토에 재난이 계속 발생하는 원인이라는 것과 그 대책으로 방법과 방법인을 단절하는 것이 호국이라는 것을 드러내고, 궁극적으로『법화경』에의 귀의가 안국의 길이라는 것을 제시하는 특징을 보이고 있다. 그러므로 니치렌의 초기교학의 특징은 전통적인 천태법화교학을 충실히 계승하면서 대승불교의 대표적 중관철학의 논증방식인 파사현정을 적용하여 궁극적으로 『법화경』을 석존정법의 최승의이자 말법시대 중생들의 유일한 귀의처이고, 『법화경』에서 설한 사바적광토가 바로 안국이라는 것을 천명하고 있는 점이라고 볼 수 있다.

참고문헌

『대반열반경』『대정신수대장경』 권12.
『법화경』『대정신수대장경』 권9.
『삼론현의』『대정신수대장경』 권45.

길장. 2009. 『삼론현의』. 박상수 역. 서울: 한국학술진흥재단.
김인덕. 1995. “삼론학 파사현정론의 요의.” 『한국불교학』 20: 47-66.
김상현. 1976. “고려시대의 호국불교 연구: 금강명경 신앙을 중심으로.” 서울: 단국대학교 대학원 석사논문.
김춘호. 2014. “한국과 일본의 불교수용기사에 나타난 호국불교적 요소.” 『일본불교문화연구』 10: 85-117.
조준호. 2012. “경전 상에 나타나는 호국불교의 검토.” 『대각사상』 17: 9-41.
하두성. 2012. 『삼론현의에 나타난 파사현정의 현대적 의미』. 경주: 위덕대학교 대학원 불교학과.
한국SGI교학부 편역. 2000. 『日蓮大聖人御書全集』. 서울: 화광신문사.

原愼定(Hara Shinjo). 2010. “日蓮の批判精神について.” 『印度學佛教學研究』 59(1): 1-11.
日野學誠(Hino Gakujo). 2000. “『守護國家論』における五義の說示.” 『日蓮教學研究紀要』 33: 83-92.
池田大作(Ikeda Daisaku). 1991. 『立正安國論講義』. 서울: 화광신문사.
神保弁靜(Jinpo Benjo). 1913. 『日蓮聖人御眞蹟第1-2』. 東京: 番美書院.
北川前肇(Kitagawa Zencho). 2001. “日蓮의 입정안국론 執筆에 관한 연구.” 『東アジア佛教の諸 問題』. 249-251.
木村中一(Kimura Chuichi). 2013. “『高祖遺文錄』の書誌學的考察.” 『印度學佛教學研究』 62-2: 632-639.

古河良啓(Koga Yoshihiro). 2007. "『立正安國論』の 一考察 －安國の 概念を 中心に－." 『日蓮教学研究所紀要』 35: 94－105.
______. 2007. "『立正安國論』 研究の現況と課題." 『日蓮教学研究所紀要』 34: 153－160.
小松邦彰(Komatsu Kuniaki). 1971. "『守護國家論』の一考察." 『大崎学報』 125 · 126: 97－114.
小島信泰(Kojima Nobuyasu). 2011. "宗教と國家を考える －最澄から日蓮へ－." 『東洋哲学研究所紀要』 27: 3－28.
松長有慶(Matsunaga Yukai). 1966. "護國思想の起源." 『印度學佛教學研究』 15: 69－78.
三浦和浩(Miura Kazuhiro). 2011. "『立正安国論』における「善」の意義:―「実乗の一善」の解釈をめぐって―." 『印度學佛交教學研究』 59(2): 740－743.
宮川朋子(Miyakawa Tomoko). 2007. "『守護国家論』の一考察." 『日蓮教学研究所紀要』 35: 117－126.
水野莊平(Mizuno Sohei). 2009. "中國佛敎における護國思想の受容過程について." 『印度學佛敎學研究』 58: 261－266.
望月成浩(Motizuki Sigehiro). 1990. "『守護國家論』の 一考察." 『佛教學論集』 19: 126－137.
笹津海道(Sasatsu Kaidou). 1991. "『守護国家論』に見られる日蓮聖人の浄土観." 『日蓮教学研究所紀要』 18: 62－69.
______. 1992. "『立正安国論』に見られる日蓮聖人の浄土観." 『日蓮教学研究所紀要』 19: 112－125.
______. 1993. "日蓮聖人の娑婆淨土思想について." 『日蓮敎學とその周邊』 199－214.
佐藤妙晃(Sato Kodai). 2006. "『立正安國論』の研究 －「勘文」の 視點から－." 『日蓮教学研究所紀要』 34: 27－40.
関戸堯海(Sekido Gyokai). 1987. "『立正安國論』成立についての 一考察." 『印度學佛教學研究』 37: 206－212.
______. 1995. "『一乗要決』と『守護国家論』の関連." 『印度學佛教學研究』 44:

276–280.

______. 1997. “『立正安国論』と北条時頼.”『印度學佛教學研究』 46: 71–76.

______. 2011. “日蓮教學の基点としての『立正安國論』について.”『宗教研究』 84: 368–369.

______. 2015. “『立正安国論』における浄土教批判と法華最勝義について.”『印度學佛教學研究』 63: 1–17.

勝呂信靜(Suguro Shinjo). 1992. “日蓮の國家觀.”『日本佛教學會年報』 58: 259–272.

高木豊(Takagi Yutaku). 2002.『日蓮–その行動と思想』. 東京: 株式會社太田出版.

田村芳朗(Tamura Yoshiro). 1955 “日蓮における諸宗批判の根據.”『印度學佛教學研究』 3: 593–595.

都守基一(Tsumori Kiichi). 2014. “『立正安國論』の 再認識.”『法華仏教研究』 18: 138–162.

제4장

세계시민의 주인공으로 살아가기 위하여

서동은(경희대)

Ⅰ. 들어가는 말

Ⅱ. 두 이야기의 합류

Ⅲ. 키르케고르와 이케다의 비유 해석

Ⅳ. 믿음을 통한 회개 vs. 신해를 통한 자각

Ⅴ. 신의 아들의 탄생

Ⅵ. 세계시민의 길: 세 가지 대안

Ⅶ. 생태시민으로서의 세계시민의 길

Ⅷ. 나가는 말: 세계시민의 주인공으로 살아가기

I. 들어가는 말

오늘날 지구촌 차원의 문제들은 더 이상 한 국가나 한 개인에 의해 해결될 수 없는 문제들이다. 그래서 지구적 · 세계적 차원의 문제들을 해결하기 위해서는 새로운 의식의 변화를 요구한다. 특히 기후위기에 대한 공동의 대처 문제, 그리고 종교 간의 갈등 문제, 종교적인 이념과 정치적 이념의 차이로 인해 발생하는 문화 충돌의 문제가 매우 심각한데, 이러한 문제를 보다 합리적 공통의 근거에 입각하여 서로 이해하고 연대하면서 해결하려면, 새로운 시민적 덕(德), 곧 세계시민적 덕(virtue)이 요청된다. 전 세계의 각 종교 전통에는 이러한 세계시민적 실천적 지혜의 지평이 있음에도 불구하고, 잘 모르거나 알고 있음에도 간과되는 경향이 있다. 세계의 여러 종교 전통에서 간직하고 있는 훌륭한 덕은 오늘날의 위기를 극복하는 데 중요한 기초가 될 수 있다.

이 글에서는 오늘날 절실하게 필요한 세계시민의 덕성(德性, virtue)과 가치창출을 위한 형이상학적 · 존재론적 토대를 마련하기 위해 특별히 기독교와 창가학회의 사상적 특징을 비교하고자 한다. 특별히 이 두 종교에 등장하는 두 비유를 비교하면서 그 유사성과 차이에 주목하고 여타 상호 대화의 가능성과 함께 이 두 전통이 어떻게 세계시민으로 나아가는 데 도움이 될 수 있을지 모색해 보고자 한다. 지금까지 기후위기나 세계시민 논의는 자주 '거대 담론'으로 간주되거나 현실적인 실천을 도출하기 힘든 관점으로 치부되는 경향이 있었다. 더욱이 특정 종교의 가치관이나 세계관이 이러한 문제에 접근하는 데 도움이 될 수 있음에도 불구하고 오래된 과거의 세계관이 새로운 시대에 과연 도움이 될 수 있을까라고 생각하는 경향이 있다. 하지만 지금의 지구촌 차원의 위기 앞에서 우리가 세계시민으로 나아가기 위해 필요한 가치가 무엇인지 오랜 종교 전통에서 차분히 찾아보는 것은 매우 중요하고도 의미 있는 일일 것이다.

여기서는 먼저 기독교 전통과 창가학회 전통에서의 세계시민적 세계관의 토대를 발견할 수 있을지를 소개하고자 한다. 특별히 두 종교 전통에서 중요하게 여겨지는 탕자의 비유와 장자궁자의 비유를 통해 이 비유 속에 숨어 있는 공통의 가치 및 구별되는 인간 이해는 무엇인지 비교하면서 세계시민적 가치를 도출해 보고자 한다. 세계시민적 가치는 멀리 스토아(stoa) 사상으로 거슬러 올라간다. 그리고 근대 계몽주의 정신에도 이러한 세계시민(cosmopolitanism)의 정신이 담겨 있다. 하지만 스토아 사상이나 계몽주의의 세계시민 정신은 아직 오늘날까지도 제대로 자각되거나 실현되지 않고 있다. 서양에서 비교적 최근에 논의된 세계시민 논의는 위와 같은 전통의 연장선상에 있다. 여기서는 이 논의 가운데 대표적인 3가지 입장을 소개하고자 한다. 그리고 이러한 세계시민 논의의 핵심을 비교하고 그 한계점을 지적하면서 기독교 전통과 창가학회 전통이 어떻게 오늘날의 세계시민성을 구현할 수 있을지 비교 검토하여 오늘날 우리가 지향해야 할 세계시민적 특성이 무엇인지 살펴보고자 한다.

Ⅱ. 두 이야기의 합류

『누가복음』 탕자의 비유와 『법화경』 장자궁자의 비유는 매우 유사하다. 여기서 주목할 것은 이 비유가 각 종교의 진리 체험과 관련된 아버지/아들의 관계에 의해서 설명된다는 점이다. 이 관계의 비유는 비록 가부장적 사회의 산물이기도 하지만, 기독교의 진리 이해에 도움이 된다. 탕자의 비유에서 잃어버린 아들이라는 것은 아버지와 같이 살면서 일체가 되었던 상태에서의 이탈을 전제한다. 기독교 전통에서는 이러한 인간의 상황을 타락 혹은 인간 실존의 근본적인 불안의 상황으로 이해한다. 따라서 아들이 아버지에게로 돌아옴이 회개이고 본래 상태로의 회복이며 구원이 된다. 『법화경』에 나오는 장자궁자의 관점에서 보면 이 비유는 아버지로부터 분리된 자아에서 통합된 자아에 이르는 과정이고, 진정한 자신이 되는 과정이다. 기독교에서는 아버지를 절대 신뢰하고 의존하는 과정으로 묘사되지만, 『법화경』에서는 그 어떤 것에도 의존하지 않는 주인공이 되는 과정으로 묘사된다. 두 비유에서 인간은 다분히 자기 발견의 존재로 묘사된다. 이 두 전통에서는 공통적으로 자신이 본래 어디에 소속되어 있었는지, 본래의 진정한 자아가 무엇인지를 자각할 수 있는 존재가 바로 인간이라는 사실을 전제하고 있다. 이는 이성적 동물로서 이해하는 아리스토텔레스 이후의 서양의 전통과는 구별된다.

『법화경』 자체에 나타난 사상을 보더라도, 누구나 깨달음의 주인공(主人公)이 될 수 있다는 사상은 부처와 중생을 가르는 이분법을 넘어서 개인을 존중하는 사상에 가깝다. 주인과 노예, 혹은 성과 속의 이분법과 위계를 넘어서는 가르침을 잘 보여주는 대목이 바로 『법화경』 4품에 나오는 장자궁자의 비유라 할 수 있다.[01] 이는 아버지와 아

01 우에기 마사도시(植木雅俊)에 따르면 원시불교에서는 깨달음에 이르는 성불의 과정에 여성을 배제했다. 원시불교 이후에 등장하는 부파불교(혹은 소승불교)에서도 여성을 차별했다. 대승불교 전통에서 비로소 여성을 차별하지 않고, 모두가 평등하다는 사상이 전개되었는데, 그는 모두가 평등하다는 사상은 비로소 『법화경』에서 성취된다고 본 것이다. 각각의 시대에 등장했던 입장을 하나로 통일하고 만민평등의 입장에 서서 부처의 가르침을 설파했다는 것이다. 혹은 소승불교와 대승불교의 갈등을

들의 관계에 대한 비유로, 자신이 아버지의 아들이었다는 사실을 모르다가 나중에 깨닫게 된다는 비유이다. 이는 자신의 본래적 모습을 망각하고 살다가 본래의 모습을 발견하고 깨닫게 되었다는 것을 비유하는 것이라 할 수 있다. 『누가복음』과 『법화경』에 나오는 두 비유는 매우 유사하다. 기독교와 불교의 서로 다른 두 이질적 전통에도 불구하고, 위와 같은 유사한 이야기를 간직하고 있다는 점은 매우 흥미롭다.

『누가복음』에 나오는 탕자의 비유는 예수의 많은 비유들 가운데 하나로 『누가복음』 15장 11-32절에 나타나는 비유이다. 이 비유는 소위 죄인들과 함께 식사하는 모습을 보고 비판한 바리새인들을 향한 비유라고 할 수 있다. 어떤 아버지에게 두 명의 아들이 있었는데, 둘째 아들이 아버지에게 자기 몫의 유산을 요구하며 그것으로 자신이 원하는 대로 살아보겠다고 하였다. 아버지는 아들의 요청을 들어주었는데 이 아들은 아버지의 곁을 떠나 방탕하게 살며 재산을 낭비하였고 결국 궁핍한 처지가 된다. 더 이상 버티지 못한 아들은 아버지에게 자기를 종으로 받아달라고 요청하기로 결심하고 아버지에게로 돌아간다. 그런데 그가 돌아 왔을 때 아버지는 놀랍게도 둘째 아들을 받아들이며 잔치를 베푼다. 이때 집에 있던 첫째 아들이 자신은 아버지 곁에서 아버지를 잘 모시고 방탕한 적도 없는데, 한 번도 자신의 친구들을 불러 잔치를 베풀어 준 적이 없다면서 불평을 한다. 예레미아스(J. Jeremias)는 이 비유의 제목을 탕자의 비유라기보다는 자비로운 아버지의 비유로 불러야 마땅하다고 주장한다. 이 비유에서의 주인공은 탕자가 아니라, 이 탕자를 포용하고 평등하게 자식을 사랑하는 아버

봉합하는 태 통합을 시도했다고 보기도 한다. 이는 한마디로 법화경이 당시 사회적 배경에 있는 갈등을 화해하려는 시도였다는 것이다(植木雅俊, 2020: 134-138 참조).

지라는 것이다. 이 비유는 잃어버린 양, 잃어버린 주화의 비유와 함께 신의 자비를 보여주고자 하는 예수의 대표적인 비유라고도 할 수 있다.

『법화경』에 나오는 장자궁자의 비유는 크게 보아 『누가복음』과 비슷하지만 큰아들이 질투하는 장면은 없다. 이 비유에서 아버지는 자신이 죽기 전에 아들을 찾아서 많은 재산을 아들에게 물려주려고 한다. 그런데 우연히 일찍이 집을 나갔던 아들이 살기 힘들어 품을 팔려고 여기저기 다니다가 아버지가 사는 집의 대문 밖에 이르게 된다. 때마침 아버지는 아들을 알아보고는 반가운 나머지 재산을 얼른 물려주려는 생각에서 데려오게 하였으나 아들은 자신을 가두려는 줄 알고 놀라 도망가다가 기절한다. 아버지는 초라하게 꾸민 사람을 보내서 그 아들을 소생시켜 거름을 치고 품삯을 받도록 하였다. 점점 아버지와 아들은 상대방의 마음을 믿고 뜻이 통하여 허물없이 집안에 드나들게 되었고, 이후 아들은 아버지의 재산이 얼마인지, 금은보화는 어느 창고에 얼마가 있는지, 주고받을 돈의 거래는 어떻게 되는지를 자세하게 알게 되었다. 아버지는 죽을 때에 이르러 친척과 국왕과 대신들을 모아 놓고 모든 재산을 자신의 아들에게 물려준다.

이 두 비유의 유사성은 ① 인간의 실존적 상황을 아버지와 아들의 관계에서 설명하고 있다는 것, 그리고 ② 궁핍한 처지의 한복판에서 아버지를 만나게 된다는 특징이 있다. 누구나 자신의 실존을 자각하면 신의 자녀, 부처님의 자녀가 될 수 있다는 교훈을 주고자 하는 것이 핵심 내용이라고 할 수 있다. 이러한 자각에 이르기 전까지는 힘겹게 살아간다는 것이다. 궁핍한 삶으로 묘사했지만, 욕망에 따라 살아가는 방탕한 삶에서 벗어나 자신의 본질을 자각할 때에만 비로소 행복하고 평온한 삶이 보장된다는 것이다. 불교적 관점에서 보자면, 집착에서 벗어나 자신이 곧 부처임을 자각하는 것이 중요하고, 기독교적 관점에서 보자면, 자신의 욕심과 세상적인 것에 대한 관심에서 벗어나 신의 자녀임을 자각하는 것이 중요하다. 그런데 이 비유는 차이점도 있다. 『누가복음』에서는 아버지와 아들 관계에 있다는 사실을 이미 알고 있지만, 의지와 결단에 의해 아버지에게로 방향을 전환하고 돌아가는 것이 매우 중요하게 부각되어 있는데 『법화경』에서는 아들은 자신이 그 아버지의 아들이라는 사실을 모른다는 것이 강조되고 있다.

Ⅲ. 키르케고르와 이케다의 비유 해석

키르케고르(Søren Kierkegaard)의 탕자 비유 해석은 기독교 전통에서 중요한 의미를 지닌다. 그의 해석에 따르면 인간이 아버지인 신을 벗어나 스스로 사는 것 자체가 죄에 해당하고, 이 죄의 결과는 인간이 평생 짊어지고 살아야 할 불안의 삶이다. 이러한 불안의 삶은 다시 아버지에게 돌아오지 않고는 해결되지 않는다. 키르케고르는 아버지에게 아버지의 재산 가운데서 자신의 것 일부를 달라고 하는 것 자체가 아버지로부터의 이탈(타락)의 시작이다. 자신이 더 이상 아버지의 조연이 아니라 주인공으로 살겠다는 행위이다. 아버지의 품을 떠나 독립적인 개인으로 살아가려고 하는 것 자체가 이후 탕자의 삶의 시작이다. 키르케고르의 관점에서 볼 때, 이러한 상황이 바로 인간 일반의 실존적 상황이다.

아버지인 신 없이 홀로 살아보겠다고 하는 삶의 모습을 가진 삶, 이것이 키르케고르가 보기에 미적인 단계의 삶이다. 이것이 바로 자신만의 쾌락에 빠져서 자신의 본래적 존재의 모습을 알지 못하고 있는 상태에서의 삶이다. 이 단계에서의 도약이 윤리적 단계이다. 어느 날 탕자가 더 이상 이렇게 살아서는 안 되겠다고 결단하는 순간이 바로 이 단계에 해당한다. 다음 단계는 키르케고르에 있어 종교적 단계인데, 이 단계는 나의 이성적 판단이 아니라, 아버지에 대한 절대적 믿음 속에서 살아가는 단계이다. 이러한 단계를 키르케고르는 이삭을 번제물로 바치라는 신의 명령에 절대적으로 복종하는 아브라함의 믿음을 본보기로 하여 설명한다. 더 이상 자신만의 판단으로 살아가는 것이 아니라, 절대적으로 신에게 자신의 삶을 위임하는 단계가 바로 이러한 종교적 단계이다.

아버지 없이 자신만의 힘으로 살면서 홀로 이 세상의 주인공으로 살겠다는 것이 아니라, 신이 주인공인 드라마 안에서 아들의 신분으로 살겠다는 것이다. 다시 말해 신으로 대표되는 아버지가 의도한 섭리와 의지에 따라 살겠다는 것이다. 여기서 중요한 것은 자신이 원래 아버지의 아들이었다는 사실을 기억하고 다시 돌아오는 것이다. 과거의 신분, 아버지의 아들로서의 신분을 잊고 살았던 자신을 자각하고, 단순한 자각을 넘어 적극적으로 아버지에게로 돌아가겠다는 행위를 실천하는 것이 중요하게 부각된다. 아버지에게 와서 종으로라도 써 달라고 부탁할 때의 아들의 심정에는 아버지에게 절대 복종하겠다는 의지도 담겨 있다고 할 수 있다. 비록 절대적인 믿음의 단계는 신의 명령에 순종하는 아브라함의 이삭 번제에서 완성되지만, 여기에도 이미 절대적인 믿음이 전제되어 있다.

『법화경』에는 7개의 비유가 나오는데, 장자궁자의 비유와 더불어 삼차화택의 비유, 양의병자의 비유도 『누가복음』의 비유와 마찬가지로 아버지와 아들의 관계를 매개로 하여 불교의 진리를 전달하고자 하는 비유라고 할 수 있다. 『법화경』에서 이 비유는 다분히 부처인 아버지가 중생인 자식들에게 불법을 전수하기 위한 방편을 소개하는 인상을 준다. 여기서 주목할 것은 아버지와 아들의 관계 설정이다. 여기서 자식은 아버지의 의지와 관계없이 동떨어져 있고, 자식들은 아버지의 의도와 뜻을 알지 못한다. 그래서 아버지 편에서 방편을 써서 자식들이 아버지의 뜻을 이해하도록 돕는다. 이에 대한 천태대사의 해석을 잠시 살펴보자.

천태대사의 구분에 따라 장자궁자의 비유를 다섯 단계로 나누어 설명한다. ① 아들을 찾으려고 쫓다. ② 저택에서 일하도록 권하다. ③ 부자의 신뢰를 강화하다. ④ 가업을 관리시키다. ⑤ 가업을 정식으로 상속하다(이케다, 2016: 338 참조). 첫 번째 단계는 부처가 깨달은 세계를 대강 드러낸 화엄의 단계이다. 그 다음은 소승의 가르침인 아함경을 설하는 아함의 단계이다. 이 단계는 자책에서 일하는 단계인데, 이는 마치 하루 급료를 받았을 뿐인데 잔뜩 받았다고 만족하여, 다시는 받으려고 생각하지 않는 것과 같은 상태로 비유한다(이케다, 2016: 339 참조). 이 단계를 넘어서 ③, ④, ⑤ 단계에 이르러 부처의 참된 재산을 상속받는 것이 최종의 단계에 이르게 된다는 것이다.

이케다는 장자궁자의 비유에서 아들의 신해(信解)에 주목한다. 사람이 세상에 태어나 살아가려면 어머니의 우유나 보살핌을 의심 없이 받아들여야 잘 살아갈 수 있듯이, 믿음은 인간 삶의 지속에 가장 원초적인 것이다. 그리고 우리가 어떤 지식을 얻는다 해도 기존에 자신이 믿고 있던 신념 위에서만 가능하다. 패러다임 이론이 말하고 있듯이, 전혀 새로운 것이 나온다고 해도, 그 새로운 것은 기존의 신념의 토대 위에서만 가능한 것이다. 스승의 가르침을 배울 때도 마찬가지이고, 내가 아버지의 아들이 되는 것도 마찬가지이다. 궁극적으로 스승의 가르침에 대한 절대적인 신뢰가 선행되지 않으면 배움을 얻을 수가 없다. 아버지도 마찬가지다. 궁극적으로 아버지의 의지를 제대로 이해하지 못하면, 진정한 의미에서 아버지의 아들이라고 말할 수가 없다. 불교의 지혜에 이르는 길도 마찬가지다. 『법화경』이든 그 어떤 경전이든 그 경전에 대한 신뢰 없이 그 경전이 지향하는 가치관에 이를 수 없다. 그래서 이신득입(以信得入)이라고 말한다.

> "나 자신의 지혜가 아닌, 신에 의해 부처의 깨달음의 세계에 들어갈 수 있었다(이케다, 2016: 357)."

이는 오직 믿음으로 구원에 이르게 된다거나 믿음으로 신에 의해 올바름을 인정받는다는 뜻의 이신득의(以信得義)의 전통과 연결된다.

> "불법의 신은 참된 자신의 확립입니다. 그리고 우주대의 무한한 지평이 자신의 생명에 열려 있다는 사실을 깨닫는 일입니다. 우주에 생명을 열고, 우주에 감싸인 자기가 우주를 다시 감싸는 것입니다. 대우주와 교류하고, 서로 어우러져 울리는 일입니다. 신은 그 도약을 위한 점프대입니다(이케다, 2016: 356)."

이 구절에서도 알 수 있듯이, 신해란 나를 완전히 버리고 커다란 것에 삼켜져 버리는 것이 아니라, 내재하는 자신의 생명에서 나오는 것이라는 점에서 기존에 인도에서 절대적인 신앙을 나타내는 박티(힌두교에서 말하는 자아 소멸)와는 구별된다. 절대적인 믿음을 전제하면서도 자신이 소멸하는 것이 아닌, 자신의 소중한 생명의 주체성을 전제로 한 상태에서의 믿음인 것이다. 이러한 상황은 『법화경』「신해품」에서는 아버지의 가업을 정식으로 상속하는 단계로 이해하고 있다. 법화경에서는 아버지와 아들의 진정한 관계에 이르는 단계를 세밀하게 구분하면서, 궁극적으로 아버지의 뜻을 다 헤아릴 수 있을 정도로 아버지의 의지와 하나가 되지만, 그렇다고 해서 아들이 아버지가 되는 것이 아니다. 어디까지나 아들로서의 정체성은 간직하고 있다. 이것이 아버지의 생명을 나누어 가진 사람으로서의 또 하나의 생명으로서의 정체성이며, 아버지의 뜻과 가업을 이어받는 한에서의 정체성이다. 이러한 단계에 이르기 위해서 이케다는 신해(信解)를 강조한다. 아버지에 대한 절대적인 신뢰가 중요하다는 것이다.

Ⅳ. 믿음을 통한 회개 vs. 신해를 통한 자각

믿음을 통한 방향전환(metanoia)과 신해(信解)를 통한 자각에는 차이가 있다. 키르케고르가 해석하듯이, 믿음은 심미적 단계에서 윤리적 단계 그리고 궁극적으로는 종교적 단계로 넘어가는 과정에서의 절대적 신뢰의 방향인데, 이케다가 말하는 아버지에게로 돌아옴은 궁극적으로 이성 혹은 지혜를 배제한 절대적 신뢰로서의 믿음이 아니라, 그 자체로 이성적 차원과 믿음의 차원이 결합된 믿음에 가깝다. 이케다는 믿음과 이성의 관계를 다음과 같이 표현한다.

> "현대의 세속적 사회에서는 '신앙'이라고 하면, 이성을 잠재우고 폐쇄된 주관의 세계에 안주한다는 이미지가 있습니다. 하지만 『법화경』의 '신해'는 전혀 다르다는 사실을 잘 알았습니다(이케다, 2016: 363)."

바로 이 점에서 『누가복음』에서 말하는 비약으로서의 신앙과 『법화경』에서 말하는 신해는 차원을 달리한다고 말할 수 있다. 이 외에도 근본적인 차이를 보자면 『누가복음』에서 아버지에게로 돌아간다는 의미는 인격신에게로 돌아간다는 의미가 강한데, 『법화경』에서 말하는 아버지에게로 돌아감은 이케다의 해석에 따르면, "생명이라는 '부모'의 슬하로 '방랑하는 자식'(근대의 '지')이 귀환하는 이야기"이다(이케다, 2016: 364).

두 이야기는 아버지와 아들은 본래 같이 살아야 한다는 것을 전제로 하고 있다. 아버지와 아들은 같은 집에서 사는 것이 보통이다. 그런데 무슨 일인지, 아들이 아버지를 떠나 아버지를 알아볼 수 없는 상태에 이르게 되었다. 그럼에도 나중에는 자신이 아버지의 아들이었다는 사실을 자각하게 된다는 것이다. 잘 살펴보면 이 이야기는 근본적으로는 본래적 자기, 곧 아버지와 함께 있는 관계가 있고, 이 상태에서 멀어진 비(非)본래적 자기의 상태로 이행했다가 다시 본래적 자기로 돌아온다는 구조로 구성되어 있다. 그래서 이 두 이야기가 합류하는 지점은 바로 귀환이다. 한마디로 이 이야기는 종교적 가르침의 핵심인 진리를 누구나 잘 알고 있지만, 세상일에 휩쓸려 그 진리를 망각하고 살다가 어떤 계기를 통해 본래적인 자기를 발견하여 자각한다는 이야기이다.

우에기 마사도시(植木雅俊)는 『누가복음』 15장 11-32절에 나오는 탕자의 비유와 법화경의 장자궁자 비유를 비교하면서 그 차이점을 말하고 있다. 신약성서에서는 전통적으로 아버지와 아들의 관계는 신과 예수 그리스도의 관계로 상정되기에, 일반 신도들과는 거리가 있는데 비해, 『법화경』에서는 이러한 거리가 성립되지 않는다고 말한다. 즉 신, 예수 그리고 예수를 믿는 기독교 신자들 사이에는 질적인 거리가 있음에 비해, 불교전통에서는 불(佛)과 불자(佛子) 사이에는 이러한 질적인 거리가 존재하지 않는다는 것이다. 즉 기독교에는 창조자와 피조물 사이에는 절대적 단절이 존재한다는 것이다(植木雅俊, 2020: 194-196 참조). 이 점에서 두 비유의 핵심적인 내용에 대한 이해는 서로 갈라질 수 있다. 이러한 차이점이 극복되고 『누가복음』의 탕자의 비유가 좀 더 실천적인 지혜로 다가오도록 하기 위해서는 불교전통에서 말하는 불(佛)과 불자(佛子) 사이의 이원성을 소멸하는 방식의 신해의 관점에 설 필요가 있다. 이러한 관점에서 사유했던 기독교 사상가들이 서양에서 없었던 것은 아니다. 중세 독일의 신비사상가 에크하르트(Meister Eckhart)가 이러한 관점에 서 있었고, 한국의 유영모가 이러한 생각을 가지고 있었다.

V. 신의 아들의 탄생

에크하르트에 있어 중요한 핵심은 인의 영혼 안에서의 신의 아들의 탄생이다. 즉, 내 안에서 예수 그리스도가 탄생하는 것이 가장 중요한 것이다. 그에게 있어 신이 인간이 된 이유는 인간의 죄를 대속하기 위한 것이 아니라, 우리 모두가 신의 아들로 탄생하도록 하기 위한 것이다. 십자가에서 신의 죽음은 우리도 세상에 대해서 죽고 우리 안에서 예수와 똑같은 신의 아들 됨의 탄생을 위한 것이다. 이처럼 에크하르트에게 있어 중요한 것은 그리스도의 탄생이 곧바로 진정한 나 자신의 탄생이 되지 않는 한 부족한 것이다. 정말로 중요한 것은 나 자신이 신의 아들로 탄생하고 내가 신의 아들이 되는 일이다. 그러므로 신의 아들의 탄생은 삼위일체 내적 신비거나 혹은 한 특정한 인간에게만 일어난 예외적 사건이 아니라, 우리 인간 모두의 사건이 되어야 한다. 그러므로 "신은 왜 인간이 되었는가(cur deus homo)?"라는 신학의 고전적 질문에 대한 에크하르트의 대답은 간단하다. 모든 인간이 신이 될 수 있게 하기 위해서이다(길희성, 2004: 237 참조).

이러한 에크하르트의 입장은 우리도 예수와 전혀 다름이 없는, 본성상 신의 아들이 된다고 주장하는 것이다. 이러한 사상은 전통적인 신학에 위험요소로 다가올 수 있다. 하지만 에크하르트에 따르면 인간은 본성상 신의 자녀라는 사실은 하나님의 모습으로 창조되었다는 성서적 견해에 기초한 것으로서, 신의 자녀로서 신과 하나가 되어 영원한 생명을 누릴 수 있는 가능성을 우리의 본성 안에 지니고 있음을 의미한다. 신의 아들로 탄생한 이후 아들로서의 삶은 자신과 세상에 대하여 철저하게 죽고 새로운 삶을 산다는 것을 의미한다. 철저한 죽음을 통해 자기 존재의 바닥을 접한 후, 존재 자체이신 신의 근저에서 부활하여 새로운 생명을 누리는 삶이다(길희성, 2004: 273 참조). 이때의 삶은 자신의 존재 이유를 벗어난 삶이다. 초탈한 영혼은 자기 밖 누구든 혹은 어떤 것이든 의존하지 않고 오직 자기 자신의 힘으로 살아간다. 순전히 자신의 존재, 자신의 생명으로 살기에 자기 밖으로부터 오는 어떤 목적이나 이유 없이 자족적으로 살아간다. 이러한 삶의 단계를 표현하는 시를 우리는 질레시우스(Angelus Silesius, 1624-1677)의 시에서 발견한다.

> "장미는 이유를 모른다. 장미는 피기 때문에 핀다.
> 장미는 자신에게 관심 없고, 누가 자기를 보는지 묻지도 않는다(길희성, 2004: 278)."

다석 유영모 또한 이와 비슷한 관점에서 아버지와 아들의 관계를 이해한다. 『요한복음』 17장 21절에 있는 말씀 "아버지여, 아버지께서 내 안에, 내가 아버지 안에 있는 것 같이 그들도 다 하나가 되어 우리 안에 있게 하사 세상으로 아버지께서 나를 보내신 것을 믿게 하옵소서." 다석 유영모에게 있어 중요한 것은 향불을 피워 놓고 제사를 지내는 종교로서의 기독교가 아니라, 제나에서 얼나로 다시 태어나는 것에 있다. 내 영혼 안에서 신이 탄생한다는 것을 유영모는 유교적 용어로 부자유친(父子有親)의 개념으로 설명한다(박영호, 2009: 108-109 참조).[02] 아버지와 아들이 친한 관계에 있는 것이다.

에크하르트의 신의 아들의 탄생과 유영모가 말하는 부자유친은 이케다가 말하는 사제불이의 관계와 그대로 통한다. 여기서 부자유친과 사제불이의 관계는 생물학적 차원에서의 관계를 말하는 것이 아니고, 깨달음 혹은 종교적 진리를 매개로 한 정신적이고 의지적인 관계를 말한다. 다시 말해 이체동심(異體同心)의 관계를 말하는 것이다(佐藤優, 2019: 79 참조). 그런데 양자의 차이도 간과할 수 없다. 사도 마사루(佐藤優)는 기독교나 이케다 사상에서 사제불이의 관계가 핵심이지만, 이케다의 사제불이의 관계가 기독교에서 말하는 사제불이 관계

02 개신교의 한 분파로 유니테리언 계통의 종파에서는 예수의 신성을 인정하지 않기에, 장자궁자의 비유에서처럼 철저한 부자유친, 사제불이의 관계가 가능할 수 있다. 사도 마사루(佐藤優)는 하버드 대학교 신학부가 기독교 신학만을 가르치지 않고, 종교학과에서 가르치듯이 세계 여러 종교에 대해서 가르치는 것도 이 대학에 유니테리언 계통의 신자들이 많았기 때문이라고 말한다(佐藤優, 2019: 199 참조).

보다 더 민주적이라고 말하고 있다. 그 이유는 기독교에서 사제불이는 예수 그리스도가 스승이고, 제자는 일방적으로 복종하는 관계지만, 스승인 이케다는 자신의 제자들에게도 배우는 상호적인 관계에 있다는 것이다(佐藤優, 2024: 20-21).

이 점은 『누가복음』의 '탕자'의 비유라는 제목에 초점을 두고 키르케고르의 해석에 입각해서 보면 잘 알 수 있다. 키르케고르는 탕자가 아버지에게 다가와 종의 신분으로 복종하겠다는 결단을 하고, 최종적으로는 아브라함이 이삭을 바치라는 신의 명령에 절대적으로 복종하는 점에 주목하면서 이성을 넘어선 신앙으로의 절대 비약을 말하고 있다. 반면에 이케다 사상에는 신해라는 믿음과 이성의 분리를 허용하지 않는 비약을 말하고 있다는 점과 신과 인간의 관계도 상호 수평적인 관계라는 점에서 다르다. 즉 아버지와 아들, 스승과 제자의 관계가 일방적인 관계가 아니고, 상호적인 관계라는 점에서 다르다. 이케다가 부처를 생명으로 파악하고, 이를 우주 자체로 이해하며, 그 안에 참여하고 있는 또 하나의 생명으로서의 나의 삶을 광선유포의 생명 주체로 파악한다는 점은 이케다 사상의 내재적 논리의 핵심에 해당한다고 말할 수 있다.[03]

신앙 혹은 신념이 종교적 진리의 핵심이고 첫 번째 공리이기는 하지만, 이성이 빠진 신앙의 비약 혹은 이성이 빠진 신념의 결단은 위험에 빠질 수도 있다. 이 점에서 이케다의 신해 해석은 세계시민의 덕목에 매우 긍정적일 수 있다. 예를 들어 어떤 독재자의 신념이나 신앙에 의한 결단이 자칫 모두에게 불행한 결과를 야기할 수도 있듯이, 이성이 배제된 신앙과 신념은 위험하다. 이와 반대로 이성만을 강조하는 세계시민의 전통은 역시 전 세계적으로 퍼져 있는 종교적 전통이

03 바로 이러한 내재적 논리에 의해서 제도 혹은 종교를 위한 종교가 아니라, 인간을 위한 종교라고 하는 이케다의 사상도 도출되는 것이다(佐藤優, 2019: 200-201).

간직하고 있는 가장 근원적인 신앙을 배제한다는 점에서 그 한계가 있을 수밖에 없다. 특히 이성적인 전통이 아니라, 전혀 이질적인 종교 전통의 풍토에 사는 사람들에게는 이성에의 호소가 잘 다가오지 않기 때문이다. 칸트(I. Kant)나 하버마스(J. Habermas)의 이성에 기초한 세계시민성과 마르크스(K. Marx)의 프롤레타리아에 의한 세계시민성은 서로 다른 문화권에서 사는 인간 삶의 중층적 측면을 간과하고 있다. 더욱이 인간 이외의 다른 생명을 존중하고, 무수히 많은 살려는 생명 가운데 살아가는 또 하나의 생명으로서의 생태적 시민성을 간과한다.

Ⅵ. 세계시민의 길: 세 가지 대안

칸트는 그의 『영구 평화론』 등에서 세계시민주의를 주창한 바 있다. 당시의 혼란 상황 속에서 칸트는 국가 간의 평화를 위한 대안을 제시하고자 했다. 그가 말하는 원칙은 크게 네 가지로 분류할 수 있다. ① 권리의 형식으로서 세계시민주의를 위한 법적 · 제도적 토대로서의 세계연맹, ② 세계무역을 통해서 진행되는 세계시민주의의 역사적 토대, ③ 지구적 · 공적 영역의 이념으로서의 세계시민주의, ④ 모두가 같은 인간성(humanity)에 포함된다는 의미를 진작시키는 것으로서의 세계시민주의의 중요성이다.[04] 첫 번째의 목적은 이미 달성된 바

04 캘도어(Mary Kaldor)는 법이나 제도적인 차원에서의 접근을 상향식 세계시민주의로, 비정부 기구들이 수행하는 것과 같이 인간성에 기초를 두고 평화, 생태, 인권, 젠더, 발전 등의 문제에 관심을 두는 세계시민주의의 방향을 하향식 세계 민주주의로 분류하고 있다. 칸트의 이 네 가지 구분 가운데서 법적 · 제도적 차원은 상향식으로, 세계시민(cosmopolitan)들이 구체적으로 실행하여 성취해야 하는 것은 하향식으로 분류할 수 있을 것이다. 즉 1번과 2번은 상향식, 3번과 4번은 하향식으로 분류

있다. 오늘날 UN이라는 국제연합기구가 만들어졌다. 문제는 이러한 상설 기구가 있음에도 불구하고, 여전히 강대국과 약소국이 존재하면서 약소국이 강대국의 횡포에 휘둘리고 있기 때문에 이 제도가 세계 시민적 차원에서 공평하게 운영되는가 하는 데는 의문의 여지가 있다. 두 번째도 역시 실행되고 있다. 오늘날 전 세계의 무역은 지구촌 규모로 상호 연결되어 있다. 예전의 민족주의 혹은 자국 우선주의를 표방하는 것은 무역 세계에서 무의미해 보인다. 그럼에도 불구하고 여전히 강대국 간에 혹은 강대국과 약소국 간에 무역 분쟁은 여전히 진행형이다. 세 번째 지구적 차원에서의 공적 영역의 확보는 아직 묘연한 상태라 할 수 있을 것이다. 이를 통해서 알 수 있듯이, 합리적 이성에 근거하여 합의에 이르기도 쉽지 않지만, 이러한 이성에 근거한 세계시민은 생각처럼 쉽지 않다.

하버마스(J. Habermas)는 서양 근대인들이 발견한 근대성은 아직 완성이 필요한 상황에 있다고 보았다. 최근에 하버마스는 유럽연합과 WTO, IMF와 여러 비정부 기구 단체들의 등장과 함께 '초국가적 민주주의'라고 하는 새로운 대안을 제시하였다. 그는 근대의 국민국가가 개인에서 출발해서 이들의 합의를 통해 만들어지는 민족국가(Nation-state)로 발전되었던 것처럼, 그렇게 세계적인 차원에서의 '초국가적 민주주의'의 거버넌스(Governance)가 형성될 수 있다고 보았다. 하버마스의 이러한 관심의 확장은 변화된 현재의 지구촌 사회를 반영한다. 왜냐하면 현대에는 근대 국가 형성기와 달리 교환이나 의사소통이 특정한 국가나 주변 국가들 사이에서만 일어나는 것이 아니라, 지구촌 전체에서 일어나기 때문이다. 이렇게 변화된 세계 속에서 근대의 민주주의 이념의 토대인 의사소통을 실현하고자 한다면 현대인이

할 수 있을 것이다(캘도어, 2010: 130-140 참조).

한 민족국가의 시민이며 동시에 세계시민 국가의 시민으로서의 주권자의 역할을 수행해야 한다고 주장한다(Giesen, 2004: 3 참조). 하버마스는 이렇게 변화된 세계 가운데서 절차적 민주주의와 더불어 상호 의사소통을 통해 새로운 가치에 대한 합의를 도출해 내어 국제적 차원에서의 근대성을 완성해 보고자 한다. 이러한 하버마스의 입장을 기센(Klaus-Gerd Giesen)은 '제2의 근대성'으로 명명하면서 처음의 전통의 권위로부터 벗어난 합리화 과정인 '제1의 근대성'과 대비시킨다. 이 '제2의 근대성'은 이미 '제1의 근대성'에서 시도한 '합리화'를 더욱 더 합리화하는 '반성적 근대성'의 과정이라고 할 수 있다는 것이다 (Giesen, 2004: 10 참조).

마르크스(K. Marx)는 엥겔스(F. Engels)와 저술한 『공산당 선언』에서 처음부터 민족국가 단위의 발전 그 자체가 프롤레타리아, 곧 노동자의 착취의 결과이기 때문에 민족국가 자체가 소멸되어야 한다고 주장한다. 마르크스가 말하는 세계시민주의는 노동자들이 단결하고 연대하여 근대 국가를 만들어 낸 부르주아를 타도하는 과정에서 완성되는 세계시민주의이다. 노동자들의 이익을 반영하여, 그들이 주체가 되는 세계가 바로 마르크스의 세계시민주의의 이상이라고 할 수 있다. 마르크스의 세계시민주의는 민족국가 자체를 부정하는 과정에서의 세계시민주의이다. 마르크스의 프롤레타리아 세계시민주의는 노동자 계급을 중심으로 한 연대이다. 따라서 이러한 입장에서는 노동자가 아닌 계층의 사람들이 함께 살아가야 할 세계시민의 가능성을 처음부터 배제한다. 이러한 세 가지 대안은 이성 및 노동자의 이익에 기초한 세계시민주의라 할 수 있다. 이러한 인간 이성과 이익을 넘어서 평등하게 모든 생명과 연계한 세계시민의 길이 있다.

Ⅶ. 생태시민으로서의 세계시민의 길

근대 서양에서 시민의 권리 문제는 개인과 공동체 혹은 개인의 생명과 재산의 보호와 관련된 시민권이라고 할 수 있다. 다만 그 강조점이 개인의 자유에 초점을 두느냐 아니면 시민의 참여에 초점을 두느냐에 따라 자유주의적 관점의 시민권과 공화적 관점의 시민권으로 나눌 수 있다. 이러한 시민권은 한 국가 안에서 같은 언어와 문화를 공유하는 차원에서의 시민권이라고 할 수 있다. 그에 따라서 국가 안에서의 신분과 계층에 따른 시민권인 것이다. 최근에는 세계시민권이라는 보다 넓은 차원, 곧 지구 안에 존재하는 같은 인간으로서의 생명의 권리라고 하는 차원에서 접근하려는 시도가 등장하였다. 왜냐하면 지금까지 국가 중심의 시민권은 많은 한계를 가질 수밖에 없었기 때문이다.

미국에서 시작된 운동으로 환경적 시민의 권리를 주장하는 환경시민권은 모든 인류가 좋은 환경에서 살 수 있는 환경의 권리(environmental rights)가 있음을 말한다. 이러한 관점에서 접근하면 국가의 환경 정책이 매우 중요한 문제로 부각될 수 있다. 만약 국가가 그 안에 살고 있는 개인의 환경 문제를 등한시한다면 환경의 권리를 주장하며, 국가의 환경 정책에 영향을 미칠 수 있게 되는 것이다. 이러한 관점은 비록 좋은 환경에서 살 권리를 주장하는 것이기는 하지만, 여전히 인간 중심적이라는 한계가 있다. 물론 인간을 위한 환경 정책을 실현하다 보면 환경이 개선될 수는 있겠지만, 오늘날 우리가 직면한 문제는 지나치게 인간 중심적으로 생각하고 다른 지구 생명체의 주권을 무시한 데서 온 것이다. 인간을 중심에 놓고 사유하는 것이 아니라, 생명 전체를 중심에 놓고 사유해야 할 필요가 있다. 좋은 환경에서 살 수 있는 권리를 주장하여 국가의 환경 정책을 개선하는 것도 중요하지만, 중요한 것은 오늘날 세계화 시대에서 어떤 한 국가가 환경 정책을 잘 펼친다고 해서 해결될 문제가 아니다. 이웃 국가에서 같이 호응해 주어야 좋은 환경에서 살 수 있는 권리가 실현될 수 있는 것이다.

최근 글래스고 환경회의에서도 드러났듯이, 선진국에서 탄소 중립을 말하고, 특정 시기까지 이산화탄소 배출량을 줄이자고 합의한다고 해도 저개발국가는 동의하기 어렵다. 왜냐하면 오늘날 환경 파괴의 주범은 선진국들이 자신의 발전을 위해서 자원을 훼손한 결과이기 때문이다. 선진국들은 개발을 통해서 잘 살게 되었으면서, 후발 저개발국가들이 선진국의 모델을 따라하려고 하니까 너희들은 이제 그러한 발전모델을 따라하면 안 된다고 말하는 것은 불공평하다는 것이다. 기후 정의 혹은 생태적 정의 문제는 이러한 문제를 근본적으로 해결하지 않고는 해결되기 힘들 것이다. 최근에는 생태 시민권(ecological citizenship)이라는 개념이 새로운 논의 주제로 떠오르고 있다. 돕슨(A. Dobson)은 환경 시민권(environmental citizenship)과 구별하여 생태 시민권을 말한다(Dobson, 2004: 93 참조). 생태 시민권에서는 생명 그 자체의 권리를 존중하고자 한다. 이러한 관점은 인간만이 아닌 모든 생명체의 지구에서의 살 권리를 말한다. 이러한 생태 시민은 『법화경』에 나오는 모든 생명이 다 부처의 진리를 깨달을 수 있다고 하는 평등사상과도 연결된다.

Ⅷ. 나가는 말: 세계시민의 주인공으로 살아가기

지금까지 살펴보았듯이, 맹목적인 신앙의 주체나 근대 계몽주의적 합리적 이성에 따른 칸트적 이성의 주체, 의사소통적 합리성을 강조하는 하버마스의 세계시민적 주체, 약자 혹은 노동자들이 단결하여 평등한 세상을 실현하고자 하는 프롤레타리아의 이해관계에 따른 주체는 오늘날의 지구적 차원의 생명 파괴 현상에서 오는 지구적 재난에 대응하기에는 한계가 있는 세계시민의 관점이라 할 수 있다. 오늘날 인류가 처한 문명의 위기를 극복하기 위해서는 신앙과 이성, 생명 상호 간의 수평적 사제불이의 관계, 모든 생명을 동등하게 바라보는 평등사상에 기초한 세계시민적 주인공의 의식이 절대적으로 필요하다. 바로 이런 측면에서 새로운 주체로서의 주인공 개념에 주목할 필요가 있다.

주인공이란 말은 『무문관(無門關)』에서 나오는 개념으로 본래의 자신의 진면목(眞面目)을 깨달은 사람을 뜻한다(西村惠信 譯註, 2007: 63-65 참조). 그래서 선불교 전통에서 주인공으로 살라고 하는 말은 참된 자기가 되라는 말이다. 선불교 전통에서 말하는 자기는 기존의 잘못된 자기, 곧 아버지를 모르고 살아가고 스승을 모르고 살아가는 의식에서 벗어나 자신이 본래 있어야 할 장소에 이른 상태를 말한다. 그러나 이것뿐이라면, 아직 진면목으로서의 주인공이 되었다고 말할 수 없다. 대승불교 전통이 강조하고 있듯이, 주인공의 진정한 모습은 보살도 정신의 실천에 있다.[05] 즉, 자신이 생명의 주인인 부처의 생명을 체험하고 그 생명에 참여하는 주체임을 뜻한다. 우리의 논의의 맥

05 이와 관련해서는 다음의 책을 참조. 菅野博史, 2016.

락에서 보면 이러한 삶은 세계시민으로서의 생명 보존의 삶을 의미한다(김용환, 2019: 203-228). 이러한 의미의 주인공은 오늘날 인간 중심의 세계관에서 벗어나 생명 중심의 세계관으로의 자각과 회개와 연관해서 중요한 의미를 지닌다.

『누가복음』과 『법화경』에서의 탕자의 비유가 지시하고자 하는 바는 각각 신의 아들임을 자각하는 것과 자신 안에 있는 불성의 자각과 연관된다. 이러한 비유는 구원이나 해탈의 관점은 21세기 환경위기의 상황에서는 지구 시민으로서의 자각, 곧 무한한 신의 세계 안에서 신의 피조물을 돌보고 가꿀 수 있는 신의 백성으로서의 자각, 무한한 생명 그 자체로서의 부처의 세계 안에서 생명을 지키고 돌보아야 한다는 자각으로 연결될 수 있고, 또 연결되어야 한다. 이 연결지점이 바로 세계시민의 주인공이 탄생하는 지점이라고 할 수 있고 또 이러한 연결지점은 과정신학에서 말하는 생태적 회심(ecological conversion)에 해당할 것이다. 오늘 우리 시대에 필요한 의식은 바로 이러한 의미에서 세계시민으로서의 주인공의 의식이다.

■ 참고문헌

길희성. 2004. 『마이스터 엑카르트의 영성사상』. 분도출판사.

김용환. 2019. "이케다 다이사쿠의 세계시민성 함양연구." 『동아시아불교문화』 38: 203-228.

박영호. 2009. 『다석 류영모』. 두레.

이케다 다이사쿠. 2016. 『21세기 종교를 말한다: 법화경의 지혜 상』. 화광신문사.

캘도어, 메리. 2010. 『새로운 전쟁과 낡은 전쟁』. 유강은 옮김. 그린비.

植木雅俊. 2020. 『思想としての法華經』. 岩波書店.

菅野博史. 2016.『法華經–永遠の菩薩道』. 大藏出版.

佐藤優. 2019. 『希望の源泉 池田 思想 1–法華經の智慧を讀む』. 第三文明社.

______. 2019. 『希望の源泉 池田 思想 2–法華經の智慧を讀む』. 第三文明社.

______. 2024. 『池田大作 研究–世界宗教への道を追う』. 朝日文庫.

西村惠信 譯註. 2007. 『無門關』. 岩波書店.

Dobson, Andrew. 2004. *Citizenship and The Environment*. Oxford University Press.

Giesen, Klaus-Gerd. 2004. "The Post-National Constellation: Habermas and the 'Second Modernity'." *Res Publica* 10: 1-13.

제5장

이케다 다이사쿠의 종교생태 사상*

김종만(경희대)

* 이 글은 2020년 『신종교연구』 제42집 "종교생태 사상에 대한 시론적 연구–이케다 다이사쿠의 생태 인식을 중심으로–"라는 제목으로 실린 논문을 수정·편집한 것임을 밝힌다.

I. 들어가는 말

오늘날 인류가 직면한 최대 위기는 환경과 생태 문제이다. 지구상의 모든 생명체는 지구 온난화, 산림파괴, 자원고갈, 대기오염, 해양오염, 토양오염과 사막화, 유전자 조작 등의 행위로 위협을 받고 있다. 인류는 근대 이후 이성의 힘을 통해 비약적인 기술 발전을 이루었다. 하지만 여기서 파생된 기계적 사고는 물질과 세계를 지배하였다. 그 결과 인간과 환경이 소외되고 와해되는 역설적인 현상이 초래되었다. 일찍이 토인비(Arnold J. Toynbee)는 이케다(池田大作)와의 한 대담에서 대기오염이 인류를 위협할 것이라고 경고했다. 여기서 그는 인류 생존의 최대 위협으로 대기오염과 해양오염을 꼽았다. 그리고 이케다는 오염의 원인을 근대 과학 기술 문명으로 촉발된 자연과 인간 간의 조화의 붕괴로 보았다(이케다 · 토인비, 2008a: 61-66).

이 글은 두 가지 문제 인식에서 논의를 시작한다. 하나는 오늘날 생태학적 위기의 배경에는 서양의 주류 신학적 관점이 내포되어 있다는 것과 다른 하나는 서양 중심의 생태학적 논의는 한계에 이르렀다는 판단이다. 서구의 주류 기독교 신학은 이원론에 기반한다. 여기서는 인간과 자연, 성과 속, 서양과 동양을 구분하여 자연에 대한 정복과 착취, 이용을 정당화한다. 기독교는 이러한 사상적 기반을 중심으로 인류와 생태계에 심대한 상처를 입혔다. 자칫하면 인류는 생태계 파괴로 인해 종말을 맞을 수도 있다. 이와 같은 절체절명의 위기는 개별 민족이나 국가, 혹은 종교가 감당할 수 없다. 모두가 힘과 지혜를 결집하여 지구를 되살릴 대책을 강구할 필요가 있다. 인류의 모태인 지구 생태계와 인간이 화해할 수 있는 열쇠는 종교생태 사상의 회복에 있을 수 있다. 그 점에서 이 글은 서구 기독교 신학이 주도해 온 생태 유린과 지배 착취의 구조에서 생태와의 상생과 화해에 초점을 맞춘 종교생태 사상의 탐색이라는 점에서 연구의 의의가 있다.

본 글은 다음의 구조로 전개된다. 첫째는 전통 신학의 생태 인식을 고찰한다. 둘째는 진일보한 기독교 생태 신학, 그 가운데 맥페이그(Sallie McFague)의 신관 해석에 따른 생태 신학의 모델을 살핀다. 셋째는 이케다의 종교생태 사상의 근간을 탐색한다. 넷째는 이케다 종교생태 사상의 특징을 살피고, 서구 기독교 중심의 생태 신학에서 종교생태 사상으로 나아가야 할 당위적 근거를 제시한다.

Ⅱ. 생태 신학

1. 전통 신학의 생태 인식

오늘날 인간은 불안과 공포의 시대를 살고 있다. 폴란드의 사회학자 바우만(Zygmunt Baumann)은 『유동하는 공포』에서 공포는 어두운 거리에도, TV 화면 안에도, 침실에도, 부엌에도, 일터에도, 그곳을 오가는 지하철과 항공기에도, 우리가 만나는 사람들과 알지 못하는 사람들에도, 인간이 소화하는 일에도, 그리고 인간이 접촉하는 것들에도 숨어 있다고 말한다. 공포는 낮이나 밤이나, 가정에서나 직장에서나, 땅에서나 하늘에서나, 선진국에서나 후진국에서나, 인간이 예측할 수도 없고, 통제할 수도 없는 글로벌 위험으로부터 나온다. 그래서 바우만은 불안과 공포는 세계화된 채로 "유동하는 공포"라고 지적한다(김용규, 2018: 847-848).

같은 맥락에서 독일의 사회학자 벡(Ulrich Beck)은 오늘의 현실을 '위험사회'로 규정한다. 위험사회란 "근대화 과정에서 발생하는 위험을 지금까지 유효했던 제도적 방안들, 곧 과학 기술로 통제하거나 사회제도로 보상하는 방법으로 극복할 수 있다는 믿음이 깨진 사회"를 가리킨다. 벡에 따르면, 인류에게 닥친 '위험'은 예측이 불가하고 각종 재난이 삽시간에 전 지구적으로 확산되어 특정 국민이나 국가적 차원에서 통제할 수 없는 수준에 이르렀다(김용규, 2018: 846-847). 그야말로 우리는 '글로벌 위험사회'에 살고 있다. 그 가운데 가장 위험하고 끔찍한 공포는 생태 문제이다.

원래 생태 문제를 학문 담론화한 생태학(ecology)은 문자적으로 '집'을 의미하는 '오이코스(oikos)'와 '학문'을 뜻하는 '로고스(logos)'의 복합어이다. 어원적으로 생태학은 '집에 관한 학문', '삶의 공간에 대한 학문'이라는 뜻이다(전현식 외, 2016: 306). 따라서 생태학은 모든 생명이 삶의 터전으로서의 자연과 관계하면서 살아갈 수 있는가를 탐구하는 학문이다. 신학적으로 생태학은 자연과의 사귐에 대해 신학이 어떠한 이론적 배경이 되는가를 묻는다(최재천 편, 2001: 204). 그러나 지금까지 서구 주도의 신학적 생태 담론은 자연과의 '진정한' 사귐 가운데서 논의되지 않았다. 그 이유는 성서에서 발견된다.

> **하느님이 그들에게 복을 주시며 하느님이 그들에게 이르시되 생육하고 번성하여 땅에 충만하라, 땅을 정복하라, 바다의 물고기와 하늘의 새와 땅에 움직이는 모든 생물을 다스리라 하시니라(『구약성서』「창세기」 1장 28절).**

화이트(Lynn Townsend White Jr.)는 인류가 당면한 생태적 위기의 근원은 인간과 자연을 이분법적으로 구분한 기독교에 있다고 주장한다. 그는 "현대 생태계 위기의 역사적 근원(The Historical Roots of Our Ecologic Crisis)"이라는 논문에서 오늘날 환경과 생태 파괴의 원인을 '기독교의 오만'이라는 종교적 요인에 있다고 지적한다. 화이트에 따르면, 인간이 자연 착취를 하게 된 이론적 관문은 유대-기독교의 전통적 자연관에 있다. 유대-기독교 전통은 돌과 나무 등 자연물에도 영령이 있다는 고대의 신앙인 물활론(Animism)을 폐기하고 자연은 단지 인간의 이용 목적의 도구에 지나지 않는 것으로 간주한다(브래들리, 1996: 15, 3-4).[01] 이에 대한 화이트의 주장은 다음과 같다.

> **기독교, 특히 서구라파의 기독교는 세계종교 중 가장 인간중심주의적이다. 고대 이방 종교나 동양 종교와는 극단적으로 대비되게 서유럽 기독교는 인간과 자연의 이원론을 정립하였을 뿐 아니라 인간이 자신의 적절한 목적을 위해 자연을 착취하는 것은 하느님의 뜻이라고 강조한다(브래들리, 1996: 15).**

패스모어(John Passmore) 또한 자연 착취에 대한 기독교의 책임론을 강조한다. 그는 1980년 『자연에 대한 인류의 책임』(*Man's Responsibility for Nature*)에서 "기독교의 선민의식과 인간의 형이상학적 유일성에 대한 관념을 포기하지 않는 한, 그 자체로는 참다운 환경

01 그러나 브래들리(Ian Bradley)는 서양 주류의 기독교 인간중심주의와 이원론이 생태 파괴의 주범이었다는 종래의 주장을 뒤엎고 오히려 기독교가 생태를 보호하고 환경친화적인 종교임을 각성시킨다. "기독교의 인간중심주의와 이원론 등은 유대-기독교의 고유 개념이 아니라 교회의 발달과정에서 유입된 이방적 요소이며, 특히 구약은 오히려 전체론적이고 생태학적인 세계관을 보이고 있다."

보호자의 모습을 띨 수 없다."고 말한다(브래들리, 1996: 16).

그렇다면 환경 파괴의 주범으로 여겨지는 기독교의 신학적 근거는 무엇일까? 전통적으로 세 가지 교리가 이론적 토대를 형성한다. 첫째, 자연은 오직 인간의 이익만을 위해 존재한다는 관념이다. 이는 하느님이 아담에게 모든 창조물을 지배하라고 명령한 것에서 비롯된다. 둘째, 기독교 신관과 범신론의 차별에서 비롯된다. 범신론의 신적 내재성과는 달리 기독교의 신관은 하느님이 피조물과 완전히 분리되어 초월한다는 신관이다. 그래서 하느님이 인간 이외의 피조물에 대해서 전혀 관심을 갖지 않는다는 것이다. 셋째, 물질과 영혼을 분리하는 이원론과 인류 타락의 교리에서 유래한다. 여기서는 자연을 세속과 암흑의 장소라고 보는 관념이 지배적이다(브래들리, 1996: 16).

앞서 언급한 세 가지 교리에 부합하는 신학적 입장을 지닌 사람은 바르트(K. Barth)이다. 그는 신정통주의에 속한 대표적인 인물로서 신정통주의란 19세기 슐라이어마허(F. E. D. Schleiermacher), 슈트라우스(D. F. Strauß), 리츨(A. Ritschl), 트뢸치(E. Troeltsch) 등으로 대변되는 자유주의 신학에 반기를 들고 형성된 하나의 신학적 사조를 일컫는다. 바르트에 의하면, 하느님은 세계를 창조하시고 세계가 그 없이는 존재할 수 없지만 그는 만물 안에 내재하신 분이 아닌 것으로 이해한다. 하느님은 차안의 세계와는 달리 피안의 세계에 초월해 있는 절대타자이다. 하느님은 오로지 예수 그리스도를 통해서만 드러나며 자신이 스스로 계시하지 않으면 전혀 알 수 없다. 이는 피조 세계를 통해 하느님을 인식할 수 있는 가능성을 원천적으로 봉쇄한 자연신학에 대한 거부이다. 자연신학에 대한 반대는 1934년 바르멘 신학선언 제1항에 나타난다(김대식, 2014: 41-43).

> 성서에서 증언되는 예수 그리스도는 하나의 하느님의 말씀이다. 우리는 우리가 듣는 그 말씀을 살든지 죽든지 신뢰하고 그 말씀에 순종해야 한다. 우리는 교회가 말씀 선포의 원천을 이 하나의 하느님의 말씀 이외에 다른 사건들 그리고 세력들, 형태들과 진리들을 하느님의 계시로 받아들일 수 있으며 받아들여야만 한다는 이론은 잘못된 것으로 비판한다(정미현, 1995: 85).

바르트 신학은 세계 또는 자연이 하느님의 도구이자 봉사자라는 사실을 인정한다. 하지만 그리스도 안에 나타난 하느님의 계시의 유일성을 철저히 강조함으로써 창조 세계와 하느님의 구원 사역을 엄격히 구분한다. 그에게 창조 세계인 자연의 영역은 구원의 대상이 아니라 예수 그리스도의 구원의 역사가 펼쳐지는 무대와 틀이라는 도구에 불과하다. 하느님의 구원사는 인간에게만 해당되고 자연의 영역은 철저히 배제된다. 이러한 바르트 신학을 이정배는 불가역적 특징을 지닌 것으로 이해한다. 이정배는 동서양의 세계관의 차이의 이해의 틀인 신의 영역과 인간의 영역을 두 가지 항(項)으로 구분한다. 그는 '불가역성-믿음'이라는 항의 기독교와 '가역성-수행'의 항인 불교, 유교, 도교, 베단타의 동양 종교로 대립시킨다. 가역성은 신 혹은 절대의 영역과 눈에 보이는 물질의 세계가 쌍방으로 소통 가능하다는 것인 반면, 불가역성은 이 소통이 일방적이다. 따라서 불가역적 세계관에서는 신과 인간의 분리가 전제되어 있고, "인간과는 상관없는 신의 일방적 명령이나 발언 혹은 계시만이 존재한다(전현식 외, 2016: 236-237)."

사실 바르트가 자연신학을 부인하고 하느님과 세계의 구분을 주장한 이유는 당시의 정치적 상황과 무관하지 않다. 바르트는 히틀러의 정치 권력의 신격화를 거부했다. 그 내용은 브룬너(Emil Brunner)의 자연과 은총이 나치 체제를 옹호하는 이념적 도구로 사용되고 히틀러 정권이 계시와 독일 역사를 동일시하려는 시도였다(김대식, 2014: 42). 바르트가 예수 그리스도 안에서만 하느님 인식이 가능하다고 본 주된 이유는 나치 정권의 신격화를 반대하려는 바르트의 정치 신학적 이념이 표상된 결과였다. 그러나 자연신학을 거부하고 하느님과 세계의 구분을 철저히 한 바르트의 주장은 결국 세계는 하느님 없는 세계로, 하느님은 세계 없는, 자연의 세계와는 무관한 하느님으로 만들어 버리는 결과가 초래되었다.

바르트의 이러한 하느님과 세계의 엄격한 구분은 그래서 자연의 세계는 신학에 있어서 무관심의 대상으로 소외되었으며, 신학은 자연 세계에 대해 아무 말도 할 수 없는 것으로 생각되었다. 따라서 하느님의 존재를 다루는 신학과 자연 세계를 다루는 자연과학은 아무런 상호 관계성을 갖지 못하는 별개의 분야로 이해되었다(김균진, 1999: 122).

우리는 바르트 신학으로 대변되는 서양 전통 신학의 생태 인식은 예수 그리스도의 유일성과 자연신학의 거부로 집약됨을 알 수 있다. 이러한 생태 인식은 두 가지 문제를 초래한다. 첫째는 하느님의 사랑과 은총의 수혜를 받기 위해서는 오직 예수 그리스도의 신앙 안에만 머물러 있어야 한다. 이는 기독교가 계시를 독점하는 구조로 이어지고 결국 종교 간 대화에 장벽이 된다. 둘째는 세계가 곧 신의 몸이 아니라 예수 그리스도의 구원이 펼치지는 장소나 배경, 혹은 인간 구원을 위한 예비적 수단 정도로만 생각하는 편협한 신앙관으로의 전락이다. 이는 결국 생태 신학으로 나아갈 수 없는 한계를 보여준다(김대식, 2014). 따라서 서양 전통 신학은 바르트 신학과 마찬가지로 자연신학의 거부와 예수 그리스도의 유일성이라는 특징을 지닌다. 이로써 우리는 서양 전통 신학의 생태에 대한 인식 혹은 태도는 결국 인간을 위해 자연을 수단으로 전락시키고 배제하는 '인간중심주의'에 경도되어 있음을 알 수 있다.

2. 진보된 생태 신학

20세기에 이르러, 과학적 발견에서 패러다임의 변화가 일어났다. 20세기 이전의 과학은 기계론적이고 결정론적인 사고가 지배적이었다. 그런데 20세기에 들어 상대성이론과 양자역학으로 대변되는 현대 물리학이 등장하면서 전체론(holistic)적이고 생태학적(ecological)인 패러다임의 세계관이 제시되었다. 이와 같은 패러다임의 변화는 아래와 같은 생태 담론의 세 유형을 등장시키는 모티브가 되었다. 첫째는 모든 생태가 평등하다는 생태 평등주의를 지향한 네스(A. Naess)의 심층생태학(deep ecology)이다. 모든 생명은 귀천이나 고저를 넘어 자신의 생명을 향유할 권리를 가진다. 하지만 심층생태학의 한계는 개인의 영역에만 천착하여 사회적 차원으로 고양되지 못하는 데 있다. 둘째는 네스의 생태논의를 비판적으로 접근한 사회생태철학자 북친(M. Bookchin)이다. 북친은 환경문제의 직접적인 원인을 개인적 요소로만 한정하지 않고 사회적인 것으로 확대한다. 그는 "환경문제는 사회적인 것으로 인간의 억압과 착취 관계에 기인하여 자연에까지 영향을 미친다."고 주장한다. 세 번째는 생태마르크스주의자(ecological marxist)인 마르쿠제(H. Marcuse)의 생태 담론이다. 마르쿠제는 오늘날 환경문제의 근본 원인을 자본주의 체제로 간주한다(김대식, 2014: 12-13). 그의 주장은 다음과 같다.

> **인간은 노동을 통하여 자연을 변화시킨다. 그뿐만 아니라 변화된 자연에 의해서 인간과 사회도 변화된다. 그러므로 자연은 마르크스주의자에게 있어서도 필연적 존재가 되는 것이다. 자본주의는 인간의 노동과 생산을 통해 상품을 얻게 되는 체제이다. 하지만 궁극적으로 인간은 소외를 경험하게 되었다(김대식, 2014: 13).**

마르쿠제는 그러한 자본주의가 종식되는 날에 환경문제가 해결될 것이라고 역설한다. 이처럼 생태 담론은 생태 문제를 개인의 윤리나 수양적 차원으로 한정하는 네스의 심층생태학에서 사회적 차원으로 진일보한 관점으로 접근하는 북친의 사회생태철학, 그리고 한층 더 급진적 형태로 생태 문제를 자본주의 체제 전복으로 보는 마르쿠제의 생태마르크스주의 등으로 나뉜다. 지금까지 논의된 생태 담론은 개인적 차원과 사회적 차원, 그리고 특정 정치 이념에 기반한 체제 전복의 성격에 이른다. 하지만 이러한 생태 담론은 한쪽으로 치우친 편향적 담론이라는 비판에서 자유롭지 못하다(김대식, 2014: 13-14 참고).

그렇다면 신학의 영역에서 논의된 생태학인 생태 신학은 어떠한가? 우선 해외의 생태 신학자들은 화이트(Lynn T. White Jr), 샤르댕(Teilhard de Chardin), 판넨베르크(Wolfhart Pannenberg), 보프(Leonardo Boff), 피어리스(Alloys Pieris), 몰트만(Jürgen Moltmann), 베리(Thomas Berry), 폭스(Matthew Fox), 송천성(Choan-seng Song), 맥

페이그(Sallie McFague), 죌레(Dorothee Söle), 류터(R. R. Euether) 등이 있다. 국내에서는 이정배, 조용훈, 장도곤, 전헌호, 구경국, 안명옥, 정홍규 등을 꼽을 수 있다. 그러나 이 글에서는 전통 신학의 생태인식의 문제점을 비판적으로 보는 입장에서 맥페이그의 "하느님은 사랑"이라는 사랑의 유형법에 따른 분류로 살펴본다. 그 이유는 하느님을 사랑으로 정의하는 신관에 대한 바른 이해에서 기독교의 생태학적 입장이 드러난다고 보기 때문이다.

우선 그녀는 하느님의 사랑법에 입각한 신관의 유형을 다섯 가지로 분류한다. 첫째는 이신론적 모델(deistic model)이다. 이 모델은 하느님의 사랑을 세계에 대해 철저히 초월적인 것으로 본다. 하느님의 초월성을 과도하게 강조하는 이 모델에서 하느님은 세계와 무관한 존재가 된다. 둘째는 군주적 모델(monarchical model)이다. 이 모델은 오랜 전통을 가진 견해로 하느님을 왕과 주(主)로 보면서 매우 초월적인 것으로 이해한다. 하지만 왕이 그 백성을 보살피는 것과 같은 관계성은 배제되지 않는다. 그러나 이 모델의 단점은 하느님과 세계의 관계를 전적으로 일방적인 관계로 본다는 데 있다. 여기서 "하느님은 황제적, 가부장적 인물이고, 그의 초월성은 세계에 대한 전적인 통치력에서 명시되며, 그의 내재성은 세계의 죄에 대한 신적인 희생"으로 드러난다. 여기서 하느님의 힘은 통제이고, 인간 외의 모든 존재는 철저히 무시되고, 인간 중심적이고, 외연적 관계로서 하느님의 사랑은 초월적이지만 내재적이지 않다. 따라서 "우리는 이 하느님 안에서 살아가면서 활동하지 않으며, 그분 안에 우리 존재의 근거를 두지 않는다." 셋째는 대화적 모델(dialogic model)이다. 이 모델은 좀 더 인격적인 것으로 나와 너의 관계로 하느님과 개인을 설정한다. 이 모델은 하느님이 인간 개개인과 이야기하는 초기 히브리 전통의 뿌리에 가깝다. 그러나 이 모델은 하느님의 내재를 허용하지만 오직 인간에게만 허용된 내재이다. 인간이 하느님께 기도하고 하느님으로부터 말씀을 듣는, 즉 하느님의 내재적 현존이 우리와 가까이하는 기능은 갖지만 대화의 파트너가 오직 인간 개개인의 영혼이기 때문에 세계는 배제된다는 단점이 있다. 넷째는 작용자 모델(agential model)이다. 이 모델은 대화 모델의 변형으로서 초월적인 하느님의 사랑을 확대하여 인간과 자연 모두를 아우른다. 그런데 이 모델은 행위의 작인(agency)이 오로지 하느님에게만 있다는 단점이 있다. 다섯째는 유기체적 모델(organic model)이다. 이 모델에서 하느님의 사랑은 세계 안에 철저히 내재되어 있다. 하지만 지나친 내재화 때문에 하느님의 창조와 세계의 분리를 설명할 수 없다는 단점이 있다(맥페이그, 2008: 210-211 참고).

맥페이그는 각각의 모델이 지닌 단점 때문에 특정 모델을 선호하지 않고 두 모델의 결합을 이상적인 것으로 꼽는다. 그녀에 따르면, 우선 이신론적 모델과 대화적 모델이 종종 결합하여 하느님과 세계가 만나는 장소가 창조된다. 하지만 이 장소는 지구의 물리적인 필요로부터 격리된 몸이 없는 개인주의적인 만남에 지나지 않기 때문에 두 모델의 결합을 긍정적으로 보지 않는다. 대신 작용자 모델과 유기체 모델의 결합을 이상적인 모델로 간주한다. 그 이유는 두 모델의 결합이 세계를 하느님의 몸으로 인식할 수 있는 가능성을 제공하기 때문이다. 여기서 하느님은 철저하게 초월적인 동시에 철저히 내재적이다. "하느님의 사랑은 세계를 움직이고 우리의 몸 안에서 숨 쉬는 힘이다." 하느님의 사랑은 철저히 세계 안에 육화되어 있어 세계와 우주는 '하느님의 몸'이다. 그녀는 하느님이 몸이 되는 연유를 이렇게 밝힌다.

> 물리적 실재를 구성하는 모든 물질과 육신, 무수히 많은 모든 존재와 사물과 과정이 하느님 안에 있고 하느님으로 인해 있다. 하느님은 단지 영만이 아니다. 하느님은 또한 몸이다(맥페이그, 2008: 213).

그렇다고 해서 하느님은 우주만이 아니라 우주에 생명을 주는 숨이고, 우주를 변화시키는 영이다. 이는 "우리가 기본적으로 우리의 몸만이 아닌 것처럼 하느님은 세계의 몸으로 축소"되지 않고 "우주를 만든 생명이요, 권능이며 호흡이고 사랑이다." 따라서 하느님은 우리의 우주를 구성하는 존재들의 광대한 상호연결망과 같이 유기적이다. 그녀는 작용자 모델과 유기체 모델의 결합을 범재신론의 한 형태로 파악한다. 또 하느님을 타계에 떨어져 있는 것으로 간주하는 유신론의 한 형태인 작용자 모델과 하느님과 세계를 동일시하는 범신론의 한 사례인 유기체적 모델을 통합한다. 그럼으로써 두 모델의 조합이 하느님의 세계 초월성과 세계 내재성을 동시에 포괄하는 범재신론의 입장이라며 이를 생태 신학의 이상적인 모델로 생각한다.

맥페이그에 따르면, 범재신론의 신관 유형을 띠면서 기독교의 생태적 입장을 가장 잘 드러내는 두 모델의 조합에서의 하느님은 오이코스, 즉 지구라는 집안 전체를 고려하여 존재들을 살리고 건강하게 하며 번영하게 한다. 특히 하느님은 세계 안에서 철저하게 현존하며 그 안에서 일어나는 모든 일, 즉 육체적인 필요와 고통에 관심을 가지는 하느님이다. 그녀는 이런 하느님을 "기초적인 필요의 하느님"(God of the basics)이라고 표현한다(맥페이그, 2008: 216). 이 하느님은 사람들이 거주하는 오이코스, 지구 전체에 지대한 마음을 쓰기 때문에 그 세계를 하느님의 몸으로 간주할 수 있게 된다. 여기서 우리는 세계를 조종하거나 사용할 수 있는 객체로 생각하지 않고 그 자체가 존중되어야 우리의 몸으로 인식할 수 있다.

> 우리는 각자의 존재를—그리고 모든 존재의 원천도—그 자체로, 또한 그 자체를 위해 존중할 것이다. 우리는 만물 하나하나를 단지 존재한다는 이유만으로 소중히 여길 것이다. 또한 우리에게 너무나도 필요하고 우리가 기쁨을 얻을 수 있는 이 다른 존재들에 감사할 것이다(맥페이그, 2008: 217).

하느님과 세계를 분리시킬 어떤 방법도 없는, 즉 세계를 하느님의 몸으로 보는 시각에서 우리는 비로소 타인과 자연을 향한 우리의 기본적인 자세가 존중과 감사로 나타나게 된다. 이것이 바로 기독교의 생태 신학의 핵심이라 할 수 있다. 그러나 이런 생태 신학도 한계가 있다. 왜냐하면 이것은 기존 서양 전통 신학의 생태 인식에 비해 한층 진보된 차원이지만 결국에는 절대적 신을 상정한다는 점에서 '신중심주의' 생태 신학이라는 근본적인 난점을 지니기 때문이다. 이는 결국 신이 없는 종교를 신앙하는 사람들과 신을 부정하는 부류의 사람들과는 생태 담론을 논의하기에는 분명한 한계가 있다.

Ⅲ. 종교생태 사상

1. 이케다 종교생태 사상의 근간

지금까지 생태 신학은 기독교의 신학적 사유 중심에 입각하여 논의되었다. 이는 신을 배타적 인격성과 절대적 타자성으로 파악되는 실체론으로 이해하든 아니면 유기적 관계로서 이해하든, 어떤 형태로든 유일신을 상정하는 '신중심주의'에 기반한 생태 신학이다. 그러나 오늘날 생태 위기는 특정 국가와 종교를 넘어 범지구적, 우주적 차원으로 확대되었다. 이제는 이 한계를 인식하고 기독교적 차원에서나 혹은 신중심주의적 생태 신학을 넘어 범지구적 차원에서 생태 담론을 지향할 필요가 있다.

그 점에서 이케다의 생태 사상은 기독교라는 특정 종교를 통해 사유된 생태학적 논의를 넘어 간(間) 종교, 간(間) 문화적 입장에서 생태학적 사유를 구성할 수 있는 시발점이 될 수 있다. 이는 본회퍼(Dietrich Bonhoeffer)의 비종교적(non-religious) 해석이나 콕스(Harvey Cox)의 종교를 넘어선 종교로서의 기독교 이해 방식과 유사하다(콕스 · 이케다, 2019: 9). 사실 이케다도 특정 종교 전통에 속한 개인에 불과하다. 하지만 그의 생태학적 전망은 자신의 종교뿐만 아니라 모든 종교와 국가를 초월하여 파악하려는 구도를 띠고 있다. 따라서 이를 서양 기독교 중심의 생태 신학적 사유에서 종교생태학적 사유로의 전환이라고 할 수 있다.

주지하다시피 이케다는 일본의 대표적 신종교인 SGI(창가학회)의 3대 회장이었다. 그는 창가학회의 초대회장인 마키구치 쓰네사부로(牧口常三郎)와 그의 제자인 2대 회장 도다 조세이(戶田城聖)의 평화 사상에서 큰 영향을 받았다(콕스 · 이케다, 2019: 16-17). 그 연장선에서 이케다는 토인비, 주은래, 요한 갈퉁, 고르바초프 등 세계의 유수한 지도자들과 대화했다. 그리고 전 세계의 수많은 주요 대학에서 강연을 통해 교육과 평화, 그리고 인간 문제를 화두로 사색하고 연구하며 이를 행동으로 옮겼다(하영애, 2016).

한마디로 그는 평화, 교육, 인권 문제 등에 지대한 관심을 가진 뛰어난 이론가인 동시에 실천가이며 종교지도자였다. 인도의 찬드라(Lokesh Chandra)는 이케다를 '평화의 왕'으로 묘사했다(이케다 · 찬드라, 2016: 14). 이 표현은 평화 행동가로서의 이케다의 면모를 단번에 드러낸다. 하지만 이케다는 서양철학, 과학, 불교, 인권, 평화, 교육 문제 등에서 세계적인 전문가들과 동등한 입장에서 대화할 수 있는 수준의 소양을 갖춘 인물이기도 했다.

찬드라에 따르면, 이케다는 생명의 강탈자인 세계화와 소비지상주의에서 생명과 가이아, 그리고 평화를 수호하려는 "사상의 동굴 속에서 '맨발로 걷는 평화의 순례자'"였다(이케다 · 찬드라, 2016: 14-15). 이는 이케다가 종교라는 이상의 배후에 갇혀 박제되어 있거나 이론과 실천으로 양분된 인물이 아니라 상생을 현재화시키는 인물임을 보여준다. 그뿐만 아니라 이케다가 지금까지 보여준 실천적 행보를 따라가다 보면 그에게는 인권, 생명, 평화, 교육이라는 주제어가 혼재되어 있음을 알 수 있다. 그런데 다소 산만해 보이는 위의 주제어들은 일관된 하나의 관점을 지향한다. 그것은 바로 종교이다. 이케다는 학문이나 교육의 본래 의의는 종교에까지 다가가는 데 있고, 학문과 교육의 지향점은 실리(實利)나 이해타산이 아닌 종교적인 것에 있다고 주장한다(이케다 · 토인비, 2008a: 105). 한마디로 이케다가 평화, 교육, 인권 문제 등에 천착하게 된 배경은 종교적 생태 사상이 자리하고 있기 때문이라 할 수 있다. 이에 대한 이케다의 입장은 다음과 같다.

> 인간의 존엄이라는 관점에서 보면 나는 구체적으로 다음과 같은 운동이 현대인에게는 필요하다고 생각합니다. 첫째는 물자의 소비를 최소한으로 억제하고 폐기물을 최대한 재생해서 사용해야 합니다. … 둘째는 인간의 육체적 에너지를 활용해야 합니다. 이것은 화학적 · 물리적인 에너지를 생산하는 데 도움이 될 뿐만 아니라 인간의 건강을 지키는 데도 유익합니다. 셋째는 약품이나 식품 첨가물, 기타 모든 화학적 생산품은 반드시 이해 양면이 있다는 사실을 잘 인식해서 남용을 경계해야 합니다. … 그러나 이와 같은 운동은 모두 올바른 정신이 바탕으로 뒷받침되어야 합니다. 그렇게 하려면 종교의 힘이 필요합니다. 종교는 한 사람의 인간 생명이 지구보다 무겁고, 그리고 생명의 존엄은 자연과 조화를 이룰 때 비로소 유지된다는 원리를 인간 한 사람 한 사람에게 실감시킬 수 있어야 한다고 생각합니다(이케다 · 토인비, 2008a: 102-104).

이케다의 모든 관심의 바탕은 생태(생명)에 있고 그것은 종교적 신념으로 뒷받침된다. 이는 도다 선생이 "부처란 생명이다."라고 한 것과 니치렌 대성인의 불법 자체가 생명철학이며 그것을 계승한 것이 창가학회라는 이케다의 언술에서 입증된다(池田大作 외, 2013: 31, 34). 한마디로 이케다의 종교사상은 중층적 체계에 있다. 이는 한국인의 종교의식 층차(層次)의 기층에 무교가 있고 그 위에 불교, 유교, 신종교, 기독교 등의 층으로 구성되어 있다는 것(최준식, 2007: 15-100 참고)과 유사하게 이케다의 사상적 심층에는 종교, 그 위에는 생태(생명), 마지막으로 그 위에는 평화, 교육, 인권 등으로 표상된다. 이를 도표로 나타내면 다음과 같다.

그림 1 ▶ 이케다의 종교의식 층차

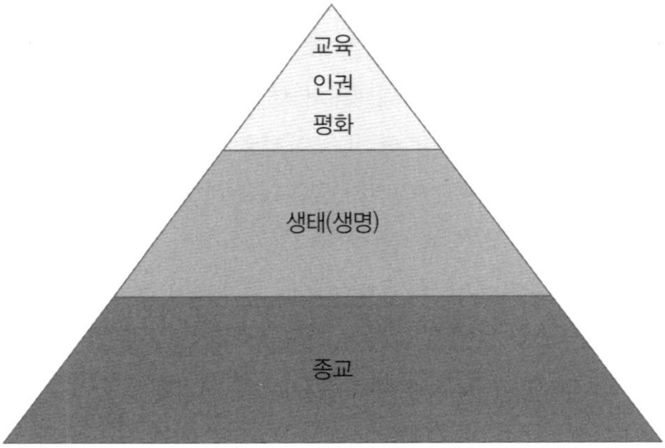

이케다의 생명에 대한 깊은 감응은 자신의 사상 체계의 기저에 있는 종교에서 비롯된다. 특히 생명에 대해 관심을 갖게 된 배경은 전쟁으로 형을 잃은 개인적 경험에서 기인한다. 그는 토인비와의 대담에서 그 또한 전쟁으로 아들을 잃었다는 비화를 듣는다. 그는 "전쟁은 타협할 수 없는 가장 나쁜 제도"라는 토인비의 말에 공감하며 자신 또한 전쟁만큼 더 비참하고 참혹한 재앙은 없다고 술회한다. 그럼으로써 이케다는 토인비와 함께 인간의 생사와 생명에 대한 존엄성에 깊이 공명한다. "토인비 박사와 저는 생명을 더없이 존엄하게 여기는 사상을 모든 인류가 균등하게 나누어 갖는 일이 급선무임을 강한 공감과 기원으로 서로 확인했습니다(이케다, 2012: 90)." 이케다의 사상은 종교를 기층으로 해서 꽃 피운 생명이 발원하여 평화와 교육과 인권에 대한 방향으로 지향된다. 이를 나무로 비유하면 이케다의 사상은 그 뿌리는 종교, 몸통은 생명, 그리고 가지와 열매는 교육, 평화, 인권이라 할 수 있다.

그렇다면 이케다의 종교의식 층차의 기저에 자리하여 생명 혹은 생태를 배태한 종교적 배경은 무엇일까? 그것은 불교의 연기론(緣起論)이다. 이케다는 연기를 쉽게 풀이하여 '공생'이라고 말한다. 이는 법화경의 비유에서 드러난다.

> 법화경에는 수많은 비유가 설해져 있습니다만, 그중에는 광대한 대지가 똑같이 자우(慈雨)에 윤택해져 크고 작은 온갖 초목이 생생하게 싹트는 묘사가 있습니다. 한 폭의 명화(名畵)를 보는 듯 웅대하며 역동적인 정말 법화경다운 생명의 약동은, 직접적으로 부처의 평등대혜(平等大慧)의 법에 감싸여 모든 사람이 불도를 이루어 가는 것을 나타냅니다(이케다, 2012: 29).

그는 연기가 인연에 의해 발생하듯 인간계든 자연계든 단독으로 있거나 모든 일이 있는 그대로의 개별성으로 존재한다는 것을 부정하고 관계성이나 상호의존성을 근저로 삼고 있다고 주장한다. 그리고 대승불교의 자연관의 뼈대를 우주론적이고 철학적으로 설명한다. "살아 있는 것은 서로 관계하고 서로 의존하면서 살아 있는 하나의 코스모스, 철학적으로 말하면 의미연관의 구조를 이룬다(이케다, 2012: 30)." 그는 모든 것이 하나의 전체를 만들고 하나하나가 서로 살아 움직인다는 괴테의 지견과 현대의 생태학과 트랜스퍼스널심리학, 양자역학 등이 모두 불교적 공생과 연기의 다른 표현이라고 언급한다(이케다, 2012: 31).

그러나 이케다는 연기를 붓다의 비아론(非我論)에 기초한 개념이 아니라 대승불교의 관점으로 해독한다. 즉 오온(五蘊)에 의한 업과 윤회, 그리고 유식(唯識) 사상이 결합된 대승불교의 진아적(眞我的) 관점의 연기론을 펼친다. 이케다에 따르면 붓다는 '자아'에 대한 미망을 타파하기 위해 공과 무상을 설하였는데 이 자아가 바로 무아이다. 그런데 현실적으로 이 자아라는 생명 활동의 실태는 순간순간 변전을 거듭한다. "어느 때는 분노하고, 어느 때는 기뻐하고, 어느 때는 고매한 이상을 추구하고, 어느 때는 추한 욕망에 사로"잡힌다. 이렇게 변전을 거듭하는 생명의 실상은 무아의 사고방식을 뒷받침하는 것 같지만 사실 변전하면서도 자아가 일관되게 존재한다는 것을 부정할 수 없다(이케다 · 토인비, 2008b: 312). 이에 대해 이케다는 다음과 같이 주장한다.

자아의 의식은 생명의 본연적인 특징이라고도 할 수 있습니다. 실제적인 문제로서 '무아'의 경지에 들어가면 고뇌가 없는 열반에 이른다 하더라도 그 열반을 느끼는 주체로서 '아(我)'가 존재하지 않으면 열반에 들어가는 것 자체가 무의미해져 버립니다. 따라서 대승불교—그중에서도 법화경의 철학—에서는 무아론을 제창한다든지 욕망의 소멸을 목표로 한다든지 하지 않고 우주나 다른 모든 생명과 자아의 조화와 융합을 설하고 여기에 인생의 이상적인 행복이 있다고 설하였습니다(이케다 · 토인비, 2008b: 312).

이케다는 자기 소멸을 뜻하는 열반은 깨달음을 얻은 후에도 남아서 중생을 구제하려는 붓다의 자기 실천과 모순이 된다고 지적한다. 대신 욕망의 소멸을 목적으로 하지 않고 민중 구제와 사회 변혁을 위해 자비를 실천할 때까지 자기 욕망은 저절로 승화되어 조절 가능하다는 입장을 따른다. 이러한 실천이 자비에 의한 '이타(利他)'이고 이 이념을 실천함으로써 욕망을 자연적으로 초극할 수 있다고 본다. 이케다는 이를 두고 우주적 · 보편적 자아인 대아(大我)를 자각함으로써 욕망과 결부된 개인적 자아인 소아(小我)를 극복할 수 있다고 역설한다(이케다 · 토인비, 2008b: 312).

따라서 이케다의 종교적 생태 사상을 낳게 한 배경은 만물의 공생을 이루는 대승불교의 연기론이라 할 수 있다. 이는 소아를 멸하려는 방식의 테라바다 불교와 달리 소아를 부정하지 않고 우주 생명이라 할 수 있는 대아에 융합하려는 방식으로 이루어진다. 이러한 이케다의 종교생태 사상은 연기를 기본으로 하되 소아의 멸(滅)이 아니라 대아와의 합일 · 조화를 이룬다는 점에서 '몸나'와 '제나'를 초극하여 '뜻나'와 '얼나'로 나아가려는 다석의 사상과 우파니샤드의 "너는 그것이다(tat tvam asi)."라는 범아일여(梵我一如)와 부합하는 부분이 있다.

2. 이케다 종교생태 사상의 특징

이케다는 21세기의 종교원칙을 인간을 위한 종교가 되어야 한다고 말한다. 그는 인간이 종교를 사용하는 방식에 따라 악마가 되기도 하고 반대가 되기도 한다며 종교는 종교 그 자체를 위한 것이 아니라 철저히 인간을 위한 종교가 되어야 한다고 주장한다. 이러한 사상은 법화경의 철리(哲理)인 불법의 인간주의에 근거한다. 즉 사회를 위한 인간이 아니고 인간을 위한 사회이며 이것이 인간적 가치의 권리 회복이다(池田大作 외, 2013: 15). 이케다는 사라예보 전쟁에서 17살 소년이 겪은 한 예를 들어 인간주의를 강조한다. "내게는 여러 꿈이 있었지만 전쟁이 모든 걸 빼앗아 버렸다. 그러나 언제일지 모르나 앞으로 사람을 사랑할 수 있다면 가장 중요한 건 무슨 일이 일어날지라도 '인간'으로 있는 거다. 언제나 '인간'으로 있는 거다(池田大作 외, 2013: 16). 이케다의 인간중심주의는 평화로 이어지고 이 평화구현은 인간성을 회복한 인간혁명을 통해 사회혁명과 지구혁명으로 발전한다.

이러한 과정은 기존의 '인간중심주의'와는 다르다. 기존의 '인간중심주의'는 공산주의나 자본주의라는 이념으로 인간을 수단화하여 개인주의의 황무지에 빠뜨리거나 전체주의의 감옥에 감금하였다. 이에 반해 이케다의 '인간' 중심주의는 "인간이 목적이 되고 인간이 주인이 되고 인간이 왕"이 되는 "근본적인 인간주의"이다. 이것을 이케다는 "우주적 인간주의" 혹은 "우주적 휴머니즘"으로 부른다. 그래서 사이토는 이케다와의 대담에서 이케다의 '인간' 중심주의는 "다른 생명을 희생시킨 이제까지의 '인간중심주의'와 명확한 차이"를 보인다고 말한다(池田大作 외, 2013: 21). 다시 말하면, 기존의 '인간중심주의'는 인간이 세계의 중심이며 다른 모든 피조물은 인간을 위한 부속물에 불과하다는 입장인 반면, 이케다의 '인간' 중심주의는 인간적 가치 회복을 통하여 인간을 혁명하고 그 원동력으로 사회와 지구를 혁명하자는 논리이다. 이는 이케다와 콕스의 대담에서 콕스의 주장에 대한 이케다의 답변을 통해 알 수 있다.

콕스: 우리는 '나약한 생물'로 태어나 사회화되어 '인간'이 됩니다. 그 사회화로 생긴 힘을 파괴적인 형태로 행사할 수도 있고 또 배려나 자애를 중시하는 형태로도 표현할 수 있습니다. 저는 동양 지혜의 '정화(精華)'인 불교적인 전통 사상에서 가장 흥미롭고 가장 귀중한 교설 중 하나는, 인간뿐만 아니라 모든 생물을 소중히 여기고 더욱 큰 '가족'으로서 받아들이는 부분에 있다고 생각합니다. 기독교는 이 점을 그다지 강조하지 않습니다. (후략)

이케다: 잘 알았습니다. 저는 현대 세계의 많은 지식인 또 과학자들이 불교 사상을 비롯한 동양 사상의 자연관, 우주관에 주목하는 이유 중 하나도 바로 여기에 있다고 생각합니다(콕스 · 이케다, 2019: 184–185).

이처럼 이케다의 '인간' 중심주의에는 이러한 혁명을 통해 피조물 평등주의를 지향하는 생태 사상이 함의되어 있다. 이는 이케다의 의정불이(依正不二)의 개념에 소여한다. 토인비는 한 개체의 생물이 삶을 지속하려는 노력에 따라 우주 전체가 실제로 영향을 받는다고 말한다. 그것은 어떤 생물의 환경이 우주 전체를 포함하고 있을 뿐만 아니라 환경은 그 생물에 필수적인 한 부분임을 의미한다. 즉 생물과 환경은 일체불가분의 관계에 있다. 이에 대해 이케다는 현상 세계에서 생명 주체와 환경이 별개의 두 실체로 분리되지 않는 일체불이(一體不二)의 세계관을 불법의 용어인 의정불이(依正不二)로 서술한다. 의정(依正)은 모든 것을 포함한 환경인 의보(依報)와 생명 주체인 정보(正報)인데, 이 둘은 불이(不二)하다는 것이다. 한마디로, "생명 주체와 환경은 현상 세계에서는 두 개의 별개로 인식할 수 있다 해도 그 실재는 일체불이로 융합해 맥동한다."고 할 수 있다(이케다 · 토인비, 2008a: 32-33).

따라서 이케다의 '인간' 중심주의는 윌버(Ken Wilber)의 홀아키(Horachy)적 관계에서의 '약한' 인간중심주의에서 발생하는 '종 계층주의'가 아니라 베리(Thomas Berry)의 기독교 애니미즘 관계에서 보이는 '종 평등주의'에 가깝다. 기독교 애니미즘은 홀론적 존재들 간의 계층적 구조를 인정하면서 가치 서열적인 절대적 차이를 긍정하는 '강한' 인간중심주의와, 가치 서열적인 절대적 차이를 부정하는 '약한' 인간중심주의와 다르다. 왜냐하면 기독교 애니미즘은 우주 폭발(Big Bang) 이후 "우주 내 모든 만물이 하나의 동일한 원천에서 흘러나왔기 때문에 모든 것은 유전자적으로 상호 친척 관계에 있다."고 보기 때문이다. 베리에 따르면, 우리 시대가 인간을 등장시킨 신생대를 끝내고 생태대(Ecozonic)로 옮겨가고 있는데 신생대에 무임승차한 인간이 자신을 존재하도록 만든 다른 생명체를 파괴하는 것은 불합리하다는 것이다(이정배, 2010: 95-106).

그뿐만 아니라 이케다의 의정불이적 생태 사상에 따른 '종 평등주의'는 중세 이래로 내려온 생혼(生魂), 각혼(覺魂), 영혼(靈魂)의 개념과 상치된다. 이들 개념에 따르면 생혼은 성장과 소멸을 지배하는 식물에게만 있고, 각혼은 아픔과 배고픔을 느끼는 짐승들에게, 그리고 영혼은 이 둘에다 결코 소멸하지 않고 불변하는 것으로서 인간만이 지니고 있다. 그래서 영혼은 초월적 속성과 등가적으로 여겨졌고, 인간은 다른 동·식물보다 우월한 존재로 군림해 왔다는 것이다(이정배, 2010: 82-85). 이런 관점으로 보면 이케다의 종교생태 사상은 기독교 사상에 내재된 생혼, 각혼, 영혼의 개념들은 '인간 패권주의', 즉 '종 차별주의'를 주장하는 '강한' 인간중심주의와도 다르고 윌버의 홀아키적 우주관적 관점에서 보이는 '약한' 인간중심주의에 따른 '종 계층주의'와도 다른 '종 평등주의'의 특징을 지닌다.[02]

따라서 우리는 이케다의 종교생태 사상의 특징이라 할 수 있는 '종 평등주의'에서 신을 중심으로 사유되지 않는 종교나 문화권의 생태 사상과 조우할 수 있는 생태 인식의 공통분모를 찾을 수 있다. 전술하였듯이, 서양 중심의 신학적 사유체계를 중심으로 형성된 생태 신학은 신과 세계의 분리에 따른 실체론 철학에 기초한 전통 신학의 생태 인식에서든, 아니면 신과 세계의 화해와 조화를 중심으로 하는

02 필자는 '강한' 인간중심주의는 오직 인간만을 중심으로 여타의 종(種)을 차별화한다는 점에서 이정배의 표현을 차용하여 '인간 패권주의', 즉 '종 차별주의'라 하였고, 윌버의 홀아키적 우주론에 따른 '약한' 인간중심주의를 종의 일방적인 차별이라기보다 종을 계층화한다는 점에서 '종 계층주의'라 칭하였다. 중요한 것은 '강한' 인간중심주의의 '종 차별주의'든 '약한' 인간중심주의의 '종 계층주의'든 이 둘은 정도의 차이는 있을지언정, 모두 플라톤의 선분의 비유, 아리스토텔레스의 자연의 사다리, 플로티누스의 존재의 계층구조, 그리고 이런 영향을 통해 형성된 기독교의 존재의 사다리(존재의 대연쇄)라는 역사적 뿌리가 함의된 개념들로서 모두 존재를 계층구조로 이해한다는 점에서 계층구조를 타파하는 '종 평등주의'와는 상충된다고 할 수 있다.

유기체 철학에서 파생한 진일보한 생태 신학에서든 모두 신을 전제한 사유체계로 구성된 것이었다. 이러한 입장에서의 생태 담론은 소위 신을 상정하여 전개되는 종교 유형인 유대교, 기독교, 이슬람교 형태의 예루살렘형 종교에서는 소통 가능한 전제이다. 하지만 이와 다른 동양 종교 특히, 힌두교, 불교 유형의 바나라시형 종교와 유교와 도교의 중국형 종교, 그리고 여타 지역들의 토착적인 민족종교와는 생태 담론의 공통 근거를 찾을 수 없다는 한계가 있다.

그러나 이케다의 종교생태 사상의 특징인 '종 평등주의'는 이를 전제하는 여타의 종교 유형들과 조우, 대화, 협력, 상생할 수 있는 공통 근거로 작동할 수 있다. 이 점에서 이케다의 종교생태 사상은 서양 신학의 신 중심적 사유체계에서 전개된 생태 신학을 넘어 '종 평등주의'를 공통 근거로 하는 종교생태학적 사유로의 전환이라 할 수 있다.

그렇다면 이러한 이케다의 생태 사상의 특징은 어디서 비롯된 것일까? 그것은 도다 조세이의 옥중 오달(悟達)을 통해 획득된 것이다. 도다는 23세에 3살 된 어린 딸을 잃었다. 그는 자신의 마음을 이렇게 고백한다. "차가운 시신을 껴안고 밤새도록 엎드려 울었습니다. … 그 때만큼 세상에서 가장 슬픈 일은 없었습니다." 그리고는 "만약 내 아내가 죽는다면 … 하고 나는 울었습니다. 그 아내도 죽었습니다. 만약 어머니가 죽는다면 하고 생각했습니다. 이번에는 한 걸음 더 들어가 나 자신이 죽으면 어떻게 될까 생각하니 나는 몸이 떨렸습니다(池田大作 외, 2013: 26-28). 그러나 도다는 감옥에서 법화경의 개경(開經)인 무량의경을 읽고 죽음의 문제를 극복한다.

그 몸은 유(有)도 아니고 또한 무(無)도 아니며, 인(因)도 아니고 연(緣)도 아니고 자타(自他)도 아니며, 방(方)도 아니고 원(圓)도 아니고 단장(短長)도 아니며, 출(出)도 아니고 몰(沒)도 아니고 생멸(生滅)도 아니며 조(造)도 아니고 기(起)도 아니고 위작(爲作)도 아니며, 좌(坐)도 아니고 와(臥)도 아니고 행주(行住)도 아니며, 동(動)도 아니고 전(轉)도 아니고 한정(閑靜)도 아니며, 진(進)도 아니고 퇴(退)도 아니고 안위(安危)도 아니며, 시(是)도 아니고 비(非)도 아니고 득실(得失)도 아니며, 피(皮)도 아니고 차(此)도 아니고 거래(去來)도 아니며 청(靑)도 아니고 황(黃)도 아니고 적백(赤白)도 아니며 홍(紅)도 아니고 자(紫) 종종의 색도 아니며(池田大作 외, 2013: 30)

도다는 여기서 부처란 생명임을 각지한다. 그는 부처는 다름 아닌 생명의 표현으로, 밖에도 있고 자기 자신의 생명에 있는 우주 생명의 한 실체로 파악한다. 도다에게 생명은 현실적으로 모든 사람에게 갖추어져 있고 모든 사람이 실감할 수 있는 구체적 실재였다. 이케다는 도다의 생명론에 대해 이렇게 술회한다. "저의 스승이신 도다 조세이 선생님은 불법의 깊은 생명철학에 입각해서 우주 자체가 생명의 당체(當體)이며, 조건만 갖추어지면 생명은 어디서나 탄생한다고 자주 언급하셨습니다(이케다 · 세레브로프, 2010: 267).

따라서 구체적 실재인 생명은 두 가지 특징을 지닌다. 첫째는 다양성이다. 생명은 일정한 법칙과 리듬이 있지만 거기에는 풍요로움, 활달함, 그리고 다양성이 있다. 둘째는 개방성이다. 생명은 우주 전체로 열린 개방성과 조화와 자유를 가지고 외계와 교류하며 물질과 에너지, 정보를 끊임없이 교환하는 열린 존재이다(池田大作 외, 2013: 31). 이 생명의 특질은 부처의 특질인바, 이케다의 생태 사상의 표층 근저는 도다의 오달에 근거하며 오달은 생명의 특질인 부처의 속성으로 이케다의 생태 사상의 심층 근저는 부처에 기초한다는 사실을 알 수 있다. 좀 더 구체적으로 이케다의 생태 사상은 현대의 불법을 민중의 것으로 소생시킨 니치렌 대성인의 불법에 근거한다.

이에 대해 이케다는 "생명론이라고 해서 학회가 독자적으로 시작한 것은 아닙니다. 니치렌 대성인의 불법 자체가 생명철학입니다. 이것을 계승한 것이 학회입니다." "여하튼 학회는 생명론에서 시작하여 생명론으로 끝난다고 해도 좋다. 부처란 생명이니라(池田大作 외, 2013: 29, 34, 36).

이어서 이케다는 법화경의 묘법을 천태는 마음과 부처와 중생으로 표현했는데 이것을 현대적 언어로 통일적으로 설명한 것이 바로 생명이라며 불법의 본체는 생명론임을 밝힌다(池田大作 외, 2013: 35).

니치렌 대성인은 생명 본원의 당체를 南無妙法蓮華經이라고 깨달으셨다. 그것을 전 민중이 각지하고 행복의 길을 열어가기 위해 어본존(御本尊)을 도현하시고 「어의구전」을 비롯한 여러 어서에서 생명철학을 설하신 것이다(池田大作 외, 2013: 35).

그래서 이케다는 "어느 의미에서 불전은 모두 생명론"이라고 강조한다(池田大作 외, 2013: 33). 생명론은 지식을 줄 뿐만 아니라 발상의 전환을 촉구하는 힘이 있고, 희망으로 현실의 행동으로 연결되어 살아가는 힘을 솟아오르게 하는 사(事)의 철학이다. 이 철학을 실천으로 옮기면 무기력하고 고민하는 인생을 충실과 기쁨의 인생으로 전환하는 자기변혁이 시작된다. 이케다는 이러한 생명론을 인간혁명이라며 인간혁명은 성불의 현대적 표현이라고 역설한다(池田大作 외, 2013: 35-36). 그러면서 생명이라고 표현하는 이유를 다음과 같이 밝힌다.

> 부처라면 인격적인 면이 앞에 나온다. 그것만으로는 어딘지 자신과 동떨어진 존재라는 이미지가 따른다. 또 법이라고 하면 법칙이나 현상 등 비인격적인 것이 된다. 그뿐이라면 따스함이 그다지 없다. 본래 부처도 법도 별개의 것이 아니니다. 생명이라고 하는 경우에는 그 양면이 포함된다. 생명은 모든 사람에게 있다. 생명은 존귀하다. 이것은 어느 누구도 부정할 수 없다. '부처란 생명이니라.'는 선언은 무엇보다 불법의 진수는 바로 자기 자신 안에 있음을 분명히 한 것이다(池田大作 외, 2013: 37).

이케다는 생명을 부처와 묘법과 동일시한다. 그러면서 역동적인 변전(變轉)을 계속하면서 영원히 상주하는 거대한 생명을 무한한 대우주이자 동시에 무수한 생명체, 즉 소우주이기도 한 역동적인 하나의 실재로 간주한다. 이런 사유는 색즉시공, 이사무애, 사사무애라는 즉시(卽時)의 관계 구조와 부합하는 가역성의 특징을 가진다. "이 세상이 불가역적으로 초월적 세계인 이데아에서 투사된 그림자가 아니라, 이 세상(色) 자체가 초월적(空)이며 세상(事)과 초월 혹은 공이 다르지 않으니(無碍), 가는 곳마다 초월이요 깨달음이다(事事無碍)(전현식 외, 2016: 238)." 그러므로 그에게 모든 사람은 존귀한 실재의 당체이다. 법화경은 제법실상을 보여주며 제법은 개개의 생명 사상이고 진실한 상인 실상은 우주 생명 자체이다.

따라서 이케다는 모두를 하나하나의 소중한 생명으로, 그리고 이 생명은 결국 우주 생명 자체인 것으로 본다(池田大作 외, 2013: 40). 그렇게 되면 살심(殺心)이 발휘되지 않는다. 그뿐만 아니라 생명을 기계론, 이원론, 환원론의 한 측면으로도 보지 않고 역동적인 전체성으로 보게 된다. 결국 이것은 이케다의 생태 사상을 단적으로 보여주는 중요한 기제이다. 이는 이원론이나 환원주의를 초극하여 현대 물리학의 최첨단과 동양사상의 지혜의 공통성을 탐구한 카프라(Frit of Capra)의 관점과 지구상 모든 생물이 각기 따로 떨어진 존재가 아니라 관계의 장과 같은 곳에서 공생한다는 보는 왓슨(James Dewey Watson)의 입장, 그리고 지구 자체를 하나의 거대한 생명체로 보는 러브록(James Lovelock)의 가이아 이론과 맥락적으로 상통한다(池田大作 외, 2013: 42).

결국 이케다의 종교생태 사상은 형이상학적 관념론에 기댄 것이 아니라 색즉시공, 이사무애, 사사무애의 불법의 철리(哲理)에 근거하여 생태적 자아를 각성하고 생태적 실천력으로 나아가고자 하는 역동성을 갖추고 있다고 볼 수 있다. 이는 끌어안는 '함(含)의 관용'과 타자와 함께 느끼며 만나는 '접(接)관계 맺기'라는(전현식 외, 2016: 272) 함접(含接)의 열린 종교를 지향한다.

Ⅳ. 나가는 말

자연에 대한 서구 주류 신학의 기본적인 입장은 '정복'이다. 화이트는 생태 위기의 근본 요인이 유대-기독교 전통에 있다고 말한다. 화이트에 따르면, 원래 인간과 자연환경의 관계는 서로 영향을 미치는 상호적 관계였으나 자연의 개발과 착취, 그리고 정복을 정당화하는 창조 이야기에 뿌리를 둔 유대-기독교 신학으로 인해 환경 파괴와 생태 위기가 초래되었다(이국헌, 2016: 24).

창조 이야기에 바탕을 둔 주류 기독교 신학은 인간을 만물의 중심에 두고 다른 창조물은 열등한 대상으로 취급하는 '인간중심주의'를 추구한다. 여기서 인간을 제외한 다른 피조물들은 인간의 생존과 번영을 위한 일시적 도구에 지나지 않는다. 이러한 인간중심주의적 사유는 인간을 둘러싼 환경을 개발과 정복의 논리로 집약되게 만들었다. 이것은 자(自)의 세계를 '전체'로 보고 타(他)의 세계를 '부분'으로 평가하는 위계 질서적 감각과 서열 의식이 작동하는 사유체계이다. 즉 인간을 전체로, 생태를 부분으로 인식하는 관계 구도에서는 폐쇄적이고 독선적인 교리가 발생할 수밖에 없다. 이케다의 표현을 차용하면 세간(世間)을 초월한 무차별과 평등의 원리인 출세간(出世間)으로 나아가지 못한 교조주의이다(이케다 , 2011: 406-407). 생태를 향한 이런 입장을 대표하는 주요 학자는 신정통주의 신학자 바르트임을 언급했다.

그런데 자연을 도구화하는 신학적 사유에 대한 비판적 성찰로서 다양한 양식의 생태 신학이 등장하였다. 신정통주의 신학의 영역, 남미 해방신학의 영역, 아시아 해방신학의 영역, 정치 신학의 영역, 여성 신학의 영역 등 다양한 분야에서 생태 신학이 나타났음을 살펴보았다. 본론에서는 그 대표적인 한 사람으로 맥페이그를 언급했다. 그 가운데서도 "하느님은 사랑"이라는 전제하에 다섯 가지로 분류된 신관 유형의 모델에 따른 생태 신학적 접근을 고찰하였다. 맥페이그는 범재신론의 신관을 띤 작용자 모델과 유기체적 모델의 결합이 기독교의 생태 신학적 입장을 가장 잘 드러내는 이상적인 모델로 간주했다. 여기서 하느님은 지구 전체의 고통과 육체적인 필요에 지대한 마음을 쓰는 '기초적인 필요의 하느님'이기 때문에 그 세계를 대상화하여 이용 가능한 수단이나 목적으로 삼지 않고 세계를 하느님의 몸으로 인식하는 계제가 마련된다.

그러나 이러한 기독교 내에서의 생태 신학은 한쪽은 '인간중심주의'에 천착하여 자연을 정복, 이용, 분리, 대상, 도구화하고, 다른 한쪽은 '신중심주의'에 천착하여 기독교 중심주의를 넘어서지 못하는 한계를 드러냈다. 즉 기독교 신학의 입장으로 생태를 논구하는 태성적 한계를 지닌 생태 신학은 기독교 중심주의를 극복하지 못한다는 비판에서 자유로울 수 없다. 우리는 이에 대한 대안적 생태 담론으로 기독교 중심의 생태 신학을 넘어설 뿐만 아니라 '종 차별주의'나 '종 계층주의'를 넘어 '종 평등주의'를 지향하는 이케다의 종교생태 사상을 살펴보았다. 본 논문에서는 이를 서양 기독교 중심의 생태 신학적 사유에서 종교생태학적 사유로의 전환이라고 표현했다.

전술하였듯이 인류가 직면한 최대의 위기인 생태 문제는 특정 민족이나 국가, 종교가 감당할 수 없는 범 지구촌의 과제가 되었다. 기존 생태 담론이 인류 생태 위기의 최대 원인 제공자라 할 수 있는 서구 기독교 중심으로만 논의되어 왔다는 사실은 비극적인 역설이 아닐 수 없다. 범종교, 범지구촌의 문제로 비화된 생태 문제가 지금처럼 기독교 생태 신학 위주로 전개된다면 국지적 형태의 생태 담론으로 머물 가능성이 높다. 그렇게 된다면 간(間) 종교와 간(間) 국가를 통한 세계사적인 생태 담론으로 비약하는 데 걸림돌이 된다. 그 점에서 이케다의 종교생태학적 접근은 서구 기독교 생태 신학을 넘어 종교생태학으로 나아가는 하나의 계기가 될 수 있다.

■ 참고문헌

김균진. 1999. 『생태계의 위기와 신학』. 대한기독교서회.

김대식. 2006. 『환경과 생태영성』. 한국학술정보.

______. 2014. 『생태영성의 이해』. 대장간.

김도훈. 2009. 『생태신학과 생태영성』. 장로회신학대학교출판부.

김용규. 2018. 『신-인문학으로 읽는 하느님과 서양문명이야기』. IVP.

맥페이그, 샐리. 2008. 『풍성한 생명』. 장윤재 · 장양미 역. 이화여자대학교출판부.

브래들리, 이안. 1996. 『녹색의 신』. 이상훈 · 배규식 역. 도서출판 뜨님.

신광철. 2009. "신종교와 문화콘텐츠-현황과 전망-." 『신종교연구』 21: 1-20.

윤기엽. 2010. "근대일본 법화계 신종교의 역사적 성립과 발전." 『신종교연구』 22: 205-234.

이국헌. 2016. "생태신학담론에서의 안식일 모티브." 『문학과 종교』 21: 121-140.

이정배. 2008. 『켄 윌버와 신학-홀아키적 우주론과 기독교의 만남』. 시와 진실.

______. 2010. 『생태영성과 기독교의 재주체화』. 동연.

이케다 다이사쿠. 2012. 『21문명과 대승불교』. 화광신문사 출판국 역. 화광신문사.

이케다 다이사쿠 · 로케시 찬드라. 2016. 『동양철학을 말한다』. 화광신문사 역. 중앙 books.

이케다 다이사쿠 · 아놀드 J. 토인비. 2008a. 『21세기를 여는 대화 Ⅰ』. 화광신문사 출판국 역. 화광신문사.

______. 2008b. 『21세기를 여는 대화 Ⅱ』. 화광신문사 출판국 역. 화광신문사.

이케다 다이사쿠 · 알렉산드르 세레브로프. 2010. 『우주와 지구와 인간』. 화광신문사 출판국 역. 화광신문사.

이케다 다이사쿠 · 콕스 하비. 2019. 『21세기 평화와 종교를 말한다』. 한국SGI

교학부 역. 조선뉴스프레스.

전현식 외. 2016.『한국적 생명신학을 論하다』. 동연.

정미현. 1995. "바르멘 선언 제1항과의 관련성에 본 자연신학의 문제."『자연신학논총』9: 85-101.

최재천 엮음. 2001.『과학 · 종교 · 윤리의 대화』. 궁리.

최준식. 2007.『최준식의 한국종교사 바로 보기』. 도서출판 한울.

하영애. 2016.『조영식과 이케다 다이사쿠의 교육사상과 실천』. 한국학술정보.

池田大作 외. 2013.『법화경의 지혜 1』. 한국SGI 교학부 역. 화광신문사.

[제 II 부]

이론과 실천

제6장

한국SGI 공익활동의 현황과 사상적 배경

이은선(경상국립대)

Ⅰ. 들어가는 말

오늘날 세계 192개국 · 지역에서 결성되어 활동 중인 SGI는 법화경을 주요 경전으로 하는 종파(宗派) 중 니치렌(日蓮)을 종조(宗祖)로 한다. 한국SGI는 국내 150만여 명의 회원이 소속된 재가(在家) 불교단체로 1960년대 초반 국내에서 활동을 시작하여 1975년 SGI(Soka Gakkai International, 국제창가학회)의 결성과 함께 본격적인 활동을 전개해 2000년 4월 15일 문화관광부로부터 재단법인 설립을 허가받았다(한국SGI, 2023: 2). 한국SGI는 스스로를 "불법(佛法)의 인간주의를 바탕으로 한 사람 한 사람의 행복한 생활을 추구하고 평화 · 문화 · 교육 운동과 사회공헌활동을 활발히" 펼치는 조직으로 정의(定義)한다(한국SGI 홈페이지). 역사적으로 종교단체가 사회복지활동 등의 공익활동을 수행한 것은 중세 시대부터 지속되어 왔으나, 종교단체가 스스로를 소개할 때 공익활동을 전면에 내세우는 경우는 드물다고 할 것이다.

기독교, 천주교, 불교 등 주요 종교단체들의 공익활동은 양적 · 질적으로 성장하고 있으며, 병원이나 요양원을 비롯한 각종 시설을 설립 · 운영하기에 이르고 있다. 반면에 한국SGI의 경우 복지활동을 위한 사단법인 무궁화복지월드와 추모시설인 평화공원의 설립 · 운영을 제외하고, 일반 대중을 대상으로 하는 사회복지나 공익활동을 위한 별도의 시설을 갖추고 있지는 않다. 주요 종교단체들이 공익활동에 지출하는 예산 혹은 사업의 규모를 감안하면, 한국SGI의 공익활동이 단체소개의 전면에 이를 내세울 만큼 활발하게 이루어지고 있는지 의문을 자아낸다. 그렇다면 한국SGI가 전면에 내세우는 "평화 · 문화 · 교육 운동과 사회공헌 활동"은 무엇이고, 이를 어떻게 구현하고 있는가? 또한 다양한 공익활동 중 왜 평화 · 문화 · 교육을 중심으로 하는가? 이 글에서는 한국SGI 공익활동의 현황을 살피고, 평화 · 문화 · 교육 운동 등의 공익활동이 어떻게 실현되고 있는지, 이를 뒷받침하거나 추동하는 조직이념 및 교리적 근거는 무엇인지를 살피고자 한다. 이를 위해 종교와 공익활동에 관한 이론적 논의를 종교의 공공성과 종교단체의 공익활동으로 구분하여 검토하고, 한국SGI의 공익활동을 평화 · 문화 · 교육 · 환경 및 복지로 구분하여 살핀다. 이후 이러한 공익활동의 사상적 배경을 SGI 조직이념과 조직이념의 토대가 되는 교리, 지향점으로 구분하여 논한다. 또한 이러한 사상이 한국SGI 공익활동에 어떻게 반영되어 실현되고 있는지를 논한다.

Ⅱ. 종교와 공익활동

1. 종교의 공공성

공공성은 영어로 publicness 혹은 public에 해당하는데 이는 공중(公衆), 공적(公的) 영역 등의 의미를 포함하는 것이며 대체로 공적인 것(being public), 공개성(publicity), 공익성(public interest)의 의미까지를 포괄한다(전명수, 2018: 40). 사회학에서 공공성은 공(公)과 사(私)의 대립적 측면을 강조하는 반면 종교 측면에서의 공공성은 나와 타자(他者), 개인과 집단, 또는 국가와 공존하는 관계를 좀 더 강조하는 경향이 있으며 공공윤리와 관계된 논의이기도 하다(전명수, 2017: 63–65).

서구를 중심으로 공공성을 논의할 때 거론되는 주요 학자로는 아렌트(Hannah Arendt)와 하버마스(Jürgen Habermas)를 들 수 있는데, 아렌트는 누구나 볼 수 있고 들을 수 있는 공개성을 특징으로 하며 타자를 인정하는 영역을 공적 영역(public)으로 보았고, 하버마스는 사적인 개인들이 다양한 관심사를 공개적으로 함께 논의해 여론을 형성하는 장(場)이라는 의미의 공론장(public sphere)을 공적 영역으로 보았다. 역사적으로 서구의 중세 시대에는 가톨릭이 곧 공공성을 대표하였고, 근대 이후에는 국가가 공공성을 대표하면서 종교는 더 이상 공적 영역에 개입해서는 안 되고, 개인의 영적 · 정신적 차원의 보살핌에 몰두해야 한다는 견해가 지배적이었다(서동은, 2023a: 12-13). 이후 종교는 사사화(私事化, privatization)되어 다양한 세속화(secularization) 논의가 전개되었는데, 종교는 사적인 내면의 영역을 지배하는 반면 세속국가는 공적인 세속 영역을 관리하는 이분법적 논의가 이에 해당한다.[01] 선행연구에서 종교의 공공성에 주목한 연구들은 대체로 기독교계 공공신학론자 혹은 공공사회학론자들로 종교와 사회변화의 관계를 설명하는 세속화론을 중심으로 이루어졌다. 최근에는 종교의 사회참여를 전제로 종교의 공공성을 높여야 한다는 참여 지향적 주장들이 증가하고 있다(윤용복 · 고병철, 2022: 34). 20세기 후반부터 촉발된 종교의 공공성 논의는 종교 스스로가 사적인 영역에서 개인의 신앙, 종교공동체의 안위(安位)와 발전에만 관심을 기울이고 시민사회가 직면한 다양한 사회문제를 등한시한다는 자체적 반성에서 시작되었다(황진수, 2021: 9). 대표적으로 카사노바(José Casanova)는 미국의 기독

01 마르크스(Karl Marx)는 종교를 '인민의 아편'에 비유했는데, 이에 대해서는 종교를 불평등한 사회구조와 지배계급의 지배 이데올로기를 정당화시키는 수단으로 보는 해석과(박상필, 2000: 114), 종교가 인민을 해치는 아편이 아니라 억압에 시달려 괴로운 인민이 고통을 일시적으로 극복하기 위해 먹을 수밖에 없는 아편을 의미한다는 상반된 해석이 존재한다(정태식, 2008: 198-199).

교 근본주의 운동(Christian Fundamentalism), 브라질과 중남미의 해방 신학(Liberation Theology), 폴란드의 가톨릭 연대(Catholic Solidarity), 미국 가톨릭 주교회의(United States Conferenve of Catholic Bishops)를 사례로 종교가 사적 영역에만 머무르지 않고 공적 영역에 재등장하였다고 주장했다(Casanova, 1994). 카사노바는 종교가 사회에서 고립되지 않고 시민들과 연대해 국가에 영향을 미치고 사회변화를 이끌어내며 정치적 결정에 영향을 미쳤다는 사실에 주목하였다(정태식, 2008: 209-211; 허남진, 2018: 79; 서동은, 2023b: 176).

전명수(2019)에 따르면 종교의 공공성이 일반적인 공공성과 다른 점은 두 가지다. 첫째는 일반적인 공공성이 집단이나 사회 등 개인 차원을 넘어선 관점인 반면, 종교의 공공성은 대부분 어느 종교나 '나'라는 개인에 대한 관심에서 출발해 개인의 깨달음을 강조한다는 점에서 개인을 중시한다는 것이다. 둘째로 공(公)은 개인의 사적인 영역을 넘어선 사회집단, 민족, 국가 등 공적 영역을 가리키고, 공(共)은 집단 내 구성원들이 공존하며 소통하는 것인데, 일반적인 공공성이 공(公)의 측면을 강조한다면 종교의 공공성에서 공은 公과 共을 함께 중요시한다는 점이다(전명수, 2019: 211-212). 종교의 공공성은 모두의 문제(公)에 대해 공개적으로 함께(共) 논의하자는 시민사회의 요청과 밀접히 연관되는데, 이는 종교가 해야 할 일을 논의하는 과정에서 제기된다. 따라서 종교의 공공성은 종교적 실천과 관련된 개념으로 이해된다(허남진, 2018: 76-77).

2. 종교단체의 공익활동

공익활동은 "공공의 이익을 목적으로 하는 사회적 행위"로 정의

할 수 있는데 이렇게 보면 공익활동은 목적으로서의 '공익'과 그것을 이루기 위한 수단으로서의 '활동'이 결합된 개념으로 이해할 수 있다(홍성태, 2023: 344). 일반적으로 단체의 공익활동을 연구할 때는 시민사회단체 혹은 비영리민간단체를 그 대상으로 삼는 경우가 대부분이다. 종교단체는 시민들이 자발적으로 모여 자율적인 규칙에 의해 운영되는 조직이므로 전형적인 시민사회단체로 구분할 수 있다. 또한, 비영리 조직의 성격을 가지고 있으므로 비영리민간단체인 NPO 혹은 NGO로 보아도 큰 무리는 없을 것이다. 종교단체의 공익활동을 분석한 선행연구들에서도 종교단체를 비영리민간단체로 간주하여 분석하는 경향이 있다. 최무진(2015)은 종교조직의 참여유형을 가이드(제안), 봉사(참여), 영향력 행사(로비), 통제(거버넌스)로 분류하였고, 염승준(2017)은 종교의 공공성을 연구대상으로 삼은 선행연구들을 검토하면서 정치적 상호작용의 메커니즘으로서 공공성, '공적인 것'과 '사적인 것'의 경계를 넘은 초월적 공공성으로 구분해 논하였다. 박상필(2018)은 종교단체의 공익활동 영역을 주창활동, 서비스 생산, 대안사회 모색의 3개 영역으로 분류하고, 공익활동의 방식을 캠페인, 노력봉사, 교육 · 전시, 문화행사, 상담, 모금 · 기부, 안내, 교육, 장소대여, 위탁업무 수행, 기타의 11개 항목으로 제시하였다. 홍성태(2023)는 비영리민간단체의 공익활동을 지원하는 행정안전부의 당해 연도 기준에[02] 공적 욕구가 변화 지향적인가 적응 지향적인가, 활동 범위가 대중 확장적인가 성원 제한적인가의 여부에 따라 운동(movement), 자선(charity), 자조(self-help), 관변(quasi-government)의 4개 항목으로 유형화해 분석하였다. 이러한 연구들은 종교단체의 공익활동을 이론적

02 2024년 기준으로 행정안전부는 비영리민간단체의 공익활동을 기후변화 · 환경 대응, 사회안전, 사회복지, 시민사회 참여 및 통합, 통일안보 및 국제교류협력, 자원봉사 및 기부문화 확산의 6개 항목으로 구분한다.

이고 체계적으로 분석하려는 의미 있는 시도임이 분명하다. 그러나 일반적인 NPO는 특정한 공익을 추구하려는 목적에서 설립된 반면에 종교단체는 선교 및 홍교의 목적이 최우선이 된다는 점에서, 일반적인 NPO 및 NGO의 공익활동에 적용하는 평가 기준을 종교단체에 적용하는 것은 무리가 있다고 사료된다.

주요 종교단체의 공익활동은 종교별로 공공성을 어떻게 정의하는가와 밀접한 연관이 있다. 기독교에서 공공성은 대부분 '하나님 나라의 속성'이라는 관점에서 출발한다. 하나님이 창조하신 이 세상은 모든 생물 · 인종 · 국가의 공생을 위한 영역이고, 하나님의 나라는 매우 보편적인 공적 성격의 나라이며, 교회는 공적인 책임을 수행해야 하는 기관이고, 구원받은 기독교인이란 공동체의 이익, 즉 공동선 혹은 공익을 추구하는 사람들이라는 점에서 기독교는 근본적으로 공공적 성격을 지닌다고 본다(정원범, 2013: 339-341).

가톨릭은 제2차 바티칸 공의회(Concilium Vaticanum Secundum)[03] 이후 세상 위의 교회(church over the world)에서 세상 안의 교회(Church in the world)로 세계관의 패러다임을 전환하였다. 이후 인간의 존엄성과 공동선의 증진에 기반해 교회의 현세적(사회적, 정치적, 경제적, 문화적, 환경적) 참여를 정당화하고 다양한 사회은동에 적극적으로 참여하기 시작했다(오세일, 2015: 99-103). 가톨릭은 성서에 바탕한 사회복지 실천을 하고 있는데, "예수께서 가라사대 네 마음을 다하고 목숨을 다하고 뜻을 다하여 주 너의 하느님을 사랑하라 하셨으니 이것이 크고 첫째 되는 계명이요, 둘째는 그와 같으니 네 이웃을 네 몸과 같이 사랑하라. 이 두 계명은 온 율법과 선지자의 강령이니라(신

03 천주교 역사상 가장 최근에 이루어진 공의회로 1962년부터 1965년까지 개최되었다. 공의회의 목적은 천주교회가 장차 앞으로 나아갈 길을 타진하는 고회의 현대적 개혁 도모였다.

약성서, 마태오복음서 22장 37~40절)"에서 그 사상의 출발점을 찾을 수 있다. 가톨릭교회에서는 사회복지비로 각 본당 예산의 10%를 쓰도록 권장하고 있는데, 전국의 본당이 1,000여 개가 된다는 것을 감안하면 상당한 액수임을 예측할 수 있다(이선우, 1999: 22). 가톨릭 사회복지가 일반 사회복지와 구별되는 점은 그리스도 정신에 따르는 인간의 구원이라는 점과 주요 대상이 물질적 또는 정신적으로 소외된 사람이라는 점이다(정명조, 1997: 15). 이에 가톨릭 사회복지는 생활보호대상자 지원, 시설방문 및 지원 봉사, 소년소녀가장 지원 등 구호적이고 응급조치의 특성을 지닌 활동이 주류를 이루고 있다(이선우, 1999: 20).

불교의 공익활동은 모든 생명의 고통에 관심을 가지고 이를 해소하기 위한 활동으로 정의할 수 있다(이명호, 2018: 101). 불교에서 사회복지의 이념은 대승경전에 나타나는데, 대승경전의 기본정신은 인간구제이고 불타의 자비심이며 '자비(慈悲)'는 불교 사회복지의 근본이념에 해당한다(이원식 · 오주호, 2009: 162-163). 원불교의 경우 모든 일을 불보살(佛菩薩)에게 공양(供養)하는 마음으로 공경심과 정성을 들여 해 나가자는 '처처불상 사사불공(處處佛像 事事佛供)'의 교리에 기반해 교화, 교육, 자선을 교단 3대 목표로 하여 사회복지활동을 수행하고 있다(원석조, 2006: 357-359).

종교단체의 다양한 공익활동과 관련해 특히 복지 분야는 '종교사회복지'라는 용어가 존재할 만큼 종교가 기여하는 바가 매우 크다. 종교기반 기관의 복지활동에서 종교가 어느 정도 모습을 드러내야 하는지, 복지와 선교의 관계는 어떠해야 하는지는 여전히 논쟁의 대상이다. 이는 종교가 복지의 주체가 되기도 하고 복지의 이념이 되기도 하며 복지의 전달자가 되기도 하기 때문이다(전명수, 2013: 281, 283). 종교계의 사회복지 참여는 크게 사회복지시설을 중심으로 제공되는 사업과 종교기관 안팎에서 전개되는 각종 사회복지프로그램 사업으로 구분할 수 있는데, 후자의 경우 정확한 현황 파악이 어렵다. 문화체육관광부의 2008년 및 2018년 『한국의 종교현황』에 따르면, 종교 관련 사회복지법인 및 사회복지 주요 단체 현황은 다음과 같다(최현종, 2021: 41, 재인용).

| **표 1** | 종교계 사회복지법인 및 사회복지 주요 단체 현황

구분	전체	개신교	가톨릭	불교	원불교	기타
2008	372	194	58	104	14	2
2018	529	259	97	152	14	7

Ⅲ. 한국SGI의 공익활동

1. 한국SGI 공익활동의 현황

1) 평화

(1) 유니피스 평화활동

한국SGI 대학부는 1998년부터 평화의 소중함에 대한 인식을 확산시키고, 평화를 직접 행동으로 실천하기 위해 '캠퍼스평화문화활동'을 시작했다. 2012년에는 전국 대학교 평화연합동아리 '유니피스(UNIPEACE)'로 새롭게 출범해 평화활동이 전개되고 있다. 활동 방식은 매년 특정 주제를 선정해 전국의 대학 캠퍼스에서 유니피스 평화

展(전시, 세미나, 영상전, 토론회)을 실시하는 형태이다.

| 표 2 | 유니피스 평화 展 요약

실시연도	횟수	주제	개최 대학 수	관람 인원
1998년	제1회	인간주의의 세기를 향하여	11개 대학	n/a
1999년	제2회	전쟁과 평화	46개 대학	n/a
2000년	제3회	평화의 문화	65개 대학	n/a
2001년	제4회	생명의 세기	85개 대학	n/a
2002년	제5회	대화 그리고 한일의 우정	120개 대학	n/a
2003년	제6회	Human Network For Peace	150개 대학	11만 1천 명
2004년	제7회	핵무기 없는 세계	50개 대학	3만 명
2005년	제8회	문명 간의 대화－편견의 벽을 넘어	68개 대학	3만 7천 명
2006년	제9회	조용한 혁명－한 사람이 지닌 위대한 힘	96개 대학	4만 3천 명
2007년	제10회	핵무기 없는 세계를 향한 126 프로젝트	130개 대학	5만 7천 명
2008년	제11회	인간주의 세기를 향하여, 그 후 10년	130개 대학	6만 2천 명
2009년	제12회	우주적 휴머니즘－평화를 만드는 방정식	150개 대학	7만 5천 명
2010년	제13회	핵무기 없는 세계－그 세 번째 외침	150개 대학	11만 명
2011년	제14회	대화, 우리가 심는 평화의 씨앗	200여 개 대학	10만 명
2012년	제15회	동고－평화를 만드는 공감의 연대	180여 개 대학	11만 명
2013년	제16회	공생－평화를 만드는 '함께 하는' 마음	180여 개 대학	9만 7천 명
2014년	제17회	핵무기 없는 세상을 꿈꾸다	200여 개 대학	19만 명

2015년	제18회	격려－한 사람을 소중히	200여 개 대학	14만 명
2016년	제19회	만인존엄－평화를 여는 한 사람의 가능성	210여 개 대학	10만 명
2017년	제20회	청년, 벗(友)꽃을 피우다	220여 개 대학	11만 명
2018년	제21회	앵매도리－한 사람을 소중히	170여 개 대학	n/a
2019년	제22회	그대가 세계를 바꾼다	200여 개 대학	n/a

자료: 한국SGI 홈페이지 참고하여 작성.

2020년부터 2023년은 코로나(COVID－19) 여파로 평화전을 개최하지 않았고, 2024년에는 10월 1일~11월 9일에 걸쳐 12개 대학과 17개 외부 장소에서 "모든 사람을 소중히 여기는 작은 마음에서부터 〈SDGs〉가 실천된다"를 주제로 기존의 평화전 형태가 아닌 '유니피스 평화챌린지'로 미니부스 및 패널 전시를 실시하였다.[04]

(2) 전시회

대학생으로 구성된 유니피스의 평화활동이 한국SGI의 독자적 평화활동이라면 SGI 차원에서 UN을 비롯한 국제기구, 세계 각국의 SGI와 협업해 실시하는 평화전시회는 일반시민 대상의 평화활동이다. 여기에는 〈핵무기 없는 세계를 향한 도전〉, 〈희망의 씨앗－변혁을 향한 발걸음〉, 〈변혁의 첫걸음－인권교육의 힘〉 展이 있다.[05]

〈핵무기 없는 세계를 향한 도전〉 전시는 이케다 SGI 회장이 1987년과 1989년, ICAN의 모체인 핵전쟁방지국제의사회(IPPNW) 공동 설립자 버나드 회장과 회견할 당시, 시민교육은 특히 청년에게 초점을 맞춰야 한다는 인식에 일치해 ICAN이 SGI에 협력을 요청하여

04 한국SGI 대학부 담당자의 회신(2025년 1월 9일).
05 이하 각 전시의 구체적인 내용은 한국SGI 홈페이지를 참고해 작성.

공동 제작한 것이다. 이 전시는 세계 19개국 80개 도시를 순회하며 이루어졌고, 국내에서는 2014년과 2015년에 걸쳐 3회의 전시를 개최했다.

〈희망의 씨앗-변혁을 향한 발걸음〉 전시는 2002년 요하네스버그에서 열린 "지속가능한 개발을 위한 세계정상회의 환경개발서밋"의 목표를 세계적으로 전파하기 위한 전시로 세계 27개국, 13개 언어로 번역해 개최한 것이다. 국내에서는 2013년부터 2016년까지 총 7회에 걸쳐 이루어졌으며, 인간의 욕망으로 인해 훼손된 지구환경에 대해 알리고 지속가능한 미래를 목표로 우리가 구체적으로 할 수 있는 실천 방법을 소개, 근본적인 해결책은 환경에 대한 무관심에서 벗어나 환경 보전을 위해 행동하는 한 사람 한 사람의 긍정적인 변화라는 점을 강조하였다.

〈변혁의 첫걸음-인권교육의 힘〉 전시는 UN이 2011년 인권교육의 국제적인 기준을 처음으로 마련한 "인권교육과 연수에 관한 UN선언"을 기반으로, 구체적이고 실천적인 인권교육 운동 방안을 제시하고자 기획된 것이다. 2017년 스위스 제네바를 시작으로 캐나다, 호주, 일본을 거쳐 한국에서 2019년에 2회 개최하였다. 전시에서는 서로의 다양성과 존엄성을 소중히 생각하는 인권문화 함양과 이를 위한 인권교육의 중요성, 세계 각국의 사례들을 소개한 패널 전시를 비롯해 체험존, 인권영화 상영 등이 이루어졌다.

2) 문화

한국SGI는 서로를 신뢰하며 조화로운 사회가 되기 위해서는 문화를 통한 인간주의 확산이 중요하다고 여긴다. 이에 산간벽지의 학교와 각 지자체에서 '해돋이 음악여행', '다문화 가족을 위한 음악회',

'패밀리 콘서트', '시민과 함께하는 희망음악회' 등 크고 작은 음악회를 통해 문화적 혜택을 누구나 누릴 수 있게 노력하고 있다. 현재까지 시행한 음악회는 300여 회가 넘고 매년 각각 10회 이상의 공연이 시행되고 있는데, 이러한 활동은 한국SGI 내 문화예술그룹의 회원들이 주로 담당하고 있다.

| 표 3 | 한국SGI 문화예술그룹 현황

명칭(결성 연도)	주요 활동
푸른빛 합창단 (1987년)	• 여자부 합창단, 여성의 섬세함을 통해 이웃에게 희망과 용기를 전달하고자 창단 • 2006년 세계합창올림픽 은메달, 2013년 부산국제합창제 은상 등
아리랑 고적대 (1989년)	• 여중고 마칭밴드, 학업 · 건강 · 효도 등 모든 면에서 성실한 인재로의 성장을 목표로 창단 • 문화관광부장관기 전국마칭밴드경연대회 2003년 최우수상 수상 등
한강 윈드 오케스트라 (1989년)	• 남자부 윈드 오케스트라, 음악을 통한 인간 존중의 문화활동을 전개하고자 창단 • 2005년 제주국제관악제 초청공연, 2013년 대한민국국제관악제 등 참가
빅토리아 윈드 오케스트라 (1997년)	• 여자부 윈드 오케스트라, 음악으로 희망과 행복의 음률을 전하기 위해 창단 • 2005년 충주세계무술축제 초청공연, 2011년 대한민국동호인관악단 경연대회 1위 등
해돋이 합창단 (1997년)	• 초등학교 4~6학년의 남녀어린이 합창단, 희망의 세기를 만들어 갈 어린이들의 재능발굴과 평화의 마음을 키우기 위해 창단 • 1999년 세계NGO 대회 개막식 공연, 2005년 APEC 부산국제합창제 동상 등

라이온 코러스 (2001년)	• 장년부 합창단, 사람과 사회에 풍요로운 생명의 하모니를 선사하기 위해 창단 • 2013년 대통령상전국합창경연대회 은상 등
글로리아 챔버 오케스트라 (2001년)	• 혼성 챔버 오케스트라, 전문 실내악 연주가 그룹으로 창단 • 문화소외지역에 찾아가는 연주, 기획연주회 등 다양한 재능나눔으로 후진양성과 교육 등 항상 대중과 함께하고자 창단
피스싱어즈 (2003년)	• 부인부 합창단, 생명을 지키고 정성스럽게 키우는 어머니의 따뜻한 마음처럼 아름다운 하모니로 사람들의 마음에 평화를 심기 위해 창단 • 2006년 충주세계무술축제 초청공연, 2011년 거제전국합창경연대회 동상 등
신세기파이오니아 윈드앙상블 (2000년)	• 남자 중고생 윈드앙상블, 음악으로 사람과 사람의 마음을 연결하여 평화로운 세계를 만들어 가겠다는 꿈을 가진 청소년들로 구성하여 창단 • 정기연주회, 향상음악회, 2014년 고양호수예술축제 초청공연 등
태극취타대 (2006년)	• 장년부 취타대, 우리 민족의 전통문화를 계승, 발전시키고 문화 운동을 전개하기 위해 창단 • 2012년 세계사물놀이 겨루기 버금상 수상, 각종 초청공연 등
글로리아 리틀 챔버 오케스트라 (2006년)	• 초등학교 남녀어린이 챔버 오케스트라, 태양처럼 빛나는 소년소녀들이 아름다운 선율을 통해 세상을 밝게 비추자는 의미를 담아 창단 • 향상음악회, 송년음악회 등
평화예술단 '연' (2010년)	• 전통예술분야(무용, 기악) 전공자로 구성하여 창단 • 2012년 세계사물놀이겨루기한마당 금상, 2014년 국립민속박물관 초청공연 등

자료: 한국SGI 홈페이지, 2014 한국SGI 송년 음악회 리플렛 참고하여 작성.

3) 교육

한국SGI에는 전국 1천 명 내외의 교육부원으로 구성된 교육부를 두고 있는데, 학교교육 분야(초등학교, 중학교, 고등학교, 특수학교), 유아교육 분야(보육원, 어린이집, 유치원), 사회교육 분야(각종 학원, 교육원, 연수원, 상담실), 교육기관의 행정업무 분야의 기간제 및 전직과 현직을 포함하며, 전직의 경우 본인의 의견을 존중해 구성하고 있다.[06] 교육부는 "청년학회 품에서 미래부 육성 · 교육 현장에서 창가교육 실천"을 모토로 '평화를 위한 교육', '행복을 위한 교육'을 넓히는 것을 목표로 한다. 교육부원들은 일상에서 창가교육 실천활동을 하면서 연 1~2회 실시하는 교육부 일일연수에서 각자의 체험을 공유하며 서로 촉발한다. 또한 법련, 화광신문, 미래부 신문에 '초등, 중등, 고등 자녀의 이해와 조언', '사춘기 자녀에 대한 이해와 조언', '부모의 경험과 자녀 이해를 위한 실천방안', '영유아기 감정 코칭' 등의 다양한 주제로 저술활동을 한다. 또한 (학교)상담교사 및 (전문)심리상담가가 권(圈) 또는 방면(方面)에서[07] 부모 또는 중·고등학생 회원과 회우를 대상으로 집단상담 또는 개인상담을 실시한다.

전문 교육인이 아닌 일반 회원들이 중심이 되는 학부모 세미나는 2009년부터 실시되었는데, 교육 현장에서 창가교육 · 인간주의 교육을 실천한 다양한 사례를 공유하는 행사이다. 이를 통해 학부모 스스

06 교육부 소개 및 구체적인 활동 현황 파악은 한국SGI 교육부 담당자와의 서면 질의 · 응답으로 이루어졌다(서면 질의 · 응답 기간: 2025.01.10.~2025.01.13.).

07 한국SGI 조직의 기본 단위는 반(班)이다. 3~5개의 반이 모여 1개 지구(地區)를 형성하고, 3~5개의 지구가 모여 1개 지부(支部)가 된다. 지부는 대개 면, 동 단위로 구축되어 있는데, 이러한 지부가 3~5개 모여 지역(地域)을 이루고 지역이 3~5개 모인 것이 권(圈)이다. 3~5개의 권이 모이면 1개 방면(方面)이 된다. 2024년 12월 말 기준으로 한국SGI에는 155개 권, 49개 방면이 있다(한국SGI 홈페이지 참고하여 작성).

로가 '창가교육자(創價敎育者)'라는 자각으로 아이들에게 올바른 가치관을 확립해 사회에 공헌하는 인재로 육성시킬 것을 다짐한다. 2015년부터는 (사)무궁화복지월드 주관으로 '좋은 아버지, 좋은 부모되기'와 '어린이가 행복한 세상 만들기' 세미나를 한국SGI 각 권에서 활발하게 시행하고 있다.

한편 한국SGI는 2004년 6월 학교법인 '창가 학원'을 설립하고 2008년 3월 '자신과 타인의 행복'을 위해, 끊임없이 가치를 창조하는 어린이로 성장시키는 것을 목적으로 '행복유치원'을 설립하였다. 행복유치원에서는 세계 여러 나라의 명화와 음악 감상, 해외 소카유치원생들과의 교류 등을 통해 다문화 교육을 실시, 연령별 1인 1악기 배우기, '행복 도서관'을 활용한 독서교육으로 창의성 교육을 진행한다. 한국SGI 본부 차원에서는 2002년부터 매년 국내 초·중·고등학생 대상으로 독서의 소중함을 일깨우는 나우리문예제를 개최하고 있으며, 중등부 영어스피치 대회, 소년 · 소녀 희망회화공모전을 개최하고 있다.[08]

4) 환경 및 복지

한국SGI의 공익활동은 1970년대 환경 분야에서 '국토대청결운동'을 전개한 것에서 그 모태를 찾을 수 있다. 당시만 해도 왜색종교라는 사회적 편견을 극복하고 완화하기 위해 사회공헌활동을 해야 한다는 일종의 의무감에서 시작된 것이었다. 1980년대에 들어서는 나무심기, 농촌 일손돕기, 재해복구활동, 전시회, 문화제 등으로 공익활동의 형태가 다양해졌으며, 2000년 이후에는 전국에 걸쳐 광범위한 공익활동을 전개하기 시작했다(박상필, 2018: 22-23). 1970년대부터 실

08 행복유치원 및 본부 차원의 현황은 한국SGI 홈페이지 참고하여 작성.

천한 국토대청결운동은 보여주기식의 행사에 그치지 않고 진정한 시민운동으로 자리매김하면서 일상생활 속에서 환경사랑과 국토사랑의 의미를 넓히고 있다. 이러한 활동 속에 한국SGI는 대통령 표창을 비롯한 환경부장관 표창, 행정자치부장관 표창 등 전국의 자치단체 및 사회단체, 교육기관, 문화예술단체로부터 500개가 넘는 표창을 받았다. 특히, 2015년에는 더욱 체계적인 봉사활동 및 복지사업을 전개하기 위해 사단법인 무궁화복지월드를 설립하여, 아동의 권익 보호를 위한 각종 세미나와 캠페인 등 의식개혁 사업 추진, 취약계층 나눔사업 및 교육문화사업 추진, 봉사단(2023년 12월 기준 전국 128개)을 통한 지역별로 특화된 사회공헌활동 등을 활발하게 실천해 가고 있다(무궁화복지월드, 2023: 12). 전국의 각 권에서도 좋은 시민으로서 역할을 다하기 위해 환경정화활동, 이웃돕기, 도서기증 등의 활동을 실천하고 있으며, 각 지역의 실정에 맞게 지자체 등과 연계해 독거노인돕기, 이미용 자원봉사, 수재민돕기, 농번기 지원활동 등 다양한 형태로 지역발전을 위한 공헌활동을 펼치고 있다. 또한 '어린이가 행복한 나라 만들기' 후원의 밤을 개최해 매년 국내 3만 3천여 명의 결손가정의 어린이와 50만 7천여 명에 이르는 학대받는 아동에게 도움을 주는 등 한국SGI의 사회공헌활동 횟수는 공식 집계만 한 해 1백 회가 넘는다.[09]

2. 한국SGI 공익활동의 특징

한국SGI의 공익활동 현황을 통해 두 가지 특징을 발견할 수 있는데, 첫째는 시설의 설립 · 운영이 아닌 행사 위주의 활동이라는 것이고, 둘째는 이러한 행사들은 '한 사람의 내면의 변화'를 이끄는 데 모

09 환경 및 복지분야의 사회공헌활동 현황은 한국SGI 홈페이지 참고하여 작성.

적이 있다는 것이다. 앞서 살펴본 현황에 따르면, 행복유치원을 제외하고 공익활동을 위한 별도의 시설은 찾아볼 수 없다.[10] 요양원이나 복지관 등의 특별한 시설을 두지 않고 전시회, 세미나 등의 행사 위주로 이루어지고 있다. 전시회의 경우 유니피스평화전은 한국SGI가 독자적으로 주최하는 행사로 매년 전국적으로 이루어지고, 국가별 SGI가 연합하여 개최하는 전시회도 종종 실시하고 있다. 일찍이 SGI는 세계 각국에서 '핵 위협전'이나 '전쟁과 평화전' 등의 전시회를 개최해 왔다. 당시 영상매체가 발달하지 않은 상황에서 눈으로 배우는 시각적 효과와 한 번에 전체를 배우는 일관성이라는 관점에서 전시회는 효과적인 시민교육의 수단 중 하나였기 때문이다(이케다 · 로트블랫, 2020: 66). 이후 전시회는 SGI 평화활동의 전통으로 자리 잡았고 한국SGI 또한 이 영향을 받았다고 사료된다. 로마클럽 전(前) 공동회장인 바이츠제커(Ernst U. von Weizsacker)는 SGI가 추진하는 다양한 전시활동에 대해 종교적 · 사상적 · 정치적 신념을 가진 광범위한 사람들을 결집해 평화창조에 힘쓰는 다수파를 형성해 가기 위해 꼭 필요한 활동이라고 평가한 바 있다(이케다 · 바이츠제커, 2023: 64).

한편 한국SGI의 문화와 교육활동을 살펴보면, 각 분야에 부합하는 활동을 하면서도 궁극적으로 평화를 지향한다는 공통된 특징이 있다. 이와 관련해 이케다는 다음과 같이 언급하였다.

> **민중과 민중의 마음의 유대는 눈에는 보이지 않습니다. 그러나 보이지 않기 때문에 강합니다. 무형(無形)이기 때문에 보편적 · 항구적인 유대**

10 한국SGI는 2007년 4월 29일 이천평화공원, 2021년 8월 24일 청도평화공원을 설립했는데, 이는 봉안시설과 휴식공간을 겸비한 추모공원에 해당해 일반적인 공익활동을 위한 시설로 보기 어렵다고 판단된다.

입니다. 그것을 형성하는 것은 인간의 정신에다 '영원', '보편'을 향해 비상하는 날개를 달아주는 '문화'의 광채입니다. 그중에서도 특히 '교육'은 인간이 갖는 무한한 가능성을 열어, 사람과 사람 사이에 '평등성', '공감'의 유대를 길러줍니다. 그런 '문화', '교육'의 교류만이 민중유대를 영원하게 하는 근본적인 힘이 될 것입니다(이케다, 1990년 5월 28일, 베이징대학교 강연문; 이케다, 2021: 324 재인용).

환경 및 복지 영역에서는 다른 시민사회단체 및 종교단체와 마찬가지로 일반적인 활동들을 실시하는 데 반해, 한국SGI가 주요 활동으로 제시하는 평화 · 문화 · 교육 활동에서는 '한 사람'의 의식개혁을 궁극적인 목적으로 삼는다. 불전(佛典)에 "성불사(聲佛事)를 함(어의구전, 어서 708쪽)"이라는 구절이 있는데,[11] 이는 말하는 것 외에 인간의 마음을 바꿀 방법이 없음을 의미한다. 인간의 마음을 바끄는 의식개혁은 대화를 통해서만이 가능하므로 한국SGI의 공익활동은 일대일 대화, 좌담회, 공개 세미나 등을 중심으로 이루어지는 것이다. 즉, 한국SGI의 공익활동은 단순 기부와 봉사활동도 다수 존재하지만, 주요 활동들은 대화를 통해 상대방의 인식을 변화시키는 활동들이며 궁극적으로 평화에 기여할 목적으로 시행되는 것으로 요약할 수 있다.

11 어서(御書)는 니치렌이 집필한 저서로 크게 법문을 설한 논문과 제자 단나(檀那, 자비심으로 조건 없이 절이나 승려에게 물건을 베풀어 주는 일. 또는 그런 일을 하는 사람)에게 보낸 서간문(書簡文)으로 구성되어 있다.

Ⅳ. 한국SGI 공익활동의 사상적 배경

1. SGI 조직이념

SGI는 불법을 기조로 하는 평화 · 문화 · 교육에 대한 교육을 지향하고 인간주의에 기초한 인류사회 공헌을 결의하며 SGI 헌장을 제정해 1995년 11월 23일에 이를 선언하였다.[12]

> 우리들 창가학회 인터내셔널(이하 'SGI'라고 한다.)의 모든 구성 단체 및 구성원은 불법을 기조(基調)로 하는 평화 · 문화 · 교육에 대한 공헌을 지향해 간다. … 日蓮(니치렌) 대성인의 불법은 인간 생명의 한없는 존엄성을 설하고 모든 사람을 포용하는 자비와 어떠한 곤란도 극복하는 지혜를 가져오는 법(法)이다. 그리고 이 지혜는 인간정신의 창조성을 개척하여 인류사회가 직면하는 어떠한 위기도 극복하여 평화롭고 풍요로운 공생(共生)의 인류사회를 실현할 수 있다는 것을 설하는 '인간주의'의 법이다. 우리들 SGI는 이 '인간주의'에 기초한 '세계시민의 이념', '관용정신', '인권존중'을 드높이 내걸고 비폭력과 대화로써 이러한 인류적 과제에 도전하여 인류사회에 공헌할 것을 결의하며 여기에 다음과 같이 목적 및 원칙을 확인하여 이 SGI 헌장을 제정한다.

SGI 헌장을 제정하는 위의 선언문에서는 SGI가 평화 · 문화 · 교육 활동을 통해 사회에 공헌한다는 점, 공생의 인류사회 건설을 추구

12 한국SGI 홈페이지(https://ksgi.or.kr/sgi/history/history03.ksgi, 검색일: 2025. 03.16.)

한다는 점, 대화를 통한 인간주의 정신 확산을 도모하려 한다는 점을 알 수 있다. 선언문과 더불어 발표한 SGI의 '목적 및 원칙'에는 10개 항목이 제시되었는데, 국가별 SGI의 활동 방향(종교적 측면은 3, 4번 항목, 사회적 측면은 1, 5, 6, 9, 10번 항목)과 SGI 회원이 지켜야 할 덕목(2, 7, 8번 항목)으로 구분할 수 있다. 한국SGI를 소개하는 책자 및 홈페이지 등에 이 헌장이 제시되는 것으로 보아, 한국SGI 또한 이를 바탕으로 종교활동을 비롯한 공익활동을 추진하고 있음을 알 수 있다. 이후 이 헌장을 개정하여『창가학회 사회헌장』이 2021년 11월에 새롭게 제정되었다. 그 배경에는 시대와 사회가 크게 변화하고 안전보장, 인권, 환경 등 다양한 분야에서 새로운 과제가 제시되고 있다는 점, 2017년에 전 세계 창가학회 회원의 최고법규인 '창가학회 회헌(會憲)'이 제정된 점을 감안해 창가학회의 사회적 존재 의의, 활동이념 그리고 행동규범을 새로이 명시할 필요성이 제기되었기 때문이다(화광신문, 2021년 12월 3일, 4면).

| 표 4 | 창가학회 (사회)헌장의 목적 및 행동규범

	1995년 11월 제정	2021년 11월 제정
1	SGI는 생명존엄의 불법을 기조(基調)로 전 인류의 평화 · 문화 · 교육에 공헌한다.	창가학회는 불법의 생명존엄관을 기조로 평화 · 문화 · 교육에 공헌한다.
2	세계시민의 이념에 기초하여 어떠한 인간도 차별하지 않고 기본적 인권을 지킨다.	풀뿌리 대화와 교류로 니치렌 불법에 대한 이해를 촉진하고 한 사람 한 사람의 행복 실현에 공헌한다.
3	신교(信敎)의 자유를 존중하고 이것을 끝까지 지킨다.	사상, 양심, 신교(信敎)의 자유를 존중하고 이를 촉진한다.

4	인간교류를 기조로 하여 니치렌 대성인 불법의 이해를 넓히고 각자의 행복 달성에 기여해 간다.	불법의 관용정신을 바탕으로 타종교의 전통과 철학을 존중하며 인류가 직면한 근본적인 과제를 해결하기 위해 대화하고 협력한다.
5	각 가맹단체의 멤버가 각각의 나라 · 사회의 좋은 시민으로서 사회의 번영에 공헌하는 것을 목표로 한다.	각지의 문화와 풍습 그리고 각 조직의 주체성을 존중한다. 각 조직은 각국, 각 지역의 법령을 준수하여 활동을 추진하고 좋은 시민으로서 사회에 공헌한다.
6	각 나라의 실정에 입각하여 각 가맹단체(각국 조직)의 자립성과 주체성을 존중한다.	평화를 추구하고 핵무기 없는 세계를 실현하는 데 진력한다. 또 공정하고 지속가능한 개발에 공헌한다.
7	불법의 관용의 정신을 근본으로 타종교를 존중하고, 인류의 기본적 문제에 대해 대화하여 그 해결을 위해 협력해 간다.	인권을 옹호하고 촉진한다. 누구 하나 차별하지 않고 모든 형태의 차별에 반대한다. 또 양성평등의 실현과 여성의 임파워먼트 추진에 공헌한다.
8	각각의 문화의 다양성을 존중하고, 문화교류를 추진하여 상호 이해, 협조하는 국제사회의 구축을 지향해 간다.	문화의 다양성을 존중하고 문화 간 교류에 공헌하여 전 세계 사람들의 상호 이해와 협조를 촉진한다.
9	불법의 공생(共生) 사상에 입각하여 자연보호, 환경보호를 추진한다.	지속가능한 세계를 미래 세대에 남기기 위해 기후위기에 대처하는 동시에 지구 생태계 보호에 힘쓴다.
10	진리의 탐구와 학문의 발전을 위해 또 모든 사람들이 인격을 도모하고 풍부하고 행복한 일생을 향수하기 위한 교육의 흥륭에 공헌한다.	교육, 학습, 학문의 향상을 촉진하는 동시에 모든 사람이 인격을 도야하여 공헌하는 인생, 행복한 인생을 누리는 것을 목표로 한다.

2. 조직이념의 토대가 되는 교리

1) 사상으로서 인간주의

한국SGI는 “인간주의 철학을 바탕으로”라는 표현을 많이 사용하는데, 정작 ‘인간주의’에 대해서는 ‘인간 중심’ 혹은 ‘생명존엄’과 같이 짧은 단어로 이를 설명하는 경향이 있다. 인간주의(人間主義)의 사전적 의미가 “인간의 존엄성을 최고의 가치로 여기고 인종, 민족, 국가, 종교 따위의 차이를 초월하여 인류의 안녕과 복지를 꾀하는 것을 이상으로 하는 사상이나 태도(표준국어대사전)”인데, 이러한 정의는 인간 중심의 관점으로 해석될 여지가 있다. 성경에 “땅을 정복하라, 바다의 물고기와 하늘의 새와 땅에 움직이는 모든 생물을 다스리라(구약성서, 창세기 1장 28절).”라는 구절이 단순히 인간을 중심으로 하는 인간주의로 해석되어 많은 논쟁이 있었던바, 한국SGI에서 제시하는 ‘인간주의’ 철학은 무엇을 의미하는지 상세히 살펴볼 필요가 있다. 이를 위해 앞서 제시한 SGI 헌장의 선언문, 목적 및 행동규범을 토대로 최근 3년간(2022년 5월~2025년 3월) 한국SGI의 기관지인 화광신문 기사 중 ‘인간주의’가 포함된 전체 기사 248건을 검토해 인간주의를 정의하는 문장에서 가장 많이 활용된 핵심 단어를 살핀 결과, 만인존엄(萬人尊嚴) · 동고(同苦) · 공생(共生)의 세 가지 개념을 도출하였다.

(1) 만인존엄(萬人尊嚴)

법화경에는 ‘일체중생의 성불(成佛)’을 가능케 하는 법리가 설해져 있다. 그것은 모든 생명에 불계(佛界)의 생명이 갖추어져 있다는 법리이다. 다시 말해 만인에게 부처가 될 수 있는 가능성인 불성(佛性)이 있다는 것이다(창가학회교학부 편, 2003: 84). 법화경 방편품 제2에는

"제불(諸佛) 세존은 중생에게 불지견(佛知見)을 열어서, 청정함을 얻게 하려고 세상에 출현하시느니라(묘법연화경병개결 121쪽)."라는 구절이 있다. 불지견을 연다(開)는 '개불지견(開佛知見)'은 법화경이 만인성불의 경전임을 상징한다. '열다'의 의미는 이미 중생 안에 불지견이 존재함을 의미하는데, 이는 중생이 스스로 자신 안에 있는 부처의 생명, 즉 무한한 가능성을 열어 부처라는 가장 존귀한 존재가 될 수 있다는 뜻이다. 또한 방편품 제2의 "여아등무이(如我等無異)"라는 구문은 "나와 같이 동등하게 하여 다름이 없게 하리라."는 뜻으로 모든 사람을 석존과 똑같은 부처의 경애로 높이고 싶다는 염원이 담겨 있다. 니치렌 불법이 설한 성불은 한 사람 한 사람이 자신의 가슴 속에 그 어느 것에도 무너지지 않는 행복 경애를 구축하는 것이다. 그것을 자신이 살아 있는 일생 동안에 실현할 수 있으므로 '일생성불(一生成佛)'이라 한다(세이쿄신문사 교학해설부, 2009: 13-14). 만인성불 사상은 모두가 부처의 생명을 열어 부처가 될 수 있으므로 인간에 대한 끝없는 존경의 마음을 가져야 한다는 사상이기도 하며, 이는 한국SGI의 '한 사람을 소중히'하는 정신으로 이어진다.

(2) 동고(同苦)

용수(龍樹)는 『대지도론』에서 자비의 본질에 대해 "대자(大慈)는 일체중생에게 낙(樂)을 주고, 대비(大悲)는 일체중생의 고(苦)를 뽑는다."라고 했는데, 불법에서 자비는 '발고여락(拔苦與樂)'을 의미한다. '발고(拔苦)'는 인간 생명에 잠재하는 고뇌의 근본 원인을 제거한다는 뜻으로 '발고'는 동고를 토대로 할 때 가능하다. 동고는 단순한 '동정'이 아니며 동고의 실천은 상대적 우위에 있는 사람이 약자를 돕는 차원이 아니라, 같은 인간으로서 '고통받는 사람들 곁으로 들어가 함께 나아간다.'라는 동반자의 개념이다. 고뇌하는 상대방의 신음을 나의 아픔으로 공감하는 입장에 서서 그 고뇌를 근본적으로 제거하는 것이다. 이처럼 대승불교의 보살도는 모든 사람의 '고'에 공감하고, 함께 고뇌를 극복해 '낙(樂, 행복)'의 탐구를 지향한다(이케다 · 찬드라, 2016: 265). 이케다는 "만인이 민중구제를 위한 자비(자애하고 동고하는 부처의 생명)의 행동가가 되는 것"이 불교의 근간을 이루는 원리이며 "한 사람에게 어떻게 평화의 씨앗을 심고 키우는가."라는 인식의 변화로부터 출발해야 한다고 강조한다. 이를 위해 한국SGI는 한 사람 한 사람을 격려하고 좌담회에서 동고(同苦)와 연대 의식을 전하며 평화를 위한 마음을 넓히는 활동을 하고 있다.

(3) 공생(共生)

불교에서 공생은 연기(緣起)를 뜻한다. 연기설은 불교의 전통적인 사고방식으로 사회현상이든 자연현상이든, 무엇인가의 '연(緣)'에 의해서 '일어나는' 것이며, 그 자체만으로 존재하는 것은 아무것도 없다는 뜻이다. 인간계든 자연계든 단독으로 존재하는 것은 없으며 모든 것이 서로 연이 되면서 현상계를 형성하고 있다. 이처럼 대승불교의 자연관은 인간과 자연의 관계를 의정불이(依正不二)로 보는데, 의보(依報, 일체의 환경)와 정보(正報, 인간생명)는 떼려야 뗄 수 없는 깊은 유대로 이어져 있다는 생명관을 말한다. "대저 시방(十方)은 의보(依報)이고 중생(衆生)은 정보(正報)니라. 비유하면 의보(依報)는 그림자와 같고 정보(正報)는 체(體)와 같으니라. 신(身)이 없으면 그림자도 없고 정보(正報)가 없으면 의보(依報)도 없다. 또 정보는 의보를 가지고 이를 만드느니라(서상어서, 어서 1140쪽)."라는 구절은 자연환경을 소중히 하는 일이 생명의 존엄성을 빛내는 데 필수임을 시사한다(이케다 · 세레브로프, 2010: 187; 이케다 · 바이츠제커, 2023: 152, 207). 의정불이는 생명의 실상(實像)이므로 다른 생명에 상처를 입히거나 국토와 사회가 혼란해지면 결국 인간 생명이 혼탁하게 된다. 반대로 인간의 생명이 혼란해지면 사회와 국토가 혼란하게 된다. 불교에서 보면 연기나 의정불이 사상의 본질은 "타인의 행복 없이 나의 행복도 없다."라는 말로 응축할 수 있다.

2) 실천으로서 보살행

법화경 상불경보살품 제20에는 '모든 사람이 부처'임을 상징하는 불경보살(不輕菩薩)의 일화가 설해져 있다. 불경보살은 만나는 모든 사람에게 "나는 깊이 그대들을 존경하며, 감히 경멸하지 아니하느니라. 그 까닭은, 그대들은 모두 보살의 도(道)를 행하여 마땅히 작불(作佛)할 수 있기 때문이니라(묘법연화경병개결 557쪽)."라고 말하며 예배했다. 이 말을 한문으로 표현하면 24문자이므로 '24문자의 법화경'이라고도 한다. 이러한 불경보살에게 사람들은 지팡이나 몽둥이로 때리기도 하고 돌을 던지기도 했다. 불경보살은 그 사람들에게도 예배행을 멈추지 않았고 재빨리 피해 달아나 멀리서 다시 24글자를 계속 말하기도 했다. 불경보살을 경멸하거나 박해한 사람들은 오랫동안 지옥에 떨어져 그 죄를 소멸한 후에 재차 불경보살의 교화를 받고 성불할 수 있었다고 설한다(창가학회 편, 2000: 160). 불경보살의 일화는 두 가지를 시사하는데 첫째는 상대방의 불성을 끝까지 믿어야 한다는 것이고, 둘째는 어디까지나 비폭력적인 방법으로 '대화'해야 한다는 것이다. 첫째는 만인성불과 관련된 것이고 둘째는 구체적인 행동 지침을 제시하는 것으로 한국SGI가 좌담회를 비롯한 일대일 개인대화와 격려활동을 강조하는 활동으로 이어진다.

불법에서 설하는 '자비'란 좋다든가 싫다고 하는 인간의 자연스러운 감정을 억지로 억압하는 것이 결코 아니라, 비록 "싫은 사람일지라도 자신의 인생의 가치를 간직하고 있으며, 자신의 인간성을 깊이 있게 해 주는 사람이 될 수 있다."라는 가능성에 눈 뜰 것을 호소하는 것이다. '지혜'와 '용기'와 '자비'를 갖추고 끊임없이 타인을 위해 행동하는 인격이 '보살'이며, 그런 의미에서 '보살'이란 시대를 초월하여 지구시민의 모델을 제시하고 있다고 할 수 있다(이케다, 1996년 6월 13일 컬럼비아대학교 강연문; 이케다, 1999: 60-61 재인용). 보살의 삶을 실천하는 사람들은 외부의 강요에 의해서가 아닌, 스스로의 맹세에 의해 행동하는 자발 능동적이며 내발적인 삶의 태도를 가지고 있다. 이케다가 인간혁명[13]의 실천 방법으로 보살도의 삶을 강조하는 이유는 인간이 인간으로서 가지는 권리와 의무를 지키는 것에 정해진 규범이 있는 것이 아니라, 타인이 인간답게 생활하는 것을 위협받았을 때, 같은 인간으로서 눈감아 버릴 수 없는 '내발적 정신', 즉 타인의 행복을 구축해 가는 속에 자신의 행복이 형성되는 인간혁명의 실천 모습이야말로 보살의 삶이기 때문이다(유재영, 2018: 232-233).

3) 규범으로 삼아야 하는 덕(德)

니치렌은 인류가 규범으로 삼아야 하는 덕(德)으로서 '주사친(主師親)의 삼덕(三德)'을 제시하였다. 주덕(主德)은 '사람들을 지키는 힘'으로 한 사람이라도 악도(惡道)에 떨어지게 하면 안 된다는 강한 '책임감'을 말하고, 사덕(師德)은 '사람들을 이끄는 덕'을 말하며, 친덕(親德)

13 인간혁명(人間革命)이란 자신의 생명이나 경애를 더욱더 변혁해 인간으로서 성장하고 향상하는 것을 의미한다. 창가학회 제2대 회장 도다가 이념으로 제시하고 3대 회장 이케다가 신앙의 지표로 삼았다(한국SGI 홈페이지).

은 '사람들을 육성하고 사랑하는 덕'으로 엄하지만 따뜻한 자비가 있다. 책임감과 지혜와 자비, 이 삼덕을 겸비한 사람이 부처이고 삼덕을 심간(心肝)에 물들이고 행동하는 사람이 보살이다(이케다 · 찬드라, 2016: 407–409).

니치렌은 삼덕을 바탕으로 올바른 사상과 철학을 사회의 규범으로 삼아(立正) 사회에 평화와 안정을 이룬다(安國)는 '입정안국(立正安國)'의 원리를 주장하였다. SGI는 입정안국의 정신을 바탕으로 핵무기 및 지구환경문제에 대처하고 문화와 교육의 교류를 통해 국가 간 우호를 추진하는 등 세계평화를 위해 행동하고 있다. 이는 '주덕'을 목표로 한 실천에 해당한다. 교육은 '사덕'을 키우는 실천이므로 SGI는 교육관련 다양한 행사 및 프로그램 운영뿐 아니라 직접 교육기관을 설립하고 있다. 문화활동은 '친덕'에 해당하는데, 문화는 사람들의 내면을 가꾸고 자양분을 주기 때문이다. 이에 SGI는 국가별로 다양한 문화예술그룹을 결성하고 일반시민, 특히 소외계층을 위한 무료공연을 실시한다. 즉, SGI의 평화 · 문화 · 교육 운동은 주사친의 삼덕을 가치창조의 원리로 삼아 사회에 실천하는 것이다(이케다 · 찬드라, 2016: 410–412).[14]

이케다는 1996년 6월 13일 미국 컬럼비아대학 강연에서 '세계시민'의 특성을 세 가지로 정의했는데(이케다, 1999: 59–60),[15] 세계시민

14 이케다는 가치 창조의 본질을 "자신의 존재의 의미를 찾아내고, 능력을 강화하여 어떠한 상황에서도 타인의 행복을 위해 공헌할 수 있는 역량"이라고 정의하였다(이케다 다이사쿠 홈페이지, https://www.daisakuikeda.or.kr/educator/educator0103.html, 검색일: 2025.03.16).

15 창가학회 초대회장 마키구치 쓰네사부로는 90년 전에 스스로 '세계시민의 한 사람'이라고 하였고, 2대 회장 도다 조세이는 1952년 2월, 청년부 제1회 연구발표회에서 "내 사상은 지구민족주의입니다."라고 말하며 '지구민족주의'를 제시하였다(이케다, 2006a: 546, 550). 이를 이어 3대 회장인 이케다 다이사쿠는 '세계시민' 정신을 강조하였다.

의 세 가지 특성이자 조건은 삼덕을 바탕으로 하는 보살도(菩薩道)의 삶이다. 첫째 조건은 모든 인간을 평등하게 지키는 '주덕'으로 인종 · 민족 · 문화의 차이를 두려워하거나 거절하지 않고 그 차이를 존중하고 이해하여 성장의 양식으로 삼는 용기 있는 사람이다. 둘째 조건은 생명의 상관성(相關性)을 깊이 인식하는 지혜로, 그 지혜는 전인격적인 관계에서 사람들의 생명 개화를 촉구하는 '사덕'에 통한다. 마지막 조건은 모든 사람을 자기 자식처럼 아끼고, 자신과 같은 높은 곳에서 육성하는 '친덕'이다. 친덕은 자신과 가까운 곳뿐만 아니라, 먼 곳에서 괴로워하는 사람들과도 연대를 맺는 자비로운 사람이 된다는 뜻이다. 보살은 이 삼덕을 중심으로 사회 속에서 사람들을 구제하고자 하는 존재이다(이케다 · 찬드라, 2016: 408-409).

| 표 5 | 주사친(主師親)의 삼덕(三德)과 SGI의 활동

	니치렌의 주사친의 삼덕	이케다의 지구시민의 조건	SGI의 활동
주덕(主德)	사람들을 지키는 힘	인종 · 민족 · 문화의 차이를 두려워하거나 거절하지 않고 그 차이를 존중하고 이해하여 성장의 양식으로 삼는 용기 있는 사람	평화활동
사덕(師德)	사람들을 이끄는 덕	생명의 상관성을 깊이 인식하는 지혜로 사람들의 생명 개화를 촉구	교육활동
친덕(親德)	사람들을 육성하고 사랑하는 덕	자신과 가까운 곳뿐만 아니라 먼 곳에서 괴로워하는 사람들과도 연대를 맺는 자비	문화활동

3. 지향점으로서 입정안국(立正安國)

니치렌의 생애에 걸친 행동은 '입정안국론(立正安國論)'으로 시작해서 '입정안국론'으로 끝난다고 일컫는다. 입정안국은 '정(正)'을 세워 나라를 안온케 한다는 의미로, '입정'은 '안국'의 근본 조건이고, '안국'은 '입정'의 근본 목적이다. '입정'이란 생명존엄 · 인간 존중 사상을 사회의 기본원리로 삼는 것이면서, 동시에 파사현정(破邪顯正)을 의미하기도 한다. 법화경의 만인성불 · 만인평등의 정신에 어긋나는 가르침은 인간의 유대를 분단시키는 주의(主義) 혹은 사상에 해당하고, 그러한 가르침은 차츰 사람들의 마음을 침식하면서 활력을 앗아간다. 그러한 '악'을 타파하는 대화를 통해 사람들의 생명에 깃든 근원적인 미혹을 물리치는 것이 파사현정이다. 따라서 '입정'의 목적인 '안국', 즉 나라를 안온케 한다는 것은 사회번영과 세계평화 그 자체를 말한다(이케다 감수, 2024: 15–17). 불교에 관해 400권 이상의 저서를 집필한 저명한 불교학자 찬드라(Lokesh Chandra)는 이케다와의 대담에서 입정안국에 대해 다음과 같이 말했다.

> **찬드라:** 니치렌 불법은 개개인의 구제뿐 아니라 사회 변혁을 설합니다. 사람들이 살아가는 국토에 불계를 현현(顯現)한다는 목표가 있습니다.
>
> **이케다:** 그것이 바로 입정안국(立正安國), 즉 '세계평화'입니다. 박사님께서 지적하신 대로 입정안국은 일념삼천(一念三千) 법문의 국토, 사회적 차원에서의 실현이라고 말할 수 있습니다. '사람들의 행복을 실현하기 위해, 모두가 살고 있는 사회를 변혁한다.' 그 행동과 실천도 당연히 '사(事)의 불법'에 포함됩니다.
>
> **찬드라:** 그렇습니다. 니치렌 대성인은 천태와 전교의 '이(理)의 불법'

과 자신의 '사의 불법'을 비교하면서, '행동함으로써 이 경(經)을 살리게 한다.'고 주장하셨습니다. '색독(色讀)', '신독(身讀)'입니다(이케다 · 찬드라, 2016: 342).

어서에는 "그대 모름지기 일신(一身)의 안도(安堵)를 생각한다면 우선 사표(四表)의 정밀(靜謐)을 기도(祈禱)해야 하느니라(입정안국론, 어서 32쪽)."라는 구절이 있는데, 이는 자기 생활의 안정과 일가족의 행복을 바란다면(일신의 안도) 세계평화와 나라의 안정을 기원해야 한다(사표의 정밀)는 뜻이다. 이케다는 2012년 SGI의 날 기념 제언에서 이 구절의 의의에 대해 '자기 자신만의 행복과 안전도 없고, 다른 사람만의 불행이나 위험도 없다.'는 생명 감각에 근거한 세계관을 확립해야 한다고 주장하는 것이라고 해석했다. 이기주의에 사로잡힌 작은 자신을 초월하고 극복해 다른 사람과 동고하고, 자타가 함께하는 행복과 세계평화를 기원할 수 있는 인간으로 자기변혁을 하는 것, 동시에 자기 스스로는 현실의 고뇌에 맞서 승리를 쟁취하면서 꿋꿋이 살아갈 힘을 이끌어 내는 것, 이러한 한 사람의 자기변혁이 더 나아가 한 나라, 그리고 세계의 행복과 번영을 가져온다는 원리가 바로 입정안국이다(이케다 감수, 2024: 413-415).

4. 사상적 배경이 공익활동에 미친 영향

한국SGI 공익활동의 사상적 배경이 되는 교리는 인간주의이며 구체적으로 만인존엄, 동고, 공생의 사상으로 구성되어 있다. 만인존엄 사상은 모든 사람의 내면에 가장 존귀한 부처의 생명이 있고 이를 열어서 나타내기만 하면 모두가 부처가 될 수 있다는 것이다. 한 사람 한 사람이 존귀한 부처이므로 존경받아야 하는 대상이 된다. 이는 한국SGI의 "한 사람을 소중히"라는 모토의 근거가 된다. 동고 사상은 상대방의 고통이나 아픔에 공감하고 함께 극복하여 즐거움과 행복을 향해 나아가는 실천이다. 자비의 마음에서 출발하는 동고 역시 눈앞의 한 사람을 소중히 하는 근거가 된다. 공생 사상은 인간과 인간, 인간과 환경의 공생 두 가지를 모두 일컬으며, 자신과 환경은 별개의 존재가 아니라 연(緣)에 의해 존재하는 하나의 현상이다. 만인존엄, 동고, 공생을 바탕으로 하는 인간주의는 모두 보살행으로 실천될 수 있다. 한국SGI에서 강조하는 보살행은 단순히 상대방에게 보시(布施)하는 것이 아닌 불경보살의 실천을 의미하는데, 상대방의 불성을 믿고 어디까지나 상대방을 존경하는 마음으로 대한다. 상대방이 부정적인 반응을 보이더라도 어떤 모욕이나 박해에도 견디며 "인욕(忍辱)의 갑옷을 입고(여설수행초, 어서 502쪽)" 끝까지 대화하고 납득시켜 가는 행동이다. 이러한 행동은 상대방이 고뇌에서 벗어나 행복한 삶을 살아가기를 바라는 자비심에 기반해야 가능하다. 요약하면 불경보살의 실천은 타인에게는 존경심, 자신에게는 자비심을 가지고 인욕의 수행을 거듭하는 것이다. 예컨대 "당신에게 부처의 생명이 이미 있습니다. 그것을 열기만 하면 됩니다."라고 했을 때 쉽게 믿지 않더라도 상대방을 존경하는 마음으로 스스로 자비심을 일으켜 냉담한 반응에도 굽히지 않고 끝까지 납득시켜 가는 일대일의 대화가 그것이다. 니치렌이 인류가 규범으로 삼아야 할 덕으로서 제시한 주사친의 삼덕은 각각 평화, 교육, 문화 활동으로 구현되고 있다. 이러한 한국SGI 공익활동이 지향하는 바는 인간주의를 바탕으로 사회가 번영하고 세계평화를 이룩하는 입정안국과 입정안세계(立正安世界)이다. 창가학회 2대 회장 도다 조세이는 이상의 내용을 '인간혁명(人間革命)'의 실천으로 달성할 수 있다고 하였다. 도다의 생애를 집필한 소설 『인간혁명』에는 "한 사람의 위대한 인간혁명은, 이윽고 한 나라의 숙명도 전환하고 나아가 전 인류의 숙명전환도 가능케 한다."는 유명한 구절이 있다(이케다, 2014: 15).

> **한 인간의 업의 전환은 타인의 업도 전환시킵니다. 그것이 지역과 사회로 확대되면 민족, 인류, 자연계의 숙명도 전환할 수 있습니다. 이것이 바로 우리가 목표로 하는 인간혁명 운동입니다. … 이 '인간혁명'의 드라마에서 장대한 '인류혁명', '지구혁명'의 물결이 일어나리라고 생각합니다(이케다, 1997: 157).**

앞서 한국SGI의 공익활동 현황에서 시설의 설립 · 운영이 아닌 행사 위주의 활동이 이루어짐을 확인했다. 이러한 행사의 궁극적인 목표는 '한 사람'의 내면의 변화를 이끌기 위한 것이다. 평화 부문에서 대학부 유니피스의 평화展과 SGI 차원의 전시회는 관람자로 하여금 스스로 인식의 변화를 가져오게 하는 활동이다. 문화부문에서 주로 비전공자인 한국SGI 회원들이 직접 문화예술그룹의 구성원이 되어 지역사회, 소외계층을 위한 공연을 시행하는 것은 스스로 문화사절단으로 성장해 연대 의식을 넓히고 조화와 평화의 마음을 넓히는 보살행을 하는 것이라 볼 수 있다. 교육과 관련해 이케다는 그의 저서 『인간교육을 위한 새로운 흐름』, 『교육의 세기를 향하여』, 『교육의 빛』, 『21세기 어머니와 자녀를 말한다(1~3권)』에서 아이들이 자라는 토양은 '가정'이므로 '가정교육'을 회복시켜야 한다고 일관되게 강조한다(이케다 · 조문부, 2017: 59). 문화 부문에서 문화예술그룹이 해당 영역의 활동을 전담하고 있다면, 교육 부문에서는 교육부 구성원뿐만 아니라 부모에 해당하는 일반 회원들이 각자의 가정에서 교육을 담당하는 교육자로 역할을 하는 등 개개인의 실천을 강조한다. 이처럼 한국SGI의 평화, 문화, 교육 활동은 표면적으로 각각 다른 형태로 수행되지만, 공통적으로 '한 사람의 내면의 변화', '한 사람의 실천'을 기반으로 한다. 조직단위 활동이 아니라 '종교'를 기반으로 각성한 한 사람 한 사람이 스스로 본인의 생활 속에서 평화 · 문화 · 교육의 주체자가 되어 활동하고 실천하는 것으로 귀결된다. 한국SGI라는 조직단위의 활동은 개인의 활동을 돕기 위한 부차적인 것에 지나지 않는다. 평화 · 문화 · 교육 활동의 주체자가 되기 위해서는 이러한 활동의 필요성을 납득시키는 것이 중요한 과제가 된다. 이 과제에 대해 한국SGI는 일대일 대화의 방식을 고수하고 있다.

> **보기에는 멀리 돌아가는 것처럼 보여도, '대화'를 통해 길을 하나하나 열어 가는 수밖에 없다. 대화를 통한 혼의 교류와 생명 오저의 촉발 없이는 인간의 마음을 진정으로 움직일 수 없다. SGI가 대화를 통해 끈기 있게 인간혁명 운동을 추진하는 이유도 바로 여기에 있다(이케다, 2006a: 559).**

이상의 논의를 종합하여 한국SGI 공익활동을 그림으로 정리하면 다음과 같다.

그림 1 ▶ 한국SGI 공익활동의 개념도

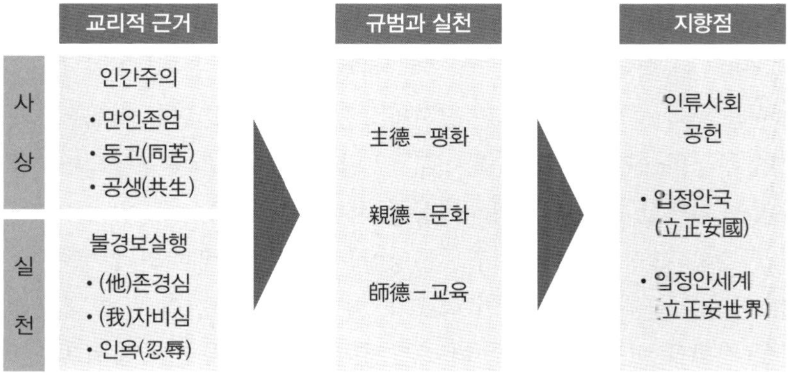

V. 나가는 말

이 글은 평화 · 문화 · 교육 활동을 전면에 내세운 한국SGI의 공익활동이 어떠한 양상으로 전개되고 있는지, 이를 뒷받침하는 교리는 무엇인지, 다양한 공익활동 중 왜 평화 · 문화 · 교육을 중심으로 하는지를 살피려는 시도였다. 한국SGI의 주요 공익활동을 요약하면 평화활동은 대학생을 비롯한 청년을 대상으로 하는 유니피스 평화활동과 일반 시민을 대상으로 하는 평화전시회로 이루어진다. 문화활동은 주로 비전공자인 회원들이 문화예술그룹에 소속되어 문화예술의 혜택을 누리지 못하는 소외계층과 주민을 주요 대상으로 실시하는 공연 등으로 전개된다. 교육활동은 교육 현장에 종사하는 교육부원이 각자 소속된 곳에서 창가교육을 실천하고, 일반회원들이 가정 내에서 교육자라는 자각으로 실천, 본부 차원에서 운영하는 공모전 등으로 이루어진다. 교육 분야에서는 학교법인 창가학원 행복유치원이라는 별도의 시설을 운영하고 있는데 한국SGI 회원이 아닌 일반 주민들도 이용할 수 있다. 이 외에 환경보호 및 정화 활동, 농촌 일손돕기, 취약계층 나눔사업 등의 사회공헌활동을 실시하고 있으며, 2015년에 설립된 사단법인 무궁화복지월드의 설립 이후 권 단위로 봉사단이 구성되어 지역사회와 연계한 각종 자원봉사활동을 시행하고 있다. 이러한 공익활동의 특징은 특정 시설의 설립 · 운영이 아닌 행사 위주의 활동이라는 점, 다양한 행사의 궁극적인 목표가 '한 사람'의 내면의 변화 혹은 인식의 전환을 이끌기 위한 것이라는 점이다. 여기서 한 사람의 내면의 변화는 자기 자신의 변혁에서부터 출발한다(인간혁명). 나아가 눈앞의 한 사람의 내면의 변화를 이끌기 위한 보살행으로 이어진다. 이를 가능하게 하는 수단은 '대화'이다. 평화활동 차원에서 실시하는 전시회에서는 도슨트의 설명이 필수적으로 이루어지는데, 유니피스 평화전이든 SGI 본부 차원의 전시회든 상당수의 회원이 도슨트가 되어 일대일 대화를 하는 듯한 설명을 제공한다. 문화활동의 경우 단지 공연을 제공하는 것이 아닌가 하는 의문이 들 수 있다. 사람과 사람을 잇고 마음과 마음을 통하게 하는 음악이 가진 우호의 힘, 평화의 힘은 헤아릴 수 없으며, 국가와 민족을 넘어서 마음의 문을 여는 '신묘한 열쇠'가 바로 음악이다(이케다 · 조문부, 2017: 102). 따라서 음악 등의 문화예술 공연은 또 다른 형태의 대화로 볼 수 있을 것이다. 교육활동의 경우 전문가에 해당하는 교육부원, 가정에서 교육자의 역할을 하는 부모가 모두 창가교육을 실천하는 주체자이다. 아이들의 행복을 최우선의 목표로 하는 창가교육의 성공 요소는 '학생을 보살피는 교사의 마음'과 '학생 한 명 한 명의 개성과 가능성을 개발하고 이해하려는 교사의 노력'과 같은 교사와 학생 간의 충실한 관계이다.[16] 이를 위해서는 교사와 학생 간에 흉금을 털어놓는 대화가 필수불가결하다. 한국SGI의 모든 공익활동은 '대화'를 근본 수단으로 하는데 "성불사(聲佛事)를 함(어의구전, 어서 708쪽)"의 구절처럼 말하는 것 외에 인간의 마음을 바꿀 방법이 없기 때문이다.

이러한 한국SGI의 공익활동은 만인존엄(萬人尊嚴), 동고(同苦), 공생(共生)의 인간주의를 바탕으로 하며, 법화경 상불경보살품 제20에 등장하는 불경보살과 같이 실천할 것을 강조한다. 한국SGI가 추진하는 평화 · 문화 · 교육의 활동은 니치렌이 인류가 규범으로 삼아야 하는 덕(德)으로 제시한 주사친(主師親)의 삼덕(三德)을 각각 구현한 것이다. 구체적으로 주덕은 평화, 사덕은 교육, 친덕은 문화로 구현되었다. 이를 통해 궁극적으로 지향하는 바는 생명존엄과 인간 존중 사상을 사회의 기본원리로 삼는 세상을 만드는 입정안국(立正安國), 입정안세계(立正安世界)이다. 한국SGI의 평화 · 문화 · 교육 활동은 공통적으로 한 사람의 내면의 변화, 한 사람의 실천을 기반으로 한다. 도다는 이를 인간혁명(人間革命)의 실천으로 달성할 수 있다고 보았다. 인간혁명은 자신의 변혁에서부터 출발한다. 나아가 내 주위 사람 즉, 눈앞의 한 사람 한 사람이 인간혁명의 실천을 통해 불성을 열고 행복해질 수 있도록 돕는다. 눈앞의 한 사람을 변화시키려면 일대일 대화가 가장 효과적 수단이기에 한국SGI의 공익활동은 본부 차원의 조직적 활동 중심이 아니라, 니치렌 불법의 인간주의를 토대로 각성한 한 사람이 본인의 생활 속에서 평화 · 문화 · 교육의 주체자가 되어 실천하는 것에 귀결된다. 따라서 한국SGI에게 일반적인 복지시설 등 특별한 시설을 설립 · 운영하는 것은 주요 관심사가 아니며, 주체자인 회원들

16 이케다 다이사쿠 홈페이지(https://www.daisakuikeda.or.kr/educator/educator_01_04.html, 검색일: 2025.03.16).

이 일상에서 평화 · 문화 · 교육 활동을 더욱 진전시키는 방안은 무엇인지가 주요 관심 대상이 된다. 따라서 평화 · 문화 · 교육 활동의 주체자를 육성하고 확산시키는 것이 중요한 과제가 된다.

이케다는 종교가 사회에서 동떨어져 오직 내세(來世)의 안온만을 원한다면 그것은 이미 죽은 종교이고, 진정한 의미에서 인간을 위한 종교가 아니라고 하였다(이케다, 2002: 295-296). 이에 한국SGI를 비롯한 세계 각국의 SGI는 헌장 및 행동규범에 근거해 해당 국가에서 좋은 시민이 되고 사회에 공헌하고자 노력한다. 역사적으로 종교단체의 공익활동은 종교가 다양한 사회문제를 등한시한다는 비판 혹은 자기반성에서 시작되었고, 종교가 사회에 어떻게 공헌할 수 있는가를 고민하는 관점에서 시작되었다. 반면에 종교단체로서 SGI는 오히려 사회에 적극적으로 공헌하지 않는 종교는 진정으로 인간을 위한 종교가 아님을 역설하면서 공익활동을 비롯한 사회 공헌이 종교의 사명이라는 관점에서 이를 수행하고 있다. 다만 그 수행방식이 교단 차원에서 직접적인 서비스를 생산하거나 시설을 운영하는 형태가 아니라, 평화 · 문화 · 교육의 각 영역에서 활약하는 각성된 한 사람을 육성하고 확산시킨다는 점이 다른 종교와 차별되는 특징이라 할 것이다.

■ 참고문헌

무궁화복지월드. 2023.『2023 무궁화복지월드 사업보고서』. 한국SGI.

박상필. 2000. “종교 단체의 공익 활동 내용과 교리적 근거: 기독교 단체와 불교 단체의 비교.”『현상과인식』24(3): 111-135.

______. 2018. “종교단체 공익활동의 교리적 배경과 조직 미션의 영향: 한국 SGI를 중심으로.”『종교연구』78(1): 9-43.

서동은. 2023a. “포스트-팬데믹 시대 종교의 공공성에 대한 고찰.”『한국종교』55: 9-34.

______. 2023b. “종교의 공공성 논의: 호세 카사노바의 공적 종교(Public Religion) 논의를 중심으로.”『평화와 종교』16: 161-181.

세이쿄신문사 교학해설부. 2009.『알기쉬운 기초교학』. 화광신문사 출판국 역. 화광신문사.

염승준. 2017. “종교적 공공성의 개념과 의미 고찰.”『원불교사상과종교문화』72: 7-36.

오세일. 2015. “한국천주교회와 사회참여: 제2차 바티칸 공의회로 인한 성찰적 근대화.”『한국사회학』49(2): 93-123.

원석조. 2006. “원불교와 가톨릭 사회복지의 비교 연구원불교와 가톨릭 사회복지의 비교 연구.”『원불교사상과종교문화』32: 347-386.

유재영. 2018. “이케다 다이사쿠 평화교육에 대한 고찰.”『조영식과 이케다 다이사쿠의 평화사상과 계승』. 조영식 이케다 다이사쿠 연구회 총서 1. 한국학술정보.

윤용복 · 고병철. 2022. “종교 공공성의 담론과 의제: 신앙, 성물과 성지.”『대순사상논총』43: 31-66.

이명호. 2018. “불교의 공익활동: 현황과 한계, 그리고 미래.”『NGO 연구』13(1): 99-132.

이선우. 1999. “민간부문의 사회복지와 종교기관: 가톨릭을 중심으로.”『월간 복지동향』 5: 18-22.

이원식 · 오주호. 2009. "종교사회복지의 현황과 원불교사회복지의 발전방안." 『원불교사상과 종교문화』 42: 157-196.

이케다 다이사쿠. 1997. 『평화를 위한 선택』. 손대준 역. 신영미디어.

______. 1999. 『人間革命의 世紀로』. 김원태 편. 중앙일보 J&P.

______. 2002. 『신 · 인간혁명 제4권』. 화광신문사 출판국 역. 화광신문사.

______. 2003 · 2004 · 2006. 『21세기 어머니와 자녀를 말한다(1~3권)』. 화광신문사 역. 화광신문사.

______. 2006a. 『은사 도다조세이 선생님』. 화광신문사 역. 화광신문사.

______. 2006b. 『교육의 빛』. 화광신문사 역. 화광신문사.

______. 2014. 『인간혁명(완결판) 제1권』. 화광신문사 출판국 역. 화광신문사.

______. 2017.『교육의 세기를 향하여』. 화광신문사 역. 화광신문사.

______. 2021. 『21세기 문명과 대승불교』. 화광신문사 역. 화광신문사.

이케다 다이사쿠 감수. 2024. 『입정안국론』. 화광신문사 역. 화광신문사.

이케다 다이사쿠 · 로케시 찬드라. 2016. 『동양철학을 말한다』. 화광신문사 역. 중앙 books.

이케다 다이사쿠 · 로트블랫. 2020. 『지구 평화를 향한 탐구』. 중앙 books.

이케다 다이사쿠 · 알렉산드르 세레브로프. 2010. 『우주와 지구와 인간』. 월간조선사.

이케다 다이사쿠 · 에른스트 U. 폰 바이츠제커. 2023. 『지구혁명을 향한 도전』. 화광신문사 역. 연합뉴스 동북아센터.

이케다 다이사쿠 · 조문부. 2017. 『인간과 문화의 무지개다리』. 연합뉴스 동북아센터.

이케다 다이사쿠 · 짐 개리슨 · 래리 히크먼. 2021. 『인간교육을 위한 새로운 흐름: 듀이와 교육사상』. 매일경제신문사.

전명수. 2013. "종교사회복지담론의 재고찰: 비판적 성찰과 전망: 비판적 성찰과 전망." 『종교문화연구』 20: 279-311.

______. 2017. "공공성 강화를 위한 종교의 사회적 역할: 종교공공사회학적 접근." 『종교와 문화』 32: 61-92.

_____. 2018. “문화와 공공성의 확장–복지 · 종교의 문화적 전환과 공공성의 실천적 과제.”『신학과 사회』 32(2): 37–71.

_____. 2019. “종교와 공공성, 이론과 실제: 종교기반 시민단체 활동의 분석적 고찰: 종교기반 시민단체 활동의 분석적 고찰.”『한국학연구』 68: 203–234.

정명조. 1997. “한국 가톨릭 사회복지의 실태와 전망.” 한국천주교 주교회의 사회복지위원회.

정원범. 2013. “한국교회의 공공성 위기와 기독교의 사회선교.”『기독교사회윤리』 27: 335–368.

정태식. 2008. “현대사회에서의 종교의 사회적 위치와 공공성.”『신학사상』 142: 195–218.

창가학회 교학부 편. 2003.『불법이해를 위한 교학의 기초』. 화광신문사 출판국 역. 화광신문사.

_____. 2008.『妙法蓮華經並開結(묘법연화경병개결)』. 한국SGI 교학부 역. 화광신문사.

창가학회 편. 2000.『법화경 입문』. 화광신문사 역. 화광신문사.

최무진. 2015. “종교기관의 사회적 참여 프레임워크에 대한 연구.”『로고스경영연구』 13(1): 19–38.

최현종. 2021. “정부의 복지정책과 종교사회복지.” *Asian Journal of Religion and Society* 9(1): 25–50.

한국SGI. 2014. 한국SGI 송년 음악회 리플렛.

_____. 2023. 한국SGI 소개자료

행정안전부. 2024. “공고 제2023–1791호 2024년 비영리민간단체 공익활동 지원사업 시행공고.”

허남진. 2017. “증산사상과 공공성.”『종교문화연구』 28: 87–115.

_____. 2018. “[공공철학] 종교와 공공성.”『월간 공공정책』 155: 76–80.

홍성태. 2023. “시민사회의 공익활동과 사회적 인정: 시론적 논의.”『사회와 이론』 343–376.

황진수. 2021. “종교의 공공성과 평화: 스택하우스와 하우어워스의 관점을 중심으로.”『평화학연구』22(3): 7–29.

Casanova, José. 1994. *Public Religions in the Modern World*. University of Chicago Press.

제7장

한국SGI 회원의 종교 인식과 생활 만족도 연관성에 관한 연구

-개신교, 천주교, 불교와의 비교를 중심으로-*

제점숙(동서대)

* 이 글은 2022년 『대동문화연구』 제120집 "한국SGI 회원의 종교적 가치관과 생활 만족도에 관한 연구"라는 제목으로 실린 논문을 수정 · 편집한 것임을 밝힌다.

I. 들어가는 말

한국SGI는 일본의 창가학회(創價學會)를 기반으로 유입된 일본계 종교로 국내에서는 1961년 8월에 열린 좌담회를 그 시작으로 한국 사회에 모습을 드러냈다. 이후 일본 창가학회의 글로벌 면모를 상징하는 국제창가학회(SGI: Soka Gakkai International)가 1975년 1월 결성되면서 한국SGI라는 이름으로 한국 사회에서 본격적인 행보를 하게 된다. 한국 기성종교에 버금가는 거대 규모로 성장한 한국SGI는 현재 공칭 150만 회원을 보유하고 있으며, 전국 129곳의 문화회관을 설립하여 종교활동뿐만 아니라 한국에서 다양한 사회활동을 활발하게 전개하고 있다.

그렇다면 한국SGI는 어떻게 한국에서 이렇게 많은 회원을 보유하고 거대 종교로 성장할 수 있었을까? 이에 대해 지금까지 많은 종교 연구자들이 관심을 가져왔고, 관련 연구와 함께 현지 조사도 이루어졌다. 대표적인 현지 조사로는 이원범, 남춘모를 중심으로 한 한국연구재단 수행과제가 있다. 이는 국내 일본계 종교를 본격적으로 조사한 연구로 일본계 거대 종교부터 군소 종교까지 총체적으로 밀도 있게 현장 조사가 이루어졌다. 이른바 국내 유일 일본계 종교를 집중적으로 분석한 대표적 연구라 할 수 있다(이원범 · 남춘모, 2008; 이원범 편저, 2007). 그 외 한국SGI에 대해서는 교리적 특징이나 정체성, 교리의 실천과 관련된 연구가 김용환에 의해 어느 정도 이루어져 왔다(김용환, 2017a, 2017b, 2020a, 2020b). 또한 최근 최지원처럼 한국SGI의 종교활동에서 수집된 언어 자료를 기반으로 일상언어와 종교성의 관계를 고찰한 독창적 연구도 등장하였다(최지원, 2020). 유광석은 한국SGI의 평화주의에 대해서 국제창가학회(SGI)와 어떤 차이점을 볼 수 있는지 비교 고찰하기도 했다(유광석, 2022). 이러한 연구들 역시 궁극적으로는 한국SGI의 한국 사회 성장 요인을 파악한 연구라 할 수 있다.

한국SGI의 성장 요인을 직접적으로 분석한 연구는 다음과 같다. 이원범, 남춘모의 연구에서는 한국SGI의 성장 요인으로 '좌담회'를 거론하고 그 성격을 사회학적 관점에서 현지 조사한 내용을 바탕으로 분석하고 있다(이원범 · 남춘모, 2007). 또한 한국SGI의 조직 측면에서 고찰한 연구도 빼놓을 수 없는데 이토 타카오는 한국SGI 조직과 운영 방식의 특징으로 본부, 지역별, 속성별로 구체적으로 논하고 있다. 나아가 한국SGI가 그동안 활력을 유지해 올 수 있었던 가장 큰 요인으로는 그들의 근본적이고 궁극적 목표인 '인간혁명'에 있음을 언급한다(이토, 2019). 마지막으로 김현석은 문화회관 증가 현상을 중심으로 한국SGI의 성장 요인을 치밀하게 분석하였는데 이를 통해 한국SGI의 새로운 특징을 도출하고 있다(김현석, 2022).

한편, 좌담회를 한국SGI의 성장 요인으로 고찰한 이원범, 남춘모의 연구를 제외한 그 외 연구의 공통점은 한국SGI 교단 입장에서 성장 요인을 분석 · 파악하고 있다는 점이다. 하지만 한국 사회의 성장 요인을 도출하기 위해서는 회원의 관점에서 한국SGI에 접근할 필요가 있다. 그들이 한국SGI라는 종교를 어떻게 생각하고 그들의 삶에 어떤 변화를 초래했는지, 이러한 접근이야말로 한국SGI의 한국 사회 성장 요인은 물론 회원 개인의 변화를 파악하고 나아가 한국 사회에 미친 영향을 이해하는 근본적 배경이 되리라 생각한다.

이러한 문제의식하에 이 글에서는 일본계 신종교인 한국SGI 회원들의 종교적 가치관 및 생활 만족도에 대해 고찰하고자 한다. 구체적으로 한국갤럽(한국갤럽조사연구소, 2015)에서 실시한 종교 현황 설문조사를 기반으로 기성종교(개신교, 천주교, 불교)와 어떠한 유사성과 차별성을 보이는지 분석하고자 한다. 이 연구는 한국SGI 회원의 종교관과 그들의 신앙심, 그 종교가 일상생활 속으로 어떻게 접목되어 가는지, 나아가 지역사회에 어떠한 영향을 미치게 되는지 살펴보는 하나의 척도가 될 것이다.

이하에서는 먼저 한국SGI 설문조사 개요에 대해 언급하고 회원들의 종교에 관한 인식과 그들의 신앙심을 갤럽에서 조사한 기성종교와 대비하여 살펴본다. 이어서 이들의 이러한 가치관이 일상생활 속 어떻게 접목되어 삶의 변화를 일으켰는지, 이 역시 기성종교와 대비하여 살펴볼 것이다. 설문조사의 뒷받침을 해 주는 추가자료로 회원들의 인터뷰 내용도 참고하고자 한다.

Ⅱ. 한국SGI 설문조사 대상 개요

2017년 8월부터 2018년 6월에 걸쳐 총 10개 지역(권)의 문화회관을 방문하여 1,429명을 대상으로 설문조사를 실시하였다. 이 중 질문에 모두 응답한 설문지 수는 803부이고, 답변이 미흡한 응답의 설문지가 626부이다. 하지만 1개 또는 2개 항목을 응답하지 않은 설문지 239부도 분석이 가능할 것으로 판단하고 분석 대상에 포함했다. 따라서 대략 1,050부 정도가 분석 대상이다.[01] 이러한 설문 집계 상황으로

01 이 조사는 2016~19년에 걸쳐 실시한 연구프로젝트로 5명의 공동연구원이 참여하였다. 필자도 공동연구로 한국SGI 현지 조사에 대부분 참여하였다. 한국SGI 회관에서 설문조사를 실시했을 때, 고령의 대상자는 설문하는 데 많은 시간이 소요되었다. 그 때는 연구원, 연구보조원이 옆에서 설문 문항을 읽으면서 체크를 대신해 주기도 하였다. 설문 항목이 조금 많은 편이었는데 이러한 점도 모든 문항을 완료하지 못한 이유로 볼 수 있다.

질문에 따라 응답한 총 부수는 다르게 나타날 수 있다. 총 1,429부 설문조사를 실시한 지역별 현황을 보면 다음의 〈표 1〉과 같다. 참고로 지역별 조직구조는 방면, 권, 지역, 지부, 지구, 반으로 이루어져 각 지역에 분포되어 있다.[02] 이번 조사는 권별로 나누어 조사했다.

| 표 1 | 설문조사 권별 현황

일시	장소(권)	설문 실시 부수(장)
17.08.19.(토)	마포권	101
17.08.20.(일)	일산권	154
17.08.23.(수)	동래권	138
17.08.26.(토)	안산권	133
17.08.27.(일)	관악권	175
17.09.21.(목)	사상권	184
18.04.14.(토)	남대구권	60
18.04.22.(일)	서광주권	166
18.06.19.(화)	사하권	141
18.06.20.(수)	서면권	177
총 10권 실시		1,429

02 한국SGI 조직운영의 최고의사결정기관은 상임중앙회의이다. 이사장과 부이사장, 부인부장, 청년부장, 남여자부장 등 각 부서 대표자들이 월 1회 모여 조직운영방침을 결정하며 이를 각 방면과 권에 전달한다. 조직의 기본 단위는 반(班)이다. 3~5개의 반이 모여 1개 지구(地區)를 형성한다. 3~5개의 지구가 모여 1개 지부(支部)를 만든다. 지부는 대개 면, 동 단위로 구축되어 있다. 이러한 지부가 3~5개 모여 지역(地域)을 이루며 지역이 3~5개 모인 것이 권(圈)이 된다. 3~5개의 권이 모이면 1개 방면(方面)을 이룬다. 한국SGI 공식 홈페이지 참고(https://www.ksgi.or.kr/sgi/koreasgi/koreasgi05.ksgi 2022.10.10.열람)

설문조사는 한국SGI 본부에 조사를 위한 사전 협조를 의뢰하고 실제 종교행사(회합)가 있을 때 이루어졌다. 종교행사 참석 후 회원들 대상으로 조사에 대한 목적과 개요를 먼저 설명하고 설문조사를 진행하여 수거하는 방식이었다. 조사 대상 지역은 본부와 상의를 거쳐 가능한 전국적으로 실시하고자 했으나, 사정이 여의치 않아 이 조사에서는 서울, 경기도, 부산, 전라도, 경상남북도의 권역 회원을 대상으로 하였다.[03]

한편, 한국갤럽에서는 개신교, 천주교, 불교를 대상으로 1984년부터 한국인의 종교 현황을 파악했다. 한국SGI 회원의 설문조사는 2014년도의 한국갤럽 설문조사와 비교 분석한 것으로 갤럽조사 결과는 2015년『한국인의 종교』로 발간했다. 한국갤럽의 조사 대상은 종교인과 비종교인을 포함한 1,500여 명이다. 이 중 불교인 334명, 개신교인 318명, 천주교인 98명, 기타 종교인 4명으로 확인되고, 그 외는 750명이 비종교인이다.[04] 이 글에서는 기성종교와 한국SGI의 비교라는 측면에서 기타 종교인과 비종교인의 종교 현황은 제외하였다.

이하에서는 먼저 이 글 비교 대상인 한국SGI와 한국갤럽의 조사 대상의 인구학적 속성에 대해 간단하게 언급한다. 먼저 성비와 결혼 여부와 관련해서는 아래의 〈표 2〉,〈표 3〉에 제시한 바와 같다.

---

03 표본 오차는 모집단의 크기에 문항별로 약간의 차이는 있을 수 있으나 이 글에서 언급한 문항을 평균적으로 계산하면 ±5.0%(95% 신뢰수준)이다. 표본은 행사(회합)에 참석한 회원들을 대상으로 모두 설문조사를 실시하여 기술적 통계만 제시하였다.

04 이들 종교를 한국SGI와 비교 대상으로 한 이유는 설문 항목 중 '종교 집회 참여 횟수'의 결과로 보건대, 기독교, 천주교가 일주일에 1~2회 참석으로 높은 수치를 나타내어 신앙심이 있는 종교인이라 판단되었다. 따라서 교회와 유사한 시설인 한국SGI 회원 집합 시설에서 이루어진 조사 결과와도 충분히 비교할 가치가 있다고 판단했다. 참고로 한국갤럽 조사로 나온 불교 집회 참여 횟수는 1년에 1~2번으로 불교 특성상 일반적 종교집회 데이터로 볼 수 있다.

| 표 2 | 성비

	성별		총계
	남자	여자	
한국갤럽	325	429	754
	43.1%	56.9%	100.0%
한국SGI	298	755	1,053
	28.3%	71.7%	100.0%

| 표 3 | 결혼 여부

	결혼 여부		총계
	미혼	기혼(사별/별거)	
한국갤럽	115	639	754
	15.3%	84.7%	100.0%
한국SGI	204	836	1,040
	17.8%	82.2%	100.0%

한국갤럽 조사에서 전체 754명을 대상으로 여자가 56.9%, 남자는 43.1%로 나타났다. 한국SGI에서는 여자가 71.7%, 남자가 28.3%로 전체 약 1,053명을 대상으로 했다. 결혼 여부는 한국갤럽 조사가 미혼이 15.3%, 기혼이 84.7%, 한국SGI는 미혼이 17.8%, 기혼이 82.2%이다. 한국SGI가 한국갤럽과 비교했을 때 여성의 비율이 14.8% 많고, 남성이 14.8% 적지만, 결혼 여부에서는 대부분 유사한 수치를 나타내고 있다. 다음은 한국갤럽과 한국SGI 조사 대상의 연령과 학력에 관한 내용이다.

| 표 4 | 연령

	연령					총계
	20대 이하	30대	40대	50대	60대 이상	
한국갤럽	82	109	165	178	220	754
	10.9%	14.5%	21.9%	23.6%	29.2%	100.0%
한국SGI	125	130	229	296	274	1,054
	11.9%	12.3%	21.7%	28.1%	26.0%	100.0%

| 표 5 | 학력

	학력			총계
	중졸 이하	고졸	대학재학 이상	
한국갤럽	162	336	256	754
	21.5%	44.5%	34.0%	100.0%
한국SGI	183	415	427	1,025
	17.9%	40.5%	41.7%	100.0%

연령은 한국갤럽 조사 대상 60대 이상이 29.2%를 차지하고, 다음이 50대(23.6%), 40대(21.9%), 30대(14.5%), 20대(10.9%) 이하 순이다. 한국SGI는 50대가 28.1%로 가장 많은 연령대이고, 다음이 60대(26.0%), 40대(21.7%), 30대(12.3%), 20대(11.9%) 이하 순이다. 한국SGI가 다소 젊은 연령대로 구성되어 있음을 알 수 있다. 학력을 살펴보면 한국갤럽이 고졸(44.5%), 대학재학 이상(34.0%), 중졸 이하(21.5%) 순이고, 한국SGI가 대학재학 이상(41.7%), 고졸(40.5%), 중졸 이하(17.9%) 순이다. 이 분포에서도 한국SGI 회원의 학력이 기성종교보다 높음을 알 수 있다.

한국갤럽과 한국SGI의 직업군(한국갤럽조사연구소, 2015: 141)을 살펴보면 대체로 가정주부가 가장 높은 수치를 보인다. 하지만 한국갤럽의 조사 대상자가 가정주부, 화이트칼라, 블루칼라가 비슷한 수치를 나타내는 반면, 한국SGI는 가정주부가 전체 40.6%라는 높은 수치를 나타낸다. 이는 후술하겠지만 부인부의 역할이 두드러짐을 보여주는 구성비라 할 수 있다. 물론 여성이 높은 비율을 차지하고 있다는 점에서도 가정주부의 비율은 높을 수밖에 없다. 다음이 화이트칼라, 블루칼라의 순이다.

| 표 6 | 직업군

직업군	한국갤럽		한국SGI	
농/임/어업	18	2.4%	6	0.5%
자영업	108	14.3%	105	10.1%
블루칼라	181	24.1%	130	12.5%
화이트칼라	163	21.7%	225	21.6%
가정주부	207	27.7%	422	40.6%
학생	33	4.4%	37	3.6%
무직/은퇴/기타	41	5.4%	115	11.1%
합계	751	100%	1,040	100%

이상의 한국갤럽과 한국SGI의 설문 대상자들을 참고로 이하에서는 한국SGI 회원의 종교적 가치관에 대해 한국갤럽 조사 결과와 대조하여 구체적으로 고찰하고자 한다. 참고로 한국SGI 회원 대상의 설문 문항은 크게 5개 항목[05]으로 구분하고 총 35개 질문으로 이루어져 있

05 5개 문항은 [Ⅰ. 다음은 귀하의 '일반적인 사항'에 관한 질문입니다, Ⅱ. 다음은 현재 귀하의 개인 '종교'에 대한 질문입니다, Ⅲ. 다음은 귀하가 생각하는 우리 사회의 '종교'에 대한 질문입니다, Ⅳ. 다음은 귀하의 '일상적인 생활'에 대한 질문입니다,

다. 이 글에서는 모든 질문에 대해 지면상 다루지 못하고 주제와 부합하는 질문만 발췌하여 그 내용을 살펴본다.

Ⅲ. 한국SGI 회원의 종교적 가치관과 신앙심

한국SGI 회원의 종교적 가치관과 신앙심을 살펴보기 위해 주목한 점은 입신한 시기와 계기, 종교활동의 내용 및 횟수, 신앙심, 일반적 종교에 대한 가치관 등이다. 특히 기성종교인 기독교(개신교, 천주교), 불교와의 대비를 위해 앞서 언급한 바와 같이 이 문항들을 갤럽의 문항과 동일 항목으로 설정하여 설문조사를 실시했다. 먼저, 신앙시기와 관련하여 '귀하는 현재의 종교를 몇 살 때부터 믿게 되었습니까?'라는 문항에 대해서는 다음과 같은 결과가 도출되었다.

| 표 7 | 신앙시기

단위(%)

	9세 이하	10대	20대	30대	40대	50대 이상
불교	21	10	20	23	21	6
개신교	31	15	17	19	13	5
천주교	24	12	18	22	13	10
한국SGI	23.3	15.8	20.4	23.6	9.1	7.8

Ⅴ. 다음은 한일관계에 대한 귀하의 생각을 묻는 질문입니다.]이다.

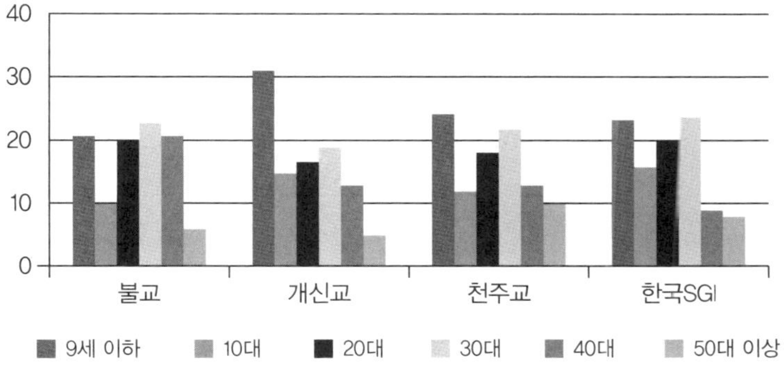

신앙을 시작한 나이가 9세 이하로 가장 많은 수치를 보이는 종교는 개신교(31%)이다. 다음이 천주교, 한국SGI, 불교가 뒤를 잇고 비슷한 비율을 나타낸다. 특히 개신교나 천주교는 모태신앙인 경우가 종교 특성상 많은 수를 나타내는 것 같다. 반면 한국SGI는 9세 이하의 비율 못지않게 20대, 30대에도 이와 비슷한 수치를 나타내고 있다. 다시 말해 모태신앙의 경우와 청장년기에 처음 한국SGI에 몸담은 회원들이 많다는 것을 의미한다. 한편, 불교는 10대와 50대를 제외하고 대체로 모두 20% 초반대를 기록하고 있다. 이러한 불교 현상은 정기적 모임을 주로 하는 개신교, 천주교와는 다른 종교적 측면으로 이해할 필요가 있다.

그렇다면 신앙을 한 기간은 어느 정도일까? 이를 나타낸 것이 다음의 '현재의 종교를 믿으신 기간은 지금까지 대략 몇 년 정도 됐습니까?'라는 질문에 관한 결과다.

| 표 8 | 신앙기간 단위(%)

	5년 미만	5년 이상	10년 이상	20년 이상	30년 이상
불교	8	8	23	23	38
개신교	6	7	23	28	36
천주교	16	9	17	32	26
한국SGI	4.1	4.3	17.6	29.6	44.4

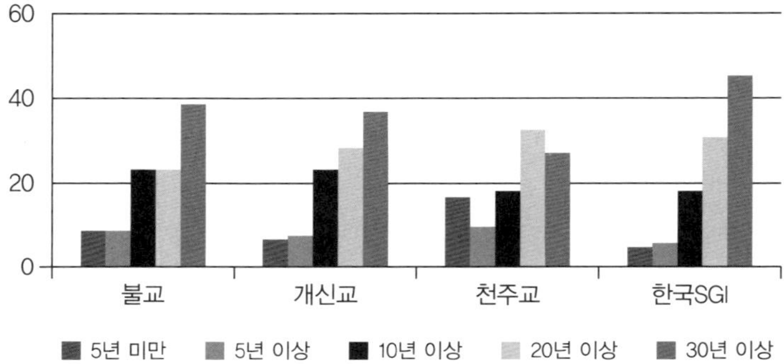

이 조사에 따르면 한국SGI는 30년 이상 회원이 44.4%로 압도적으로 높은 수치를 보인다. 20년 이상이 29.6%로 10년 이상, 5년 이상으로 갈수록 낮은 수치를 나타낸다. 기성종교와 대비했을 경우도 전반적으로 높은 수치를 나타낸다. 이른바, 한국SGI의 회원은 기성종교 대비 신앙을 하는 기간이 긴 것으로, 기성종교에 비해 이탈의 우려가 적은 것으로 추정된다. 이러한 점 역시 한국SGI의 국내 성장 요인으로도 볼 수 있다. 한편, 이렇게 장기간 한국SGI 신앙을 유지할 수 있는 환경과 관련하여 이토 타카오가 지적하고 있는 조직 운영의 특징은 설득력이 있어 보인다. 이른바 한국SGI만의 특징인 이케다 다이사쿠(池田大作)라는 '스승'을 비롯하여 다양한 '본보기'의 존재, 좌담회와 화합 등을 통한 치밀한 '격려 시스템'의 활성화, 다양한 활동의 기회

제공, 세밀하고 구체적인 목표 제시와 합리적 관리 시스템, 사회생활에서 통용될 수 있는 교육 내용 등이다(이토, 2019: 41). 이러한 조직적 시스템이야말로 한국SGI 회원들을 오랫동안 종교에 머물러 있게 하는 한국SGI만의 독특한 시스템이라 할 수 있다.

다음은 '종교를 믿게 된 가장 큰 계기는 무엇입니까?'라는 질문에 대한 결과다.

| 표 9 | 신앙계기

단위(%)

	스스로 필요해서	모태신앙	다른 사람의 전도로	기타
불교	44	19	38	0
개신교	23	26	51	0
천주교	25	19	54	1
한국SGI	25.6	17.2	50	6.3

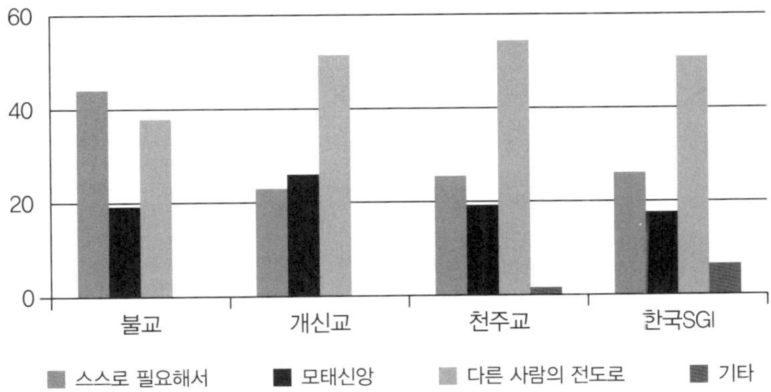

불교를 제외한 개신교, 천주교, 한국SGI는 다른 사람의 전도로 신앙을 하게 되는 경우가 50% 이상으로 비슷한 결과를 나타내고 있다. 한국SGI는 스스로 필요해서가 25.6%, 모태신앙은 가장 낮은 수

치인 17.2%를 나타낸다. 여기에서 한국SGI는 기타의 내용이 6.3%로 기성종교에 비해 높은데, 그 내용을 보면 이케다 선생님의 말씀, 친구의 권유, 소원성취(취업), 경제적 이유, 건강, 시부모님의 권유, 생활고, 사업 실패 극복, 긍정적 삶의 변화, 종교 공부, 부모님 권유 등이다. 여기서 가장 많은 것은 병 치유다.

그렇다면 종교를 믿는 가장 큰 이유는 무엇일까? 종교적 특성을 고려하여 다음의 5가지 항목을 중심으로 정리하면 다음의 〈표 10〉과 같다.

| 표 10 | 신앙 이유

단위(%)

	복을 받기 위해	죽은 다음의 영원한 삶	마음의 평안	삶의 의미를 찾기	기타
불교	12	5	73	9	2
개신교	12	26	45	16	2
천주교	5	12	63	20	0
한국SGI	36.8	0.9	15.2	31.3	15.8

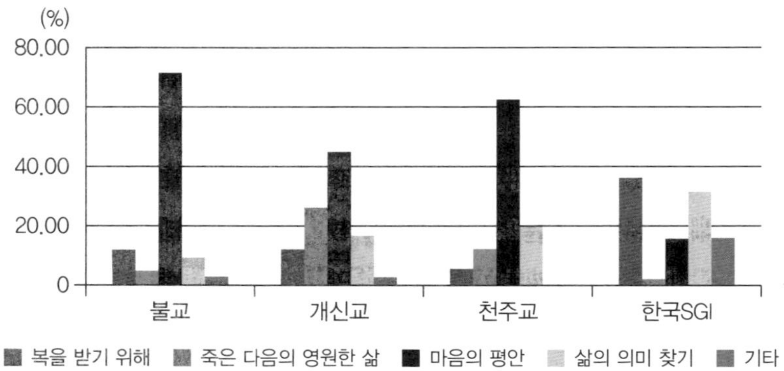

한국SGI 회원은 복을 받기 위해(36.8%), 삶의 의미를 찾기 위해(31.3%)가 가장 높은 수치를 보인다. 죽은 다음의 영원한 삶을 위해(0.9%), 마음의 평안을 얻기 위해(15.2%)라는 항목에서는 기성종교 대비 현저히 낮은 수치를 보인다. 또한 기타가 15.8%를 차지하고 있는데 그 내용으로는 나, 가족, 타인의 행복한 삶을 위해서가 압도적이고 그 외 자기 변화, 건강, SGI의 종교적 색채가 반영된 인간혁명, 숙명전환, 세계평화 등으로 나타나고 있다. 이러한 결과는 회원들의 자신이 이루고자 하는 목표 내지는 기원이 가족, 타인 또는 사회공헌과 밀접한 관련성이 있음을 보여준다. 즉 내면적 개선과 변화가 가족, 타인과 사회, 세계의 긍정적 요인으로 연계되어 있다. 한편, 기성종교가 추구하는 사후 세계에 대한 바람은 현저히 낮다.

정기적 종교활동에 대해 알아보는 '종교집회에 얼마나 자주 참가하십니까?'라는 질문에 대해서는 다음과 같은 결과를 보였다.

| **표 11** | 종교 집회 참여 횟수

단위(%)

	일주일에 두 번 이상	일주일에 한 번 정도	한 달에 두세 번	한 달에 한 번	두세 달에 한 번	일 년에 한두 번	몇 년에 한 번 또는 그 이하	전혀 가지 않는다
불교	0	6	9	13	19	43	9	2
개신교	29	51	9	5	2	2	1	1
천주교	9	50	15	2	3	8	7	6
한국SGI	33	27.8	33.4	4.2	0.8	0.2	0.1	0.6

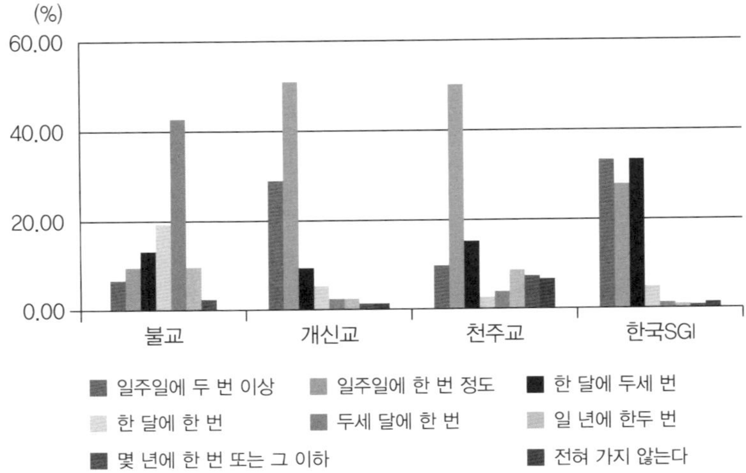

물론, 위의 표에서 제시하고 있는 바와 같이 개신교, 천주교는 교회 예배, 성당의 미사 참가가 있기에 일주일에 한 번이 가장 높은 수치를 보인다. 반면 한국SGI의 경우는 그 빈도 수가 일주일에 두 번 내지는 한 번, 한 달에 두세 번이 가장 많다. 한국SGI의 종교행사는 매달 정기적으로 열리는 좌담회를 중심으로, 비정기적으로 이뤄지는 부별 교학 연찬회와 기타 행사(월별 행사, 역할 또는 직책별 모임)가 있다. 좌담회는 한국SGI 전체 종교의례에서 가장 중요한 공식 의례로, 비정기적인 교학 연찬회 및 기타 행사와 달리 4부(장년부, 부인부, 남자부, 여자부)의 회원들이 모두 참여하고 있는 행사다(최지원, 2020: 30). 한국SGI 행사가 한 달에 두세 번이 가장 많은 것은 이러한 모임의 특징 때문이다. 그 외에도 비정기적으로 회원 간의 소통과 화합을 도모하는 시간을 가지면서 지역 활동 등 여러 활동 등을 전개하고 있다. 적어도 한 달에 여러 번 이들은 전체 또는 지역별로 만나고 있으며, 이러한 활동 또한 한국SGI 본부 중심으로 조직적으로 운영하고 있다.

이러한 측면도 기성종교와는 차별화된 한국SGI만의 특징이라 할 수 있다.

또한 다음의 자료와 같이 종교적 행위와 관련된 질문인 '개인적으로 기도 · 기원 등을 얼마나 자주 하십니까?'라는 질문에 대해서는 한국SGI는 하루에 몇 번이라는 항목이 가장 높은 수치를 보인다.

| **표 12** | **개인적 기도 · 기원 횟수**

단위(%)

	하루에 몇 번	하루에 한 번	일주일에 두세 번	일주일에 한 번	한 달에 몇 번 또는 그 이하	전혀 하지 않는다
불교	3	5	6	7	54	25
개신교	26	26	18	14	9	8
천주교	13	17	21	16	21	12
한국SGI	73.5	16.9	5.6	1.1	2	0.4

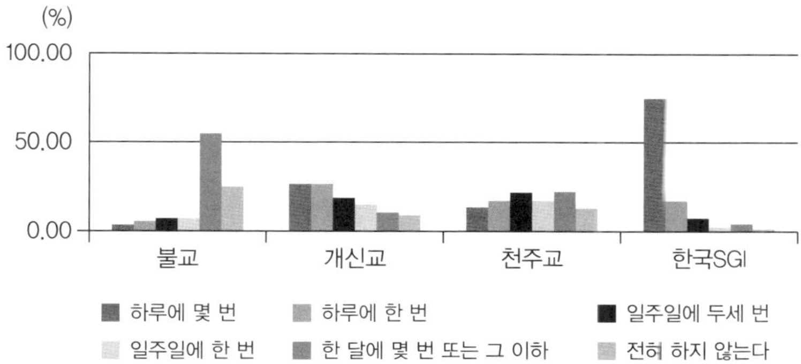

한국SGI 회원의 공식적인 기원은 주로 좌담회에서 이루어진다. 좌담회 순서는 《제목 3창 → 여는 글 → 학회 역사 → 어서(御書) 배독 → 체험담 발표 → 대화시간 : 행복대화 → 참석간부 → 제목 3창》으로 진행된다. 여기서 종교적 기원에 해당하는 것은 첫 번째 제목 3창, 마

지막 제목 3창이다(최지원, 2020: 35). 이 설문조사의 질문은 개인적 기도와 기원에 대해 알아보는 것으로, 한국SGI 회원들의 개인적 기도와 근원은 근행과 창제다. 근행은 아침, 저녁 본존을 향해 법화경의 방편품과 여래수량품을 읽고 '남묘호렌게쿄(南無妙法蓮華経)'라고 제목하는 행위다. 창제는 공식 의례 및 근행, 개인 수행을 모두 아울러 중요하게 행해지는 것으로 자신 삶의 변화와 직결되는 핵심 기원이다. 일정하게 정해져 있지는 않지만, 자신에게 닥친 불행, 타인의 어려움을 해결하기 위해 목표를 설정하여 일상에서 수행하면서 목표한 바를 이루고자 한다. 따라서 위 조사와 같이 하루에 몇 번이 가장 많고 회원에 따라 다르나 대체로 길게는 10시간, 짧게는 1시간 창제를 한다고 한다. 창제 후 얻은 결과에 대해서는 그것이 좋든 나쁘든 간에 대체로 긍정적으로 평가하는 것 같다. 실제 이 조사에서 회원 대상으로 인터뷰할 때 당일 대상 회원은 그날 인터뷰를 잘 할 수 있도록 제목을 정해 놓고 기원을 하고 오는 경우가 대부분이었다. 한국SGI 회원은 목표가 생기면 그 목표를 향해 열심히 창제하는 것이 일상적인 개인 종교 생활의 패턴이었다.

또 다른 종교 행위는 종교적 교리를 얼마나 자주 접하고 있는가 하는 문제로 '경전을 얼마나 자주 읽습니까?'라는 질문이다.

| 표 13 | 종교적 교리를 접하는 횟수

단위(%)

	하루에 한 번 이상	일주일에 세네 번	일주일에 한 번	가끔 생각날 때	전혀 하지 않는다
불교	3	2	5	41	48
개신교	19	14	23	28	16
천주교	9	8	22	30	30
한국SGI	61.9	14.9	7.9	13	2.2

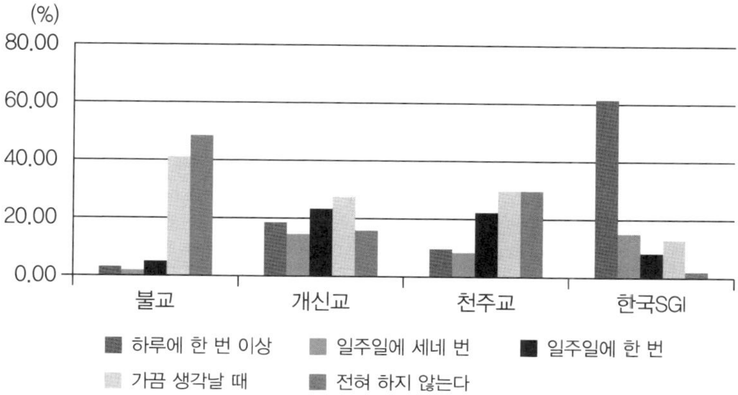

이 역시 앞의 질문과 연계되는 것으로 한국SGI 회원은 하루에 한 번 이상이 61.9%로 기성종교에 비해 압도적으로 높다. 회원들이 생각하는 교리 활동은 교학 활동을 의미하는 것인데, 이는 정기 기관지 『법련』에서 일련 성인의 어서 법문과 이케다 명예회장의 스피치 학습을 일컫기도 한다. 또한 아침, 저녁으로 어본존을 향해 법화경의 방편품과 수량품을 독송하는 조석 근행 역시 일반적으로 경전을 읽는다는 것으로 인식할 수 있다. 따라서 매일같이 이루어지는 조석 근행과 잦은 교리학습으로 회원들은 하루에 한 번 이상, 일주일에 세네 번 실시한다가 76.8%로 매우 높다. 그만큼 한국SGI 회원들은 기성종교보다 종교적 접근의 빈도가 매우 높은 것을 알 수 있다.

다음의 질문은 '본인의 종교적 믿음이 얼마나 깊다고 혹은 깊지 않다고 생각하십니까?'에 대한 질문 결과이다.

| 표 14 | 종교적 믿음 정도

단위(%)

	매우 깊다	깊은 편이다	그저 그렇다	깊지 않은 편이다	전혀 깊지 않다
불교	3	18	49	26	4
개신교	11	41	34	8	6
천주교	5	32	42	18	4
한국SGI	33.4	52.7	9.4	4.4	0.2

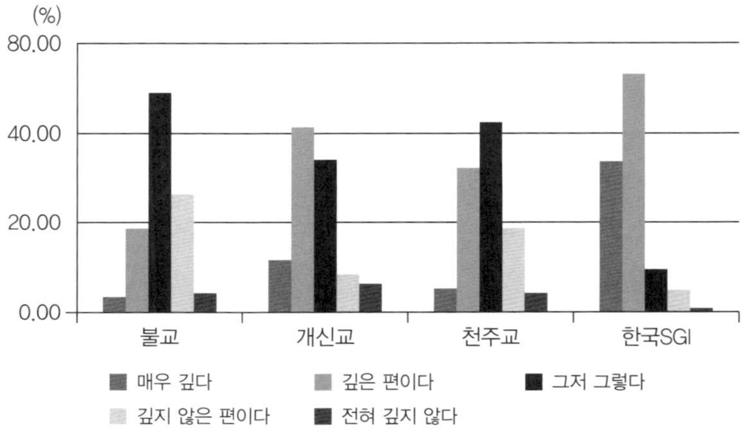

자신의 종교와 매우 밀착된 관계를 유지하고 있는 만큼 이 질문에 관한 결과 역시, 한국SGI 회원의 신앙심은 매우 높은 수치를 나타낸다. 매우 깊다가 33.4%, 깊은 편이다가 52.7%로 합계 86.1%로 회원들의 신앙심이 깊은 것으로 나타났다. 개신교가 그 다음으로 높은데 깊다는 합이 52%이지만, 매우 깊다는 11%에 그치고 있다. 앞서 언급한 잦은 기원 활동, 교학 활동 등이 한국SGI 회원의 높은 신앙심으로 연결되는 것이다.

종교의 힘으로 병이 나은 경험이 있습니까?라는 항목에 대해서는 한국SGI가 68.7%로 압도적으로 높다.

| 표 15 | 병 치유 경험

단위(%)

	있었다	없었다	잘 모름
불교	9	89	3
개신교	26	70	4
천주교	11	86	3
한국SGI	68.7	23.4	7.9

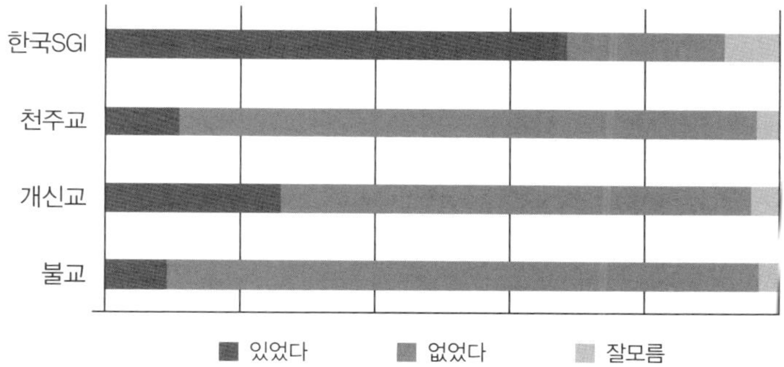

이와 관련해서는 한국SGI 회원 대상의 인터뷰 내용을 참고하고자 한다. 이 인터뷰 조사는 2018년 11월부터 2019년 7월까지 진행하였다. 총 20명의 회원을 대상으로 진행하였고 간부에서 일반 회원까지 다양하게 대상자가 구성되었다. 인터뷰 조사 결과 회원들의 입신 동기는 가족 불화, 병 치유, 경제적 사정 등의 이유를 확인할 수 있었다. 위 질문과 관련하여 사례를 들자면, 인터뷰 대상자인 A씨는 평소늘 아파서 누워 계셨던 어머니가 어느 날 한국SGI 회원으로부터 남묘호렌게쿄라고 제목을 외쳐보라 해서 그걸 외쳤다고 한다. 그러자 일어나지 못하던 어머니가 앉게 되고, 걷게 되고, 또한 어머니의 식사가

미음에서 죽, 이어 밥이 되는 신기한 경험을 했다고 한다. 이걸 계기로 A씨는 좌담회 참석 후 한국SGI 종교를 신앙하게 되었다. B씨는 어머니의 신장 기능 악화로 별다른 약은 없어 힘들어 하고 있었는데, 앞집 할머니가 남묘호렌게쿄를 외쳐봐라 해서 외쳤더니 어머니의 건강이 호전되고 자신도 자연스럽게 종교활동으로 이어졌다. 이러한 사례는 약 20명 정도의 회원들을 인터뷰하는 동안 자주 듣는 입신 계기 내용이다. 병 고침은 천주교, 개신교, 불교에서도 간혹 그 사례를 볼 수 있겠지만 한국SGI에서는 매우 빈번하게 확인된다.

'종교체험으로 다시 태어난 것 같은 느낌을 받은 경험이 있습니까?'라는 항목에도 한국SGI 회원이 가장 높은 46.1%를 차지한다. 그 뒤를 개신교가 따르고 있지만 약 10% 차이를 나타낸다.

| 표 16 | 다시 태어난 경험

단위(%)

	있었다	없었다	잘 모름
불교	7	89	4
개신교	36	62	2
천주교	22	73	5
한국SGI	46.1	37.8	16

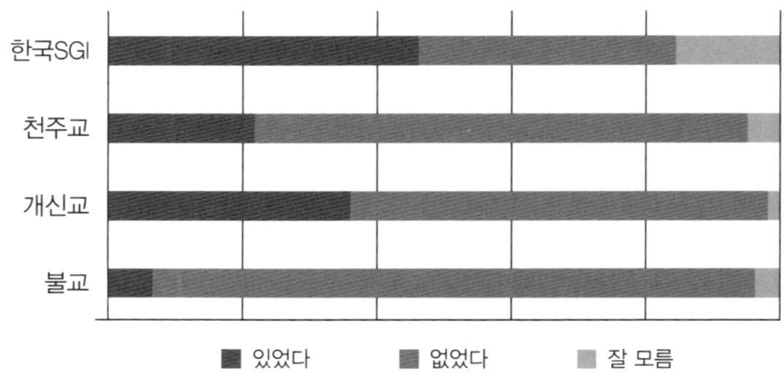

이와 관련해서도 회원 인터뷰 내용을 참고하면, 일찍이 한국SGI에 몸담아 왔던 C씨는 남편이 갑자기 부도가 나서 큰 어려움을 겪었다 한다. 그때 스피치부원회에서 도다(戸田 城聖) 선생님 말씀인 "고난을 이겨내는 힘, 반드시 고난 때문에 불행한 것이 아니고 고난을 위해서 더 강해진다, 고난과 맞서 싸우라."라는 얘기를 듣고 자신을 격려해 주는 것 같아 눈물을 흘리면서 다시 재기한 적이 있다고 한다. D씨는 딸이 정신적인 어려움을 오랫동안 겪고 있었는데, 병원 치료나 굿 등 안 해 본 것이 없었다고 한다. 그런데도 병에 호전이 없자 가족들이 믿고 있었던 한국SGI와 인연을 맺게 되는데, 그때 D씨의 마음을 울렸던 것은 이케다 선생님의 "100이 힘들면 200의 힘을 내고 1,000이 힘들면 그 이상으로 힘을 내라."고 한 말씀이었다. 그 뒤로 열심히 종교활동을 하였고 딸은 정상적인 생활을 하게 되었다 한다. 앞서 언급한 병 치유와도 연결되지만, 이들은 한결같이 새로운 삶을 살게 되었다고 말하고 있다.

지금까지 한국갤럽에서 조사한 개신교, 천주교, 불교의 데이터를 기반으로 한국SGI 회원 대상의 설문조사 결과를 비교 분석하여 한국SGI 회원의 종교적 가치관에 대해 고찰하였다. 살펴본 바와 같이 대부분 조사 결과에서 한국SGI는 기성종교와는 확연한 차이를 드러내고 있다. 이하에서는 한국SGI 회원의 생활 만족도 현황에 대해 고찰하고자 한다.

Ⅳ. 한국SGI 회원의 생활 만족도 현황

이 장에서는 한국갤럽의 기성종교와 비교하여 한국SGI 회원의 생활 만족도에 관한 결과를 비교 고찰한다. 먼저 회원들의 행복감에 관한 질문으로 '현재 자신이 얼마나 행복하다고 생각하십니까?'라는 질문에 대한 결과는 아래와 같다.

| 표 17 | 자신의 행복 정도

단위(%)

	매우 행복하다	어느 정도 행복하다	별로 행복하지 않다	전혀 행복하지 않다
불교	7	75	17	1
개신교	15	75	10	0
천주교	15	68	17	0
한국SGI	43.6	53.7	2.2	0.5

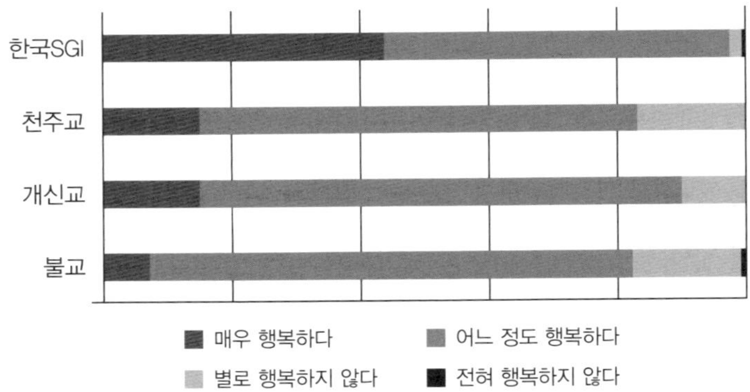

압도적으로 매우 행복하다(43.6%)에 한국SGI가 가장 높은 결과를 나타낸다. 여기에 어느 정도 행복하다는 53.7%로 전체 97.3%의 높은 만족감을 보이고 있다. 이에 비해 천주교, 개신교, 불교는 별로 행복하지 않다는 결과가 10% 이상의 수치를 나타낸다. 이른바 한국SGI 회원들은 적어도 기성종교의 신자들과 비교했을 때 대부분의 회원이 행복감을 느끼고 있는 것으로 파악된다. 특히 한국SGI에서는 좌담회

의 의례 순서에서 구성원이 월별로 일상 보고를 하는 '행복 대화'라는 시간이 있다. 이때는 반담이 주축이 되어 좌담회에 참석한 회원들과 한 달간의 근황을 묻고 답하는 시간인데, 주제는 행사, 기념일과 관련된 주제거나 그때 시기에 따라 정해진다. 예를 들어 "신심으로 가장 이루고 싶은 것은 무엇인가요?, 내년에도 계속 도전할 일은 무엇인가요?" 등 개인 목표를 설정하기도 한다(최지원, 2020: 80-81). 또한 한국SGI의 공식 회합에서 이루어지는 체험담 발표는 회원 중에서 종교체험을 통해 고난을 극복하고 좋은 결과를 발표 및 공유하는 자리로 말하자면 성공담을 발표하는 자리이다. 이러한 경험을 통해 행복이라는 성취감은 자신뿐만 아니라 듣는 회원들도 함께 위로받고 공유하기도 한다. 이처럼 한국SGI의 종교활동에서 '행복'은 개인뿐만 아니라 공식적으로 일상화되어 있는 키워드라 할 수 있다.

다음 질문은 인생의 의미와 관련된 질문으로 '자신의 인생이 얼마나 의미 있다고 생각하십니까?'라는 질문에 관한 결과이다. 이 내용을 기성종교와 비교하면 다음의 결과를 나타낸다.

| 표 18 | 인생의 의미

단위(%)

	매우 의미가 있다	어느 정도 의미가 있다	별로 의미가 없다	전혀 의미가 없다
불교	13	75	12	0
개신교	24	71	4	0
천주교	20	72	8	0
한국SGI	72.1	26.5	0.9	0.6

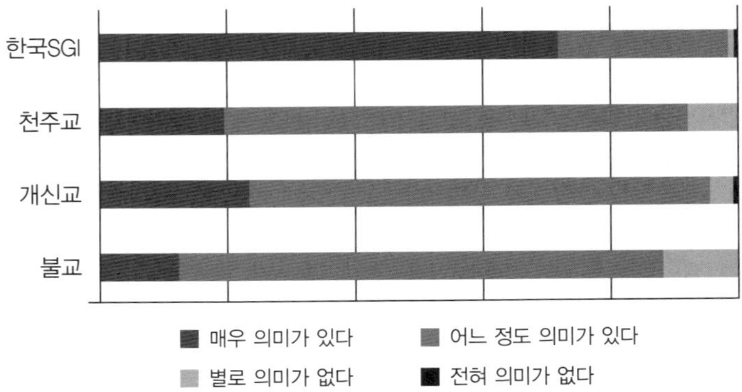

한국SGI 회원들은 매우 의미가 있다가 72.1%, 어느 정도 의미가 있다가 26.5%로 합계 98.6%로 인생의 의미를 대부분 중요하게 생각하고 있다. 기성종교는 매우 의미가 있다라는 항목보다는 어느 정도 의미가 있다에 높은 비율을 나타낸다. 한국SGI 회원의 이러한 결과는 앞서 언급한 '행복'과 관련성이 있으며, 또한 행복한 인생의 기준이 되는 '인간혁명'이야말로 그들이 살아가는 한국SGI 불법의 생명관, 자신의 인생관과 삶의 방식이라 생각한다.

반대로 '인생이 의미가 없다고 얼마나 자주 생각하십니까?'라는 질문에 별로 생각하지 않는다(40%), 전혀 생각하지 않는다(36%)가 전체 76%를 차지한다. 이 역시 천주교, 개신교, 불교에 비하면 높은 수치를 나타내고 있다. 따라서 한국SGI 회원은 살아가는 삶 그 자체에 매우 중요한 의미를 부여하고 있음을 알 수 있다. 실제 인터뷰 조사를 해 보면 대부분이 가족 건강, 사업, 자식 문제 등 인간관계를 매우 중요시하면서 자신의 삶과 관련하여 인터뷰에 응하였다.

| 표 19 | 인생의 무의미 정도 단위(%)

	자주 생각한다	가끔 생각한다	별로 생각하지 않는다	전혀 생각하지 않는다
불교	3	53	40	5
개신교	1	46	42	11
천주교	1	54	38	7
한국SGI	4.5	19.5	40	36

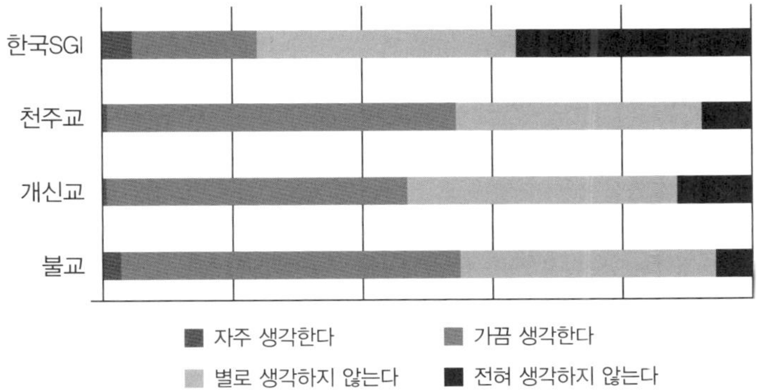

다음은 '귀하의 삶에 있어 가장 중요한 것은 무엇입니까?'라는 질문에 2개의 복수 응답을 요청하여 조사한 결과이다(기성종교는 한국갤럽조사연구소, 2015: 157-158 참고).

| 표 20 | 자신의 삶에 있어 가장 중요한 것

단위(%)

	참여 인원 (명)	좋은 친구들	여가/휴식 시간	가정 생활이 즐거운 것	직업이 좋은 것	돈이 많은 것	종교를 갖는 것	건강한 것	남을 돕는 것	존경을 받는 것	마음이 평안한 것	신념을 갖고 생활 하는 것
불교	334	22	9	36	13	29	1	61	2	4	19	3
개신교	318	20	10	36	10	23	18	49	4	5	18	5
천주교	98	18	14	43	5	16	9	50	2	1	25	18
한국 SGI	1,055	40	15	47	1	6	16	24	6	2	8	24

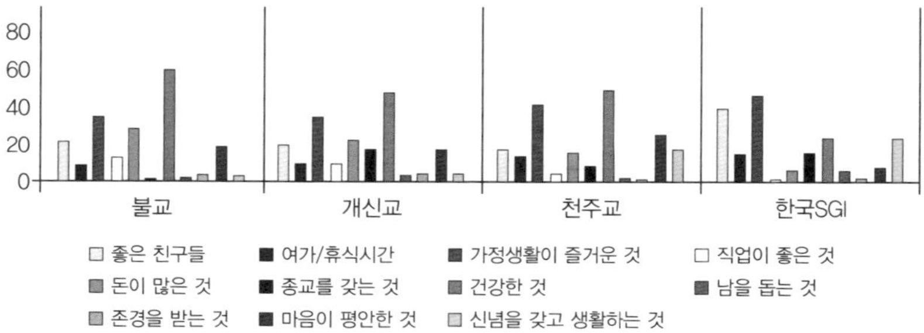

먼저, 한국SGI를 보면 가정생활이 즐거운 것, 좋은 친구들, 건강한 것과 신념을 갖고 생활하는 것, 종교를 갖는 것, 여가/휴식 시간 등의 순이다. 개신교는 건강한 것, 가정생활이 즐거운 것, 돈이 많은 것, 좋은 친구들 등의 순이다. 천주교는 건강한 것, 가정생활이 즐거운 것, 마음이 평안한 것 등의 순이다. 불교의 경우는 건강한 것, 가정생활이 즐거운 것, 돈이 많은 것 등의 순이다. 한국SGI는 가정생활이 즐거운 것 등을 가장 높은 이유로 들었고, 직업이 좋은 것, 돈이 많은 것, 남을 돕는 것, 존경을 받는 것 등은 가장 낮은 수치를 나타낸다. 이른바 가정생활, 가족과의 화합을 삶에 있어 가장 중요한 요소로 보고 있음을 알 수 있다. 이러한 조사 결과는 한국SGI 설문 응답에 차지

하는 비율이 남성보다 여성이 높고, 그것도 기혼 여성이 높은 비율을 차지하고 있기 때문에 나온 결과라 할 수 있다. 이번 한국SGI의 설문조사 및 인터뷰 조사에서도 알 수 있었지만, 한국SGI의 성장을 이끄는 원동력은 부인부 활동이다. 부인부는 결혼을 하면 기존의 청년부에서 옮기게 되는데, 한국SGI 부인부의 역할은 회원 증가의 중요한 역할을 담당하고 있다. 한국SGI에서 새로운 회원을 받아들이는 과정을 '절복'이라 한다. 최종 절복 단계에서 결정적인 역할을 하는 것이 부인부로, 이 부인부가 새로운 신자를 받아들이는 가정에서 가장 강조하고 있는 것이 가정의 화목, 화합이다.

다음은 가정 내 환경과 관련된 것으로 '남편과 아내가 해야 할 일은 구별해야 한다', '자식은 부모의 뜻을 따라야 한다', '경우에 따라 이혼할 수 있다'라는 항목에 관한 결과다(기성종교는 한국갤럽조사연구소, 2015: 159 참고).

| 표 21 | 가정 내 환경과 관련된 질문

단위(%)

	남편과 아내의 역할 구분			
	참여 인원(명)	그렇다	아니다	모르겠다
불교	334	53	45	3
개신교	318	39	59	3
천주교	98	36	63	1
한국 SGI	1,055	19	77	4

	자식은 부모의 뜻을 순종			
	참여 인원(명)	그렇다	아니다	모르겠다
불교	334	39	59	2
개신교	318	36	62	3
천주교	98	31	67	2
한국 SGI	1,050	5.8	89.5	4.7

	경우에 따라 이혼 가능		
	참여 인원(명)	그렇다	아니다
불교	334	73	27
개신교	318	68	32
천주교	98	73	27
한국 SGI	1,044	40	60

첫 번째 질문인 남편과 아내의 역할 구분 찬성에 대해 한국SGI는 기성종교에 비해 가장 낮은 수치인 19%를 나타내고 있다. 아니다는 77%이다. 또한 '자식은 부모의 뜻을 따라야 한다'는 항목에서는 그렇다가 5.8%로 가장 낮은 수치고, 아니다가 89.5%로 반드시 순종할 필요가 없다는 결과를 나타낸다. 경우에 따라 이혼할 수 있다는 질문에서 한국SGI는 아니다라는 의견이 60%로 높다. 그 외 불교, 개신교, 천주교는 경우에 따라 이혼할 수 있다가 약 70%를 차지하고 있다. 이러한 결과를 통해 한국SGI 회원들은 기성종교에 비해 아내 역할 구분이나 자식의 부모 순종 측면에 자유로운 견해를 보이지만, 역으로 이혼에 대해서는 반대의 의견이 많음을 알 수 있다. 이는 부부의 문제든 자식의 문제든 모든 문제의 근원을 자신에서 비롯된다고 보고 자신의 문제를 해결하는 것이 곧 부부관계도 가정도 화목해지는 것으로 판단하는 것 같다. 따라서 이 설문 결과에서 보면 이혼보다는 문제해결에 중점을 두고 가정을 지키는 것이 한국SGI 회원의 특징이라 볼 수 있다.

다음은 아래의 항목에 대해 만족도를 알아보는 조사이다. 매우 만족하면 10점, 매우 불만족하면 0점까지 점수를 매기고 이를 100점

| 표 22 | 개인적 만족도 체크

(단위: 점, 0~10점 척도 100점 환산평균)

	불교	개신교	천주교	한국SGI
① 살림살이 형편	62	61	60	63
② 다른 사람들과의 관계	70	69	69	70
③ 결혼생활/이성관계	65	66	63	69
④ 요즘 건강상태	63	68	66	66
⑤ 직업/하는 일	63	65	62	69
⑥ 전반적인 개인생활	64	67	64	70

환산 평균을 나타낸 표이다(기성종교는 한국갤럽조사연구소. 2015: 81 참고).

일상생활 속 만족도를 알아보는 조사로 기성종교와 한국SGI가 대체로 큰 차이는 없지만, 그래도 한국SGI가 대부분 항목에서 수치가 높은 편이다. 한국SGI는 전반적인 개인 생활과 다른 사람들과의 관계에서 70점으로 가장 높은 수치를 나타내고 있다. 그리고 직업/하는 일, 결혼생활/이성관계의 만족도도 69점으로 높은 편이다. 불교는 다른 사람들과의 관계가 70점으로 가장 높고, 다른 항목에 있어서는 65점 이하의 점수를 나타낸다. 개신교 역시 다른 사람들과의 관계 점수가 69점, 요즘 건강상태가 68점, 전반적인 개인생활이 67점을 나타낸다. 천주교 역시 다른 사람들과의 관계 69점, 요즘 건강상태가 66점이고 다른 항목들은 65점 이하이다. 한국SGI 회원이 전반적인 개인생활에서 기성종교보다 높은 점수를 나타내는 것은 지금까지의 조사 결과에서 알 수 있듯이 그들의 삶은 종교적 신앙심에서도 일상생활 면에서도 한국SGI와 어떠한 형태로든 연계되어 있고 밀착된 결과라 할 수 있을 것이다.

V. 나가는 말

이 글에서는 한국갤럽에서 조사한 개신교, 천주교, 불교의 데이터를 기반으로 한국SGI 회원 대상의 설문조사 결과를 비교 분석하여 한국SGI 회원의 종교적 가치관과 생활 만족도에 대해 고찰하였다. 이를 통해 일본계 종교인 한국SGI의 종교적 특징과 한국 사회 속에서의 한국SGI 종교의 성장 요인에 접근하고자 했다. 이 조사를 통해 도출된 내용을 정리하면 다음과 같다.

한국SGI 회원의 종교를 갖는 시기는 9세 이하와 20대~30대가 가장 많았다. 한국SGI의 신앙을 하는 기간은 20, 30년 이상으로 기성종교 대비 높은 수치를 보였다. 종교를 믿게 된 계기는 스스로 필요해서와 다른 사람의 전도가 많았고, 종교를 믿는 이유는 복을 받기 위해와 삶의 의미를 찾기 위해라는 특징을 보였다. 종교 집회 참여 횟수, 개인적인 기도 · 기원 횟수, 교리를 접하는 횟수도 기성종교에 비교해 높은 수치를 보였다. 또한 종교적 믿음 정도나 종교의 힘으로 병을 치유한 경험 역시 기성종교에 비해 높은 결과를 나타냈다. 생활 만족도 면에 있어서는 행복감을 크게 느끼고 있었고 인생의 의미도 중요하게 생각했다. 삶의 중요한 척도에서는 기성종교가 건강한 것을 꼽을 때 한국SGI는 가정생활이 즐거운 것을 꼽았다. 또한 조사 결과 한국SGI 회원들은 남편과 아내의 역할, 부모와 자식 간의 관계에 있어서 기성종교와 비교해 개방적인 측면이 있는 것으로 나타났다. 반면, 이혼은 반대의 뜻을 보였다. 하지만 이러한 가족 관계를 둘러싼 회원들의 사상적 측면에 대해서는 한국SGI의 교리와 회원 활동의 세부 내용을 근거로 좀 더 밀도 있게 분석할 필요가 있을 것이다.

이상의 설문조사 결과에서 한국SGI 회원은 개신교, 천주교, 불교와는 다른 종교적 가치관을 가지고 있으며 한국SGI라는 종교와 밀착관계를 유지하고 있는 것으로 나타났다.[06] 무엇보다 좌담회, 체험담,

06 이러한 결과 내용은 어디까지나 한국갤럽 조사 결과와 필자가 참여한 공동연구 조사를 대조한 결과에 불과하다. 정확한 결과 도출을 위해서는 동일한 조사 방법, 조사 대상자 등을 고려하여 설문조사를 실시하고, 그에 대한 데이터 결과를 낼 필요가 있다. 또한 이 글에서 고찰한 한국SGI 회원 대상의 종교적 가치관과 생활 만족도는 단순히 설문조사 내용으로 도출한 데이터 결과로, 한국SGI를 전반적으로 평가하는 기준으로 삼기에는 다양한 자료 분석과 데이터 결과가 필요할 것으로 판단된다.

창제 등을 통한 회원 스스로 삶에 대한 중요성을 생활 속에서 인지하고 평화로운 삶에 대한 의지가 무엇보다 강조되고 있음을 알 수 있다. 이러한 종교적 행위가 일상생활과 접목되어 회원들의 종교적 가치관과 생활 만족도는 일상생활에서도 그대로 구현되고 있다. 즉, 종교와 삶을 구분하는 것이 아닌 일체화시켜 회원들은 그들의 삶을 영위하고 있는 것으로 파악된다. 하지만 이와 같은 종교와 개인 삶을 구분 짓기 어려운 회원의 삶은 그만큼 한국SGI라는 종교가 조직적으로 그들의 삶에 치밀하게 침투되었다는 것을 의미하기도 한다. 이 글에서는 본부(일본창가학회, 한국SGI)와 회원들과의 구조적 조직 관계에 대해서는 언급하지 못했는데, 이 글에서 살펴본 회원들의 설문 결과와도 연결해서 고찰할 필요가 있다. 그럼에도 불구하고 이러한 조사 결과는 한국SGI가 한국 사회에서 그 성장세를 꾸준히 유지하는 데 있어 회원들의 종교적 가치관과 인생관이 한 요인으로 작용하고 있음을 잘 나타냈다고 할 수 있다.

■ 참고문헌

김용환. 2017a. "SGI의 공공윤리 교육연구."『종교교육학연구』 53: 55-76.

______. 2017b. "한국SGI의 공공행복 연구."『종교연구』 77: 249-275.

______. 2020a. "한국SGI 육근청정 법화삼매 연구."『한국교수불자연합학회지』 26: 45-62.

______. 2020b. "한국SGI 지용보살의 공공행복 연구."『원불교사상과 종교문화』 91: 459-492.

김현석. 2022. "한국SGI 종교조직과 활동에 관한사회학적 연구–조직화 과정과 문화회관의 활동을 중심으로–." 동서대 박사학위논문.

유광석. 2022. "한국창가학회(KSGI)와 국제창가학회(SGI)의 평화주의에 대한 비교 연구."『신종교연구』 46: 183-211.

이원범 편저. 2007.『한국내 일본계 종교운동의 이해』. 제이앤씨.

이원범 · 남춘모. 2007. "조직사회학점 관점에서 본 일본계 신종교 교단의 소집단 활동–소집단활동으로서 KSGI좌담회 분석–."『일본근대학연구』 16: 155-172.

이원범 · 남춘모. 2008.『한국속 일본계 종교의 현황』. 대왕사.

이토 타카오. 2019. "한국SGI조직의 과거, 현재, 미래–인간혁명의 종교, 광선유포(廣宣流布)를 위한 조직."『신종교연구』 41: 275-291.

최지원. 2020. "신종교의 언어적 실천과 종교성: 한국SGI 사례를 중심으로." 서울시립대학교대학원 석사학위논문.

한국갤럽조사연구소. 2015.『한국인의 종교』.

한국SGI 공식 홈페이지(https://www.ksgi.or.kr)

제8장

한국창가학회(KSGI)의 국내 전개 과정과 현황
–문화회관의 건립·활동을 중심으로–*

김현석(부산디지털대)

* 이 글은 2021년 『차세대 인문사회연구』 제17호 "한국SGI의 전개 과정과 포교 현황 –문화회관의 건립 · 활동을 중심으로–"라는 제목으로 실린 논문을 수정 · 편집한 것임을 밝힌다.

I. 들어가는 말

2018년 발간된 『2018 한국의 종교현황 조사연구』(한국학중앙연구원, 2018)에서 종교별 교단 현황을 보면 한국창가학회(이하 '한국SGI'로 함)는 기타 종교로 분류되어 있다. 기타 종교로 분류된 종교는 총 11개의 교단[01]으로 확인되는데, 그중 한국SGI가 1,595,192명으로 가장 많은 신도 수를 보유하고 있다. 이는 기성종교인 불교, 개신교, 천주교와 한국민족종교협의회에 속하는 대순진리회[02] 다음에 해당하는 수치라고 할 수 있다.

2003~04년의 2년간에 걸쳐 한국 사회의 일본계 종교 활동 현황을 조사 분석한 연구에 따르면 총 18개의 일본계 종교 교단[03]이 활동하고 있다. 그러나 이후 10여 년이 지난 2017년 실시된 2차 연구 조사에서는 1차 연구 조사에서 확인된 대부분의 일본계 종교 교단은 교세가 약해지거나, 이미 사라진 상태였다. 이러한 상황 속에서 여전히 교세를 유지하며, 활발한 활동을 이어오고 있는 교단은 한국SGI와 천리교 단 두 교단뿐이었다. 하지만 천리교의 경우 신자 고령화 문제로 인해 교세 확장보다는 유지 및 쇠퇴하는 흐름이었다면, 한국SGI의 경우는 과거 조사보다 신자 수가 증가하였고, 종교시설인 문화회관도 더 많이 건립된 것을 확인할 수 있었다. 바쁜 현대사회에서 종교를 믿

01 천리교한국교단과 한국광명사상보급회도 기타 종교로 분류되어 있는 것으로 보아 일본계 종교 모두 이와 같이 구분되어 있다고 보인다.

02 조사 자료에 따르면 대순진리회는 8,000,000명, 종단 대순진리회(여주본부도장)는 1,633,030명의 신도를 보유하고 있다고 나타났다.

03 천리교(대한/한국), 금광교, 본문불립종, 기독동신회, 일련정종, 창가학회(KSGI), 영우회, 세계메시아교, 세계구세교(이즈노메, 동방의 빛), 세이쵸노이에(광명회), 입정교성회, 진여원, 예수어령교회, 변천종, 선린교, 태양회, 모라로지, 야마기시회 등의 18개 교단이 이에 해당된다.

는 사람들이 점점 줄어드는 상황[04](한국갤럽조사연구소, 2015) 속에서 여전히 교세를 유지하며, 활발한 활동을 이어오고 있는 교단이 바로 한국SGI이다. 기성종교도 한국에서 탄생한 자생종교도 아닌 일본에서 시작된 창가학회가 한국으로 건너와 재단법인 승인 허가를 받고, 대형교단인 한국SGI로까지 성장한 것은 분명 한국 사회와 종교계에서 주목할 만한 현상이다.

따라서 본 연구에서는 한국SGI가 한국 사회에서 어떠한 변화를 겪으며 발전해 왔는지 그 과정을 파악하고, 이를 가능케 한 조직 구조와 활동은 어떠했는지를 검토하고자 한다. 나아가 한국SGI 신자들의 주 활동무대인 종교시설 문화회관의 설립 과정과 현황의 검토를 통하여 한국SGI의 성장 과정에 있어서 문화회관의 역할은 어떠한 것이었는지에 대하여 고찰하고자 한다.

Ⅱ. 창가학회의 국내 유입 및 전개

1. 창가학회의 유입 과정

창가학회는 교육자였던 마키구치 쓰네사부로(牧口常三郎)와 그의 제자 도다 조세이(戸田城聖)가 일련정종에 입신하면서, 그 교리에 교육을 접목시켜 1930년에 '창가교육학회(創価教育学会)'라는 단체를 조

04 2004년의 조사 결과 종교를 믿고 있다는 응답이 54%로 절반이 조금 넘었지만, 2014년의 조사 결과에서는 4% 감소한 50%의 결과가 나왔다. 이는 전 연령층에 걸쳐 종교를 믿지 않는 사람이 증가하였으며, 특히 2, 30대의 젊은 세대가 증가한 것으로 보아 향후 종교를 믿지 않는 현상은 더욱 두드러질 것으로 보인다.

직하고, 1937년 발족식을 개최하며 본격적인 활동을 시작하였다. 이렇게 탄생한 창가교육학회는 광복 후 '창가학회(創価学会)'로 이름을 변경하면서 일본 내에서 교세를 확장시켜 나갔다. 그리고 1950년대 후반에서 1960년대 초반 국내에 유입되기 시작한다. 국내에서 창가학회라는 단체는 1962년 조선일보의 기사를 통해 처음 언급되었다. 이후 1963년에 국내에서도 포교 활동을 하고 있다는 사실이 국내 언론을 통해 전해지면서 창가학회라는 조직이 서서히 알려지게 된다.

이러한 창가학회의 국내 유입 과정은 크게 친인척의 권유인 타의적인 경우와 자신이 스스로 원한 자의적인 경우로 나눌 수 있다. 먼저 타의적인 경우는 재일한국인들의 영향이 상당히 컸다. 그들은 1950년대 후반에서 1960년대 초반 국내로 들어오면서 친인척과 이웃들에게 창가학회에 관한 정보와 서적 등을 공유하면서 적극적으로 전파하였다(조성윤 · 김미정 편, 2013: 104).

대표적으로 울산 출신의 김종식(일본명 다사키) 부부가 국내에 들어와 친척을 대상으로 포교하면서 울산은 물론 활동 영역을 인근 지역인 부산과 대구 등으로 넓혀 나가며 포교 활동을 하였다. 김종식 부부의 국내 포교 내용은 창가학회의 제3대 회장인 이케다 다이사쿠(池田大作)가 자신의 일대기를 소설의 형식으로 편찬한 『신 · 인간혁명』(新 · 人間革命) 제8권에 상세하게 설명되어 있다(이케다, 2003: 354-

재일한국인 회원 중에 다지마 쇼지(김영희)와 미에(이명옥)라는 부부가 있었다. (중략) 다지마 부부는 1959년 가을, 한국에 일시 귀국하여 친척이나 친분이 있는 사람들에게 불법을 이야기했다. 부부는 여러 차례 한국을 방문하여 울산, 대구, 부산 등지에서 한 사람 또 한 사람 이렇게 차례로 묘법의 종자를 심어 갔다(이케다, 2003: 354-359).

362).

여기서 그치지 않고, 몇 년 뒤 김종식은 또 다른 재일한국인 박상보와 함께 국내로 들어와 활동을 이어 나가는 등 초기 국내 유입에 지대한 역할을 하였다. 이 내용은 『동아일보』의 1963년 7월 24일 기사에 상세하게 설명되어 있다.

> 창가학회가 우리나라에도 번져 올 계기가 마련되어 가고 있다. 동회 회원으로 지난 13일 내한하여 시내 S호텔에 묵고 있는 재일교포 박상보(53, 나고야 후지철공회사 사장) 씨는 내한 목적에 사용과 가사 정리라는 표면 이유 외에 고국에서의 창가학회 지부 결성 준비도 들어 있음을 시인하면서 한편으로 이 같은 노력이 어디까지나 자신의 성의와 개인적 입장에서 추진되고 있는 것임을 강조했다. 전남 순천 태생인 박상보 씨는 창가학회 회원이며 울산이 고향인 교포 김종식(도쿄 동양경제 주식회사 사장) 씨와 함께 내한했다(『동아일보』, 1963.7.24. 5면).

그리고 서울 출신의 이정순은 갱년기의 아픔을 이겨내기 위해 재일한국인이었던 언니 이순자를 따라 입신하게 된다. 입신한 이순자는 자신이 운영하던 희망결혼상담소를 거점으로 하여 여러 차례 모임을 진행하면서 국내 최초의 반 조직으로 발전한다.

한편, 자의적인 경우는 두 가지 경우로 다시 나누어진다. 이정순과 마찬가지로 병을 이겨내거나 현재의 고달픈 삶을 극복하고자 우연히 알게 된 창가학회의 힘을 빌리게 된 경우이다. 대표적인 인물이 바로 최규원이다. 그는 자신이 걸린 병과 힘든 생활을 개선하기 위해 직접 일본 창가학회 본부와의 연락을 통해 관련 자료를 받으며 신앙 생활을 시작한다. 그리고 재일한국인의 도움으로 이미 대구에서 활동하고 있던 김인선을 만나면서 한국 신자들과 본격적인 활동을 하기에 이른다. 이때 만난 김인선이라는 인물은 1961년 3월 김종식 아내의 권유로 창가학회에 입신한 인물이다(『동아일보』, 1964.1.18. 7면).

또 다른 자의적인 경우로는 서울 출신의 박소암라는 인물을 언급할 수 있다. 그의 가족은 이미 과거부터 일련종(日蓮宗)의 신자였으며, 광복 후 다른 형태로 탈바꿈하여 법화경 공부를 지속하고 있었다(박승길, 2008: 50-51). 그러던 중 그의 형 박성일이 일본에서 가져온 창가학회에 관한 자료를 본 것이 계기가 되어 창가학회에 관심을 가지게 된다. 일본 본부에 연락을 취해 1963년 2월 25일 창가학회가 출판한 『어서전집』, 『묘법연화경』, 『개경』, 『절복교전』 등의 서적과 함께 활동사항을 담은 사진집 등을 받고 스스로 입신한다. 이후 이정순이 운영한 결혼상담소에 방문한 후에는 더욱 본격적으로 종교 활동을 해 나가게 된다.

이처럼 1960년대 초 창가학회가 국내로 유입되는 과정을 정리하면 친인척의 권유에 의한 타의적인 경우와 자신의 삶을 개선하기 위해 일본 본부와의 직접적인 연락을 통한 자의적인 경우라고 할 수 있다. 다만, 여기서 주목해야 할 점은 바로 두 가지 유입 과정 모두 재일한국인의 영향력이 상당히 지대했다는 것이다. 즉, 자의적으로 신앙생활을 시작한 신자에게 있어서도 재일한국인의 영향은 직·간접적으로 있었다고 할 수 있을 것이다.

한편, 세계 여러 나라의 창가학회 유입경로를 보면 재일한국인과 같은 매개체를 통한 포교활동은 어느 나라에서도 나타나지 않는다. 대부분 다른 나라에 유입되는 과정은 이케다 회장이 직접 방문하여 조직을 결성하거나, 일본 본부에서 간부회원을 직접 파견하여 조직을 결성하는 형태를 가진다(이토, 2018: 38).

반면 당시 일본에 대한 적개심이 가득했던 한국에서는 이케다 회장이나 학회 간부회원이 직접 포교할 수 있는 상황이 아니었다. 이러한 상황 속에서 재일한국인들의 적극적인 포교활동은 국내 유입에 큰 영향력을 행사한다. 물론 이로 인해 조직이 분산되어 형성되기도 하지만, 명실상부 재일한국인의 포교 활동은 창가학회가 국내로 유입되는 중요한 역할을 하는 동시에 한국에서만 나타나는 중요한 특징 중 하나라고 할 수 있다.

2. 한국 사회에서의 전개 과정

전국 곳곳에 조직이 형성되던 시기, 1964년 1월 창가학회는 정부로부터 포교금지 처분을 받게 된다. 각종 언론에서도 창가학회를 왜색종교라고 하여 비판하기 시작했다. 같은 해 4월 대구파의 최규원은 포교금지 처분에 대한 행정소송을 제기하여 고등법원에서는 승소하였지만 2년 후 1966년 10월 대법원에서는 포교금지 처분이 "행정소송의 대상이 되지 않는다."며 원심 판결이 파기되어 다시 원점으로 돌아갔다. 또한 1965년 6월에 맺은 「한일기본조약」이 합당하지 못하다고 생각한 사회 전반적인 분위기로 인해 정부는 창가학회의 국내 포교에 대한 조사와 관련 자료 등을 여전히 주목하고 있었다(박승길, 2008: 76-78). 아래는 1966년 10월 26일 당시 보도된 기사의 일부분이다.

創價學會布敎단속 內務府발표

26일 내무부는 앞으로도 창가학회는 국가의 주체성을 해치는 종교단체로 단정하고 포교활동을 계속 금지시키겠다고 발표했다. (중략) (『동아일보』, 1966.10.26. 3면).

> **創價學會막을 行政處分없어**
>
> **정부의 포교활동금지처분조처는 구속력 없는 통지일 뿐 (중략) (『한국일보』, 1966.10.26.).**

위와 기사와 같이 여전히 언론에서는 이전과 다름없이 창가학회의 포교 활동을 금지하려는 움직임이 보였다. 이 흐름은 1969년이 되면서 새롭게 변화한다. 바로 분산되어 활동해 온 국내 조직들의 통합을 촉구하는 일본 본부의 움직임이 나타났다. 하지만 일본 본부의 움직임은 새로운 갈등의 원인이 되면서 한국창가학회의 최대 과제라고 할 수 있는 조직통합은 좀처럼 해결되지 않았다.

혼란했던 60년대를 거쳐 70년대가 되자 일본 본부에서도 간부를 파견하는 등 적극적인 움직임을 보여준다. 그로 인해 1974년 '한국일련정종불교회(韓国日蓮正宗仏教会)'라는 통합조직을 결성하게 되면서 통합조직으로의 첫걸음을 알렸다. 다음 해 1975년 6월에는 서울 종로구 원남동에 사무국을 설치하여 서울, 부산, 대구 등 주요 도시를 기점으로 5개의 총합본부를 설치한다. 이러한 노력의 결과 1976년 5월에는 9인의 운영위원회와 3인의 의장제로 한국일련정종불교회를 정식으로 발족한다. 동시에 같은 날 서울시 동대문구 신설동의 한 건물에 중앙사무국을 두고 실질적인 업무를 전담하게 된다. 운영에 필요한 의사결정기구인 전국 대표자 회의와 전국운영위원회를 두고, 장년부, 부인부, 남자부, 여자부의 4부 체제를 갖추어 가기 시작했다. 또한 전국 18개 총합본부와 77개의 지역본부를 구성하여 본격적인 통합조직의 출발을 알렸다(박승길, 2008: 204-207).

그리고 1978년 그들의 임기가 만료됨으로써 공동 의장제라는 제도를 종료하고, 이사장 체제로 개편한다. 초대 이사장으로 김동현이 취임하고 30개 총합본부로 성장한 조직을 지도하게 되면서 진정한 통합조직이 되었다. 이후 1981년 9월에는 제2대 이사장 조대철이 취임하면서 조직은 크게 변화한다. 먼저 전국대표자회의를 평의회로 바꾸면서 조직의 회칙을 제정한다. 전국 조직을 32개 총합본부, 127개 지역, 548개 지부, 1,795개 지구, 6,739개의 반으로 조직체계를 정비한다.

1985년 조직이 점점 안정화되고 기존에 사용하고 있던 본부건물을 대신하여, 새로운 본부건물의 신축공사에 돌입한다. 이와 동시에 전국 각 지역에도 문화회관을 건축하기 시작한다. 다음 해 2월부터는 총합본부를 권으로 명칭을 변경한다. 이로써 국내 창가학회는 조직으로서의 통일성을 높이게 된다. 이어서 1987년 9월에는 지금의 한국 SGI 소재지인 서울시 구로구 구로5동 45로 중앙사무국을 옮기고, 전국 16개 방면, 54개 권으로 조직을 재편성해 간다(한국종교사회연구소 편, 1993: 1140).

1992년 4월에는 권의 수가 62개로 늘었고, 231개 지역, 823개 지부, 2,874지구, 10,437개 반으로 교세가 성장해 나갔다(한국종교사회연구소 편, 1993: 1140). 하지만 90년대에 들어오면서 일본 본부는 일련종 본산과 또 다시 대립하게 되고, 이를 계기로 일본 본부는 창가학회로 독자적인 노선을 걷게 된다. 이는 국내 조직에도 영향을 주면서 1993년 11월에는 한국일련정종불교회에서 'SGI한국불교회(SGI韓国仏教会)'로 조직명을 변경한다. 즉, 일련종 본산과 관련된 명칭을 사용하지 않게 되면서, 새롭게 SGI를 쓰게 된 것이다. 동시에 제3대 이사장으로 박덕현이 취임하고, 제2대 이사장이었던 조대철은 명예 이사장으로, 사무총장 겸 부이사장으로는 박재일이 임명된다. 1995년에는 전국 23개 방면, 69개 권으로 조직을 확대해 나갔다.

이후 1997년 4월 부이사장이었던 박재일이 제4대 이사장으로 취임하고, 2000년 4월 염원하던 재단법인 승인을 문화관광부로부터 받았다. 이로써 오늘날의 한국SGI의 모습을 갖추게 된 것이다. 2001년이 되면서 제5대 이사장 여상락이 취임하고, 2003년 4월에는 지상 12층, 지하 5층 규모로 새롭게 준공된 현재의 본부 건물로 이전하면서 조직은 30개 방면, 106개 권으로 재정립했다. 사회활동과 출판 사업에도 꾸준히 힘을 쓰며, 한국 사회에 어울리기 위해 노력했는데 한일관계가 좋지 않았던 2005년에도 '2005 나라사랑대축제'를 개최하여 신자들 간의 결속을 다지는 한편 정계의 인사들도 다수 참석하였다. 하지만 모 방송국의 한 프로그램 방영으로 한국창가학회가 다시금 재조명받게 되고, 또다시 한국 사회에서 한국SGI의 이미지가 나빠졌다. 당시 사회적인 인식과 분위기로 인해 2005년 이후 조용히 활동하고, 2007년 한국SGI 산하의 유치원인 행복유치원을 설립하여 교육 및 인재 육성의 측면에서 활동을 이어 나갔다.

2013년 1월 제12회 본부간부회에서 김인수가 제6대 이사장으로 임명되어 한국SGI는 새로운 출발을 맞이한다(『화광신문』, 2013.1.18.). 2014년 6월 세계기자대회에서 '핵무기 없는 세계를 향한 연대 전시회', 2013~14년 '희망의 씨앗–지속가능성의 전망, 변혁을 향한 발걸음 전시회' 등 주요 도시 순회 전시회 행사를 시작으로 2015년에는 잠실체조경기장에서 '청년평화페스티벌'이라는 창가학회의 대학생을 중심으로 한 행사를 개최하였다(『한겨레신문』, 2015.5.3.). 이 행사에는 2만여 명의 대학생과 창가학회 이사장, 전 국무총리, 건양대학 총장, 한겨레신문사 대표이사 등 각계 지도자들도 참석하였다. 2016년에는 본부 이케다 기념 강당에서 창가학회 사상의 근본이 되는 법화경을 주제로 한 '법화경–평화와 공생의 메시지전'이 열렸다. 최근 2018년 3월 11일에는 192개국을 대표하는 청년 5,000여 명이 참석한 '세계청년부총회'를 개최하였다. 한국에서도 이날 300개 회관에서 7만 명이 생중계로 참석하였다(『매일경제신문』, 2018.3.21.). 2016년과 2019년에 각각 재신임을 얻어 현재 제3기 김인수 이사장 체제로 진행 중이다. 2020년 9월 27일에는 10월 2일 세계 평화의 날 60주년 기념으로 세계청년부총회를 개최하면서, 전 세계 SGI 신자들과의 결속을 다지기도 했다.

이렇듯 한국SGI는 국내에 유입되면서 많은 굴곡을 겪으며 한국 사회에 전개되었다. 시대별로 그 특징을 간략하게 정리하면 60년대는 포교금지 처분과 분산된 국내 조직 상황, 70년대는 일본 본부의 간섭과 통합조직으로의 발전, 80년대는 본격적인 이사장 체지와 조직체계 확립, 90년대는 SGI불교회로의 새로운 출발, 2000년대부터 현재까지는 재단법인 한국SGI로의 허가와 한국 사회에서의 적응 및 발전이라고 할 수 있을 것이다.

Ⅲ. 한국SGI의 조직 구조와 활동

1. 한국SGI의 조직 구조

한국SGI의 조직 구조를 살펴보기 전 먼저 창가학회의 조직에 대해 간략하게 설명하고자 한다. 현재 창가학회는 일본 신주쿠에 본부가 있으며, 3명의 명예회장으로 마키구치 쓰네사부로(牧口常三郎), 도다 조세이(戸田城聖), 그리고 이케다 다이사쿠(池田大作)가 있다. 현재 회장은 2006년 11월에 취임한 하라다 미노루(原田稔)이며, 이사장은 하세가와 시게오(長谷川重夫)이다. 회장과 이사장 아래에 총무회와 중앙회의를 둔다. 중앙회의는 회장을 중심으로 각 방면장, 부인부, 청년부 대표가 구체적인 활동 진행 방법 등을 협의하여 결정한다. 또한, 방면장을 중심으로 방면운영회의를, 각 현의 현장을 중심으로 현운영회의를 설치하여 각 방면과 현에 활동을 논의하고 역할을 한다. 각 현에서는 분현-권-본부-지부-지구-블록 형태의 구조로 활동한다. 즉, 모든 신자는 블록에 소속되어 해당 지역에서 활동하는 것이다. 여기서 신자는 연령과 성별에 따라 장년부, 부인부, 청년부로 구성되고, 청년부에서 다시 연령과 성별로 남자부, 여자부, 학생부, 미래부로 나누어 각 부에서 활동한다. 이외에 문화본부, 사회본부, 지역본부, 교육본부, 국제본부 등의 조직을 두어 활동을 이어 오고 있다.

그렇다면 한국SGI의 조직 구조는 어떤 모습을 보일까. 당연히 일본 본부와 비슷한 조직 구조와 성격을 띠고 있다. 다만, 일본과는 달리 회장 체제가 아닌 이사장 체제이며, 일본 본부의 조직과 비교하면 다소 단순한 구조라고 할 수 있다.

[그림 1]은 교단에서 제공해 준 자료로 한국SGI의 조직 구조를 한눈에 확인할 수 있으며, 일본과 동일하게 중앙회의가 설치되어 있다. 역할 또한 조직 운영에 필요한 사항을 결정한다(『화광신문』, 2007.12.14.). 일본 본부와는 다르게 중앙회의와 동일하게 사무센터가 설치되어 있고, 문화홍보국, 건설지원국, 총무법인국, 조직사무국의 4개의 산하 조직이 있다. 각 조직별로도 역할에 맞게 세분화되어 운영되고 있다. 중앙회의 이하는 일본 본부의 조직 구성과 동일하게 이루어져 있으며, 조직의 가장 기본이 되는 모임을 국내에서는 반(班)이라고 한다. 이 반이 3~5개가 모여 1개의 지구(地區)를 형성한다. 마찬가지로 지구 3~5개가 1개의 지부(支部)가 된다. 지부는 면, 동 단위로 구축되어 있다. 3~5개의 지부가 모여 지역(地域)을 구성하고, 지역

그림 1 ▶▷ 한국SGI 조직 기구도

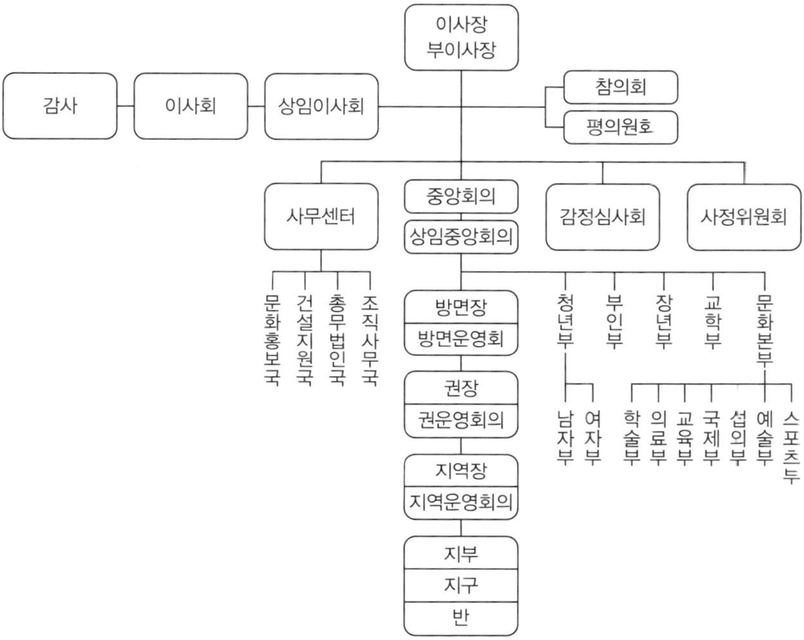

3~5개가 이루어지면 권(圈)이 만들어진다. 이 권이 한국SGI 운영의 중심이 되어 각 지역에 형성되어 있다. 권은 1~3개가 모이면 1개의 방면(方面)이 된다. 또한, 방면을 대표하는 방면장을 중심으로 방면운영회의, 권장을 중심으로 권운영회의, 지역장을 중심으로 지역운영회의를 설치하여 일본 본부와 동일하게 각 방면, 권, 지역의 활동을 이끌어 나간다. 이러한 각각의 조직들의 활동은 중앙회의와 연결되어 한국SGI가 원활하게 운영될 수 있도록 지원한다.

최근 각 지역에 퍼져 있는 방면과 권은 2017년 3월을 기준으로 47개의 방면, 140개의 권이었지만, 울산지역에서 4개의 권을 두 개로 나눴다. 그 결과 울산 1방면에는 방어진권과 학성권, 2방면에는 문수권과 신정권으로 구분되었고(『화광신문』, 2019.12.13.) 2020년 9월 기준 48개의 방면이 되었다.

〈표 1〉은 2020년의 지역별 방면과 권, 그리고 권의 문화회관의 수를 나타낸 표이다. 한국SGI 본부와 가까운 서울, 경기 지역이 가장 많은 방면과 권 수를 보인다. 다음으로 대구, 부산 지역을 포함한 경

| **표 1** | 한국SGI 전국 방면 및 권 현황(2020년 기준)

지역	방면 수	권 수	문화회관 수	비고
서울시	10개	33개	29곳	동서울 포함
경기도	7개	18개	17곳	
인천시	2개	7개	6곳	
강원도	2개	5개	5곳	
충청북도	1개	3개	3곳	
충청남도	1개	3개	3곳	
대전시	1개	2개	2곳	
전라북도	1개	3개	3곳	
전라남도	2개	4개	3곳	
광주시	1개	3개	3곳	
대구시	4개	14개	11곳	
포항시	1개	4개	3곳	
경상북도	3개	10개	9곳	
경상남도	4개	11개	11곳	
울산시	2개	5개	4곳	
부산시	5개	15개	13곳	
제주시	1개	3개	3곳	
합계	48개	143개	128곳	

상도 지역의 방면과 권 수가 많은데 이것은 과거 창가학회가 국내로 유입되면서 초기 활동을 했던 1세대 회원들의 영향이 있다고 판단된다. 그 외 지역들에는 1~2개의 방면과 평균 3~5개의 권으로 조직을 구성하고 있다. 이렇게 방면과 권이 형성되어 있다는 것은 그 지역 신자의 수가 많다는 걸 나타내는데, 지역적인 분포로 볼 때 서울, 경기 지역과 대구, 부산 지역이 위치한 경상도 지역에 방면과 권이 많은 것으로 보아 다른 지역들에 비해 신자 수가 많다는 것으로 추측할 수 있다.

2. 한국SGI의 사회활동

한국SGI는 현재 한국 사회에서 다양한 사회활동을 해 오고 있다. 크게 평화, 문화, 교육, 사회공헌 등의 4가지 활동으로 정리할 수 있다.

먼저, 평화활동으로는 한반도의 비폭력과 평화를 위한 목적을 실현하고, 올바른 역사관 정립과 인간의 권리를 보호하기 위한 활동을 전개하고 있다. 대표적인 것은 유니피스(UNIPEACE, 전국대학생평화연합동아리)활동인데 '캠퍼스 평화문화활동'이라는 명칭으로 1998년 시작한 이 활동은 2012년 15주년을 맞이하여 유니피스 평화활동으로 새롭게 출범하였다(『화광신문』, 2012.4.27.). 현재까지도 전국 학교에서 전시회, 세미나, 영상전, 각종 토론회들을 실시하고 있다. 2019년 5월 '제22회 유니피스 평화전'을 전국 180여 개의 대학교와 외부 명소에서 개최하였다(『화광신문』, 2019.5.17.). 이 외에도 '핵무기 반대운동－핵무기 없는 세계를 향한 연대展'을 2014년 5월 국내에서 최초로 개최하였고 2015년 5월에 4회째 전시가 개최되었다.

| **표 2** | 한국SGI 활동 내용

<table>
<tr><th>구분</th><th colspan="2">활동 내용</th></tr>
<tr><td rowspan="2">평화활동</td><td>유니피스 평화활동</td><td>• 2017년 5월, 제20회 '청년, 벗(友)꽃을 피우다'
• 2018년 5월, 제21회 '한 사람을 소중히'
• 2019년 5월, 제22회 '그대가 세계를 바꾼다'</td></tr>
<tr><td>핵무기 반대운동
• 핵무기 없는 세계를 향한 연대展</td><td>• 2014년 5월, 제1회 국회의원회관 전시
• 2014년 6월, 제2회 세계기자대회 개회식(특별전시)
• 2014년 9월, 제3회 이케다기념강당 1층 로비
• 2015년 5월, 제4회 올림픽공원 한얼광장</td></tr>
<tr><td rowspan="2">문화활동</td><td>전시활동
자연과의 대화
• 이케다 다이사쿠 사진전</td><td>• 2002년 서울에서 시작하여 주요 도시에서 개최
• 2015년 10월 창원 제11회 사진전 개최</td></tr>
<tr><td>음악회
• 해돋이 음악여행
• 다문화 가족을 위한 음악회
• 패밀리 콘서트
• 시민과 함께하는 희망음악회</td><td>• 푸른빛합창단: 1987년 창단, 여자부 구성
• 해돋이합창단: 1998년 창단, 초4~6학년생
• 아리랑고적대: 1989년 창단, 여자중고등학생
• 한강윈드오케스트라: 1989년 창단, 남자부 구성
• 빅토리아윈드오케스트라: 1997년 창단, 여자부 구성
• 라이온코러스: 2001년 창단, 남성합창단
• 글로리아챔버오케스트라: 2001년 창단, 전문연주가
• 피스싱어즈: 2003년 창단, 여성예술단
• 신세기파이오니아윈드앙상블: 2003년 창단, 청소년
• 글로리아리틀챔버오케스트라: 2006년 창단, 전문연주가
• 태극취타대: 2006년 창단, 장년부 구성
• 평화예술단 '연': 2010년 창단, 여성예술단</td></tr>
</table>

교육활동	아동 · 청소년지원	도서기증, 국내외 심장병어린이 지원, 해외국가 교육시설 지원, 소년 · 소녀가장돕기, 장학금 지원, 동학대 예방 캠페인, 학부모 세미나 등 개최
	활동 시설	• 우주시민천문대: 매달 1~2회 우주시민천문대 개방의 날 진행, 참가비 무료 • 행복 유치원: 2008년 3월 제1회 입학식, 2020년 3월 제12회 졸업식
사회공헌 활동	국가 및 지역 공헌	국토대청결운동, 헌혈운동, 수재민 돕기, 독거노인을 위한 자원봉사, 불우이웃 돕기, 소년소녀가장 돕기, 바자회, 대학부 봉사그룹의 활동, 성금 기탁

문화활동에서는 다양한 문화의 특색을 서로 존중하는 것을 기본이념으로 하여 이웃과 함께하는 문화제와 예술제를 개최하였다. 특히 음악회의 경우 현재까지 300여 회가 넘게 주요 도시 및 산간벽지의 학교에서 실시해 왔으며, 12개의 다양한 연령층의 문화그룹들이 활약하고 있다.

다음으로 교육관련 활동에서도 한국SGI는 심혈을 기울여 활동에 매진하고 있다. 각종 교육 기관과 단체에 도서를 기증하고, 소년 · 소녀 가장 돕기, 아동학대예방 캠페인 및 학부모세미나 등을 개최하여 아동, 청소년들이 바르게 성장할 수 있도록 돕고 있다. 나아가 2008년 3월에는 학교법인 창가학원 행복유치원을 개원하여 미래부 육성에 힘을 쏟고 있다. 2014년에는 우주적 시야에서 인생을 살아가자는 목적으로 우주시민천문대를 설립하여 희망하는 누구나 견학할 수 있도록 조성하였다.

마지막으로 소외계층의 사람들에게 희망과 행복을 전해 주기 위해 사회공헌활동을 하고 있다. 1970년대부터 시작한 국토대청결운동은 현재까지도 전국적으로 매년 실시하고 있으며 그 외에도 불우이웃 돕기, 지역 내 각종 자원봉사를 통해 지역과의 유대감을 높이는 활동을 하고 있다.

3. 오늘날의 문화회관 현황

한국SGI의 종교시설인 문화회관은 〈표 1〉을 통해 지역별로 분류되어 있는 현황을 손쉽게 파악할 수 있다. 과거 '한국일련정종불교회'로 활동하던 시기보다 문화화관에 관한 정보가 잘 정립되어 있는 것으로 보아 한국SGI에 있어서도 문화회관이란 종교 시설은 상당히 중요한 역할을 한다고 볼 수 있다. 그렇다면 오늘날 한국SGI 공식 홈페이지에 소개되어 있는 문화회관은 언제 설립되어 신자들이 이용하기 시작했을까? 한국SGI가 출판하는 주간신문 『화광신문』의 창간호를 확인해 본 결과 1991년에 문화회관 개관과 관련된 기사를 확인할 수 있었다(『화광신문』, 1991.7.3.). 나아가 〈표 3〉에 나타나 있는 126곳의 문화회관에 관한 자료 또한 『화광신문』을 통해 설립 연도와 시설에 대해 어느 정도 정리할 수 있었다. 다만, 한국SGI의 성장으로 인해 방면과 권이 생기면서 명칭이 변경되고, 낙후된 회관을 리모델링하여 새롭게 개관하는 경우도 다수 존재한다는 점은 주의할 필요가 있다.

| **표 3** | 한국SGI 문화회관 연표(2020년)

교단명	연도	문화회관	설립 수
한국 일련정종불교회	1990	대전	1곳
	1991	청주평화, 여수, 제주평화, 광주	4곳
	1992	마산	1곳

SGI한국불교회	1993	마포, 목동평화, 밀양평화, 서귀포, 중구, 수정	6곳
	1994	안동, 김천, 정읍, 산격, 평리, 상주, 복천	7곳
	1995	제천, 진주, 원주, 구미평화	4곳
	1996	영주, 김해, 영일, 홍성, 경산, 영천, 부천, 삼천포, 창원	9곳
	1997	구로평화, 초읍, 성북평화	3곳
	1998	두류, 산본, 사하, 강서	4곳
	1999	주안, 성동, 서대문, 동촌, 순천	5곳
한국SGI	2000	산성평화, 논산, 장안신세기	3곳
	2001	익산상승, 인천욱일, 구리	3곳
	2002	동작상승, 강동욱일, 영등포희망	3곳
	2003	노원평화, 속초평화, 구포상승, 영도희망, 광주평화	5곳
	2004	용산, 관악행복, 수영욱일, 수원, 학성	5곳
	2005	안양희망, 동대문, 구덕, 소사평화, 의정부희망	5곳
	2006	동서울행복, 동해태양, 사상행복, 금정평화, 계양평화	5곳
	2007	방어진, 도봉상승, 거창, 서대전평화	4곳
	2008	송파평화, 이천신세기, 경서희망, 금천희망, 남동상승	5곳
	2009	통영신세기, 강북평화	2곳
	2010	남광주행복, 안산평화, 통일로평화, 성남행복, 남구미행복, 진주행복, 종암월곡, 문수평화	8곳
	2011	용인평화, 포천평화, 전주욱일	3곳
	2012	강남희망, 양천희망, 해운대희망, 춘천행복	4곳

한국SGI	2013	일산가온누리, 부평행복, 서마산평화, 종로연지	4곳
	2014	동대구희망, 신동해희망, 월배욱일, 양산행복	4곳
	2015	목포평화, 포항행복, 거제평화, 신정행복	4곳
	2016	충주희망, 달령행복, 남대구행복	3곳
	2017	은평희망, 천안희망, 경주, 광명행복, 평택희망	5곳
	2018	신강북평화, 강릉, 양주, 기장	4곳
	2019	서제주희망, 김포평화	2곳
	2020	남양주	1곳
합 계		총 126곳	

〈표 3〉은 한국SGI 공식 홈페이지에 소개된 문화회관의 설립 수를 2020년도까지 연도별로 정리한 표이다. 가장 먼저 눈에 띄는 것이 합계 부분이다. 2020년 당시 홈페이지에서는 총 128곳으로 검색되었지만, 〈표 3〉에는 126곳으로 2곳의 문화회관이 없다. 이 2곳은 대구 1방면의 수성권과 경남 1방면의 진해권이다. 수성권의 경우 그때 당시 회관 건물을 임대하여 사용 중이었고, 진해권의 경우에는 공동건물의 2층을 사용하고 있었기 때문에 정식 회관이 없다고 한 것을 알 수 있다. 이렇게 추측할 수 있는 이유는 수성권과 진해권은『화광신문』에서 개관 또는 개관식으로 검색하여도 그에 따른 정보를 확인할 수 없었기 때문이다. 하지만 2024년 현재에는 두 권 모두 공식 홈페이지에 소개되는 정식 문화회관을 소유하고 있다. 관련 내용은 뒤에서 좀 더 서술하고자 한다.

그렇다면 당시 정식으로 표기된 권 문화회관이 없는 수성권과 진해권을 제외한 총 126곳의 문화회관의 현황을 살펴보자.

가장 먼저 설립 연도를 확인할 수 있었던 회관은 바로 대전문화회관이며, 다음이 충청북도 청주권의 청주문화회관이다. 『화광신문』 창간호에서 10개월의 공사로 지하 1층과 지상 2층의 현대식 건물로 지어졌으며 2층에는 대강당을 비롯한 10개의 다양한 브실을 갖추었다고 소개되었다(『화광신문』, 1991.7.3.) 이후 2009년 11월, 1년 동안 리모델링 공사를 하였고, 문화회관의 명칭도 청주평화문화회관으로 변경되어 개관하였다. 청주평화문화회관과 마찬가지로 회관의 명칭이 변경되어 현재에 이르는 회관도 다수 존재하였다. 청주평화문화회관과 같은 시기에 설립된 제주평화문화회관 역시 당시에는 제주문화회관으로 설립되어 현재 제주평화문화회관으로 변경되어 동제주권의 회원들이 이용하고 있다(『화광신문』, 1991.11.21.). 'SGI한국불교회' 시기인 1993년에는 현재의 마포문화회관, 밀양평화문화회관, 중구문화회관이 각각 신촌문화회관(『화광신문』, 1993.9.11.), 밀양문화회관(『화광신문』, 1993.10.21.), 중부문화회관으로 개관되었다(『화광신문』, 1993.12.11.). 정읍문화회관은 1994년 당시 정주문화회관으로 개관하였고(『화광신문』, 1994.7.1.), 오늘날의 구로평화문화회관이 1997년 당시 신도림문화회관으로 개관하여 회원들이 이용하였다(『화광신문』, 1997.3.14.). 명칭 자체가 완전히 바뀐 마포권, 중구권, 정읍권, 구로권의 4곳은 회관이 설립된 주소와 사진 등으로 대조하여 동일한 회관이 오늘날의 명칭으로 바뀌었다는 것을 확인하였다. 이러한 변화는 문화관광부로부터 법인설립 허가를 받은 후에도 전개되었다. 산성평화문화회관은 2000년 6월 당시 성남평화문화회관으로 개관하여 현재는 경기 2방면 산성권 회원들이 이용하는 문화회관으로 탈바꿈하였다(『화광신문』, 2000.6.30.).

한국SGI로 출범한 뒤로는 문화회관의 명칭을 따로 변경하지는 않았고, 2020년에 이르기까지 해마다 평균 3개의 문화회관이 설립되고 있다. 가장 많이 설립된 시기는 1996년도로 'SGI한국불교회' 시기이며, 한국SGI로 바뀌고 나서는 2010년에 8곳이 설립되면서 가장 많은 문화회관이 설립된 시기로 확인 가능하다. 반대로 가장 적게 설립된 시기는 2020년을 포함, 2곳이 설립된 2009년과 2019년이다. 〈표 3〉에는 동서울 방면의 남양주권 남양주문화회관 1곳만 작성되어 있지만, 20년 말 1994년에 대구의 산격문화회관이 새로운 곳에 준공되면서 2개의 회관을 건립한다(『화광신문』, 2021.1.8.).

또한, 과거 '한국일련정종불교회'와 'SGI한국불교회' 시기와는 다르게 한국SGI가 되고 나서는 문화회관 명칭에 권 지역의 명칭을 그대로 쓰기도 하지만, '평화', '상승', '욱일', '희망', '행복' 등의 긍정적인 단어를 포함시켜 문화회관의 명칭을 선정하여 회원들뿐만 아니라 지역 주민들에게도 좀 더 편안하게 인식되고 있는 것은 아닐까 생각해 본다.

그림 2 ▶ 연도별 문화회관 설립 수

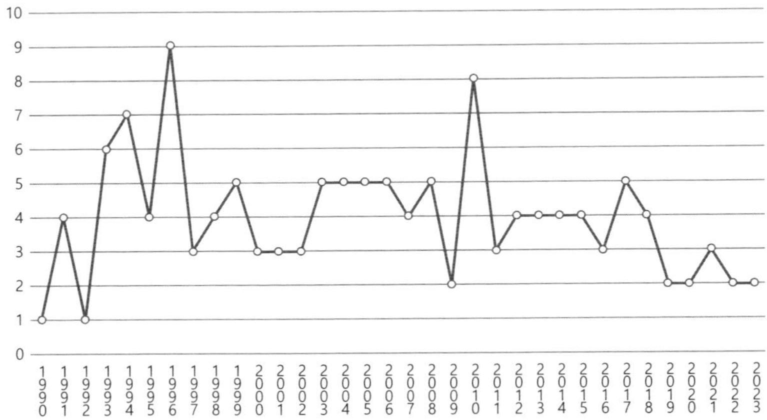

문화회관의 수는 2017년 이후로 점점 떨어지는 수치를 보이는데, 이것은 비단 한국SGI의 문제가 아닌 한국 전체의 종교인구가 감소되어 나타나는 현상이라고 할 수 있다. 그 때문에 2009년에서 2010년도로의 급상승하는 시기는 앞으로 다시 보기 힘들다고 생각된다.

이렇듯 한국SGI 회원들의 활동에 거점이 되는 문화회관은 그 지역의 회원 수와 비례하기 때문에 어느 권에 건립되는지 확인한다면 그 지역 회원의 성장세도 함께 파악할 수 있다. 그런 이유로 한국SGI의 성장을 파악하기 위해서라면 문화회관의 건립에 주목할 필요가 있다. 앞으로도 문화회관은 끊임없이 지어질 것이다.

특히, 현재 서울 4방면 노원권 · 상계권, 서울 5방면 강남권 · 서초권, 동서울방면 중랑권 · 금강권, 인천 1방면 남동권 · 연수권, 대구 1방면 신천권 · 범어권, 대구 2방면 평리권 · 원대권, 경북 3방면 경주권 · 서라벌권, 포항방면 신포항권 · 포항권, 부산 2방면 대연권 · 수영권, 부산 4방면 구포권 · 낙동권, 울산 1방면 호계권 · 학성권 등의 권들은 하나의 문화회관을 공유하며 사용하고 있으므로 문화회관이 설립될 가능성이 크다고 추측한다. 또한, 회관을 공유하여 사용하는 회원들도 자신이 속한 권의 이름으로 된 문화회관을 갖는 것을 목표로 활동에 임하고 있어 동기 부여는 더욱 확실하다고 볼 수 있다.

하지만 문화회관의 건립은 단순히 회원 수만의 문제가 아닌 그 지역의 토지와 주변 환경 등의 여러 문제도 포함되어 있기 때문에 이러한 문제를 해결하는 것 또한 한국SGI가 앞으로 헤쳐 나가야 할 사항이라고 생각된다.

한편, [그림 2]를 통해서도 알 수 있듯이 한국SGI는 코로나가 들이닥친 2020년부터 종식을 선언한 2023년 사이에도 변함없이 문화회관을 완공하였다. 이 당시 문화회관은 물론 방면과 권 조직도 새롭게 형성되어 전국적으로 1개 방면, 10개 권 조직 그리고 8개의 문화회관이 건립 및 보수되었다. 특히 2021년에는 대구수성, 서대구영광, 진해행복 등 대구와 진해에 3개의 문화회관이 건립되었다. 앞서 언급한 수성권과 진해권의 문화회관이 바로 이 시기에 건립된 것이다. 2022년에는 화성행복, 영일희망 등 2개의 문화회관이 지어졌는데, 건립된 지역이 경기도 화성과 포항이라는 점에서 전국 곳곳에 한국SGI의 교세가 펼쳐지고 있다는 것을 알 수 있다. 코로나의 종식이 선언된 2023년에는 구로평화문화회관이 기존의 오래된 문화회관에서 새로운 문화회관으로 탈바꿈하였고, 세종지역에서는 세종권으로 승격과 함께 세종희망문화회관을 건립하면서 세종시의 한국SGI의 교세를 알리기도 하였다. 그리고 재개발로 인해 몇 년간 문화회관이 없었던 영도권에서도 새롭게 영도희망문화회관이 건립되면서 다시 정식 문화회관을 소유한 권이 되었다. 코로나의 상황 속에서도 해마다 2개 내지는 3개의 문화회관을 건립한 한국SGI의 이와 같은 흐름은 2024년에도 이어졌으며, 9월부터 11월까지 매달 1개의 문화회관이 건립되었다. 9월에는 영주희망문화회관, 10월에는 하남희망문화회관, 11월에는 광진희망문화회관 등 총 3개의 문화회관이 세워졌다.

이처럼 한국SGI는 문화회관의 설립을 상세히 기록한 1990년부터 오늘날 2024년까지 매해 1개 이상의 문화회관을 만들었다. 특히 코로나로 인해 종교활동을 제대로 할 수 없던 3년 6개월간의 시기에도 2개 이상의 문화회관을 형성하면서 꾸준한 흐름을 보여주었다. 이러한 과정을 통해 보면 문화회관은 단순한 한국SGI의 종교시설이 아닌 한국 사회에 교단의 교세를 파악할 수 있는 중요한 수단으로서의 역할도 하고 있다고 볼 수 있을 것이다.

Ⅳ. 나가는 말

이상으로 한국SGI의 국내 유입과정과 이후의 조직 상황 및 활동에 대하여 정리하였다. 나아가 한국SGI 포교 활동의 거점이라고 할 수 있는 문화회관에 대하여 살펴보았다. 그리고 이를 통하여, 현지 한국 사회에서 한국SGI가 어떠한 사회적 · 종교적 위치에 있는지를 확인하였다. 본문에서 확인한 내용을 요약하면 다음 세 가지로 정리할 수 있다.

첫째, 문화회관은 창가학회가 유입된 초기 신자들이 활동한 지역에 많이 설립되어 있었다. 당시 주 활동 지역이었던 서울 · 경기 지역과 대구 · 부산지역을 포함한 경상도 지역에서 많은 문화회관이 설립되었다는 것이 이를 뒷받침한다.

둘째, 한국SGI 문화회관은 1990년부터 건립되기 시작하여 2024년 현재까지 전국 각지에 지어졌다. 과거 정리된 자료에서는 179곳이었던 문화회관이 현재는 350여 개로 그 수가 증가하였고, 2019년 방면과 권의 개편으로 현재 48개 방면 143개 권으로 꾸준한 성장을 보여주었다. 문화회관의 수와 회원 수는 비례하기 때문에 이렇게 문화회관이 증가하였다는 것은 설립된 그 지역의 한국SGI 회원의 수가 증가했다는 것을 의미하며, 이는 곧 한국SGI의 성장과 비례한다고 볼 수 있다.

셋째, 문화회관의 건립 현황이 2017년을 기준으로 하향세를 보인다. 이는 단순히 한국SGI만의 문제가 아닌 한국 종교계에서 종교를 믿는 사람의 수가 감소하여 나타나는 현상이다. 하지만 약 3년 6개월의 코로나 시기에도 2, 3개의 문화회관을 건립하면서 꾸준한 흐름을 보였다. 이러한 흐름이 언제까지 지속될지는 모르겠지만, 코로나 시기에도 변함없이 문화회관을 건립하였다는 점은 한국SGI의 교세가 여전히 단단하다는 걸 보여준다. 물론, 과거 2009년에서 2010년처럼 급격하게 문화회관이 설립되는 시기가 다시 오기는 쉽지 않다고 생각된다. 향후 고령화와 출산율 저하 그리고 종교인구 감소 등으로 변화하는 한국 사회 속에서 한국SGI는 어떠한 대처와 방법을 마련할지 기대가 된다.

마지막으로 본 연구는 한국SGI의 문화회관에 주목하였다는 점에서 내부적 고찰이 갖는 문제점과 한계를 보인다. 문화회관의 증가와 이와 연계된 한국SGI의 성장에 대한 관찰만으로는, 한국SGI가 해방 후 한국 사회에서 왜 그러한 성장 과정을 거쳐야 했는지에 대한 총체적 이해는 어려울 것이다. 또한, 문화회관에 관한 정보가 미흡하고 제대로 정리된 자료가 없었기 때문에 오류와 혼잡도 존재하였다. 앞으로 이러한 점을 더 보충하고 수정해 나갈 필요성을 통감하였다. 현재는 이러한 점을 보충하고 이해하기 위해 한국SGI의 국내 초기 유입 과정과 포교 단계 그리고 재일한국인의 관계성과 역할에 관한 연구를 더욱 심층적으로 진행 중이다. 이를 통해 한국의 사회사적 맥락 속에서 한국SGI의 활동을 재해석한다면 지금까지의 연구보다 거시적이고 종합적인 이해가 가능하리라 생각한다.

▪ 참고문헌

나카무라 마사노리. 2006.『일본 전후사 1945~2005』. 유재연 · 이종욱 역. 논형.

박규태. 2001. "창가학회에 대한 일고찰: 불교혁신운동의 측면을 중심으로."『종교학연구』20: 69-86.

박승길. 2008.『현대한국사회와 SGI』. 태일사.

______. 2017. "창가학회 재가주의 불교운동의 확립과정과 그 의미."『종교연구』77(3): 127-153.

이원범. 2007.『한국 내 일본계 종교운동의 이해』. J&C.

이원범 · 남춘모. 2008.『한국 속 일본계 종교의 현황』. 대왕사.

이원범 · 사쿠라이 요시히데. 2011.『한일 종교문화 교류의 최전선』. 인문사.

이케다 다이사쿠. 2003.『신 · 인간혁명』제8권. 화광신문사.

이토 타카오. 2018. "한국SGI조직의 과거, 현재, 미래: 인간혁명의 종교, 광선유포를 위한 조직."『신종교연구』41: 41-68.

시마조노 스스무. 1997.『현대일본 종교문화이 이해』. 박규태 옮김. 청년사.

제점숙. 2018. "일본 신종교의 문화사업과 콘텐츠: 일본 창가학회(創價學會)의 활동을 중심으로."『신종교연구』39: 49-72.

조성윤. 2019.『1964년 어느 종교 이야기』. 당산서원.

조성윤 · 김미정 편. 2013.『숙명 전환의 선물』. 한울아카데미.

한국갤럽조사연구소. 2015.『한국인의 종교 1984-2014: 1984년, 1989년, 1997년, 2004년, 2014년 제5차 비교조사보고서』. 한국갤럽.

한국종교사회연구소 편. 1993.『한국종교연감 창간호 1993년판』. 고려한림원.

한국학중앙연구원. 2018.『2018 한국의 종교현황 조사연구』. 둔화체육관광부.

李和珍. 2019. "韓国SGIの展開と現況."『宗教情報リサーチセンター偏』161-182.

井上順孝. 2001.『図解雑学 宗教』. ナツメ社.

島薗進. 1992.『現代救済宗教論』. 青弓社.
島田裕巳. 2004.『創価学会』. 新潮社.
創価学会教学部編. 1980.『創価学会入門改訂版』. 聖教新聞社.
田原総一朗. 2018.『創価学会』. 毎日新聞出版.
玉野和志. 2008.『創価学会の研究』. 講談社現代新書.
塚田穂高. 2015.『宗教と政治の転轍点』. 花伝社.
別冊宝島編集部. 2017.『日本の新宗教50完全パワーランキング』. 宝島社.
中野毅. 2003.『戦後日本の宗教と政治』. 大明堂.
西山茂. 2016.『近現代日本の法華運動』. 春秋社.

일본창가학회 공식 홈페이지(https://www.sokanet.jp 검색일: 2024.12.29.)
재단법인 한국SGI 공식 홈페이지(https://www.ksgi.or.kr 검색일: 2024.12.29.)
화광신문사 공식 홈페이지(http://www.hknews.co.kr 검색일: 2024.12.29.)

제9장

한국창가학회(KSGI)와 국제창가학회(SGI)의 평화주의에 대한 비교연구
–종교유형론적 관점에서–*

유광석(경희대)

* 이 글은 『신종교연구』 제46집, 2022: 183–211에 게재된 논문을 편집한 것임.

I. 들어가는 말

다수종교이든 소수종교이든 종교단체들에서 교리적으로나 실천적으로 '평화(peace)'를 표방하지 않거나 거부하는 곳을 찾기는 매우 어렵다. 오늘날 종교적 테러리즘으로 잘 알려진 이슬람 및 개신교 근본주의 그리고 동남아시아 불교민족주의자들은 물론이고 기독교나 불교가 소수종교로서 역사의 무대에 처음 등장한 수천 년 전에조차 '평화'는 언제나 종교단체의 외적 규모나 역사적 깊이에 상관없이 그들 모두에게 중요한 종교적 가치였다. 이미 개신교, 천주교, 불교와 같은 기성종교들과 평화의 관계성에 대한 연구는 국내에도 적지 않고, 해외에서도 종교평화주의(religious pacifism)에 대한 연구의 범위는 질적 및 양적으로 다양하다(Stevenson, 1934; Brock, 1968; Todd, 1969; Walters, 1973; Moskos and Chambers, 1993; Wah, 2002; Wener, 2013). 이런 맥락에서 동서고금의 종교인들에게 교리적 및 실천적 덕목으로서 숭상되는 종교평화주의에 관한 종교사회학적 연구가 이론적 및 경험적으로 더 구체화되고 체계화될 필요가 있다는 점을 부정할 수 있는 사람은 없을 것 같다. 특히, 본 논문에서는 종교유형론적 관점에서 종교평화주의를 좀 더 세분화하여 사회적 소수자로서 신종교들이 주창하고 있는 평화주의를 '종파적 평화주의(sectarian pacifism)'로 개념화하고 한국창가학회(KSGI)를 주된 연구사례로서 그 활동에 대한 이론적 분석과 함의를 규명하는 데 초점을 두고자 한다.

논문은 먼저 한국 내 종교적 소수자이면서 신종교인 한국창가학회에서 사용하는 평화의 개념에 대한 종교사회학적 이해를 위해 이케다 다이사쿠 회장의 각종 선언문, 수필집 및 대담집, 교리해설서, 신자들과의 심층 인터뷰,[01] 그리고 그들의 국내외 평화활동과 관련한 주요한 홍보물을 연구의 기초자료로 사용하여 그것이 다른 종교단체들과 어떻게 그리고 왜 다르거나 유사한지에 대한 종교시장이론적 분석을 시도한다. 특히, 기존의 연구들이 다루지 못했던 종교유형론적 관점에서의 비교분석은 한 사회의 종교적 다수와 소수 간에 종교적 평화주의의 문제가 교단(denomination)과 종파(sect)의 유형론적 차이 및 사회적 맥락의 차이에 따라 어떻게 서로 다르게 이해되어야 하는지를 종파들이 시장에 적응하기 위한 시장전략의 관점에서 설명하고자 한다.

관념적으로 평화담론의 역사를 추론하면, 인류의 오래된 폭력적 관습을 통제하고 평화를 건설하고자 하는 공통된 목표 아래에서조차 사회적 다수는 자신들이 규정한 평화를 강제하고, 사회적 소수는 그들 스스로가 정의한 평화의 개념이 다수에 의해 관용되기를 추구함으로써 평화담론이 새로운 사회적 갈등을 야기하는 순환적 모순구조에 빠지곤 했다. 이러한 모순이 오늘날의 정치경제적 구조에서도 여전히 유효하다면, 결과적으로 평화에 관한 종교적 담론은 이제는 역사적 실패작으로 모두 폐기되어야 마땅할 것이다. 그럼에도 불구하고 오늘날의 종교적 인간들은 왜 이러한 경험칙에 반하는 믿음을 여전히 고수하고 있는지, 종교적 평화담론과 활동들이 모든 사회적 및 국가적

---

01 기초 설문조사 후 진행된 심층 인터뷰는 본 논문의 논거로서 처음부터 매우 제한적으로만 사용하고자 하였다. 국제창가학회의 평화주의, 특히 이케다 다이사쿠 회장의 평화주의 개념을 교리적 근거로 가장 중요시하는 한국창가학회 회원들에게 그 평화주의에 대한 실제적 인식의 정도를 확인하는 수준에서만 활용되었다. 양자를 더욱 엄밀하게 비교하기 위해서는 이케다 회장 및 국제창가학회원과 한국창가학회원을 대조군으로 비교할 수 있는 교차적 인식조사가 방법론적으로 타당한 것이지만, 이러한 포괄적 비교연구는 본 논문의 연구범위를 질적으로 초과하는 것이고, 한국창가학회 회원들의 심층 인터뷰만을 양적으로 확대하는 것 역시 양자의 종교유형론적 차이를 규명하고자 하는 논문의 주된 목적을 달성할 수 있는 정도로만 제한되었다.

폭력성을 근본적으로 해결할 수 있는 보편타당한 것인지, 그리고 포스트코로나 시대 종교적 평화담론의 외연은 어떤 형태로 확장되고 심화될 것인지와 같은 종교사회학적으로 너무 기초적인 질문들에 대해 논문은 이론적 예측을 간략하게나마 제시하고자 한다.

Ⅱ. 종파적 평화주의

1. 개념적 접근

'평화(peace)'의 어원은 구약시대의 샬롬(shalom), 라틴어의 팍스(pax), 히브리어의 에이레네(eirene) 등에서 왔다고 알려져 있으며, '안전, 행복, 고요함, 조화, 질서, 정의'와 같이 일반적으로 적대적 행위가 없는 조화로운 상태를 의미하지만, 어원적으로 그것은 다양한 내용을 포함하고 있다.[02] 여기에서 적대적 행위란 주로 물리적 폭력을 의미하며, 이런 맥락에서 '물리적 폭력이 없는 조화롭고 질서정연한 상태'를 평화로 정의할 수 있을 것이다. 인류 역사에서 이런 평화의 개념이 정치적, 법적, 사회문화적 관점에 따라 그리고 시대에 맞게 다양하게 정의되고 발전한 과정은 이미 동서양 평화연구의 주요한 연구 주제이다(Stevenson, 1934; Walters, 1973; 김강녕, 2014; 강성우 · 김선, 2018). 하지만 종교적 측면에서 '평화'가 어떻게 규정되고, 그것이 사회화되거나 반사회화되었는지를 체계적으로 규명하고자 하는 노력은 제대로 이루어지지 못했으며, 더욱이 기성종교가 아니라 신종교나 종

02 https://www.etymonline.com/word/peace(검색일 2020.9.14.)

교적 소수자의 관점에서 제기된 '평화'의 문제는 여전히 국내외 학계에서 매우 소홀하게 취급되고 있다.

논문의 핵심어로서 종파적 평화주의(sectarian pacifism)란 사회적으로 기성적 교단(denomination)에 속하지 못하는 종파(sect)들이 교리적 및 실천적으로 지향하는 일관된 평화적 지향성을 의미한다. 교단과 종파의 구분 기준은 종교사회학에서 일반적으로 사용되는 기성사회질서와 긴장의 정도 및 구원의 다원성 인정여부에 따른 것이며(Martin, 1962; Stark and Glock, 1965; McGuire, 2002), 평화주의는 다양한 평화 개념에 기초하여 개인이나 집단이 추구하는 일관된 성향이나 주의를 의미한다. 얼핏 보면 서로 다른 분야에서 사용되는 학술 용어를 조야하게 조합한 것으로 보일 수 있지만, 종교평화주의(religious pacifism)에 관한 기존의 담론을 종교집단과 기성사회의 관계에 기초하여 분석 단위를 좀 더 세분화해야 할 이론적 필요성을 강조하고자 논문은 '종파적 평화주의'라는 새로운 조합어를 제시하였다. 예를 들어, 유교의 역성혁명, 대승불교의 호국불교, 기독교 전통의 정전론(正戰論)은 기성종단이나 종교적 다수자들에 의한 평화주의 사상을 대표하는 것이라면, 여호와증인들, 퀘이커 및 메노나이트들의 집총거부나 창가학회(SGI)의 법화경(法華經) 이해는 큰 틀에서 기독교나 불교의 전통을 공유하면서도 기성종단들과는 매우 다른 형태의 평화주의를 신봉하고 있다(이상규, 2006: 48; 차차석, 2006: 297; 정영식, 2009: 48-53).

특히, 종파적 평화주의는 현대 평화연구의 아버지로 불리는 요한 갈퉁(Johan Galtung)이나 유엔총회가 제시하는 적극적 평화의 개념과 다르게 이해되어야 한다(Galtung, 1980: 487). 후자는 폭력의 수단성을 상대적으로 부정하지만, 전자는 절대적으로 부정하기 때문에 종파적 평화주의는 비폭력주의를 신봉하는 절대적 평화론이라 할 수 있다.

이 점에서 주류종단들과 다를 뿐만 아니라, 그것은 평화를 목적으로 한 폭력의 불가피성을 주장하는 니버(Reinhold Niebuhr)와 같은 현실주의 윤리관 및 종교와 세속권력의 타협에 기초한 콘스탄틴주의를 강하게 비판한다(신치재, 2016: 264-265; 정원범, 2016: 196-199; 요더, 2015: 29; 장해광, 1997: 168-169). 불교계열의 종파적 평화주의의 관점에서는 대승불교 내에 강력한 전통으로 자리잡은 호국불교사상이 초기불교의 평화 개념과는 부합하지 않는 것으로서 세속적 권력과 종단의 타협에 기반한 세속적 사고의 산물에 불과한 것이다(류제동, 2010: 82-83). 이후 논문에서는 이러한 불교계 신종파로서 한국창가학회(KSGI)의 평화활동을 종파적 평화주의의 개념틀 안에서 좀 더 자세하게 분석할 것이다.

2. 기존연구들

종교적 평화주의에 대한 연구는 기본적으로 두 가지 측면에서 주도되어 왔다. 하나는 종교윤리학적 관점에서 평화주의의 경학적 및 역사적 해석과 그 타당성에 관한 논의이고(윤종갑, 2017; 신치재, 2016; Park, 2009; 이석우, 1982), 다른 하나는 기능적 관점에서 현대사회의 갈등구조를 해결할 수 있는 종교평화주의의 사회적 역할에 관한 담론이다(유경동, 2005; 고자와, 2006; 김명희, 2009; 류제동, 2010; 유승무, 2014; 정원범, 2016; 유문무, 2017; 김용해, 2020). 하지만 앞서도 언급한 것처럼 이러한 연구들이 대부분 교단과 종파의 종교유형론적 차이를 구분하지 않고, 주로 기성교단의 관점에서 종교적 평화주의를 이해한 것은 공통된 한계라고 할 수 있다.

반면, '종파적' 평화주의 개념을 적용하면 기존의 종교평화담론에서는 잘 드러나지 않았던 종파(sect)적 특징이 뚜렷하게 드러날 수 있고, 종교와 사회의 관계성을 이론적으로 더욱 세밀하게 분석할 수 있는 이론적 장점이 있다. 종교사회학의 고전으로 널리 읽히는 *The Social Sources of Denominationalism*(1929)에서 니버(H. Richard Niebuhr)가 유럽식 '종파(sect)'와는 다른 현상으로 설명한 'denomination(교단)' 개념이 당시 미국 종교시장의 관점에서조차 현실에 완전히 부합하는 용어는 아니었다 할지라도(Stark and Glock, 1965; Martin, 1962), 장로교, 감리교, 오순절교회, 가톨릭, 조계종과 같은 한국 기성 교단의 평화주의에서는 잘 드러나지 않는 완벽주의(perfectionism), 열정주의(passionism), 비타협주의, 전체주의(wholism)와 같은 종파적 특성을 가진 여호와의 증인들 및 한국창가학회와 같은 종파들의 평화주의를 비교분석하는 데 그것은 매우 유용한 개념적 유형이다. 이러한 맥락에서 논문은 한국창가학회의 종파적 평화주의를 중심으로 교단적 특성과 구분되는 그것의 종파적 특성을 규명할 것이다.

결국 논문은 종파적 평화주의의 종파적 특성을 규명하고 종교사회학적 이론으로 이를 해석함으로써 한국 사회의 맥락 내에서 종교평화주의를 더욱 체계적으로 이해하고자 한다. 특히, 토마에서 기독교가 공인되기 전, 즉 하나의 종파로서 존재할 때 터툴리안(Tertullianus, 160~225 C.E.)이나 오리겐(Origenus, 185~254 C.E.)과 같은 초기교부들이 군복무와 전쟁참여를 반대한 것처럼(이상규, 2006: 41-45), 오늘날에도 종파적 평화주의는 민족국가, 시민사회, 비정부기구, 시민단체, 기업 등과 사회적 연대와 갈등을 반복하며 진화하고 있고 다양한 방법으로 기성사회의 평화담론에 참여하고 있다. 이러한 역사적 맥락에서 보면, 종파적 평화주의가 정치행위나 시민운동으로 단순하게 해석되는 경우가 종종 있음에도 불구하고, 그것의 본질은 기본적으로 종교적 행위라는 것을 논문은 전제하고 있는 것이다.

Ⅲ. 한국창가학회(KSGI)의 종파적 평화주의

1. 현상적 측면

국제창가학회(SGI)에서 '평화'란 종교적 믿음과 행위의 부수적 결과물이거나 상징적 표현이 아니라 그들 종교성의 근원적 토대라고 할 수 있다. 일련정종의 재가신도회로 출발한 국제창가학회(SGI)의 '평화'에 대한 교리적 전통은 소의경전으로서 법화경(法華經)에 대한 니치렌(日蓮) 선사의 현세적이고 말법적인 해석으로부터 시작된다(정영식, 2009: 42-44). 그에 따르면, 법화경 이외의 경전은 불법(佛法)의 일부분만을 설한 부분적 진리이지만, 법화경은 불법 전체를 통일하는 근원적 일법(一法), 즉 보편적 불법을 설한 것이다(이케다, 2013: 19). 그뿐만 아니라 법화경에서 설법한 부처의 의미는 역사적 존재로서의 석존이 아니라 시간과 공간을 초월한 영원한 실재로서의 석존을 의미하며, 모든 중생이 자신의 내면에 감추어진 불성을 깨달으면 바로 그 영원한 부처라고 해석한다(이케다, 2013: 124-125; Wilson and Dobbelaere, 1994: 222). 이처럼 불성을 가진 모든 중생은 수단적 존재가 아니라 목적적 존재로서 소중한 생명이며, 니치렌의 생명철학과 도다 조세이(戶田城聖)의 생명론을 근간으로 한 창가학회는 법화경의 "부처란 곧 생명이다."라는 전통을 가장 충실히 계승하고 있다고 믿는다(이케다, 2013: 35, 2008: 29-30).

원칙적으로 국제창가학회의 생명관은 폭력과 전쟁을 없애기 위해 왜 종교적 차원에서 실천적으로 투쟁해야 하는지에 대해 회원들에게 교리적으로 분명하고 일관된 윤리적 동기를 제공하고 있다(Wilson and Dobbelaere, 1994: 67-68). 그들에게 평화는 종교적 이상사회를 지향하는 상징적 개념이나 신정정치를 향한 세속적 정치행위원리를 의미하는 것이 아니라, 부처와 마찬가지로 말법시대의 혼란과 무질서로부터 중생을 구제하고 자신의 불성을 자각(自覺)하기 의한 최소한의 실천적인 종교적 의무이고 신념인 것이다(이케다, 2000: 177). 이런 의미에서 평화에 대한 믿음과 행위가 없는 창가학회는 종교적 및 철학적으로 존재하기 어렵고, 실제로 그것은 창가학회의 역사적 기록과 다름이 없을 정도로 현실에서 다양한 형태로 구체화되었다. 예를 들기 위해 논문에서 그들의 평화활동을 시간 순서대로 상세하게 나열할 필요는 없지만, 종교사회학적으로 주요한 다음 몇 가지 특징은 그것의 평화적 종파성을 이해하는 데 매우 중요한 사실이다.

무엇보다 국제창가학회(SGI)에서 '평화'는 국제주의적 관점에서 이해된다. 1983년부터 매년 발표되는 이케다 회장의 세계평화를 위한 SGI기념 제언은 일관되게 유엔중심주의를 주창하며, 2020년 4월 기준으로 유엔경제사회이사회(ECOSOC)로부터 협의적 지위(consultative status)를 부여받은 5,451개[03]의 비정부기구(NGO)들 중 하나로서 UN의 설립이념에 일치하는 국제적 평화활동을 전개하고 있다. 냉전시대에는 주로 핵무기감축제안에 중점을 두고 미소정상회담 제안(1983), 포괄적 핵실험금지 제안(1984), 남북정상회담 제안(1985), 남북한 유엔동시가입 승인 제안(1986)과 같은 평화적 제언을 선포했고, 탈냉전시대 이후로는 지속가능한 개발을 위한 환경, 인권, 세계시민교육 등을 제안함으로써 UN이 추구하는 평화활동의 취지와 목적에서 거의 벗어나지 않고 있다.

다음으로 국제창가학회의 평화주의는 철저하게 시민운동(civic movement)의 형태를 취하고 있다. 종교단체가 현대시민운동의 대표

03 http://csonet.org/index.php?menu=17(검색일 2020.9.25.)

적 행위주체인 비정부기구(NGO)로서 자신의 국제적 지위를 국가 간 국제기구인 UN으로부터 인정받은 것은 종교사회학적으로 매우 흥미로운 사실이다. ECOSOC는 결의 1996/31에 따라 전 세계에 산재한 비정부기구들이 UN체제에 참여할 수 있는 유일한 공식적 채널로서 일반지위(General Status), 특별지위(Special Status), 명부상 지위(Roaster Status)로 구분하여 비정부기구들에게 UN본부 출입증을 발급하고, UN이 주최하는 행사 및 산하 위원회에 참여, 발표, 의견제출, 정부대표와의 만남 등을 할 수 있도록 허용하고 있다(유엔UN, 2011: 11). 1983년 국제창가학회는 ECOSOC 또는 유엔사무총장의 초청이 있을 경우 위와 같은 참여가 가능한 명부상 지위를 부여받았으며, 한국창가학회(KSGI) 역시 SGI의 이러한 NGO 평화운동의 맥락에서 유니피스(UNIPEACE, 전국대학생평화연합동아리)라는 이름으로 전국의 대학캠퍼스에서 평화 및 인권을 주제로 한 전시, 세미나, 영상전 및 각종 토론회를 매년 개최하고 있다. 한국에 본부를 둔 종교단체 기반 NGO 중에서 ECOSOC의 협의적 지위를 부여받은 곳은 통일교에서 설립한 세계평화여성연합(일반지위, 1997년)[04]과 원불교여성회(특별지위, 2004년)[05]가 있지만, 국제창가학회의 유엔 NGO 활동에 비하면 매우 뒤늦은 출발이라고 할 수 있다. 다만, 국제창가학회가 교단명 그대로 협의적 지위를 취득한 반면에, 통일교와 원불교는 별개의 NGO 조직을 구성하여 UN체제에 참여하는 차이가 있다.

셋째, 국제창가학회에서 추구하는 평화는 현세적이고 낙관적인 평화주의이다(이토, 2019: 47-48). 정법(正法)인 법화경을 근본으로 현실사회에서 불국토와 같은 이상사회를 건설할 수 있다는 주장을 펼친 니치렌 선사의 『입정안국론』은 그들의 평화주의가 세속적 주권국가들

04 http://www.wfwp.or.kr/bbs/content.php?co_id=about_01(검색일 2020.9.26.)
05 http://www.wbwa.or.kr/page/1_1_4.php(검색일 2020.9.26.)

의 폭력을 실제로 극복할 수 있다는 강한 신념의 근거가 된다(이케다 · 찬드라, 2016: 201; 한국창가학회, 2014: 23). 이러한 면에서 그들은 낙관주의자들이다(이케다, 2018: 130; Wilson and Dobbelaere, 1994: 219-220). 이것은 최근 주권국가들의 이익에 봉사하는 군입대, 군사훈련 및 전쟁을 반대하는 양심적 집총거부자들에 대해 대체복무제를 규정하지 않은 병역법 5조 1항이 헌법불합치 결정되면서(2011헌바379), 한국에서 오랫동안 사회적 논란을 야기했던 여호와의 증인들의 평화주의 개념과는 상당히 다른 것이다. 양 단체가 모두 종파적 평화주의에 기초한 신앙과 실천을 추구하지만, 타락한 세속사회의 주권국가 간 전쟁과 폭력에 개입하지 않으려는 여호와의 증인들의 신념은 비타협적인 절대적 평화주의라고 할 수 있는 반면에, 말법시대를 끝내고 새로운 불법의 시대를 현실에서 건설하고자 하는 창가학회의 평화주의는 세속적 국가권력과 매우 타협적이고 협력적인 관계를 추구한다. 도다 조세이의 왕불명합(王佛冥合)의 교리를 기본이념으로 일본에서는 공명당을 창당하고 여전히 적극적으로 정당정치에 참여하는 것처럼, 창가학회의 평화활동에서 세속적 주권국가의 압제나 부당한 폭력에 저항하는 것은 중요한 종교적 실천의 하나이다(조성윤, 2013: 157; Wilson and Dobbelaere, 1994: 128). 일본처럼 정당정치를 추구할 수 없는 한국창가학회의 경우는 NGO운동의 형태로 그들의 평화주의를 전개하지만, 정치제도를 통해 정치참여가 가능한 지역에서는 정치적 해결 방법을 배제하지 않는 점에서 내세에서의 구원을 중시하는 기독교계 종파들이 추구하는 평화주의와는 개념적 및 실천적으로 매우 다른 것이다.

넷째, 국제창가학회는 인간중심주의적 평화주의에 기초하고 있다. 2대 회장 도다 조세이는 “모든 인간에게는 생존권이 있고 그 권리를 위협하는 자는 마물(魔物)이고 사탄”이라고 한다(이케다, 2019:

158). 이케다 회장의 해석에 따르면, 이때의 인간중심주의는 이기적 인간성을 의미하는 것이 아니라 자신의 탐욕과 편견 및 공격성을 제어하고 자타가 함께 행복할 수 있는 무명(無明)으로부터의 해방이라고 한다(이케다, 2019: 97-98). 그 결과 인간생명의 존엄성을 수호하는 것이 SGI 평화활동의 가장 중요한 목적이며, 폭력, 전쟁 및 대량살상 무기제조와 같은 파괴행위들의 잔혹성과 무용성을 중생들에게 끊임없이 교육시키고, 인간에게 내재한 폭력성을 문화와 예술 행위로 승화시키도록 노력해야 한다고 믿는다. 즉, 교육과 문화예술 행위는 평화의식 함양에 가장 효과적인 방편이며, 깨달음과 평화를 통해 인간은 진정으로 행복할 수 있게 된다고 한다. 이러한 평화론 역시 여호와의 증인들이나 메노나이트, 퀘이커 및 안식교와 같은 기독교계 소수종파들이 주창하는 신을 향한 죄의식 및 종말론적 평화주의와는 크게 다른 것이다. 예를 들면, 절대적 평화를 추구하는 여호와의 증인들은 국가들의 이익이나 인간의 이익이 아니라 신의 명령에 순종하기 위해 양심적 집총거부를 고수하고 있기 때문이다(Yoo, 2018: 7).

이상과 같이 국제창가학회에서 추구하는 평화주의의 주요한 특징으로 국제주의, 시민운동주의, 현세적 낙관주의, 인간중심주의로 단순화하여 설명되었지만, 비교 분석적 관점에서 이러한 국제창가학회의 특징은 한국창가학회 평화주의의 종파성과 분명하게 대비된다.

2. 이론적 측면

한국창가학회(KSGI)는 교리적 및 실천적으로 한국 내에서 국제창가학회 평화주의를 전파하고 확산시키는 데 열성적이지만, 전 세계 1,500만 명의 회원을 보유한 거대종단 국제창가학회와 한국의 소수종파로서의 한국창가학회는 종교사회학적으로 매우 다른 사회적 조건을 갖고 있다는 점에서 한국적 상황에서 국제창가학회 평화주의의 특징을 이론적으로 재검토할 필요가 있다.

현세적, 국제주의적, 인간중심적 및 시민주의적 평화주의는 논리적으로 종말론에서 출발할 수는 없는 것이기 때문에 여호와의 증인들과 같은 기독교 종파들의 종말론적 평화주의와 사회적으로 다른 역할과 기능을 갖는다. 이케다 회장은 다음과 같이 말한다.

> **자기중심의 삶에서 타인에게 공헌하는 삶으로 전환하는 것이 '인간혁명'이다. 인류가 직면한 위기의 심각성을 직시하면서도 나는 '종말사상'에는 찬동하지 않는다. 공포에 쫓기는 것이 아니라 희망으로 인도되어야 인간은 바르게 전진할 수 있다고 믿기 때문이다(이케다, 2009: 96-97).**

종말론적 평화주의가 종교공동체 내부를 향한 폐쇄적이고 고립적이며 주권국가의 이익에 무관심한 성향을 띠는 반면에, 이케다 회장 스스로가 분명하게 고백하고 있는 것처럼 한국창가학회가 추구하는 현세적 평화주의는 외향적이고 개방적이며 사회친화적인 방법으로 기성사회질서와 양립 가능한 방법을 적극적으로 모색한다. 특히, 세속적 주권국가들의 폭력성과 어떠한 타협도 하지 않으려는 양심적 집총거부자들과 달리, 한국창가학회 회원들은 군입대 및 주권국가가 기성질서를 수호하는 데 필요한 최소한의 폭력행사에 대해 자신의 종교적 양심과 어떤 갈등도 겪지 않는다고 고백한다.[06] 물론, 세속국가들

06 심층 인터뷰 참가자 개요(2020년 5월~2022년 1월)

의 폭력을 동원하여 종교적 양심을 수호하거나, 세속국가의 방어적 전쟁에 동원되거나, 또는 종교적 동기로 세속국가에 대해 폭력적으로 저항하는 것과 같은 현실적으로 좀 더 복잡한 상황에 대해서는 한국창가학회 간부회원들조차 의견이 반드시 동일한 것은 아니었다.

교단(denomination)과 종파(sect)를 구분하는 종교유형론적 관점에서 보면 국제창가학회의 평화주의는 기성사회와의 긴장이 낮고 구원의 가능성을 다양하게 인정하고 있다는 점에서 교단적 특성을 보이지만, 본문불립종(本門佛立宗), 영우회(靈友會), 입정교성회(立正佼成會) 등 일본 법화계열의 다른 신종파들보다 한국에서 그 교세가 매우 크긴 하지만(윤기엽, 2012: 274; 이토, 2019: 43), 한국적 맥락에서 한국창가학회는 로컬사회의 질서와 비교적 높은 긴장관계에 있고 다른 기독교나 불교계 기성교단들과 거의 단절된 사회적 상황에 놓여 있다. 일본종교에 대한 민족적 정서, 한국 개신교단 및 기성불교종단의 신종교들에 대한 배타적 태도 등으로 인해 한국 사회에서는 UN체제를 중

	거주지역	가입기간	결혼여부	연령	학력	월소득(만 원)
응답자 1	경기	15년 이상	기혼	40대	대졸	300~400
응답자 2	서울	모태신앙	기혼	30대	대졸	200~300
응답자 3	경기	15년 이상	미혼	20대	대학재학	100 미만
응답자 4	충북	15년 이상	기혼	50대	고졸	500 이상
응답자 5	충북	15년 이상	기혼	40대	전문대졸	500 이상
응답자 6	경기	모태신앙	기혼	50대	대졸	300~400
응답자 7	경기	모태신앙	기혼	30대	대졸	100 미만
응답자 8	경기	모태신앙	기혼	40대	전문대졸	무응답
응답자 9	경기	15년 이상	무응답	40대	고졸	무응답
응답자 10	서울	15년 이상	기혼	50대	대학원졸	300~400

상기 인터뷰는 기초설문조사지를 인터뷰 전에 미리 작성하게 하고, 20개의 설문 각각에 대한 인터뷰 대상자의 답변과 그 이유 및 관련 경험 등을 청취하는 방식으로 2시간 정도 진행되었다.

심으로 한 개방적이고 국제적인 국제창가학회 평화주의가 그대로 투사되지는 못하고 있는 것이 사실이다. 종교사회학에서 교단이나 종파의 개념이 탄생한 것은 현실에 존재하는 수많은 종교조직을 범주화하기 위한 보통명사일 뿐, 처음부터 결코 고유명사로 조어된 것이 아니다. 즉, 상이한 시공간적 맥락에 따라 국제창가학회는 때로는 교단적 특성을, 때로는 종파적 특성을 더 많이 포함할 수 있다는 의미이다. 결국 종교조직이 교단이나 종파적 특성을 결정하는 것이 아니다, 그것이 속한 사회적 조건이 종파적 특성을 부여하는 것임은 고전적 종교유형론부터 지금까지 변함없는 최소한의 종교사회학적 전제이다. 이러한 기본적 전제를 무시한 채 종교들의 사회화과정을 임의대로 해석하는 것은 종교시장이라는 넓은 바다에서 이미 좌표를 잃은 것인 반면, 종교시장이론에서 종교는 수동적인 객체가 아니라 시장의 조건 아래에서 환경과 지속적으로 상호작용하고 반응하는 '살아 있는 경험(lived experience)'에 기초한 '능동적 합리성(active rationality)'의 행위주체로 간주된다. 윌슨(Bryan Wilson)과 도벨레르(Karel Dobbelaere)는 죄의식을 강조하는 기독교문화 전통을 가진 영국창가학회(SGI-UK) 회원들의 가장 큰 윤리적 특징이 삶의 문제에 대한 개인적 책임을 전적으로 강조함으로써 심리적 해방감을 느낀다는 사실을 발견했으며(Dobbelaere, 2001:46-47; Wilson and Dobbelaere, 1994: 81). 해먼드(Phillip E. Hammond)와 마카첵(David W. Machacek) 역시 미국창가학회(SGI-USA) 회원들이 도덕은 개인적 문제라고 생각하는 경향이 높다고 주장했다(Hammond and Machacek, 1999: 136-137). 불교적 인연설에 따를 때 사회나 외부환경이 아니라 개인이 전생에 쌓은 업(業)에 의해 자신의 현세적 조건이 야기되었으므로 그 결과를 자신이 감내하고 극복하는 것이 당연하다는 행복관으로 귀결되기 때문이다. 이는 기독교의 원죄론이나 구원론 및 사제와 평신자 간의 권위주의적 관계에 더 이상 매력을 느끼지 못하던 많은 개인주의적 서양인들에게 신선한 가르침으로 다가왔을 것이며, 오늘날 유럽과 북미에서 국제창가학회가 가장 큰 불교교단의 하나로 성장한 현상과도 무관하지 않을 것이다. 비슷한 맥락에서 한국창가학회 역시 왜색종교라는 사회적 편견과 기성불교종단들의 견제에도 불구하고 최근 급격한 교세성장을 경험하면서 이제 전국 각지에 350여 개의 관련 시설을 보유한 상당한 규모의 교세를 보이고 있다.[07]

한편, 이와 같은 종파의 양적 팽창은 궁극적으로 종파성의 약화를 낳는다. 신입회원들의 증가와 함께 그들의 신앙적 동기와 배경뿐만 아니라 교육수준, 소득수준, 인구학적 및 지역별 특성 등이 다양화되어 기존의 엄격한 종파성을 유지하기가 더 이상 어렵기 때문이다. 그 결과 조직의 내적 구속력을 어떻게 얼만큼 유지할 것인지에 대해서 새로운 내적 합의가 요구되고 이는 곧 새로운 종교시장전략을 필요로 하는 것이다. 이전이나 지금이나 한국창가학회의 평화활동은 기본적으로 국제창가학회 평화주의에 기초하고 있지만, 한국 사회에서는 일본처럼 정당정치에 직접 개입하거나 정치적 주장을 공적으로 선포하는 것을 내부적으로 엄격히 삼가고 있다. 또한 한국창가학회가 한국에 재단법인으로 등록된 시기가 김대중 정부 시기인 2000년 4월 15일임을 감안하면, 국내에서 종교법인으로서 공인된 그 역사는 매우 짧은 편이어서 국내의 다른 NGO나 종교시민단체들과 연대하고 확장하는 형태의 초종파적 시민연대방식의 평화활동을 도모하기에는 여전히 사회적 한계가 많은 것도 사실이다.

사제불이(師弟不二)의 평등성 교리를 가진 국제창가학회는 역설적으로 이케다 회장의 카리스마와 리더십에 지나치게 의존하는 제한적

07 https://www.ksgi.or.kr/about/ksgi/introduce.ksgi(검색일 2020.9.29.)

종파성을 탈피하지 못하고 있다. 한국창가학회는 이러한 측면에서 한국적 상황에 특화된 방식의 평화주의를 자체적으로 개발하고 추진하기보다는 국제창가학회와 이케다 회장의 제언과 정책에 대부분 의존하고 있다. 남북분단과 외세의 빈번한 침입을 겪은 긴 역사적 경험에 근거해서 형성되어야 할 한국창가학회의 평화주의가 오히려 국제주의적 맥락에 기초한 국제창가학회 평화주의로 단순하게 치환되는 탈문화적 또는 탈사회적 비약을 겪고 있는 것이다. 1983년 이후 한반도 평화에 관한 이케다 회장의 제언들에는 남북, 한·중·일, 또는 한반도 주변 6개국 지도자들의 만남이나 회의를 제안하거나 교류센터의 설치 및 공동개발사업제의 등이 포함되었음에도 불구하고, 그러한 제안이나 축구 또는 비정치적인 문화예술활동만으로 한반도 평화의 문제가 실질적으로 해결될 수 있다고 믿는 사람은 거의 없다. 이런 점에서 그동안 한국창가학회에서 수행한 인권과 평화를 주제로 한 다양한 문화예술행사들은 종파 내부구성원들의 결속력과 충성도를 강화하기 위한 일종의 종교의례와 같은 기능을 하고 있다(Barone, 2005). 종교유형론적으로 보면, 국제창가학회가 1980년대 영국과 미국에서 큰 성공을 거둔 이후 이제 유럽에서 활동하는 가장 큰 불교단체로서 최근에는 이탈리아 정부와 종교협약(concordat)을 체결한 공인종교로서 군종을 파견하고 정부 재정지원을 받을 수 있는 사회적 지위를 부여받으면서(Firenze, 2015.6.25.), 교단적(denominational) 특징을 뚜렷하게 많이 보이는 반면에, 한국창가학회는 여전히 종파적(sectarian) 단계를 벗어나지 못한 것이라고 할 수 있다.

이상으로 국제창가학회 평화주의를 한국에 적용하는 한국창가학회는 한국종교시장이라는 조건에 영향을 받는 하나의 종교공급자로서 종파적이든 교단적이든 '평화주의'라는 종교재를 제공해 왔다. 유사한 이론적 맥락에서 미국 내 종파형(sect type) 공급자들의 교세성장을 공급 측 요인들로 설명하는 종교사회학자들이 존재하지만(Finke and Iannaccone, 1993; Finke, 1997). 한국창가학회의 성장에 대해서는 공급 측 요인만으로는 설명하기 어려운 수요 측 요소들이 함께 검토될 필요가 있다.

Ⅳ. 종파적 평화주의에 대한 수요 측 접근

앞서 언급한 것처럼 교리적으로 국제창가학회 평화주의를 충실히 따르고 있지만, 이론적으로는, 특히 종교유형론적으로는 국제창가학회와 구별되어야 할 한국창가학회의 사회적 맥락이 있다. 여기서 사회적 맥락의 고려가 중요한 이유는 한국창가학회가 공급하는 어떠한 내용과 형식의 평화주의이든, 타종교에 배타적이든 수용적이든, 사회적 긴장이 높든 낮든 그것이 '평화주의'라는 종교적 상품의 수요에 영향을 미친다는 이론적 전제 때문이다. 적어도 종교사회학적으로는 일본창가학회의 평화주의가 영국이나 미국 SGI의 평화주의와 다르게 이해되어야 하는 것처럼, 한국창가학회는 한국 사회가 처한 종교적 수요의 변화와 함께 이해되어야 하고, 이러한 맥락에서 그것의 종파적 종교재(宗敎財)에 대한 근본적 의문은 '그것은 왜 한국 종교시장의 수요자들에게 호소력이 있는가'이다.

비교적 관점에서 보면, 국제창가학회 개종자들의 특성에 대한 영국, 미국 및 호주의 연구들은 공통적으로 사회문화적 수요의 변화가 그 나라에서 창가학회 회원의 성장에 깊은 영향을 주었다고 주장한다(Wilson and Dobbelaere, 1994; Hammond and Machacek, 1999;

Dobbelaere, 2001; Dawson, 2001; Machacek, 2001; Metraux, 2004). 특히, 윌슨, 도벌레르, 그리고 해먼드와 마카첵은 90년대 이후 영국과 미국 내 불교종파 중 국제창가학회가 가장 빠른 성장을 보이고 있는 이유를 산업사회에서 후기산업사회로 변화한 시대적 상황에서 개신교 윤리가 제공했던 금욕적 직업윤리에 더 이상 매력을 느끼지 못한 대중들이 탈산업시대에 더욱 중요해진 개인주의적 소비자윤리에 맞는 종교적 대안을 추구했기 때문이라고 주장한다(Wilson and Dobbelaere, 1994: 219). 다시 말하면, 국제창가학회가 자기표현, 개인적 자유 및 미적 만족과 같은 비물질적 가치의 중요성을 강조한다는 점에서, 소비에 의존하는 후기산업화시대에 그들의 소비행태에 종교적 의미를 부여해 줄 수 있는 가장 적절한 대안적 종교재로 기능한다는 것이다. 해먼드와 마카첵에 따르면, 근대성(modernity)에 대한 종교인들의 네 가지 태도—근대주의(modernism), 반근대주의(counter-modernism), 종교적 근대주의(religious modernism),[08] 트랜스모더니즘(transmodernism)— 중에서 미국창가학회 개종자들은 종교적 지혜를 사회와 과학의 진보에 활용하고자 하는 트랜스모더니즘적 성향을 강하게 보인다고 한다(Hammond and Machacek, 1999: 127-134). 물론, 그들의 주장이 미국이나 영국에서 타당한 것인지의 문제보다 본 논문에서 더 중요한 물음은 과연 이런 수요 측 요인이 한국에서도 적용될 수 있을 것인지에 있다.

동시대 한국 사회가 후기산업사회로 진입한 것인지의 여부는 별론으로 하더라도 개인적 소비윤리를 정당화하는 종교적 에토스가 한국창가학회 회원들에게 뚜렷하다는 증거는 발견하기 어렵다. 이는 불교문화적 전통이 없는 서양과 한국의 종교문화적 차이를 고려하면 어

08 "과학적 방법을 수용하면서 종교적 이해를 진전시키는 데 그것을 사용하고자 하는 자유주의 개신교 전통의 관점"을 의미함.

쩌면 당연한 것일지 모른다. 한국창가학회 역시 비물질적 가치들에 대한 자각을 통해 개인들의 현세적 행복을 추구하는 것은 맞지만, 이러한 종교교리가 1,500년 정도의 풍부한 불교전통을 가진 동시대 한국인들에게 매우 새로운 종교적 의미를 부여한다고 단정하기는 어렵다. 관음신앙 및 염불신앙의 전통이 강한 한국 불교는 전통적으로 현세적인 성향을 강하게 내포하고 있고(김용환, 2016; 김일림, 2018; 황상준, 2018), 후기산업시대에 부합하는 다양한 실천적 불교경제윤리를 대중들에게 쏟아내고 있기 때문이다(윤성식, 2010; 김용환, 2011; 장성우 · 박경준, 2017). 따라서 한국창가학회의 성장과 그들이 추구하는 평화주의 및 그 활동의 사회적 결과에 대해서는 서양과는 다른 수요 측 요인들이 더 집중적으로 고려될 필요가 있다.

한국적 맥락에서 종교윤리는 자본주의 정신을 낳은 개신교 윤리와 달리 조선시대 유교나 고려시대 불교가 그러했듯이 지배적 정치윤리로서 기능했다는 점에서, 한국창가학회는 영국이나 미국 창가학회와는 다른 정치적 수요에 기초하고 있다. 특히, 냉전시대 및 군사정권 시절의 기성불교종단들이 보여준 비민주적이고 어용적인 정치성향에 염증을 느낀 다수의 한국인들에게 시민적 자유와 권리, 인본주의적 가치, 남북 직접대화 및 한반도 비핵화를 일관되게 강조한 한국창가학회 평화주의가 시민주권시대의 대안적 정치윤리로 다가왔을 것이란 점은 합리적으로 추론할 수 있으며, 이런 추론이 타당하다면 이는 정치문화의 변화로 인한 종교적 수요에 한국창가학회가 적절히 대응한 것이라고 할 수 있다. 특히, 1980년대부터 지속가능개발과 환경문제에 대한 평화주의적 제언 및 환경문화예술제 등을 주최하면서 후기산업사회가 직면한 지구적 환경위기의 해결방안에 종교적 사고를 더하고자 했던 점은 해먼드와 마카첵이 주장한 '트랜스모더니즘'적 특징에 잘 부합한다고 할 수 있다. 게다가 최근의 코로나사태, 지구온난화 및 미세먼지와 같은 한반도의 환경위기를 경험한 한국의 대중들이 단순히 과학적 기술발전에 대한 낙관론에 머물지 않고, 자연과 공존가능한 신앙적이고 근원적인 생태 · 생명윤리를 추구하고 있다는 점에서 한국창가학회의 평화주의는 향후 한국 사회의 시대적 요구에 더 높은 사회적 적실성을 갖는다(Yoo and Kim, 2023; 김종만, 2020).

한편, 역사적으로 한국창가학회는 1960년대 초 일련정종의 국내 포교와 함께 한국일련정종학회라는 이름으로 수입되었고(차차석, 2006: 297), 1975년 국제창가학회(SGI) 창립 이후에는 해외포교방식 및 사제관(師弟觀)의 차이로 일본의 일련정종 승려들과 창가학회 이케다 회장 간의 갈등 과정에 더하여 국내조직 내부의 계파 간 종권다툼이 적지 않았다 (박승길, 2017: 133-134). 이러한 한국창가학회의 종파적 역사는 일본계 불교종파들이 한국 기성사회에 적응하는 과정에 대한 중요한 사례로서 종교유형론적 관점에서 이해될 필요가 있다. 예를 들어, 미국창가학회(SGI-USA)와 미국정토진종(Buddhist Churches of America: BCA) 간 비교를 통해 미국 내 일본 불교종파들의 미국화 과정을 분석한 마카첵의 연구에 따르면(2001), 전통적 방식을 고수한 BCA는 일본계 이민자들 중심의 민족불교유형(Ethnic Buddhism type)의 단계를 벗어나지 못하고 쇠퇴 중인 반면, SGI-USA는 미국 문화와 절충한 포교방식으로 신자들 대다수가 비일본계 미국인들로 충원됨으로써 미국화된 불교유형(Americanized Buddhism Type)으로 성장했다고 한다. 하지만 마카첵의 종교유형론을 적용한다 하더라도 일련정종을 포함하여 대부분의 일본계 불교종파들이 한국 내 성장을 멈추거나 쇠퇴 중인 상황에서도 꾸준한 성장세를 보이고 있는 한국창가학회는 한국적 사회화에 성공한 유일한 법화계열의 일본종파이다. 특히, 일본창가학회와는 다른 국내정치개입의 자제 및 일본침략에 대한 공식적 사죄와 같은 한국적 평화주의의 모색은 한국창가학회가 일본 민족주의와 종교적 배타성을 절제하고 한국적 수요에 기초한 '한국화된 불교유형(Koreanized Buddhism Type)'으로 변환하기 위한 사회화전략이라고 할 수 있다.

게다가 최근 다문화사회로 빠르게 진입하고 있는 한국 사회의 질적 변화가 다른 종파들과 마찬가지로 한국창가학회에도 새로운 종교적 수요를 창출하고 있다. 예를 들어, 중국 이민자들이 호주창가학회(SGI-Australia)에 빈번하게 가입하는 현상을 조사한 미트로(Daniel A. Metraux)의 연구는 그들이 창가학회의 좌담이나 회합을 통해 낯선 사회에서 필요한 공동체 소속감을 얻고 있다고 한다(Metraux, 2004: 58). 이처럼 한국 사회에서도 일본 종교 이미지에 영향을 받지 않는 해외 이주민들에게 개방적이고 유연한 종교적 구속력을 허용하고 엄격한 가입요건을 요구하지 않는 한국창가학회는 그들의 종교적 수요를 충족시키는 대안적 종교로서 기능할 수 있다. 특히, 문화예술, 교육, 인권과 환경문제를 포괄하는 한국창가학회의 평화활동은 언어소통이 어려운 국내 외국인들에게 일본문화에 대한 간접적 접근을 용이하게 하고, 국제창가학회의 국제적 조직망과 연결될 수 있는 다양한 인적 및 물적 기회를 부여함으로써 다문화사회에서 발생하는 특수한 종교수요에 대해 효과적인 종교시장전략이 될 수 있다.

이 외에도 한국창가학회 회관의 전국적 분포, 편리한 지리적 접근성, 조직적 회원관리 및 SGI 본부와의 긴밀한 연대 등 한국창가학회의 성장을 설명할 수 있는 다른 수요 측 요인들이 추가적으로 고려될 수 있겠지만, 종파적 평화주의와 그들의 직접적 관련성을 설명하기 위해서는 더 자세하고 긴 조사연구가 필요할 것이다.

V. 나가는 말

이 글은 국제창가학회(SGI)와 한국창가학회(KSGI)를 비교하면서 기성종단 중심의 '종교평화주의' 담론에서 더 구체화된 '종파적 평화주의' 개념과 그 전개에 관한 현상적 및 이론적 특징을 고찰하고, 추가적으로 그것의 종파적 특징을 여호와의 증인들과 같은 기독교계열의 종말론적 평화주의와 함께 비교하고자 하였다. 다음으로, 종교유형론적 관점에서는 국제주의와 교리적 유연성을 강조함으로써 교단적 특성을 추구하는 국제창가학회(SGI)와는 달리, 한국창가학회(KSGI) 평화주의의 경우 오히려 종파적 특수성의 관점에서 차별적으로 이해하는 것이 한국적 현실에 더 타당한 해석이라는 것을 '종파(sect)'라는 고전적 유형론에 기초하여 설명하였다. 끝으로 종교시장이론에서 볼 때 한국창가학회 평화주의라는 종교재(宗敎財)가 왜 그리고 어떻게 종교적 공급과 수요의 측면에서 그것의 양적 성장에 기여할 수 있는지를 영국(SGI-UK), 호주(SGI-Australia) 및 미국(SGI-USA)의 사례연구들과 비교함으로써 상이한 사회적 맥락에 대한 이해의 필요성을 논증하고자 하였다.

결국 논문에서 주장하는 종파적 평화주의에 대한 종교유형론적 해석은 종교와 사회 요소들 간 상호작용의 과정이 종교시장에 공급되는 종교재에 대한 그 사회의 종교적 수요에 직접적 영향을 미친다는 사실을 이론적으로 암시하고 있다. 이러한 이론적 함의는 각 사회가 보유한 종교적 수요의 총량이 안정적이고 공급자들 간의 경쟁이 충분하더라도, 사회적 · 문화적 · 시공간적 조건에 따른 종교적 수요의 차이가 종교조직들의 성장과 쇠퇴에 관한 이론적 예측에서 더 자세하게 검토되고 반영될 필요가 있다는 것을 의미한다.

■ 참고문헌

강성우 · 김선. 2018. “영국 평화 개념 논의의 궤적.”『신앙과 학문』 23(1): 5-30.

고자와 히로시. 2006. “동북아시아에 있어서의 종교와 평화.”『원불교사상과 종교문화』 34: 189-216.

김강녕. 2014. “평화의 개념, 사상의 발전과 과제.”『평화학논총』 4(1): 74-114.

김명희. 2009. “종교 · 폭력 · 평화: 요한 갈퉁의 평화이론을 중심으로.”『종교연구』 56: 121-148.

김용해. 2020. “평화담론과 종교.”『종교교육연구』 62: 15-57.

김용환. 2011. “시장경제와 불교윤리.”『한국교수불자연합학회지』 17(1): 125-147.

______. 2016. “관음신앙의 사회적 공공성 연구.”『한국교수불자연합학회지』 22(1): 5-21.

김일림. 2018. “한국관음신앙과 4대 관음성지의 지리적 해석.”『한국사진지리학회지』 28(1): 109-121.

김종만. 2020. “종교생태사상에 대한 시론적 연구: 이케다 다이사쿠의 생태인식을 중심으로.”『신종교연구』 42: 85-116.

김진석. 2003. “교조적 평화주의와 실천적 평화주의를 구분하자.”『철학과 현실』 57: 221-228.

나정원. 2015. “한반도 평화에 대한 종교의 기여.”『인간연구』 29: 51-75.

니버, 리차드. 1983.『교회분열의 사회적 배경(*The Social Sources of Denominationalism*)』. 노치순 역. 서울: 종로서적.

류제동. 2010. “불교에서의 폭력과 평화.”『종교문화비평』 18: 80-103.

박규태. 2001. “창가학회 (創價學會)에 대한 일고찰-불교혁신운동의 측면을 중심으로.”『종교학연구』 20: 69-86.

박승길. 2017. “창가학회 재가주의 불교운동의 확립과정과 그 의미.”『종교연구』

77(3): 137-153.

신치재. 2016. "존 하워드 요더(John H. Yoder)의 국가 · 법사상-하나님 나라와 비폭력 평화주의를 중심으로." 『중앙법학』 18(1): 241-270.

요더, 존. 2015. 『비폭력평화주의의 역사: 예수와 비폭력 해방』. 채충원 옮김. 서울: 도서출판 대장간.

유경동. 2005. "양심적 병역거부와 기독교 사회윤리-정의와 인권을 중심으로." 『신학과 세계』 52: 192-220.

유문무. 2017. "원효 화쟁사상의 현대적 의의-소통, 통합 그리고 평화." 『한국학논집』 68: 29-60.

유승무. 2014. "불교의 합심주의적 평화사상과 그 현대적 전거." 『한국학논집』 55: 149-170.

유엔(UN). 2011. 『NGO를 위한 ECOSOC의 협의적 지위에 관한 안내서』. 뉴욕: 유엔.

윤기엽. 2012. "일본 법화계(法華系) 신종교의 한국 전파와 교의(教義)-국내 본문불립종 · 영우회 · 입정교성회의 포교활동과 교의." 『신종교연구』 26: 271-298.

윤성식. 2010. "불교경제윤리의 원칙에 대한 연구." 『한국불교학』 58: 281-314.

윤종갑. 2017. "전쟁에 대한 불교적 관점." 『불교학보』 80: 219-247.

이국헌. 2014. "폭력과 저항의 탈근대적 논의와 기독교 평화주의." 『신학논단』 78: 159-190.

이상규. 2006. "초기 기독교의 평화주의 전통." 『헤르메네이아투데이』 35: 38-51.

이석우. 1982. "로마제국치하 기독교 평화주의." 『기독교사상』 26(8): 57-68.

이찬수. 2013. "녹색이 평화다: 생명의 관계성과 종교." 『원불교사상과 종교문화』 55(1): 151-187.

이케다 다이사쿠. 2000. 『법화경의 지혜 2』. 서울: 화광신문사.

______. 2008. 『법화경의 지혜 3』. 서울: 화광신문사.

______. 2009. 『미래를 바라보며』. 서울: 연합뉴스 동북아센터.

______. 2013. 『법화경의 지혜 1』. 서울: 화광신문사.

______. 2018. 『인생좌표』. 서울: 중앙일보플러스(주).

______. 2019. 『21세기 평화와 종교를 말하다』. 서울: (주)조선뉴스프레스.

이케다 다이사쿠 · 로케시 찬드라. 2016. 『동양철학을 말한다』. 서울: 중앙일보플러스(주).

이토 타카오. 2019. "한국SGI 조직의 과거, 현재, 미래-인간혁명의 종교, 광선유포(廣宣流布)를 위한 조직." 『신종교연구』 41: 41-68.

장성우 · 박경준. 2017. "4차 산업혁명과 불교의 경제윤리." 『종교교육학연구』 54: 23-39.

장해광. 1997. "R. 니버의 정치윤리와 그 적실성 문제." 『동서문화』 29: 151-171.

정영식. 2009. "한일 양국의 근대불교와 신흥종교의 성립에 관한 비교연구-법화경신앙을 중심으로." 『한국사상과 문화』 46: 39-61.

정원범. 2016. "존 하워드 요더의 관점에서 본 한국교회의 신뢰도 위기와 그 대안." 『한국기독교신학논총』 100: 195-226.

조성윤. 2013. 『창가학회와 재일한국인』. 파주: 도서출판 한울.

차차석. 2006. "한국 내 일본계 법화교단의 수용실태와 토착화 요인." 『불교학보』 44: 291-317.

한국창가학회. 2014. 『한국SGI 주요활동』. 서울: 한국SGI 문화홍보국 대외협력부.

황상준. 2018. "염불신앙을 통한 혀대재가불자의 가피사례 연구-관음신앙을 중심으로." 『한국불교학』 86: 63-90.

Barone, Carlo. 2005. "Back to the Future: A Neo-Durkheimian Analysis of a New Religious Movement. The Case of Soka Gakkai in Italy." A paper presented at the 2005 CESNUR Conference in Palermo, Sicily, (https://www.cesnur.org/2005/pa_barone.htm)

Brock, Peter. 1968. *Radical Pacifists in Antebellum America*. Princeton, NJ: Princeton University Press.

Dawson, Lorne L. 2001. "The Cultural Significance of New Religious

Movements: The Case of Soka Gakkai." *Sociology of Religion* 62(3):337–364.

Dobbelaere, Karel. 2001. *Soka Gakkai: From Lay Movement to Religion*. Salt Lake City, UT: Signature Books.

Finke, Roger. 1997. "The Illusion of Shifting Demand: Supply–Side Interpretations of American Religious History." In *Retelling U.S. Religious History*. Ed. by Thomas Tweed. Berkeley, CA: University of California Press. pp.108–124.

Finke, Roger and L. R. Iannaccone. 1993. "Supply–Side Explanation for Religious Change in America." *The Annals* 527:27–39.

Firenze. 2015. "Renzi firma un'intesa con l'istituto Gakkai." 2015.6.25.

Galtung, Johan. 1980. "Peace." *International Encyclopedia of the Social Science* 11. New York: Macmillan Company & Free Press.

Hammond, Phillip E. and David W. Machacek. 1999. *Soka Gakkai in America: Accommodation and Conversion*. New York: Oxford University Press.

Machacek, David W. 2001. "Immigrant Buddhism in America: A Model of Religious Change." *The Journal of Alternative and Emergent Religions* 5(1): 64–84.

Martin, D. A. 1962. "The Denomination." *The British Journal of Sociology* 13(1): 1–14.

McGuire, M. B. 2002. *Religion: The Social Context*. 5th edition. Belmont, CA: Wadsworth.

Metraux, Daniel A. 2004. "Soka Gakkai in Australia." *The Journal of Alternative and Emergent Religions* 8(1): 57–72.

Moskos, Charles C. and John W. Chambers II. 1993. *The New Conscientious Objection: From Sacred to Secular Resistance*. New York: Oxford University Press.

Park, Noja. 2009. "Violent Buddhism: Korean Buddhists and the Pacific

War, 1937−1945." 『사이間SAI』 7: 169−204.

Stark, Rodney and Charles Y. Glock. 1965. "The New Denominationalism." *Review of Religious Research* 7(1): 8−17.

Stevenson, Robert C. 1934. "The Evolution of Pacifism." *International Journal of Ethics* 44: 201−2011.

Todd, Timothy G. 1969. "Religious and Conscientious Objection." *Stanford Law Review* 21: 1734−1749.

Wah, Carolyn R. 2002. "Jehovah's Witnesses and the Empire of the Sun: A Clash of Faith and Religion during World War II." *Journal of Church and State* 44(1): 45−72.

Walters, LeRoy. 1973. "A Historical Perspective on Selective Conscientious Objection." *Journal of the American Academy of Religion* 41: 201−11.

Wener, Hans. 2013. *The Constructed Mennonite: History, memory, and the Second World War*. Winnipeg, Manitoba: University of Manitoba Press.

Wilson, Bryan and K. Dobbelaere. 1994. *A Time to Chant: The Soka Gakkai Buddhists in Britain*. Oxford: Clarendon Press.

Yoo, Kwangsuk. 2018. "Expansion of Religious Pluralism in Korean Civil Society: A Case Study of Conscientious Objection in South Korea." *Religions* 9: 326.

Yoo, Kwang Suk and Hyun Woo Kim. 2023. "Understanding Faith−Based Ecological Citizenship: A Case Study of Korea Soka Gakkai International(KSGI)." *Religions* 14: 1402.

제10장

마키구치의 교육사상을 통한 교육에서 행복의 방향성 탐색

이윤진(숭실대)

Ⅰ. 들어가는 말

교육의 중요성은 시간이 흐를수록 강조되고 있다. 최근 디지털 기술의 집약체로 어느 정도 변화를 가져올지 가늠조차 어려운 AI 기술의 사회 전반 적용이 확산되면서 직업 세계 변화가 불가피할 것으로 예상하는 가운데 새로운 변화에 적응하기 위해 교육은 필수 기제가 되고 있다. 또한, 전 인류가 경험해 보지 못한 고령화 사회 대비를 위해서 중고령자 대상 교육적 접근이 강화되고 있으며, 기후위기 극복, 핵무기 폐기, 지속 가능한 발전 등 전 지구적 차원의 협력을 위해 인류공동체라는 인식을 향상시키고 세계시민의식을 함양하기 위해서도 교육은 중요한 역할을 하고 있다. 우리 사회가 급격한 사회변화의 조류 속에 나아갈 방향을 탐색하는 데 있어 교육은 최소한의 노력이라 할 수 있다. 이러한 가운데 교육의 목적으로 행복에 대한 논의는 교육이 나아가야 할 방향성을 제시하는 중요한 부분으로 주목받고 있다.

인간 삶에 있어 가장 근원적인 목적이라 할 수 있는 행복은 교육뿐 아니라 다양한 학문 분야에서 관심과 연구가 확산되고 있다. 행복에 대한 사회적 관심이 집중되는 데에는 행복을 갈망하는 인간의 본성과 관련성이 있다고 볼 수 있지만, 한편으로는 그만큼 삶이 행복하지 않기에 드러내어 행복을 강조하는 상황이라는 점도 생각해 볼 수 있다. 간간이 뉴스를 통해 전해지는 우리 국민의 낮은 행복지수와 높은 자살률, 빈곤율 등을 보더라도 어느 정도 수긍이 가는 부분이다. 교육계에서도 비교적 최근이기는 하나 십여 년 전부터 교육정책과 제도, 공식적 문서에서 '행복'이라는 용어 사용이 확인되고 있다. 2013년 '행복교육, 창의인재 양성'이라는 정책목표하에 행복을 교육의 목적으로 명시(교육부, 2013: 3)한 이후로, 지금도 교육의 목적에 '행복'은 주요한 위치를 차지하고 있다.[01] 교육의 새로운 패러다임으로 여겨지는 평생학습 역시 근본적 목적을 삶의 질 향상, 웰빙(wellbeing)에 두면서 지역의 평생교육이 이루어지는 공간을 '행복학습센터'로 칭하고, 지역 평생학습 정책의 궁극적 목표를 지역주민의 행복한 삶에 두는 등 행복과 결을 같이 하는 것을 확인할 수 있다.

교육에서 행복에 대한 논의가 확대되고 있지만 교육의 목적을 행복으로 명시하고 그에 대한 논지를 펼친 학자는 아직까지 제한적인 상황이다(송승재, 2018: 4). 나딩스(Nel Noddings)는 『행복과 교육(*Happiness and Education*)』(2008)을 통해 교육의 목적이 행복이라는 점을 설명하고 있는데 그녀 역시 교육의 목적으로 행복을 논의한 사람은 제한적이며 일본의 마키구치(Tsunesaburo Makiguchi), 영국의 니일(Alexander Sutherland Neill) 정도가 있다고 밝히고 있다. 국내에서도 교육의 목적으로 행복의 담론을 형성하며, 정책적으로 접근하고 관련 연구도 증가하는 추세이지만 실제 교육에서 추구하는 행복이란 무엇인지 본질적 차원의 논의는 제한적이다. 행복이 추상적이고 주관적 속성을 갖는다는 점에서 교육에서 행복의 기준은 무엇인지, 무엇을 위한 행복인지, 행복을 위한 구체적인 실천은 무엇인지 방향을 설정하는 것은 필요한 부분이다. 우리 사회와 교육계는 행복의 필요성은 공감하고 있지만, 아직 본질적인 논의가 충분히 이루어지지 않고 있다. 이러한 상황을 고려할 때 교육의 목적을 행복에 두고 논의를 전개한 기존 교육철학을 살펴보는 것은 행복 교육에 있어 의미 있는 시

01 교육부에서 발행하고 있는 웹진의 경우 '행복한 교육'을 표제로 내세우고 있으며, 세종특별자치시는 교육청과 협력하여 세종행복교육지원센터를 설립하여 운영하고 있고, 충청남도교육청의 경우 행복교육을 캐치프레이즈로 사용하고 있으며, 경상북도 교육청은 행복교육지원과가 부서명칭에 활용되고 있다. 이 외에도 다양한 교육영역에서 행복이라는 용어가 활용되고 있는 것을 확인할 수 있다.

도가 될 수 있다.

본고는 이러한 부분을 염두에 두고 교육의 목적이 행복이라는 점을 제시하고 있는 마키구치의 교육사상과 이를 실천하고 있는 이케다(Daisaku Ikeda)의 교육 실천에 대하여 살펴보고, 교육의 목적으로 행복의 논의에 있어 새로운 방향성을 도출하고자 하였다. 이를 위해 우선, 국내 교육 분야의 행복에 관한 연구의 흐름을 살펴보았고 이후 행복교육론을 제안하고 있는 나딩스의 『행복과 교육』의 기본적인 내용을 통해 교육에서 행복에 대한 논의의 방향성을 탐색하였다. 그리고 마키구치의 『창가교육학체계』에 제시된 가치와 행복과의 관계를 통해 교육과 행복과의 관계성을 파악하였으며, 마키구치의 '선'의 가치를 교육적으로 실천하기 위해 노력한 이케다의 교육 실천사례를 중심으로 교육의 목적으로 행복이 어떻게 구체화되고 있는지 확인하였다. 이를 통해 마지막으로 교육의 목적으로 행복이 어떠한 방향성을 추구해야 하는지를 논의하였다.

Ⅱ. 선행연구 고찰

1. 교육에서 행복 논의의 확산과 연구의 흐름

셀리그만(Martin Seligman)의 유명한 저서로 알려져 있는 『긍정심리학』(2020)은 인간의 긍정적 심리와 행복한 삶을 연구하는 학문 분야이기도 하다. 그간 심리학이 인간의 부정적인 심리를 중심으로 병리학적 관점에서 접근하였는데 긍정심리학은 이러한 과거의 전통적 접근방식에 문제의식을 느끼며 시작되었다. 긍정심리학은 주관적 차원의 긍정적 경험을 연구하는데 여기서 대표적인 긍정적 경험은 기쁨, 즐거움, 만족감, 충족감, 평안, 감사, 자신감, 희망, 낙관성 등으로 스스로 행복을 만들어 갈 수 있도록 이끌어 준다. 긍정심리학에서 이야기하는 것을 토대로 접근하면 행복의 개념은 단일한 정서라기보다 다양한 심리적 정서가 복합된 주관적 정서라고 할 수 있다.

행복의 사전적 의미는 "생활에서 충분한 만족과 기쁨을 느끼어 흐뭇함. 또는 그러한 상태"이다. 원하는 욕구가 충족되어 만족스럽거나 즐거움 등의 좋은 감정을 느끼는 상태이며 불안감 등의 부정적 감정을 느끼지 않는 상태라 할 수 있다. 여기서도 행복은 주관적인 개념임을 확인할 수 있다. 행복은 개개인이 각기 다른 유기체로서 자신의 경험에 따라 주관적으로 정의될 수 있는 추상적인 개념이라는 점에서 행복을 개인적 · 정서적 차원으로 규정하게 되면 교육적 논의가 쉽지 않을 수 있다.

국내 교육에서 행복에 대한 논의의 확산은 무엇보다 행복하지 않다는 통계적 증거에서 그 계기를 확인할 수 있다. 우선, 국내 자살률을 살펴보면 2023년 기준 인구 10만 명당 27.3명으로 OECD 회원국 중 가장 높은 자살률을 보이고 있다(보건복지부, 2024). 안타깝게도 2023년 한 해의 문제는 아니며 2003년 이래 OECD 국가 중 지속적으로 1, 2위를 차지하고 있다. 유사한 맥락으로 청소년 사망에서도 2013년 이래로 '자살'이 가장 높은 원인으로 지목되고 있으며(여성가족부, 2024), 노인 자살률과 노인 빈곤율 역시 OECD 국가 중 수년째 1위를 차지하고 있다. 들추고 싶지 않은 사회문제이지만 어찌할 수 없는 현실이라는 점에 문제를 직시하는 것은 중요한 부분이다. 청소년과 관련되어 학교 교육의 주요 대상자인 학생의 입장에서도 생각해 볼 여지가 있다. 학업성취는 전 세계적으로 최상위 수준을 차지하고 있지만, 청소년들의 삶의 만족도 수준은 OECD 국가 중 최하위권에 속한다. 이러한 상황은 한국이 십수 년째 세계적인 저출생 국가로 초저출생국이라는 낙인이 찍혀 있는 상황과도 무관해 보이지 않는다. UN에서 발행한「2024 세계행복보고서」에 따르면 한국인의 행복도 점수는 10점 만점 중 6.058을 나타내며 OECD 국가 중 하위권인 52위에 머물러 있는 상황이다(Helliwell *et al*., 2024: 16). 이러한 수치는 우리 사회가 왜, 어찌하여 이렇게까지 행복과 거리가 먼 사회가 되었을까 하는 물음을 던지게 한다. 경제성장과 GDP 상승으로 인해 생활수준은 높아지고 고등교육의 보편화를 위한 노력으로 대학졸업자가 증가하였지만, 이들은 행복으로 연결되기는커녕 상대적 박탈감과 불행하다는 인식의 확산을 가져오고 있다. 다시 말해 교육의 확대가 행복의 확대로 이어지지는 않고 있다.

2012년 이후로 국내 교육 분야에서 행복과 관련한 연구가 증가하고 있는데(김하늬 · 김영환, 2024), 이는 전 세계적인 흐름과 맥락을 함께하는 것으로 볼 수 있다. 2012년 7월 UN 총회에서 인간의 기본권으로서 '행복추구'에 대한 결의안이 193개국 전 회원국의 만장일치로 채택된다. 이후 전 세계 국가별 학생들의 학업 성취도를 측정하는 국제학업성취도평가(Programme for International Student Assessment: PISA)에서도 학생의 행복도를 측정하기 시작하였고, OECD를 중심으로 웰빙을 미래 교육의 궁극적인 목적으로 제시하게 된다. 국내의 경우 18대 정부 출범 당시 '모두가 행복한 교육, 미래를 여는 창의인재 양성'을 교육 비전으로 '행복학교', '행복 교육'을 추구하였다. 또한, 2022년 교육과정 개정 당시 국가교육회의에서 설문 조사를 시행하고 그 의견을 수렴하는 과정에서 교육의 목표로서 가장 적합성이 높게 나온 '개인과 사회 공동의 행복추구'가 교육목표 수립에 반영되었다(교육부, 2021).

행복을 추구하거나 목적으로 하는 교육을 행복 교육이라 할 수 있는데 행복 교육은 교육 분야별, 대상별, 개별교과별 등에서 두루 논의되고 있다. 행복 교육 관련 추이를 조사한 연구에서 최근에 유아교육 영역에서 행복을 주제로 한 연구가 증가추세에 있다는 결과를 제시하고 있는데(김하늬 · 김영환, 2024), 입시에 시달리는 중·고등학교를 넘어 전 연령대로 논의가 확대되는 추세라 할 수 있다. 유아교육 분야에서 행복에 대한 논의를 시도한 일부 연구들을 살펴보면 유아교육이 기본적으로 행복 교육을 지향해야 한다는 점을 밝힌 연구(이경민, 2017)가 있으며, 강점관점에서 교육적으로 행복 증진 방안을 탐색하거나(백지혜, 2017; 탁정화, 2016), 행복 교육의 접근법으로 '관계지향 유아교육'을 제시하거나(김민진 · 김창복, 2015; 이병래 외, 2015), 자연생태 활동과 행복 교육을 논의한 연구들(김윤미 · 정영희, 2011; 홍지명, 2015)이 확인된다. 행복이 유아교육의 기본적인 방향성임을 강조한 연구들이라 할 수 있다.

유아교육 분야 외에도 교육의 목적으로 행복을 실현하기 위해 다양한 논의가 이루어지고 있으며, 우선, 개별교과 차원에서 행복 교육에 접근한 연구들이 상당히 축적된 것을 확인할 수 있다. 도덕과 교육에서는 도덕 교과를 통한 학생들의 행복 증진이 도덕교육 활성화로 이어진다는 점에 행복 교육을 제시하기도 하고(김상돈, 2011), 사회과 교육에서는 행복 교육의 필요성을 언급하며 행복의 의미와 내용을 교과학습 방안으로 제시하고 있다(정용교 · 백승대, 2010). 이 외에도 한문 교과(백광호, 2015), 음악 교과(장기범, 2019), 가정 교과(임흥순 · 최새은, 2019), 지리 교과(황규덕, 2018), 미술 교과(김성숙 · 이정순, 2015) 등 개별교과에서 행복 교육을 실천하고자 하는 노력을 찾아볼 수 있다.

한편, 학교에서 행복 교육 추진에 있어 개별교과에서 행복에 관한 내용 요소를 가르치는 것에 문제를 제기하며, 교육과정 전반을 행복이라는 기준으로 검토하고 행복한 교육을 실현해야 한다는 주장도 확인된다(최석민, 2015). 전체적인 교육과정에서 행복에 대한 논의를 펼친 연구로 이주하(2019)는 행복이 교육의 목적이라는 관점에서 행복에 대해 살펴보고 교육과정에 대해 제안하고 있다. 교육목적으로서 행복이 심도 있게 논의되지 않는 이유로 교육목적에 대한 논의는 이미 이루어졌기에 더 이상의 논의가 필요 없다고 생각하는 사람들의 인식에 문제를 지적하며, 행복 교육과정은 개인의 욕구에 대한 검증을 경험하도록 다양하고 선택 가능한 교육과정을 기본으로, 스스로가 행복한 삶을 준비할 수 있도록 교육내용을 구성해야 하며 학생의 체험을 중시하는 것이 중요하다고 언급하고 있다. 박병기(2016)는 최근 교육이 역량개발에 초점을 두고 있다는 점에 주목하고 행복 교육의 목적은 평생에 걸쳐 행복에 이를 수 있는 역량을 함양하도록 지원하는 것에 있으며, 행복 교육의 가치는 행복을 위한 역량을 함양하는 과정에서 찾아야 한다고 주장하고 있다. 황규호(2017)의 경우는 교육에서 행복을 목적과 과정 측면에서 탐색하면서 행복 교육을 위해 교육내용이 자기 삶의 의미를 성찰하도록 해야 하고, 원리 중심의 학습을 통해 학습의 근원적인 즐거움을 경험하도록 해야 한다는 점을 제안하고 있다.

행복 교육이 교육과정에서 실행되면서 나타나는 여러 문제점에 주목한 연구도 있는데, 김필성(2016)은 행복 교육이 정책적으로 접근되면서 형식적 접근이 불가피하며 이러한 과정에서 교사들이 학생들의 삶에 대한 숙의가 이루어지지 않고 있음을 지적하고 있다. 학생들의 행복 및 잠재성을 개발하는 근본적인 교육방법이 개발되어야 하고, 교사 교육기관 역시 행복 교육 실현을 위한 실제적인 지원기관이 되어야 함을 주장한다. 이 외에도 행복 교육에 대한 논의가 확산함에 따라 그간의 행복 교육 정책의 오용 현상에 대해 언어적 차원에서 분석하거나(김민지 · 최상훈 · 박대권, 2022), 네트워크 텍스트 분석 기법을 활용하여 행복 교육 연구 동향을 파악하고(김하늬 · 김영환, 2024), 행복 교육 관련 성과평가 등의 종합적인 차원에서 분석을 시도한 연구(박찬호 · 정일환, 2018)가 확인되고 있다.

이러한 연구들이 행복 교육에 대한 담론의 장을 만들며 우리 사회의 교육 문제를 환기하고 교육 현장에서 실천을 위한 정책적 · 제도적 제안의 실마리를 제공하고 있다. 교육의 목적으로 행복 교육을 교육과정에서 어떻게 실현할 것인가를 고민하며 분야별 · 대상별 교육뿐 아니라 개별교과 차원에서도 검토가 이루어지고 있다. 하지만, 이들 연구는 인간이 추구하는 행복이란 무엇인지 교육에서 행복은 무엇을 의미하는지에 대한 논의보다 행복을 교육과정에 적용하기 위한 방법적 차원의 접근과 더불어 학습대상자, 개별 교육내용 및 내용 요소 등을 중심으로 논의가 이루어져 본질적 가치로서 행복에 대한 논의가 미흡해 보인다. 개별교과 및 학습대상자, 학교급별로 구분한 접근은 일견 전문적이고 구체적 차원의 접근이라 할 수 있지만, 교육의 목적으로서 행복에 대한 개념과 지향점에 공통된 함의를 도출하기는 쉽지 않다. 행복 자체는 인간 삶의 본질적인 가치라는 점에서 행복 교육을 달성하기 위한 전문적이고 방법적인 노력 이전에 교육의 목적으로서 행복의 속성에 대한 논의가 이루어져야 할 필요가 있다.

2. 나딩스의 행복교육론

교육적 차원에서 행복에 대한 이론적 논의를 펼치고 있는 학자는 많지 않은 실정으로 플라톤, 아리스토텔레스, 공자, 아우구스티누스

등 행복에 대한 논의를 펼친 고전학자들의 행복에 대한 이론이 아직도 교육에 유용하게 활용되고 있다. 나딩스는 『행복과 교육』의 저자로 행복 교육에 대해 이론적 논의를 펼친 몇 안 되는 학자 중 한 명이다. 국내에서는 행복 교육과 관련한 연구가 2012년 이후부터 본격적으로 이루어졌는데 일부 연구에서 나딩스의 행복교육론을 다루고 있는 것을 확인할 수 있다(예: 송승재, 2018; 이동윤, 2016; 이정렬, 2018; 추병완, 2013). 나딩스는 미국의 교육학자로 알려져 있으며, 스탠퍼드 대학교 명예교수로 퇴임하였고, 전국 교육아카데미 회장, 미국교육철학회와 존듀이학회 회장을 역임하였다. 행복 교육뿐 아니라 배려교육, 평화교육, 생태교육, 민주주의와 교육, 세계시민교육과 관련하여 교육적 입장을 정리하였다. 나딩스가 교육학자이면서 배려윤리학자라는 점에서 행복 교육이 배려교육에서 확장된 개념임을 생각해 볼 수 있다. 나딩스는 『배려(*Caring*)』(1984)와 『배려교육론(*The Challenge to Care in Schools*)』(1992)을 집필하였는데 '배려윤리'에 대한 이론은 윤리학자로 알려진 길리건(Carol Gilligan)의 영향을 받은 것으로 평가되고 있다. 길리건은 콜버그(Lawrence Kohlberg)가 제안한 도덕성 발달 단계가 남성을 연구대상으로 하여 남성 편향적이라는 점을 지적하였고, 여성의 도덕성 발달 단계를 제시한 것으로 알려져 있다. 남성 중심 윤리는 '정의윤리'로 이성을 비롯하여 보편성, 독립성을 강조하는 데 반해 여성 중심 윤리는 감성, 관계성, 애착 등을 중심으로 하는 '배려윤리'라는 입장이다. 이러한 길리건의 이론적 논의에 이어 나딩스는 배려윤리를 제안하는데 여성과 남성이라는 성 정체성을 떠나 보편적 인간으로서 갖추어야 할 윤리로서 배려윤리를 제안하고 '관계'를 통한 배려 개념을 제시하고 있다.

나딩스는 『배려교육론』에서 20세기 초반부터 지금까지 학교 교육과정이 차이가 없다는 점을 지적하며 교육과정이 변화해야 함을 주장하고 있다. 자유교육의 비판을 통해 교육과정이 변하지 않고 있음을 지적하는데 여기서 자유교육이란 특정한 직업을 위한 교육이 아닌 교양과목과 같은 일반적인 교육과정을 의미한다. 우리의 상황에서 보면 대학의 교양과목을 의미하는 것은 아니며 초·중등 교육과정의 국어, 수학, 영어, 사회, 과학 등 대학 입시를 위한 교육과정을 의미한다고 할 수 있다. 이러한 자유교육에 관심이 있는 학생이 있을 수 있지만, 한편으로는 관심이 없는 학생도 있을 수 있다는 점에 주목하고 있다. 당연한 이야기이지만 교육에 관한 관심과 흥미가 없으니 학생들의 교육 효과나 성과가 낮을 수밖에 없다. 학생들이 자유교육을 통해 배려받지 못하는 상황에 부닥치고 있음을 지적하며 이에 대한 방안으로 6가지 교육과정을 제안하고 있다(나딩스, 2002). 이는 '자아에 대한 배려', '친밀한 사람을 위한 배려', '낯선 사람과 멀리 있는 사람을 위한 배려', '동물, 식물, 지구를 위한 배려', '인간이 만든 세상에 대한 배려', '사상에 대한 배려'이다. 나딩스가 정립한 배려윤리와 배려교육론은 행복교육론의 토대가 되고 있다.

나딩스의 행복교육론을 간략하게 정리해 보면 우선 나딩스는 교육목적에 대한 검토와 논의의 필요성을 제기하면서 교육의 목적으로 행복에 대한 논의를 펼친다. 지금의 교육목적이 진정한 행복에 관해 설명하지 못하고 있다는 점, 과거 산업혁명 당시 교육의 목적과 지금의 교육목적이 차이가 없다는 점, 그동안 교육목적에 대한 충분한 담론이 없었음을 지적하며, 교육의 목적에 대한 반성과 성찰, 토론이 필요하다는 점을 주장하고 있다. 교육의 목적뿐 아니라 표준화된 교육과정에 대해서도 비판을 제기하고 있다. 학생들의 적성과 흥미를 고려하여 잠재력과 능력을 개발하기에 지금의 교육과정은 문제가 있으며, 이를 해결하기 위해 교육목적의 논의를 통해 근본적인 부분을 변화시켜야 한다는 입장이다. 교육목적에 대한 논의가 교육 담론에서 지속되기를 바라며 교육의 목적은 행복이라는 점을 밝히고 있다.

나딩스는 기존의 교육이 남성 중심의 공적인 삶이 중심이었다는 점을 지적하며 개인적 차원과 공적 차원으로 구분하여 행복을 위한 교육내용을 제안하고 있다(나딩스, 2008). 개인 생활은 행복을 위한 기회를 제공한다는 차원에서 '가정 만들기', '장소와 자연', '아이 키우기', '인격과 영성', '대인관계의 성장'을 교육주제로 제시하며 개인 생활에 기본적 준비를 위한 교육의 필요성을 강조하고 있다. 공적 생활을 위한 교육내용은 '일을 위한 준비', '공동체 · 민주주의 · 봉사', '학교와 교실'에서의 행복이다. 일을 위한 준비의 경우 직업과 행복과의 관계를 규명하며, 공동체는 인간의 정체성 확립에 대한 욕구와 인정의 욕구를 충족시킨다는 점을 밝힌다. 그리고 교실의 경우 아이들의 공적인 삶이 학교에서 시작된다는 점에서 행복한 공간으로 교실이 중요함을 강조하고 있다.

나딩스는 자신만의 배려윤리를 통해 교육에서 목적과 행복에 대한 구체적인 논의를 시도하며 행복 교육에 대해 생각해 볼 수 있는 계기를 제공하고 있다. 시대가 변화하는 만큼 교육도 발전하고 변화해야 한다는 측면에서 목적에 대한 논의가 지속적 담론이 되어야 한다고 주장하고 있는데 교육계의 연구자, 정책실무자, 교육자 등의 이해관계자 집단뿐 아니라 사회적 차원에서 관심을 가지고 주의를 기울여야 할 부분이다. 더불어 개인과 공적 차원을 구분하여 행복과의 연관성을 토대로 교육내용을 제공한 부분은 이론으로 그치는 것이 아닌 실천에 구체적 함의를 주고 있다. 행복을 공적 차원 논의로 확대하고 있다는 점에서 개인의 행복을 사회적, 타자와의 관계성 차원에서 확장하여 생각할 계기를 만들고 있다. 앞으로 살펴볼 마키구치의 교육사상 역시 행복의 차원을 개인 차원을 넘어서는 것으로 규명하며 사회적 차원에서 행복을 논의하고 있어 이는 주목할 만한 부분이다.

Ⅲ. 마키구치 교육사상의 배경과 개념적 이해[02]

1. 마키구치 교육사상의 배경과 전개

『창가교육학체계』의 저술 배경과 교육의 목적으로 행복을 설정한 맥락의 이해를 위해 가치창조 이론을 정립한 마키구치와 그의 이론을 정리한 도다에 대해 기본적인 이해가 요구된다. 이들은 모두 교육실천가로서 스승과 제자 관계로 정리할 수 있으며 창가학회의 1대, 2대 회장을 역임하였다.

마키구치(1871~1944)는 교육자이자 이론가, 종교개혁가라 할 수 있으며, 대표적 저작으로는 『인생지리학(人生地理學)』(1903), 『창가교육학체계(創價教育學體系) 총 4권』(1930~34) 등이 있다. 마키구치는 일본 항구마을인 니가타현 아라하마에서 태어났고, 일본 북부에 있는 홋카이도의 오타루에서 유년 시절을 지낸 것으로 알려져 있으며, 유년 시절이었던 당시 일본은 근대화와 산업화가 이루어지던 시기였다. 마키구치는 홋카이도 삿포로의 홋카이도 사범학교에 입학하여 초등학교 교사 자격 취득 후 교사생활을 하였다. 무엇보다 지리학에 큰 관심을 두고 지리교사로서 경력을 쌓아 나갔는데, 1901년에 도쿄로 이주 후 1903년 32세에 첫 번째 저서인 『인생지리학』을 출판하였다. 『인생지리학』은 마키구치가 초년시절 경험한 사회의 다양한 변화와 지역의 관계 속에서 지리를 논하고 있으며 당시 새로운 관점의 지리 저서로

02 'Ⅲ. 마키구치 교육사상의 배경과 개념적 이해' 부분은 마키구치 쓰네사부로 공식 웹사이트(https://www.tmakiguchi.org, 검색일: 2024.10.25.), 도다 조세이 공식 웹사이트(https://www.joseitoda.org, 검색일: 2024.10.25.) 및 이윤진 · 김남숙, 2019: 244-252의 일부를 요약하여 작성함.

관심을 받았다.

도쿄에서 마키구치는 교육 관련 정기 간행물 편집, 정규교육의 기회를 놓친 젊은 여성을 위한 통신 교육을 홍보하는 기관 설립, 외국인 학생을 위한 학교에서 교사로 근무, 교육부를 위해 교과서를 개발하는 등 교육과 관련한 다양한 경험을 축적하였다. 또한 지역사회와 공립학교 사이의 관계성에 주목하고 여러 저명한 연구자들과 교류하였다. 마키구치는 1913년에서 1932년 사이에 도쿄의 가장 가난한 지역을 포함한 여러 지역의 초등학교에서 교장으로 재직하였으며 약 30년간 교육 현장을 통해 다양한 경험을 쌓고 교육가들과 교류를 통해 자신의 교육이론을 정립해 간다. 교육자로서 마키구치는 경제적으로 어려운 학생에게 평등한 교육기회가 주어질 수 있도록 노력하는 등 무엇보다 학생의 행복을 위해 헌신하였다는 점에 높은 평가를 받고 있다(Ikeda, 2009: 111-112). 하지만 학생의 행복을 위한 교육, 누구나 평등한 기회가 있다는 교육방침에 지역의 정치인 및 기득세력이 반발하면서 이들과 갈등을 겪게 된다. 마키구치가 교사 은퇴 직전 니치렌 불교의 가르침을 접하면서 이 사상이 자신이 평생 고민하고 발전시켜 온 사상과 공명한다는 점을 발견하였고 1928년 니치렌 불교를 받아들이면서 인생에 큰 전환점을 맞이하게 된다. 1930년에 그간의 교육에 대한 실천적 지식과 이론을 정리한 『창가교육학체계』 1권을 출판하였으며, 1932년에 교직에서 은퇴하게 된다. 총 4권으로 구성된 『창가교육학체계』는 출간과 관련하여 아름다운 사제(師弟)의 에피소드가 있다. 교육 현장에서 매우 바쁜 나날을 보낸 마키구치는 틈틈이 자신의 생각을 쪽지에 메모 형식으로 적어 두었으나 차분히 원고로 정리할 시간을 확보하지 못하자, 그의 제자이자 창가학회 2대 회장인 도다가 나서서 이러한 방대한 분량의 메모를 정리하여 책으로 출판하였다고 한다. 『창가교육학체계』 1권은 1930년 11월 18일에 출판되었으며, 이

날은 창가학회 창립일로 기념하고 있다. 1권이 출판된 이후 일본은 제2차 세계대전에 참전하였고 군부 정부는 일본 국민의 사상적 통일과 효과적 전쟁 수행을 위해 국가 신도 참배를 강요하였다. 당시 이러한 군부 정부의 움직임에 불응한 마키구치는 탄압을 받고 체포되어 1944년 11월 감옥에서 영양실조와 노령으로 사망하게 된다.

마키구치는 근대화가 이루어지던 시기 지역과 사회의 변화를 직접 목도하였고, 2차 세계대전이 한창인 시절 교육이 국가의 권력에 의해 어떻게 수단화되는지를 몸소 체험하였으며 이러한 경험을 토대로 자신의 교육관을 교육 현장에서 실천하면서 『창가교육학체계』의 이론을 정립하였다(Goulah and Gebert, 2009: 125). 게다가 생명존중, 인간존중으로 집약되고 있는 니치렌 불교를 접하면서 자신의 교육사상이 어떠한 목적과 지향점을 추구해야 하는지 명확히 하게 된다. 『창가교육학체계』의 출간을 통해 마키구치의 교육사상이 정론화된 이론으로 세상에 모습을 드러내지만, 당시의 사회적 정서가 어지럽고 마키구치와 제자 도다가 군부 정부의 탄압으로 감옥에 투옥되면서 교육계의 주목을 받지 못하게 된다(Goulah and Gebert, 2009: 116). 『창가교육학체계』가 세상에 알려지기 시작한 것은 마키구치가 사망하고 도다가 감옥에서 풀려난 이후이며 도다의 유지를 계승한 이케다에 의해 소카학원이 설립되면서 본격적으로 알려지고 사회적 관심이 확대된다.

도다 역시 마키구치와 마찬가지로 교육자로의 궤적을 살펴볼 수 있다. 18세부터 20세까지 홋카이도의 초등학교 교사로 근무하였고, 19세에 도쿄에서 마키구치를 만나게 된다. 마키구치는 도다가 교사로서 재능과 열정이 매우 높다는 점을 알고, 자신이 교장으로 재직하고 있던 초등학교에서 교사로 일할 수 있도록 하였다. 이후 도다는 1923년 도쿄 메구로에 지슈학교를 설립하고 자신의 독창적인 교수법을 토대로 교육을 시행한다. 기존 학교 교육이 암기식 교육에 천착되어 있다는 점에 문제의식을 느끼고 사고능력을 향상할 수 있는 새로운 교육방법을 적용하여 학생들이 중등교육 입시에 대비할 수 있도록 하였다. 도다는 지슈학교에서의 교수학습 내용을 중심으로 1930년에 『산술에 대한 연역적 안내서』라는 책을 출판하였고 당시 100만 부 이상 팔리게 되었다. 책의 내용은 마키구치의 교육이론 실천사례로 『창가교육학체계』 서문에 다음과 같이 소개되고 있다.

> 도다는 학생들이 구체적인 현실과 추상적 생각 사이의 관계 이해를 돕기 위해 구체적인 예를 사용하였다. 수학 수업 시간에 도다는 칠판에 '개'라는 단어를 쓴 뒤 "개가 있습니다. 원하는 사람은 와서 가져가세요."라고 이야기하였다. 아이들은 모두 개를 가져가기를 원했지만 '개'는 칠판에 쓰여 있는 단어여서 가져갈 수 없다는 점에 당황하고 있었다. 그러자 도다는 칠판에 적힌 단어가 추상적 생각이라고 설명하고 이를 구체적인 예로 사용하여 수학은 추상적 기호 또는 숫자를 사용하는 분야임을 이해하도록 도왔다.[03]

도다는 전쟁으로 인해 실패한 사업을 재건하고자 하지만 곤경에 처하게 된다. 이케다는 1947년 창가학회 좌담회에서 도다를 만나게 되고 창가학회에 입회하면서 도다를 도와 창가학회 재건에 힘쓰게 된다. 도다는 어려움 속에서 1950년 당시 자신의 출판사에서 함께 일을 하던 이케다에게 마키구치의 교육사상의 비전과 목표를 공유하며 마키구치 교육사상을 실천하기 위한 학교설립을 당부한다. 도다가 죽은 지 2년 후인 1960년 이케다가 창가학회 3대 회장으로 취임하였고,

03 도다 조세이 공식 웹사이트(https://www.joseitoda.org, 검색일: 2024.11.2.)

1968년 도쿄에 소카 중·고등학교와 소카대학을 설립한다. 이후 전 세계적으로 창가학회 회원국이 확대되어 192개국에 창가학회 조직이 설립되었고 창가학회는 니치렌 불법을 실천하는 대승불교단체이자 인간존엄과 평화를 위해 노력하는 유엔(UN) 비정부 기구로 발전하면서 가치창조에 이론을 둔 교육사상이 함께 발전하게 되었다.

2. 창가교육학체계의 기본적 이해

마키구치는 『창가교육학체계』에서 교육목적에 대한 논의가 교육이론 정립에 선행하여 이루어져야 함을 강조하면서 교육의 목적은 학습자의 행복이라고 제안한다. 그리고 가치창조와 행복의 관계에 대해 논의를 펼치며 가치창조를 기조로 교육이론의 토대를 정립하고 있다. 마키구치는 본격적 논의를 시작하기에 앞서 인간은 개인 그 자체로 삶을 영위할 수 없으며 사회적 존재라는 점을 명확히 하고, 교육의 목적을 논의하면서도 사회적 차원을 염두에 두고 있다(Bethel, 1989: 24). 교육의 목적인 행복에 대해 개인적 차원에서 그치는 것이 아닌 사회적 차원에서 논의를 확장하는데 여기서 주목할 부분은 개인적 차원의 행복과 사회적 차원의 행복이 분리되거나 어느 한쪽이 다른 한쪽의 수단으로 이용되거나 하는 것이 아닌 두 차원의 연계성을 고려해야 한다는 점이다. 인간은 개인적 유기체를 넘어 사회 속에서 상호 연계되어 있기에 행복은 개인의 삶의 차원에서 그치는 것이 아니며 사회적 관계 속에 연계되어 있다는 점을 통찰하고 있다. 이러한 점에서 자신의 행복만을 추구하는 것이 아닌 사회구성원으로서 행복을 추구하는 삶을 살아야 하고 교육은 개인이 자신의 삶에서 행복을 추구하도록 돕는 것을 넘어 사회적 차원에서 타인과 더불어 행복을 추구하는 삶을 살 수 있도록 해야 함을 명확히 하고 있다. 행복을 개인적 차원이 아닌 사회적 차원에서 추구해야 한다고 주창하기 위해 가치창조의 개념을 통해 이해를 돕고 있다. 인간의 삶은 가치를 창조하는 과정으로, 교육은 인간 삶의 궁극적인 목적인 가치창조를 촉진하고 이끌어 가는 역할을 해야 한다(Bethel, 1989: 54). 즉, 행복한 삶이란 가치를 창조하는 삶으로 교육은 가치를 창조할 수 있도록 내재된 역량을 개발하는 것이다. 또한, 사회적 차원에서 행복을 논의하기 위해 가치를 인류 보편의 가치인 미(美, beauty), 이(利, benefit), 선(善, beauty)의 차원으로 구분하고 각각의 개념이 가치와 어떠한 연계성을 갖는지 설명한다.

가치는 사전적 의미로 "사물이 본래 지니고 있는 쓸모 혹은 유용성"이다. 생태계에서 인간은 자체적인 생산보다는 기존에 생산된 물질을 활용하거나 수단화하는 유기체로 세상에 존재하지 않는 새로운 물질을 창조하지 못하지만 다른 유기체와 달리 사고하는 능력을 보유하고 있다. 인간은 사고하는 능력을 통해 눈앞의 대상과 물질, 다양한 사회적 현상 등에 의미를 부여하고 새롭게 해석할 수 있는데, 이들은 곧 가치를 생산해 내는 능력으로 인간은 사고를 통해 가치를 창조하는 잠재능력을 보유하고 있다. 가치를 부여하고 만들어 내는 창조적인 인간의 사고능력은 인간이 다른 유기체와 구분되는 인간 고유의 특성이자 인간을 인간답게 만드는 인간존재의 이유이다. 행복은 인간이 사고능력을 토대로 부여한 가치적 산물이다.

가치에 대해 이해를 돕기 위해 진실(眞實, truth)이라는 개념과 비교하여 설명한다(Bethel, 1989: 56). 진실에서 '진'은 진리라고도 할 수 있는데, 가치와 대비되는 개념이다. 진실은 사실적 개념으로 실제 존재하는 물질, 일어난 현상을 포함하며 있는 그대로를 의미한다. 반면 가치는 어떠한 것이 존재하거나 벌어진 현상에 대해 우리 각자가 부여한 의미를 내포한다는 점에서 진실과의 관계를 포함한다. 이러한 점에 진실은 물질과 현상에 있어 우리 각자의 인식론적 언어로 표현되는데 가치는 그 둘 사이의 상호작용, 즉 주체의 주관적 정서를 내포하고 있다. 예를 들어 '여기 책이 있다'는 진실로서 있는 그대로의 사실이며 우리 자신은 그것을 인식론적으로 표현한다. 반면 가치적 차원은 있는 그대로의 사실이 아닌 '이 책은 재미있다' 혹은 '이 책은 지루하다' 등으로 표현한다. 책에 대한 주관적 정서가 포함되어 있는데 이것이 바로 주체가 부여한 가치이며, 가치를 부여하는 주체와 책이라는 객체 사이의 관계이다. '재미있다', '지루하다'가 인간이 사고하는 능력에 기반하여 만들어 낸 가치인 것이다. 가치는 진실(사실)을 인간 삶에 유용하거나 특별한 관계에 놓이도록 할 수 있다.

인간이 부여하는 가치는 모두 동일한 선상에 위치하는 것은 아니며, 인간 삶에 미치는 영향의 수준에 따라 미, 이, 선으로 구분할 수 있다(Bethel, 1989: 63). 다시 말해 가치는 더 가치가 높거나 더 가치가 낮은 것이 있다는 것을 전제하고 있다. '이'는 이로움, 이익을 의미하며 '미'는 아름다움으로 감정적 가치이며 일시적으로 느껴지는 가치라고 할 수 있다. '이'와 관련하여 사람이 이익을 추구하는 것은 보편타당하지만, 때에 따라 자신에게 이익이 되는 행동이 사회의 이익과 일치하지 않는 경우가 발생할 수 있다. 일치하지 않는 경우를 넘어 사회에 불이익을 가져다주기도 한다. 자신의 이익만을 추구할 것인가 아니면 사회의 이익과 일치하는 이익을 추구할 것인가는 '이'를 추구하는 개인에게 달려 있다고 할 수 있다. '선'은 이익이라는 측면에서 '이'와 공통점이 있다. '이'는 개인적 차원의 인간이 추구하는 가치로, 개인의 삶에 기여하는 것과 관계가 있지만 '선'은 사회적 가치로 개인의 행위가 사회발전과 유지에 있어 이익이 되는, 즉 공공의 이익, 사회번영과 관련 있는 개인의 행위이다. 이러한 차원에서 모든 '이'가 '선'이

될 수 없지만 '선'은 모든 '이'를 포함한다. 가치에 있어 중요한 점은 개인만의 가치, 사회만을 위한 가치라는 이분법적으로 구분하여 접근하는 것이 아닌 개인과 사회적 가치의 조화로운 균형이라는 점이다(Bethel, 1994: 51).

마키구치는 이러한 가치에 대한 논의를 통해 진실과 가치의 개념을 명확하게 이해하고 구분한다면 '이'와 '선'의 가치 사이에서 어느 한 쪽으로 치우치지 않는 균형을 추구할 수 있게 된다고 주장하며, 조화로운 균형을 추구하는 인재를 양성하는 것이 교육의 중요한 역할이자 과제임을 강조하였다. 이러한 마키구치 교육사상에서 가치론과 교육의 목적으로서 행복이 도다와 이케다에게로 계승되면서 소카교육이라는 구체적인 교육 실천으로 거듭나게 된다.

Ⅳ. 소카교육[04]에서 행복의 의미와 실천

1. 소카교육에서의 '행복'

마키구치가 정립한 교육이론이 도다와 이케다에게로 계승되면서

04 마키구치의 저서 『창가교육학체계』의 창가(價値)가 가치창조(kachi sōzō, 價値創造)를 의미한다는 점에서 영미권에서 'the Value-Creating Pedagogy'로 표기되고 있다. 소카교육에서 소카(sōka)는 sōzō(창조)의 소(sō), kachi(가치)의 카(ka)를 조합한 용어로 마키구치가 자신의 교육을 지칭한 신조어라 할 수 있다(Goulah and Ito, 2012). 소카의 경우 'sōka'와 'Sōka'를 구분하여 사용하고 있는데 'sōka'는 마키구치의 『창가교육학체계』에 제시된 교육사상, 교육이론을 지칭하고 마키구치의 교육사상을 확장한 도다와 이케다의 교육적 실천과 관점을 포괄하는 반면, 'Sōka'는 마키구치의 유지를 계승하여 이케다가 설립한 소카학원을 표기할 때(Sōka School로 표기), 혹은 Sōka학원의 가치창조 교육철학, 커리큘럼, 교육 실천 등의 접근방법을 의미할

교육의 목적으로서 행복은 구체적이고 실천적인 교육사상으로 공고해진다. 이케다는 마키구치를 살아생전 본적이 없음에도 도다를 통해 마키구치의 교육사상과 철학에 대해 깊이 이해하고 마키구치와 도다의 교육 비전을 소카교육으로 실현한다. 교육을 지속적으로 실천하고 사회에 안착시키기 위해 소카학원을 설립하였으며, 이 외에도 다양한 교육적 실천, 교육제언과 강연을 통해서 소카교육의 의의와 방향성을 제시하고 있다.

『창가교육학체계』에서 목적으로 내세웠던 행복을 단적으로 제시하면 '가치창조의 인생'으로 정리할 수 있다. 가치창조는 어떠한 환경에서도 의미를 찾아내는 것이고, 자기 자신을 강하게 단들며 다른 사람의 행복을 위해 공헌하는 것이라 할 수 있다(이케다, 1996). 인간의 삶은 매우 다양하며 삶의 과정에는 행복과 즐거움뿐 아니라 역경과 고난 등 굴곡이 존재한다. 다종다양한 상황에서 삶의 의미를 찾고 삶의 주체자로서 환경을 이끌고 구축하며 자신뿐 아니라 다른 사람의 행복을 위해 노력하는 것이 가치창조의 삶이라 할 수 있다. 각자에게 내재된 능력을 발휘하여 자신의 삶에 의미를 부여하며 타인과 함께 행복해지기 위해 노력하는 것이다. 이러한 소카교육의 행복에 대한 관점은 인간사회와 시민의 연대를 멀리 응시하고 있다(이케다, 1996).

가치창조를 위한 잠재력은 배움의 장에 존재하며 교사 역할의 방향성을 제시한다. 여기서 배움의 장은 학교, 수업 등으로 규정된 공간만을 지칭하는 것은 아니다. 사람들과의 교류가 앎과 배움을 지속하도록 하는 실마리로, 자신뿐 아니라 주위 사람들과 함께 가치창조의 인생을 위해 성장하고 향상해 가는 기제가 된다는 점에서 일상이 배움의 장이 된다. 배움의 장으로서 일상에 항상 교사가 존재한다는 점

때 주로 사용되고 있다(Inukai, 2018). 이 글에서 소카교육은 마키구치의 교육사상에 기초한 이케다의 교육 실천과 관점을 포괄하는 교육을 의미한다.

에 학생과 교사의 전인격적 교류의 중요성이 부각된다. 인간은 인간에게 배운다는 것은 인간이 곧 인간을 만든다는 점으로(이케다, 1996), 교사가 교육에 있어 단순히 지식을 전달하거나 정보를 알려 주는 것을 넘어 노력과 헌신이 동반되는 중요한 환경이라는 점을 의미한다. 여기서 노력과 헌신은 다양한 차원에서 그 의미를 생각해 볼 수 있겠지만 무엇보다 지속적인 인격적 차원의 상호작용이라 할 수 있다. 이러한 교육적 상호작용 속에 학생이 행복이라는 가치를 창조할 수 있는 내적 잠재력이 향상될 수 있으며, 이는 소카교육의 목적을 달성하는 데 매우 중요한 부분이라 할 수 있다.

교육을 통한 가치창조의 잠재력 향상은 인간적 교류를 통해 내면화된다는 점에서 지식의 체계화를 의미하는 것이 아니며 지혜를 끌어낸다는 점을 의미한다. 행복이라는 '가치창조의 인생'을 위해 지혜가 수반되어야 하고 지혜는 사람들과의 교류와 관계 속에서 발현되고 강화된다. 즉, 지혜는 전인격적인 인간적 교류를 통해 배울 수 있다는 의미이다. 지식이 지혜를 통해 발현될 때 미, 이, 선의 가치가 창조될 수 있으며, 지혜를 통해 교육의 목적으로서 행복을 달성할 수 있다. 가치창조의 삶을 가능하게 하는 지혜를 끌어내는 데 필요한 3가지 요소는 '선'에 대한 목적의식, 책임감, 열망이라 할 수 있다.

지식만으로는 가치를 창조할 수 없습니다. 지혜에 의해 지식이 인도될 때만 소카교육의 아버지, 마키구치 쓰네사부로가 미, 이, 선으로 정의한 가치가 창조됩니다. 지혜의 원천은 다음과 같은 요소에서 찾을 수 있습니다. 포괄적인 목적 의식, 강력한 책임감, 마지막으로 인류 복지에 기여하려는 자비로운 열망입니다. 지혜가 그러한 샘에서 생겨날 때, 그것은 사회의 피상적인 판단에 흔들리지 않고 무엇이 진정한 가치이고 무엇이 사실상 해

로운지 예리하게 분별할 수 있는 내면의 힘을 키웁니다(Ikeda, 2005.5. 22.).

이케다는 가치창조를 위한 지혜의 발현을 위해 필요한 요소로 우선, 포괄적인 목적의식을 제안하고 있다. 목적의식은 교육과 삶에 있어 근원적인 방향성이자 존재와 행위의 이유라 할 수 있다. 이러한 목적의식이 협소하거나 부분을 향하는 것이 아닌 총체적인 관점에서 수립되어야 한다. 둘째, 강력한 책임감을 통해 지혜가 발현될 수 있다. '선'에 대한 책임감, 즉 포괄적 목적의식에 대한 강한 책임감이 지혜를 불러일으킨다. 셋째, 인류 복지에 기여하려는 자비로운 열망이 지혜를 끌어낸다. 인류에 대한 복지는 포괄적 목적의식과도 연결되는 부분이라 할 수 있는데 인류적 차원의 복지에 기여하고자 하는 노력과 의지가 지혜의 원천이 되며 진정한 가치를 분별하고 판단하는 원동력이 된다. '선'에 대한 목적, 책임감, 열망이 지혜를 끌어내고, 지혜는 진정한 '선'의 가치창조를 가능하게 한다.

2. 소카교육의 실천, 소카학원

일반적으로 행복은 기쁨, 즐거움, 희망, 만족감 등의 정서를 포함하며 주관적 차원에서 접근하지만, 소카교육에서 행복은 자신의 개인적 이익이 성취되었을 때 오는 행복감을 넘어 타인의 복지에 기여하는 삶에서 오는 성취감(Ikeda, 2005)으로 개념화할 수 있다. 마키구치에서 도다에게로, 도다에서 이케다로 계승되어 실현된 소카학원의 교육목적과 인재상을 통해 소카교육이 추구하는 행복을 위한 '선'의 가치가 현실에서 어떻게 구현되고 있는지 확인할 수 있다.

소카학원은 1968년 도쿄 고다이라에 설립된 소카 중·고등학교에서 시작한다. 이후 1971년에 도쿄 하치오지에 소카대학교가 설립되고 5년 후 간사이 소카 중·고등학교가 설립되었으며 소카교육을 이념으로 하는 학교는 지속적으로 확대되고 발전되어 간다. 중·고등학교와 대학뿐 아니라 유치원, 초등학교까지 설립되어 있다. 또한, 학교설립은 일본을 넘어 전 세계적으로 확대되고 있는데 미국 캘리포니아에 소카대학교가 설립되었고, 유치원의 경우 홍콩, 싱가포르, 말레이시아, 한국, 브라질에 설립되어 있다. 2022년에는 말레이시아에 소카국제학교가 개교하였다. 이들 학교의 설립 목적에 교육은 사회적으로 기여해야 하며 사회를 개선하기 위한 잠재력을 끌어내야 한다는 부분이 명시되어 있다. 사회적 기여, 즉 '선'의 가치는 소카학원이 내세우고 있는 구체적인 교육의 지향점인 '세계시민'에서 드러난다. 소카교육의 '선'의 가치가 세계시민이라는 구체적인 인재상으로 표현되고 있는데, 상호의존성, 연계성에 대한 인식은 세계시민의 시작점이라 할 수 있다. 세계시민을 규정하는 세계시민의식은 "인류 공동의 보편적 가치를 바탕으로 하는 초국가적인 소속감, 연대감으로 지역 · 국가 · 세계의 정치 · 경제 · 사회 · 문화가 상호의존적으로 연계되어 있다."는 점을 기본가정으로 한다(APCEIU, 2015: 15). 이케다(1996)의 컬럼비아대학교 교육대학 강연에서 세계시민에 대한 구체적인 인재상을 확인할 수 있다.

- **생명의 상관성을 깊이 인식하는 지혜로운 사람**
- **인종과 민족, 문화의 차이를 두려워하거나 거부하지 않고 존중하고 이해하여 성장의 양식으로 삼는 용기 있는 사람**

- 가까운 곳뿐만 아니라 먼 곳에서 고뇌하는 사람들과 동고하고 연대하는 자비로운 사람

세계시민은 기본적으로 상호의존적 연계성의 인식에서 시작하는데 소카교육이 추구하는 세계시민은 생명 차원의 상호의존성을 깊이 인식하는 사람이며 지식이 아닌 지혜를 겸비한 사람이다. 정치, 경제, 사회, 문화에 대한 상호의존성을 넘어 생명이라는 차원에서 접근하고 있다. 또한, 다양성과 존중, 주위 사람들과 고통을 함께 하는, 즉 타자와의 관계성에 토대를 두고 있다. 여기서 상호의존성의 개념은 일방적인 희생을 강요하지 않는다. 개인만의 이익을 추구하는 것이 아니며 사회적인 가치만을 추구하는 것도 아닌 두 차원의 가치가 조화롭게 균형을 이루는, 즉 자신과 더불어 사회의 이익에 기여할 수 있는 가치를 창조하는 것이 중요하다(Bethel, 1994). 조화와 균형이라는 차원에서 자신과 사회가 상호연계되어 있다는 점을 인식하는 것이 중요하며, 개인과 개인이 속한 공동체, 작은 공동체와 작은 공동체를 포함하는 더 큰 공동체 모두에게 적용된다.

이케다(2005)는 교육에서 아무리 진보적인 지식이라도 '선'의 행복 가치를 추구하지 않는다면 쓸모없고 위험할 수 있다고 경고하며 인류의 이익인 '선'의 가치를 위해 갖추어야 할 행복의 기본적 철학을 다음과 같이 제안하고 있다.

첫째, 생명존중이라는 철학적 가치이다. 생명존중의 실천은 생명을 파괴하는 모든 악과 폭력, 무지와 편견과의 싸움으로 반전, 반핵으로 이어지는 근원적인 철학적 가치이다.

둘째, 문화적 차이에 대한 존중이라는 철학적 가치이다. 차이에 대한 오해와 편견은 갈등과 반목, 차별과 혐오를 조장하며, 다양성에

대한 인정과 수용, 문화적 차이에 대해 존중하는 능력을 통해 조화로운 공존 사회를 구축할 수 있다.

셋째, 사람들과 함께한다는 공생 · 상생의 철학이다. 기쁨과 슬픔을 공유하는 정신으로 상대방에 대한 감사함과 그 감사함을 진심으로 갚는 삶이며, 주위 사람들의 행복을 위한 삶에서 자부심, 목적, 기쁨을 찾을 수 있다.

넷째, 민주주의의 달성이라는 철학이다. 교육과 학습이 민주주의 발전을 추진하는 원동력이며 민주주의가 사회에 뿌리내리도록 인류에게 봉사하는 것이 사명이다.

다섯째, 교사와 학습자, 스승과 제자 간의 공유된 헌신의 정신이다. 사람 간 전인격적인 상호작용과 교류가 자신을 만들고 더 높은 경지에 이를 수 있게 한다. 개개인 각자가 자신 삶의 가능성을 깨닫고 가능성을 현실에서 실현할 수 있도록 사람들의 행복을 위해 헌신하는 것이다.

이와 같은 행복을 위한 철학적 가치는 세계시민이 갖추어야 할 역량이자 실천적 지혜라 할 수 있다. 소카교육이 추구하는 세계시민의 인재상은 이케다의 실천과 행보에서 확인할 수 있다. 이케다는 창가학회가 추구하는 니치렌 불교 철학에 토대를 두고 자비, 지혜, 용기의 원칙을 실천하며 인간주의 및 평화, 문화, 교육을 통해 민중의 권한을 강화하기 위해 노력하였고 마키구치와 도다의 비전을 유지, 개선, 적용하였다(Goulah and Ito, 2012: 60-62). 이케다의 이러한 노력은 인간주의 교육으로 총칭할 수 있으며 소카교육의 의의와 방향성을 온전히 담고 있다.

이케다는 마키구치의 교육학을 기반으로 발전시킨 교육철학과 실천을 설명하기 위해 인간주의 교육이라는 표현을 사용하였다. '인간주의 교육'은 인본주의적, 인도적 또는 인간중심 교육으로 해석할 수 있다. 아마도 이 모든 측면을 나타낼 것이다. 따라서 소카학원과 이 철학에서 영감을 받은 교육자들은 교사-학습자 상호작용이라는 인간적 특성에 대해 강조한다(Goulah and Gebert, 2009: 126).

인간주의 교육의 실천적 일례로 미국에 설립된 소카대학교(Soka University of America, 이하 SUA)의 경우 소카교육의 기본적인 원리를 세계시민으로 응축하여 전 지구적 차원의 세계관과 비판적 사고력을 함양하기 위한 교육과정을 운영하고 있다.[05] SUA는 폭넓은 인문지식과 지적 능력을 개발하는 학부중심대학인 '리버럴 아트 칼리지(Liberal arts college)'로 학생이 기본적으로 갖추어야 할 전반적인 교양을 중심으로 교육과정을 편성하고 있으며, 이들 교양과목 중심의 프로그램은 학부생들의 세계시민의식을 '최대한' 계발하기 위해 고안되었음을 밝히고 있다. 학부과정은 일반교양 교육과정과 심화 과정으로 구분할 수 있는데 일반교양 과정은 세계시민의식을 함양하기 위한 교양과목이 주를 이루고 있으며 모든 전공의 기초가 되는 고전, 예술, 작문, 소통, 언어와 문화, 건강과 웰빙 등 사회문화 전반의 다양한 인문교양에 접근하고 있다. 심화 과정에는 환경학(Environmental Studies), 인문학(Humanities), 국제학(International Studies), 생명과학(Life Sciences), 사회행동과학(Social and Behavioral Sciences) 전공이 있으며, 이들 전공과목도 세계시민을 양성하고자 하는 학교의 방침을 담고 있다. 일

05 미국 소카대학교 홈페이지(https://www.soka.edu, 검색일: 2024.12.02.)에서 제공되는 내용을 중심으로 작성함.

부 전공을 살펴보면, 인문학의 경우 인간주의에 기초하여 인간에 관한 탐구와 세계시민 양성을 전공의 목표로 내세우고 있으며, 국제학 역시 글로벌 차원의 빈곤, 인종차별, 지역갈등, 환경오염 등 다양한 글로벌 이슈들의 이해를 돕기 위한 교육과정으로 구성되어 있다. 사회행동과학 전공은 학제 간 접근을 시도하며 인류학, 경제학, 정치학, 심리학, 사회학 관점에서 인간의 삶, 행동, 제도에 대한 이해를 넓히고자 한다. 학부 3학년 학생들의 경우 학교방침에 따라 한 학기 동안 해외 유학 프로그램에 참여해야 하는데, 해외 유학은 다양한 국가에서 실제 경험을 통해 세계시민으로서 소양을 기르고 의식을 함양하기 위한 목적을 담고 있다. 언어능력 신장을 위한 프로그램 역시 세계시민으로서 다양한 국가의 사람들과 소통할 수 있는 능력을 함양하도록 한 방안이다.

SUA의 세계시민 양성을 목표로 하는 교육과정은 다른 사람들의 복지에 기여하는 삶을 사는 사람이 진정으로 훌륭한 사람(Ikeda, 2005)이라는 점을 명확하게 제시하며 대학의 사명을 실현하고자 한다. 그리고 전 지구적 차원의 다양한 문제에 관심을 가지고 인간의 삶에 대해 폭넓은 이해를 도모하며 실제적 체험을 통해 자유롭고 창의적으로 사고하고 실천할 수 있도록 구성되어 있다. 전 세계 다양한 사람들과 문화에 대한 이해를 통해 사회에 기여하기 위한 세계시민을 양성하고자 하며 이는 '선'의 가치를 구체적으로 실현하기 위한 인간주의 교육을 위한 노력이라 할 수 있다.

V. 나가는 말

행복이 교육의 목적이라는 인식이 확산되며 행복에 대한 논의가 이루어지고 있는 가운데 교육에서 지향해야 할 행복이 무엇인지 방향성을 파악하고자 마키구치의 저서『창가교육학체계』를 중심으로 가치에 대한 이론을 살펴보고, 행복을 위해 추구해야 할 '선'의 가치를 교육적으로 실천한 이케다의 교육실천을 살펴보았다.

마키구치는『창가교육학체계』를 통해 자신의 교육사상을 이론적으로 체계화하였고, 도다와 이케다에게로 교육사상이 이어져 오면서 소카교육은 세계적인 교육운동으로 자리매김하였다. 이케다는 가치창조에 기초한 마키구치 교육철학의 비전을 실현하는 소카학원을 설립하고 행동과 실천이라는 측면에서 소카교육의 목적과 의의를 설파하였다. 소카교육의 개념적 근거가 되는 가치창조는 미, 이, 선의 개념을 통해 설명할 수 있으며, 행복한 삶은 가치창조의 삶으로 무엇보다 '선'의 가치 추구를 통해 실현할 수 있다는 점을 확인하였다. 가치창조의 삶은 다양한 차원의 해석적 접근이 가능하나 이케다의 교육적 관점을 통해 살펴보면 자신과 타인의 행복을 위해 노력하는 삶이다. 행복을 위해서는 지식이 아닌 지혜가 필요한데 지혜는 '인간은 인간에게 배운다'는 점에 근거하고 있으며 전인격적인 교류로 발현될 수 있다. 이러한 행복은 자신과 타인의 행복을 모두 포함하며 자신이 살고 있는 일상적 삶이 지역, 국가, 세계와 상호의존적으로 연계되어 있다는 점을 인식하는 속에 부여할 수 있는 가치이다. 이러한 '선'의 가치는 이케다의 인간주의 교육을 통해 실현되고 있으며 소카학원이 추구하는 사회에 기여하는 인재 및 세계시민 양성이라는 교육의 목적, 세계시민을 육성하기 위한 교육과정으로 구체화되고 있다.

마키구치의 교육사상과 이케다의 교육 실천을 간략하게 살펴보았으며, 이를 통해 교육과 행복의 논의에 있어 몇 가지 시사점을 도출하면 다음과 같다.

첫째, 교육의 목적으로 행복은 타자와의 관계, 지역과의 관계, 더 나아가서 지구적 차원의 관계라는 측면이 전제되어야 한다. 행복이라는 정서가 개인적이고 주관적인 차원에서 느끼는 심리적인 정서이지만 교육에서 행복의 목적을 그러한 행복감을 성취하는 데 두는 것은 매우 협소한 접근이다. 그리고 행복의 논의가 개인적 수준에서 머무르게 되면 교육이 개인의 만족을 위한 또 다른 도구와 수단이 될 위험이 있다. 학교급 차원의 논의부터 분야별 교육, 개별교과목 차원에서 행복 교육에 대한 논의가 이루어지고 있는 현시점에 상호의존성, 연계성이라는 기본 전제를 염두에 두고 교육에서 행복의 목적에 대한 논의가 선행되어야 할 것이다.

둘째, 행복은 지식의 습득으로 이루어지는 것이 아닌 지혜 습득을 통해 성취할 수 있다. 지식과 달리 지혜는 타인과 사회에 기여하고자 하는 의지와 노력, 전인격적 교류를 통해 발현된다. 국내 교육계에서 행복 교육, 행복학교, 행복역량 등 다양한 차원에서 행복을 실현하기 위해 노력이 이루어지고 있는데, 이들은 지식의 습득, 전문성의 획득에 의한 것이 아니라는 점을 명확히 해야 한다. 행복을 위한 지혜를 어떠한 교육과정과 교육방법을 통해 습득할 것인가에 대한 논의가 필요하다. 앞서 포괄적 목적의식, 강력한 책임감, 인류 복지에 기여하려는 자비로운 열망이 지혜를 끌어낼 수 있는 요소라고 하였는데 행복이 이들과 관련이 있다는 인식에 기초하여 교육과정과 교육내용에 이러한 요소들이 구현될 수 있도록 해야 한다.

셋째, 교육의 목적인 행복을 달성하기 위해 사회 전반의 노력이 필요하다. 이는 교육 현장에서 누가 행복을 위해 노력하고 실천해야 하는지 주체에 대한 부분으로 교육에 대한 문제를 논의하면 대부분이 교육정책의 부재, 학교 혹은 교사의 무책임한 태도, 양육자의 부족하거나 넘치는 관심 등으로 갈음된다. 하지만 소카교육에 의하면 일상생활이 배움의 장이고 인간은 인간에게서 배운다는 측면에서 삶에 존재하는 모든 사람과의 교류는 배움과 학습의 자원이 될 수 있다. 이러한 점을 고려하면 교육이 행복을 목적으로 한다는 점은 교육계를 넘어 동시대 구성원 모두가 공유해야 할 사회적 담론이다. 학교, 교실이라는 공간, 교사 혹은 정책실무자 등의 이해관계자뿐 아니라 일상적 삶의 터전에서 누구라도 가르치는 사람이 될 수 있고 배우는 학습자가 될 수 있다. 일상에서 배움의 자세를 잊지 않고 상호교류하면서 행복의 가치를 추구할 수 있는 사회적 노력과 제도적 지원이 필요하다.

■ 참고문헌

교육부. 2013.3.28. 『행복교육, 창의인재 양성-2013년 국정과제 실천 계획-』. 교육부 업무계획.

______. 2021.11.24. 『'2022 개정 교육과정'총론 주요사항 시안 발표』. 교육부 보도자료.

김민지 · 최상훈 · 박대권. 2022. "행복교육: 교육정책에서의 부유기표와 의도적 언어 오용." 『교육정치학연구』 29(1): 177-199.

김민진 · 김창복. 2015. "관계지향 유아 행복교육을 위한 전문가 델파이 조사 연구." 『열린유아교육연구』 20(1): 51-81.

김상돈. 2011. "행복과 도덕교육의 관계에 기초한 도덕과 교육 활성화 방안: 도덕과교육의 과학화를 지향하며." 『도덕윤리과교육』 34: 81-114.

김성숙 · 이정숙. 2015. "행복교육을 위한 미술교육 방안." 『예술교육연구』 13(1): 1-20.

김윤미 · 정영희. 2011. "자연친화적 교육활동 프로그램이 유아의 행복감 및 자아개념에 미치는 영향." 『열린유아교육연구』 16(2): 275-290.

김필성. 2016. "행복교육과 창의 · 인성교육을 위한 교육과정 실행의 왜곡과 극복방안." 『교육연구』 1(1): 39-54.

김하늬 · 김영환. 2024. "네트워크 텍스트 분석을 통한 행복교육 관련 연구동향 분석." 『학습자중심교과교육연구』 24(14): 519-534.

나딩스, 넬. 2002. 『배려교육론』. 추병완 역. 다른우리.

______. 2008. 『행복과 교육』. 이지헌 · 김선 · 김희봉 · 장정훈 역. 도서출판 학이당.

박병기. 2016. "아이들의 행복, 행복교육, 그리고 행복사회." 『아동교육』 25(3): 59-73.

박찬호 · 정일환. 2018. "대구행복역량교육의 성과 분석: 교육과정 편성 · 운영을 중심으로." 『비교교육연구』 28(4): 221-248.

백광호. 2015. “한문과에서의 행복교육 실천 방안.”『교사교육연구』 54(3): 417-430.

백지혜. 2017. “예비유아교사를 위한 강점에 기초한 행복증진 유아음악교육 프로그램 개발 연구.”『유아교육학논집』 21(2): 103-126.

보건복지부. 2024.10.4. 보건복지부 보도참고자료.

셀리그만, 마틴. 2020.『긍정심리학』. 우문식 역. 도서출판 물푸레.

송승재. 2018. “나딩스 행복론의 교육적 함의.” 부산대학교 대학원 석사학위 논문.

여성가족부. 2024.5.28.『2024년 청소년 통계 보도자료』. 여성가족부 보도자료.

이경민. 2017. “새로운 시대 인재상의 유아교육적 함의: 4차 산업혁명시대와 행복교육에서 추구하는 역량의 담론을 중심으로.”『유아교육연구』 37(3): 137-156.

이동윤. 2016. “넬 나딩스의 행복교육론에 관한 연구.”『교육문제연구』 29(4): 45-64.

이병래 · 나성식 · 박용석 · 이대균. 2015. “행복한 삶을 위한 관계지향 유아교육의 방향.”『열린유아교육연구』 20(1): 833-855.

이윤진 · 김남숙. 2019. “마키구치의 소카교육론에 관한 연구.”『교육문제연구』 32(1): 237-260.

이정렬. 2018. “나딩스의 행복 교육의 도덕교육적 의의와 한계.”『윤리교육연구』 49: 1-29.

이주하. 2019. “교육목적으로서의 행복과 교육과정 논의.”『교육철학』 71: 123-163.

임홍순 · 최새은. 2019. “중학교 가정과교육에서 행복교육을 적용한 교수 · 학습 과정안 개발 및 실행: ‘가족의 이해’ 단원을 중심으로.”『한국가정과교육학회지』 31(2): 35-50.

장기범. 2019. “음악교과의 행복교육 실천을 위한 제언: 개념, 모형, 수업 지침을 중심으로.”『음악교육공학』 (38): 67-85.

정용교 · 백승대. 2010. “사회과 행복교육의 요청과 실천.”『교과교육학연구』 14(2): 335-356.

최석민. 2015. “행복교육과 행복한 교육.”『교육사상연구』 29(1): 137-161.

추병완. 2013. “도덕 교과에서의 행복교육: 긍정심리학과 긍정교육의 시사점: 긍정심리학과 긍정교육의 시사점.”『도덕윤리과교육』 40: 53-76.

탁정화. 2016. “행복교육을 위한 유아강점의 개념정립: 포커스그룹 인터뷰를 중심으로.”『유아교육연구』 36(5): 441-466.

통계청. 2023.『한국의 사회동향 2023』. 통계청 통계개발원.

홍지명. 2015. “자연친화 교육활동이 유아의 행복감 및 환경친화적 태도에 미치는 효과.”『미래유아교육학회지』 22(4): 413-432.

황규덕. 2018. “지리교과에서의 행복교육을 위한 공간과 행복의 관계 탐색.”『한국지리환경교육학회지(구지리환경교육)』 26(2): 49-62.

황규호. 2017. “행복 교육의 주요 쟁점과 과제.”『도덕교육연구』 29(3): 1-27.

APCEIU. 2015.『세계시민교육 교수학습 길라잡이』. 유네스코 아시아태평양 국제이해교육원.

Bethel, D. M.(ed.). 1989. *Education for Creative Living: Ideas and Proposals of Tsunesaburo Makiguchi*. Trans. A. Birnbaum. Ames, Iowa: Iowa State University Press.

______(ed.) 1994. *Makiguchi the Value Creator*. New York: Weathhill, Inc.

Goulah, J. 2010. “From (Harmonious) Community Life to (Creative) Coexistence-Considering Daisaku Ikeda's Educational Philosophy in the Parker, Dewey, Makiguchi, and Ikeda ‘reunion’.” *Schools* 7(2): 253-275.

Goulah, J. and A. Gebert. 2009. “Tsunesaburo Makiguchi-Introduction to the Man, His Ideas, and the Special Issue.” *Educational Studies* 45(2): 115-132.

Goulah, J. and T. Ito. 2012. “Daisaku Ikeda's Curriculum of Soka education: Creating Value through Dialogue, Global Citizenship, and “human education” in the Mentor-disciple Relationship.” *Curriculum Inquiry* 42(1): 56-79.

Helliwell, J. F., R. Layard, J. D. Sachs, J.-E. De Neve, L. B. Aknin, and S. Wang(eds.). 2024. "World Happiness Report 2024." University of Oxford: Wellbeing Research Centre.

Ikeda, D. 2009. "FOREWORD." *Educational Studies* 45(2): 111–114.

Inukai, N. 2018. "Re–Thinking the Teacher–Student Relationship from a Soka Perspective." *Mid-Western Educational Researcher* 30(4): 278–287.

Joffee, M., J. Goulah, and A. Gebert. 2009. "Practical Implementation of Sōkaeducation: A Dialogue with Monte Joffee." *Educational Studies* 45(2): 181–192.

〈인터넷 자료〉

이케다 다이사쿠 사이트(https://daisakuikeda.or.kr/resources/book_list.html, 검색일: 2024.10.29.). "지구시민 교육에 대한 고찰." 1996.6.13. 컬럼비아대학교 강연.

Daisaku Ikeda Website(https://www.daisakuikeda.org/sub/rescurces/works/lect/ lect–10.html 검색일: 2024.10.29.) The University of the Twenty–first Century–Cradle of World Citizens (Commemorating the First Commencement Ceremony of Soka University of America, Aliso Viejo, CA, USA, May 22, 2005)

Josei Toda Website(https://www.joseitoda.org 검색일: 2024.10.25.)

Tsunesaburo Makiguchi Website(https://www.tmakiguchi.org 검색일: 2024.10.25.)

결론: 신흥종교운동의 부상과 창가학회

김은기(고려대)

1960년대 후반과 1970년대 초, 서구의 일부 학자들은 신흥종교(New Religious Movement: NRM)를 반문화(counterculture) 또는 청년문화의 일부로 규정한 바 있다. 그러나 1970년대 후반 이후 수십 년이 흐르며 이러한 시각은 점차 변화하였는데 그 이유는 고령층, 고학력자, 경제적으로 안정된 계층까지 신흥종교에 관심을 보이기 시작했기 때문이다. 1960~70년대 신흥종교의 부상 배경으로는 경제적 풍요, 대중매체의 발전, 베트남 전쟁에 대한 반전 운동과 기존 질서에 저항하는 반문화 운동 등 사회 전반의 격변이 있었다. 이러한 요소들은 많은 이들이 대안적인 영적 길을 모색하도록 유도하였다. 종교사회학자 벡포드(James Beckford)는 "20세기의 급격한 사회 변화는 수많은 신흥종교운동의 부상과 관련이 있으며, 이는 변화에 대한 대응이자 변화에 기여하는 방식이기도 하다(Beckford, 1985: xv)."라고 분석하였다. 신흥종교운동의 존재는 종교적 다양성의 증가를 시사하기도 한다.

학자들은 전 세계에 수만 개의 신흥종교 단체가 존재할 것으로 추정하지만, 새로운 종교는 계속해서 나타나고 사라지기 때문에 정확한 수치를 산정하기는 어렵다. 대부분은 소규모 단체이나, 일부는 수백만 명의 신도를 보유하기도 한다(Barker, 1999). 100여 년 전 사회학자 뒤르케임(Emile Durkheim)은 신흥종교에 대해 직접 언급하지는 않았지만, 다음과 같은 예견을 남겼다.

> **오늘날 우리가 어떤 축제나 의례를 상상하기 어려운 것은, 우리가 도덕적 전이의 한 단계를 지나고 있기 때문이다. 과거에 위대하게 여겨졌던 것들은 더 이상 우리에게 감흥을 주지 않는다. 그것들이 너무 일상화되었고, 더 이상 우리의 욕망에 부합하지 않기 때문이다. 그러나 그에 대체할**

무언가는 아직 등장하지 않았다. 요컨대, 오래된 신들은 늙거나 사라졌으며, 새로운 신은 아직 태어나지 않았다. 진정한 숭배는 죽은 과거가 아닌, 살아 있는 현재에서 비롯되는 것이다(Durkheim, 1915: 475).

위와 같이, 신흥종교운동에 대한 본격적인 학문적 연구는 1970년대에 시작되어, 이후 사회학, 인류학, 심리학, 역사학, 종교학 등 학제 간 접근을 통해 종교사회학의 주요 하위 분야로 정립되었다. 하지만 루이스(James Lewis)와 피터슨(Jesper Peterson)은 이 분야가 독립된 학문으로 인정받고 있음에도 불구하고, "어떤 현상을 신흥종교로 간주할 수 있는지를 판단하는 일관된 내적 논리가 부족하다(Lewis and Peterson, 2005: 3-4)."고 지적하였다. 그렇다면 신흥종교, 즉 '신종교' 또는 '신흥종교운동'이란 무엇인가? 간단히 말해, 이 개념에 대한 통일된 정의는 존재하지 않는다. 이 분야의 권위자인 바커(Eileen Barker)는 신흥종교운동이 성격, 교리, 조직형태 등에서 매우 상이하기 때문에 이를 '하나의 집단'으로 규정하는 것은 의미가 없다고 주장한다(Barker, 1989: 1, 10). 그럼에도 불구하고, 이들이 공유하는 공통점이 있다면 바로 '새롭다'는 점이다.

1세기에는 기독교가 새로웠고, 7세기에는 이슬람교가, 18세기에는 감리교가, 19세기에는 제칠일안식일예수재림교, 그리스도아델피안교(Christadelphians), 여호와의 증인이 새로웠다. 21세기에 이르러서는 통일교, 크리슈나 의식국제협회(International Society for Krishna Consciousness), 사이언톨로지(Scientology)가 '낡아 보이기' 시작했다(Barker, 2004: 99).

이처럼 신흥종교는 “하나 이상의 종교적 전통에 뿌리를 두고 있지만, 새로운 형태로, 새로운 신념의 측면을 가지고, 또는 보다 정통적인 신념 및/또는 삶의 방식을 포기한 새로운 조직이나 지도부와 함께 발생했기 때문에 새로운 종교운동이라고 불린다(Barker, 2005: 65-66).” 신흥종교라는 용어는 수 세기 동안 세계 각지에서 나타난 새로운 신앙 전반을 포괄하며, 모든 종교는 초기에는 ‘신흥’ 상태였음을 상기시켜 준다. 신흥종교는 종교가 어떻게 등장하고 진화하는지를 이해하는 데 중요한 통찰을 제공한다.

신흥종교가 단지 ‘새롭다’는 이유만으로 완전히 새로운 개념은 아니다. 실제로 많은 신흥종교는 세계 역사 전반에 걸쳐, 특히 지난 세기 동안 세계의 종교적, 문화적 다원주의에 힘입어 등장해 왔고 기존 철학, 신념, 관습에서 영향을 받는다. 이러한 관점에서 보면, 최근의 신흥종교운동은 오랜 역사 속에서 영적인 열정이 나타난 가장 최근의 사례일 뿐이다. 예컨대 바하이 신앙(Bahá'í Faith)은 이슬람과 기독교 등의 가르침을 통합하였고, 라스타파리안주의(Rastafarianism)는 개신교, 신비주의, 범아프리카주의를 결합하였다.

그렇다면 왜 신흥종교운동이 등장하는가? 이에 대한 물음에 여러 학자들은 신종교의 출현과 중요성에 대한 설명을 통해 답을 제시해 왔다. 예를 들어, 윌슨(Bryan Wilson)은 신흥종교가 기존 종교의 쇠퇴와 사회 합리화 증가에 대한 대응으로 등장한다고 주장한다(Wilson, 1982). 더 구체적으로 그는 신흥종교의 출현을 세속화의 증거로 보고, 서구 사회가 고도로 세속화되었으며, 종교가 이제 소비자가 결정하는 ‘생활 방식’의 하나가 되었다고 주장한다(종교는 이제 상품처럼 판매되며 소비되고 있고 신흥종교는 현대 ‘영적 슈퍼마켓’에서 제공되는 다소 이색적인 선택 중 하나일 뿐이다.). 벨(Daniel Bell) 역시 지속적인 세속화로 인해 공유된 가치가 해체되고 제도 종교의 권위가 약화되면서, 전통 종교가 더 이상 의미 있는 종교적 이해를 제공하지 못하기 때문에 개인이 새로운 형태의 종교, 즉 신흥종교를 찾게 된다고 주장한다(Bell, 1977). 고든(David Gordon)과 마르크스(John Marx)와 엘리슨(David Ellison)은 현대 도시화와 사회적 이동성 증가로 인해 공동체 의식이 약화된 것이 원인이라고 주장한다(Gordon, 1974; Marx and Ellison, 1975). 신흥종교운동에 가입하고 참여하는 것이 이러한 공동체 의식을 제공하며 긴밀한 유대감, 친교, 그리고 공동체 의식은 많은 젊은이들에게 특히 매력적이라고 할 수 있다. 고든(David Gordon)은 신흥종교가 제공하는 공동체가 일종의 '대리모 가족'의 역할을 한다고까지 주장한다. 벡포드(James Beckford)는 관료적 구조가 지배하고 사회적 역할이 분열된 현대의 비인격적인 세상에서 개인들이 자기 정체성을 찾기 위해 신흥종교에 이끌린다고 분석하였다(Beckford, 1984, 1985).

이제 이 편집본의 초점인 한국창가학회의 독특성에 대해 주목해 보자. 창가학회(Soka Gakkai)는 1930년 일본에서 시작된 신종교로, 현재 일본에서 약 1천만 명의 신도를 보유하고 있다. 한국에서는 약 150만 명의 신도를 보유한 최대 규모의 신흥종교로 성장하였다(김현석, 2021, 2022). 이 종교는 1950년대 후반~1960년대 초, 일본에 거주하던 한국인 개종자들에 의해 국내에 전파되었다. 이들은 1960년대 초 한국을 방문하며 친척과 지인에게 창가학회를 소개했고 이후 한국인 신자들이 일본 본부와 직접 연락하며 관련 출판물을 수령하고 자체 모임을 조직하기에 이르렀다(김종만, 2020). 이처럼 자발적인 전파는 매우 독특한 사례이며, 이는 국교 정상화 이전 일본인의 직접적인 포교 활동이 불가능했던 역사적 맥락에서 이해할 수 있다(김현석, 2021: 177–180). 다른 모든 해외 사례에서는 일본인 현지인들이 창가학회 추종자가 되어 신종교의 조직 기반을 구축했다. 이러한 독특한 시작에서 한국창가학회는 1960년대 정부의 종교 금지 등 많은 우여곡

절을 겪으며 한국 사회에서 가장 큰 신흥종교운동으로 발전했다(김현석, 2021: 177). 오늘날, 한국의 전체 종교 인구가 감소하고 있음에도 창가학회의 성장세는 주목할 만하며, 개신교 · 불교 · 천주교에 이어 네 번째로 큰 종교로 자리 잡고 있다(이원범 · 황인규, 2004; 박승길, 2017; 이토, 2019).

창가학회가 국내외에서 주요 종교로 성장한 시기는 1960년대부터 21세기 초반까지이며, 제3대 회장이었던 이케다 다이사쿠(池田大作) 회장의 지도 아래 세계적인 조직으로 확대되었다. 이 종교는 13세기 일본 승려 니치렌의 가르침에 기초하며, 경전인『법화경』을 중심으로 '남묘호렌게쿄(南無妙法蓮華経)' 봉창(奉唱)을 주요 수행으로 삼는다(Fisker-Nielsen and Mette, 2018; Barone, 2007; Dawson, 2001; Métraux, 2013). 이는 "묘법연화경에 귀의합니다."라는 의미로, 신도들은 이 봉창(奉唱)을 통해 내면의 에너지를 일깨우고 불성(佛性)을 실현한다고 믿는다. 다른 불교 종파들이 부처를 의인화된 인격체로 숭배하고, 종종 불상으로 상징화하는 것과는 달리 창가학회는 불상을 중심으로 한 의례보다 '어본존(御本尊)'이라 불리는 문자로 된 만다라를 모시는 데 중점을 두며, 이는 니치렌의 가르침을 상징하는 서사적 대상이다. 또한, 자기계발 · 사회참여 · 환경보호에 중점을 두며, '평화 · 문화 · 교육'의 가치를 실천하는 활동을 적극 전개하고 있다. 창가학회의 조직 구조 또한 특이한데, 재가 중심의 공동체이며 '행복책임자'라 불리는 간부가 신도들을 개별적으로 격려하고 돌보는 체계를 갖추고 있다(이토, 2019: 59).

결론적으로, 신흥종교는 끊임없이 변화하는 인간의 영적 욕구와 사회 환경에 대한 반응이며, 종교적 해석과 실천에 새로운 접근을 제공한다. 신흥종교운동은 종종 사회적 위기나 변동에 대한 해답으로 등장하며, 종교적 다원주의를 확장하고 현대 사회에 다양한 신앙 선택지를 제공한다. 이러한 이유들로 인해 신흥종교 연구는 학문적 깊이와 사회적 중요성을 동시에 지니며 우리 사회의 이해를 촉진하는데 중요한 역할을 한다.

■ 참고문헌

김종만. 2020. "종교생태사상에 대한 시론적 연구–이케다 다이사쿠의 생태인식을 중심으로." 『신종교연구』 42: 85–116.

김현석. 2021. "한국SGI의 전개 과정과 포교 현황–문화회관의 건립 · 활동을 중심으로." 『차세대 인문사회연구소』 17: 177–196.

______. 2022. "한국SGI 성장의 차원에서 본 부산의 포교와 발전–SGI 전개와 문화회관의 형성을 중심으로." 『신종교연구』 47: 297–337.

박승길. 2017. "창가학회 재가주의 불교운동의 확립과정과 그 의미." 『종교연구』 77(3): 127–153.

이원범 · 황인규. 2004. "불교계 일본신종교의 국내 유입과 동향–역사적 개관을 중심으로." 『한국종교사연구』 12: 385–422.

이토 타카오. 2019. "한국SGI 조직의 과거, 현재, 미래–인간혁명의 종교, 광선유포(廣宣流布)를 위한 조직." 『신종교연구』 41: 41–68.

Barker, Eileen. 1989. *New Religions Movements: A Practical Introduction*. London: Her Majesty's Stationery Office.

______. 1999, "New Religious Movements: Their Incidence and Significance." In Bryan Wilson and Jamie Cresswell(eds.). *New Religious Movements: Challenge and Response*. New York: Routledge.

______. 2004. "Perspective: What are we Studying?" *Nova Religio: The Journal of Alternative and Emergent Religions* 8(1): 88–102.

______. 2005. "New Religious Movements: New Religious Movements in Europe." In Lindsay Jones(ed.). *Encyclopedia of Religion*, 2nd ed. New York: Macmillan.

Barone, Carlo. 2007. "A Neo–Durkheimian Analysis of a New Religious

Movement: The Case of Soka Gakkai in Italy." *Theory and Society* 36: 117-40.

Beckford, James. 1984. "Holistic Imagery and Ethics in New Religious and Healing Movements." *Social Compass* 31(2-3): 259-272.

______. 1985. *Cult Controversies: The Societal Response to New Religious Movements*. London: Tavistock.

Bell, Daniel. 1977. "The Return of the Sacred? The Argument on the Future of Religion." *British Journal of Sociology* 28: 419-449.

Dawson, Lorne L. 2001. "The Cultural Significance of New Religious Movements: The Case of Soka Gakkai." *Sociology of Religion* 62(3): 337-364.

Durkheim, Emile. 1915. *Elementary Forms of Religious Life*. Tr. J. W. Swain. New York: Free Press.

Fisker-Nielsen and Anne Mette. 2018. "Sōka Gakkai." In Lukas Pokorny and Franz Winter(eds.). *Handbook of East-Asian New Religious Movements*. Leiden: Brill.

Gordon, David F. 1974. "The Jesus People: An Identity Synthesis." *Urban Life and Culture* 3(2): 159-178.

Lewis, James and Jesper Peterson. 2005. "Introduction." In J. Lewis and J. Peterson(eds.). *Controversial New Religions*. Oxford: Oxford University Press.

Marx, John H. and David Ellison. 1975. "Sensitivity Training and Communes: Contemporary Quests for Community." *Pacific Sociological Review* 18(4): 442-462.

Métraux, Daniel. 2013. "Soka Gakkai International: The Global Expansion of a Japanese Buddhist Movement Religion." *Religion Compass* 7(10): 423-432.

Wilson, B. 1982. *Religion in Sociological Perspective*. Oxford: Oxford University Press.

Yoo, Kwang Suk and Hyun Woo Kim. 2023. "Understanding Faith-Based Ecological Citizenship: A Case Study of Korea Soka Gakkai International(KSGI)." *Religions* 14(11): 1402.

[저자소개]

김수아

동국대학교에서 선학을 공부하고, 동경대학교에서 지역불교 및 블교사 연그로 석사 학위를 받았으며 하버드에서 유식학을 전공하여 박사학위를 마쳤다. 동국대학교에서 전임연구원으로 있었고, 벨기에 루뱅대학교에서도 초빙연구원을 역임했다. 현재는 동명대학교 부교수로 재직 중이며 한국불교학회, 불교학연구회, 등양철학회, 한국종교학회 회원으로 있다. 대표적인 저서는 『하룻밤에 읽는 불교』(단독), 『나를 등불로 삼아라』(단독), 『중관과 유식』(단독), *An Introduction to Ciji`s Ideological Characteristic of Humanistic Buddhism*(공동) 등이 있고, 그 외 연구 논문이 있다.

김은기

캐나다 토론토대에서 사회학 박사학위를 취득하였고 현재 고려대학교 국제학부 교수로 재직 중이며 Humanities & Social Sciences Communications(AHCI & SSCI), Religions(A&HCI), Journal of Korean Religions(AHCI) 편집위원 등을 맡고 있다. 주요 저서로는 Contemporary Korean Culture: The Persistence of Shamanistic and Confucian Values and Practices(현대 한국문화의 이해), Contemporary Korean Society: An Introduction(현대한국), The Rise of Protestantism in Modern Korea: A Sociological Perspective(사회학적 관점에서 본 현대 한국 기독교의 발전) 등이 있다.

김종만

고려대학교에서 한국사 학사(B.A.)를 취득하고, 서울신학대학교에서 교회사를 전공하여 석사(M.A.) 학위를 받았으며, 서강대학교 종교학과에서 박사(Ph.D.) 학위를 마쳤다. 고려대학교 포닥연구교수를 역임했으며, 현재는 경희대학교 종교시민문화연구소 학술연구교수로 재직 중이다. 고려대학교, 서강대학교, 서울신학대학교에서 강의하고 있고, 배재대학교, 영남신학대학교 신학대학원에서도 강의하였다. 한국종교학회 상임이사, 한국신종교학회 상임이사로 있으며 연구 관심은 종교 간 대화, 불교, 그리스도교, 한국종교 등에 관심을 가지고 후속 연구를 진행하고 있다. 단독 저·역서로는 『틱낫한과 하나님』(저서), 『한국종교 따로보기』(저서), 『틱낫한의 사랑이란 무엇인가』(역서), 『틱낫한의 깨어 있는 마음수행』(역서) 등이 있고, 그 외 다수의 공동저서와 연구 논문이 있다.

김현석

동서대학교에서 일본학을 공부하고 동대학교에서 일본지역학 전공으로 석사학위와 함께 DMDP를 통해 리츠메이칸대학교 일본사학에서 석사를 받았으며, 동서대 일본지역연구과에서 박사학위를 마쳤다. 현재는 부산디지털대학교 교양학부 시간강사로 강의하고 있다. 동서대학교 일본연구센터 국립부경대학교 인문사회과학연구소 HK+ 연구교수를 역임하였으며, 한국신종교학회 이사로 있으며 현재 일본계 신종교로서 한국SGI와 천리교에 관심을 갖고 연구를 진행하고 있다.

박상필

경희대(정치학 학사), 알래스카주립대(정책학 석사), 경북대(행정학 박사)에서 학위를 받았다. 경희대, 연세대, 이화여대 강사 후 성공회대 NGO대학원 연구교수를 지냈다. 한국NGO학회장과 한국비영리학회 이사를 역임하였다. 현재 거버넌스센터 이사로 있다. 지금은 연구분야인 시민사회와 NGO를 넘어 불교학, 현대철학, 양자역학, 생물학 등 융합학문을 하고 있다. 저서로 『NGO를 알면 세상이 보인다』, 『NGO와 정부 그리고 정책』, 『NGO학: 자율 참여 연대의 동학』, 『국가 시장 비판: 자기완성 원천으로서의 시민사회 재발견』, 『한국 시민사회 프로젝트』, 『한국 시민사회 그랜드 디자인』, 『아시아의 시민사회』(공저), 『유토피아 코리아』, 『한국 시민운동역량 측정』, 『로컬 거버넌스의 성공모델』(공저) 등이 있다.

서동은

감리교신학대학교에서 종교철학(B.A.)을 공부하고 같은 대학교 대학원에서 조직신학 전공으로 석사학위(M.A.)를 받았으며, 독일 도르트문트(Dortmund)대학교 인문학과 신학부에서 박사학위(Ph.D.)를 받았다. 현재는 경희대학교 종교시민문화연구소 단장으로 있고, 후마니타스 칼리지에서 강의하고 있으며, 한국하이데거 학회 회장을 맡고 있다. 저·역서로는 『계몽의 시대』(저서), 『인간과 풍토』(역서)와 그 외 다수의 공동저서와 연구 논문이 있다.

유광석

서울대 종교학과 졸업 후 캐나다 오타와대학교 종교학과에서 석사 및 박사학위를 취득하고 2015년부터 경희대학교 학술연구교수로 재직 중이다. 현재는 종교시장이론, 종교다양성, 종교정책과 같은 학제적 연구주제에 집중하고 있으며, 국제적으로는 "종교적 경쟁과 창조적 혁신(2014~2016)", "남반구 대형교회(2020~2024)" 및 "동아시아 종교성 측정(2022~2025)" 등 존템플턴재단(John Templeton Foundation)에서 지원하는 국제연구사업을 수행했고, 국내에서는 "종교거버넌스와 종교생태담론"을 주제로 한국연구재단의 인문사회연구소지원사업(2021~2027)을 현재 수행하고 있다. 주요 저(역)서로 『종교시장의 이해』(2015년 대한민국학술원 우수도서), 『종교경제행위론』(2017년 대한민국학술원 우수도서), 『중국의 종교』(2018년 대한민국학술원 우수도서), 그리고 『현대한국의 종교시장정책론』(2020년 세종학술도서) 등이 있고, 그 외 약 20편의 논문을 출판했다. 대외적으로는 전 세계 약 200여 명의 학자들이 참여하고 있는 East Asian Society for the Scientific Study of Religion(EASSSR)의 사무총장으로 5년간 봉사했다.

이윤진

숭실대학교에서 교육학 박사(Ph.D.)를 취득하였고, 숭실대학교 글로벌HRD연구소의 연구교수로 재직 중이며 한국평생교육학회 '이사'를 역임 중이다. 평생교육을 세부전공으로 대학에서 지역공동체 평생교육, 노인교육, 평생학습정책과 제도와 관련한 강의를 주로 하고 있으며 지역공동체 평생학습, 평생교육 프로그램 개발, 노인교육, 성공적 노화 분야에 관심이 있다. 지역의 평생교육 정책 활성화 및 성인지 교육, 양성평등 교육, 폭력예방교육, 인권교육 등 법정의무교육에 대한 교육과정 개발 및 활성화 방안 연구 등 교육정책연구를 다수 수행하였으며 최근 저출생 · 고령화 사회 이슈에 따라 중장년과 노년의 교육 및 성공적 노화와 학습의 관계성에 대한 학술연구를 수행하고 있다. 이 외에도 창가교육과 이케다 다이사쿠의 인간주의 교육에 대한 개인적 관심과 학문적 탐구심을 가지고 있다.

이은선

경희대학교에서 경제학사를 취득하고 고려대학교에서 행정학 석·박사 학위를 취득하였다. 성균관대학교 박사후연구원, 서울대학교 연수연구원, 국립경남과학기술대학교 경제학과 조교수를 거쳐 현재 경상국립대학교 경제학부 부교수로 재직 중이며, 연구관심은 사회적 경제, 사회적 가치, 거버넌스이다. 이케다 다이사쿠의 사상과 관련한 연구로 "이케다의 평화사상 담론분석: 1.26 기념제언을 중심으로(제1회 조영식-이케다 다이사쿠 연구회 평화포럼, 2017)", "Civil Society as a Policy Entrepreneur of Peacebuilding Process(the 11th International Academic Symposium on the Philosophy of Daisaku Ikeda, 2021)"가 있다.

제점숙

동서대학교 일어일문학과를 졸업하고, 동대학원 일본지역연구과에서 일본 신종교를 연구하여 석사학위를 취득했다. 이후 일본 리쓰메이칸대학교 박사과정에 진학하여 근대 일본불교를 연구 주제로 문학연구과(일본사)에서 박사학위를 받았다. 일본에서 일본학술진흥회 특별연구원(DC/PD)을 거쳐 현재는 동서대 캠퍼스아시아학과 교수로 재직 중이다. 한국신종교회학회 상임이사, 동아시아불교문화학회 학술이사로 있으며, 주된 연구 분야는 국내외 일본계 신종교 활동, 근현대 한일 종교 현황, 특히 한일 양국 불교의 활동에 주목하여 연구를 진행하고 있다. 연구 성과로는 『植民地近代

という経験—植民地朝鮮と日本近代仏教』(저서), 『근대 일본의 종교 담론과 계보』(역서), 『근대 일본계 종교의 조선 포교 양상과 그 영향』(편저), 『植民地朝鮮と宗教』(편저) 등이 있고, 그 외 다수 연구 논문과 공동저서가 있다.

최해성

서울대학교 서어서문학과를 졸업하고 스페인 마드리드 콤플루텐세대학에서 스페인문학 전공으로 학사와 석사학위를 받았으며, 같은 대학 역사학부 서양현대사 전공으로 박사학위를 취득했다. 서울대 라틴아메리카연구소, 한국외대 중남미연구소, 고려대 스페인·라틴아메리카연구소에서 연구교수로 재직하였으며, 현재 서울대와 연세대에서 강의하고 있다. 스페인, 라틴아메리카를 배경으로 한 전쟁과 평화, 탈식민, 생태 문명 등의 주제에 관심을 갖고 연구를 진행하고 있다. 저·역서로는 『과거는 살아있다: 라틴아메리카 환경사』, 『라틴아메리카 전통의 꼬스모비시온』, 『브라질의 역사』 등이 있으며, SGI의 평화, 환경운동에 관한 다수의 연구발표가 있다.

시민사회 맥락에서 한국SGI 이해

초판 1쇄 인쇄 | 2025년 4월 10일
초판 1쇄 발행 | 2025년 4월 15일

엮은이 | 유광석 · 김종만
발행인 | 강희일 · 박은자
발행처 | 다산출판사

주소 | 서울시 마포구 대흥로 6길 8 다산빌딩 402호
전화 | (02)717-3661
팩스 | (02)716-9945
이메일 | dasanpub@hanmail.net
홈페이지 | www.dasanbooks.co.kr
등록일 | 1979년 6월 5일
등록번호 | 제3-86호(윤)

ISBN 978-89-7110-673-0 93210

정가 30,000원